布角语研究

陈 飔 许鲜明 ◎ 著

中国社会科学出版社

图书在版编目（CIP）数据

布角语研究 / 陈飕, 许鲜明著. -- 北京 : 中国社会科学出版社, 2025.3. -- ISBN 978-7-5227-4877-1

Ⅰ. H254

中国国家版本馆 CIP 数据核字第 2025491JK3 号

出 版 人	赵剑英
责任编辑	宫京蕾
责任校对	韩天炜
责任印制	郝美娜

出　　版	中国社会科学出版社
社　　址	北京鼓楼西大街甲 158 号
邮　　编	100720
网　　址	http://www.csspw.cn
发 行 部	010-84083685
门 市 部	010-84029450
经　　销	新华书店及其他书店
印　　刷	北京君升印刷有限公司
装　　订	廊坊市广阳区广增装订厂
版　　次	2025 年 3 月第 1 版
印　　次	2025 年 3 月第 1 次印刷
开　　本	710×1000　1/16
印　　张	18
字　　数	332 千字
定　　价	108.00 元

凡购买中国社会科学出版社图书, 如有质量问题请与本社营销中心联系调换
电话: 010-84083683
版权所有　侵权必究

目　录

第一章　绪论 ………………………………………………………… 1
　　第一节　概述 ……………………………………………………… 2
　　第二节　语言生态环境 …………………………………………… 19
　　第三节　语言使用现状 …………………………………………… 21
　　第四节　成因分析 ………………………………………………… 28

第二章　语音 ………………………………………………………… 30
　　第一节　声母 ……………………………………………………… 30
　　第二节　韵母 ……………………………………………………… 33
　　第三节　声调 ……………………………………………………… 36
　　第四节　音节 ……………………………………………………… 36
　　第五节　音变 ……………………………………………………… 37

第三章　词汇 ………………………………………………………… 38
　　第一节　构词 ……………………………………………………… 38
　　第二节　借词 ……………………………………………………… 48

第四章　词类 ………………………………………………………… 52
　　第一节　名词 ……………………………………………………… 52
　　第二节　代词 ……………………………………………………… 58
　　第三节　数词 ……………………………………………………… 68
　　第四节　量词 ……………………………………………………… 75
　　第五节　形容词 …………………………………………………… 86
　　第六节　动词 ……………………………………………………… 90
　　第七节　副词 ……………………………………………………… 101
　　第八节　连词 ……………………………………………………… 111
　　第九节　助词 ……………………………………………………… 117

第十节　叹词 ………………………………………………… 121

第五章　句法 …………………………………………………… 123
　　第一节　短语 ………………………………………………… 123
　　第二节　句子结构类别 ……………………………………… 131
　　第三节　句子语气类别 ……………………………………… 139

第六章　特殊句式 ……………………………………………… 145
　　第一节　施受句 ……………………………………………… 145
　　第二节　连动句 ……………………………………………… 147
　　第三节　比较句 ……………………………………………… 147
　　第四节　话题句 ……………………………………………… 152

附录一　词汇表 ………………………………………………… 154
附录二　句子 …………………………………………………… 229
附录三　长篇语料 ……………………………………………… 263
附录四　缩略词表 ……………………………………………… 280
参考文献 ………………………………………………………… 281
后记 ……………………………………………………………… 282

第一章　绪论

2013 年 10 月，云南濒危语言研究团队在许鲜明教授的引领下，对云南边境地区人口较少族群语言、跨境语言的使用现状、濒危程度进行调查时，发现西双版纳傣族自治州勐腊县有一个被称为"补过"①的族群聚居在"补过、曼帕、曼回、曼降囡、南泥"5 个村。他们分别自称为"龙碧②、峨努、南希、达切、万锅"，外族称他们为布角人。1982 年以前，该族群与勐腊县境内的其他人口较少族群，如阿克、搓梭、克木、咔咪等，均为"未识别族群"。之后，政府以其历史源流、语言文化相近之由，将补过、曼帕、曼回、曼降囡等村的布角人先后划归为哈尼族，将南泥村的布角人划归为布朗族。

2013 年 10 月 14 日下午，笔者在王明生、陈平、杨洪康老师的带领下，首次踏进补过村和曼帕村。随后多年来，笔者多次到"补过、曼帕、曼回、曼降囡、南泥"村调查他们的历史文化、语言使用现状和记录他们的语言。

布角人有语言无文字，5 个村之间的语言差异不大，相互交流无语言障碍。《勐腊县志》认为，布角人讲的语言是"南亚语系孟高棉语族布朗语支"③。但笔者对布角语进行调查研究后发现，布角语具有汉藏语系藏缅语族彝语支语言的普遍特征，也有自身的独特性，既不同于周边哈尼语雅尼话，也不同于布朗语、克木话。词汇中有较明显的彝语支哈尼语同源词和较多的傣语词汇。从语言通解度看，不能与操哈尼语哈雅方言哈尼语次方言绿春大寨话，豪白方言豪尼和白宏话，碧卡方言碧约、卡多话通话，也不能与周边傣族通话。对部分布角人讲傣语、汉语和其他周边民族语言的现象④，是学校汉语文教育，傣族寺庙经堂传授，与各民族之间密切交往交

---

① "补过"一词在行文中沿用前人资料，意指"补过村"，同时使用"布角"指该族群统称。
② 笔者认为，"龙碧（lɔŋ³³pi⁵²）"属于自称，"布角（pu³³ko²¹）"是他称。
③ 云南省勐腊县志编纂委员会编：《勐腊县志》，云南人民出版社 1994 年版，第 121 页。
④ 据调查发现，周边傣族、哈尼族雅尼人听不懂布角话。他们之间进行交流时，布角人使用傣语与傣族交流，使用哈尼语雅尼话与雅尼人交流。南泥村的布角人认为他们一点都听不懂克木话，也听不懂布朗语。克木人、布朗族也听不懂布角话。

流交融的结果。

调查发现布角语是一种鲜为人知，现使用人数很少且极度濒危的语言。本书试图通过布角语记录、分析、比较，描写其语言面貌[①]。

第一节 概述

一 地理位置

布角人主要居住在中国云南省西双版纳傣族自治州勐腊县边境。勐腊县位于云南省最南端，西双版纳傣族自治州东南部，总面积 7056 平方千米。东南、西南与老挝接壤，西南隅与缅甸隔澜沧江相望，地处北纬 21°09′—22°23′，东经 101°05′—101°50′之间。国境线长 740.8 千米（中老段 677.8 千米，中缅段 63 千米）。西北、北部紧靠自治州首府景洪市，北面与普洱市江城哈尼族彝族自治县相邻。地处北回归线以南，属北热带湿润季风气候。森林资源丰富，夏无酷暑，冬无严寒，降水充沛，分旱季和雨季。年平均气温在 21 ℃，年降雨量 1700 毫米以上。海拔高度在 480—2023 米。勐腊县城距云南省会昆明陆路 868 千米（昆曼千米走线），距玉溪市 780 千米，距西双版纳傣族自治州州府景洪市 192 千米。1992 年 3 月 3 日，国务院批准磨憨口岸为国家一类口岸，是我国通往老挝唯一的国家级陆路口岸，也是通向东南亚最便捷的陆路通道。从磨憨口岸出境后，到老挝南塔省省会 62 千米，到老挝古都琅勃拉邦 285 千米，到老挝首都万象 680 千米。经老挝向东可进入越南，向南可到达柬埔寨、马来西亚，向西可到泰国、缅甸。其地理位置对我国政治、军事、经济、文化等都显得十分重要。

勐腊县下辖 8 个镇：勐腊镇、勐捧镇、勐满镇、勐仑镇、勐伴镇、尚勇镇、易武镇、关累镇；2 个乡：象明彝族乡、瑶区瑶族乡。

布角人主要聚居在补过、曼帕、曼回、曼降囡、南泥 5 个村。补过、曼帕村隶属于勐腊镇城子村委会，距勐腊县城约 3 千米；曼回村隶属于勐腊镇曼龙傣村委会，距勐腊县城约 18 千米；曼降囡村隶属于勐腊镇龙林村委会，距勐腊县城约 17 千米；南泥村隶属于勐捧镇温泉村委会，距勐腊县城约 37 千米。补过和曼帕两村位于县城近郊坝子。曼回村位于坝区，曼降囡位于山坝接合部。南泥村属于山区。

---

① 该研究自始至终得到了白碧波教授的悉心指导，谨此致谢！

二 人口分布

据傣族贝叶经《崩美布角经书》记载①，布角人是最早定居于勐腊坝子的土著民族之一。明朝部落首领温龙兵召统领时，人畜兴旺，兵强马壮，领域广阔，鼎盛时期人口多达 20 万人。后来，布角人在战争、疾病、土地争夺、野兽袭击等天灾人祸中经历了五次人口锐减。第一次是在传说"布角人吃星星"中，被雷击死了一半（10 万人），即在布角首领与景洪首领的争斗中，布角首领为逞能，命令子民砍树搭建木架，欲摘天上的星星吃，以炫耀其能耐。结果木架搭建直插云霄，遇暴雨雷击死了一半。第二次是老挝、泰国人攻打布角寨，布角人大败，被老挝、泰国人掠走了一半（5 万人）。第三次是幸存的布角人在热带原始森林里东躲西藏中染上疟疾死了一半（2.5 万人）。第四次是生活在热带原始森林里的布角人，被老虎豹子等野兽吃了一半（1 万余人）。第五次是布角人与傣族争夺土地时，打架被打死了一半（几千人）。幸存的布角人，在生存发展中，有的与周边少数民族通婚融入其他民族。解放前夕，布角人只剩下 130 余人，他们三五成群、分散居住，生存繁衍，发展为现有的 5 个村子。其人口统计（2014）见表 1-1。

表 1-1　　　　　　　　　人口统计（2014）

序号	村寨名称	总户数	总人口	男	女	布角人	法定民族	其他民族
1	补过	94	353	180	173	**330**	哈尼	23
2	曼帕	64	238	124	114	**223**	哈尼	15
3	曼回	20	77	38	39	**67**	哈尼/傣	10
4	曼降囡	24	110	53	57	**50**	哈尼/傣	60
5	南泥	44	190	100	90	**174**	布朗	16
	合　计	246	968	495	473	**844**		124

表 1-1 显示，布角村总人口为 968 人。其中，布角人为 844 人，占总人口的 87.2%；外来民族 124 人，有汉、傣、哈尼、彝、瑶、白、布朗、仡佬等民族，占总人口的 12.8%。他们以种橡胶移民、承包土地、打工、通婚等形式迁入布角村。特别是 1985—1986 年期间，政府为解决橡胶移民、承包土地等人的户口问题，也买了一些户口。这部分人虽然落户在补过、曼帕村，但他们不参与土地分配，属于空户口，未统计在内。

---

① 岩温甩保存的《崩美布角（补过）经书》是傣族贝叶经的一部分，为手抄本。

1982年以前，布角人属于勐腊县的"未识别族群"之一。后来，政府把补过、曼帕村的布角人划归为哈尼族；曼降因、曼回村的布角人，部分为哈尼族，部分为傣族[①]；南泥村的布角人1980年归为卜满人，1986年归为克木人。后来发现该族群称谓与中国56个民族的实际划分不符，2008年将南泥村的布角人划归为布朗族[②]。布角人认为无论他们被归为哪个民族，他们语言相通，文化习俗相近，是同一种民族。

三 历史源流

布角人有语言无文字，口传历史十分有限。据《勐腊县志》记载，布角人曾被称为"布角、补角、布谷"。其语音源于傣语，是周边傣族对布角人的称呼，意为"在这里土生土长、祖祖辈辈生活在这块土地（勐腊）上的人群"。从民族历史看，哈尼族、彝族、拉祜族、基诺族、傈僳族等均有着共同的族源——古羌族群。追根溯源，公元3世纪尚未形成单一民族之前，主要活动于甘、青、川交界地。公元3世纪至唐朝逐渐南迁中，各民族脱胎于古羌族群，发展为独立民族，生息繁衍于川滇大小凉山、滇东乌蒙山、滇东南六诏山以及滇南哀牢山和无量山区。唐朝以后，迁离长江上游和珠江上游的大小凉山、乌蒙山、六诏山区，逐渐汇集到红河、澜沧江（湄公河）流域的哀牢山和无量山区，后又扩散到东南亚各国的山区，形成现在各民族的分布格局。据傣族贝叶经《崩美布角经书》记载[③]，布角人是最早定居于勐腊坝子的土著人之一。那时布角的地界，西边以勐捧大树为界，到上红星有一座桥，桥旁边有块大石头。勐远的一半属于布角人的地盘。这一地域一直延伸到野牛洞。从野牛洞庙房[④]到南洒河、南腊河、曼拼，从勐腊河到勐捧河再连到那棵大树。

传说，那时藤篾河里有一个洞，洞里有打鼓用的东西。从温泉翻过来到老寨河边有一个布角人放银子的洞，里面存放着20多万两银子。洞的东南西北各有洞口。一个洞口可以进去拿吃的，应有尽有。但只能在洞里吃，不能带出来。那里曾是布角人的老寨。寨主叫"美高"，活到100多岁才去世。那时勐远有个傣族寨子，旁边有巴卡寨、曼年寨、广南里寨。那里每

---

① 身份证上的法定民族。
② 指不同时期身份证上的法定民族。
③ 岩温甩保存的《崩美布角（补过）经书》是傣族贝叶经的一部分，为手抄本。这本经书是他师傅传下来的，是布角人祭祀活动中的主要经书。
④ 野牛洞庙房，属当地地名名称，也是一座古庙。

年要搞一个20排的"赕"。现在那里都变成了哈尼族僾尼人①的家园。老路过去那边有一口井，水源永不干涸。龙林上面有布角人，山上听见打鼓，补过、曼帕、曼降因、龙林、曼矣、曼卡等村寨的人都会过来做赕。他们都有庙房。但瑶族、哈尼族僾尼人都不做赕。做赕奉献来的银子都存放在那个洞里，由布角人掌管。巴龙咪是当时布角人的首领。布角人要花钱，每三年就去洞里用竹箩背一次。一次要去20多人。进洞前要杀牛祭献，要由首领巴龙咪带着去，不然洞门打不开。银子背回来后，有的镶刀鞘，有的做碗筷，用也用不完。因此，那时的布角人生活非常富裕，据说鸡窝都是用银子做的。后来，布角人中来了一个省城上门的女婿。他在补过村生活了20多年。有一天，从省城来了8个人，来找这个上门女婿，暗地里筹划着怎样把布角人的金银财宝弄到手，然后悄悄离开补过寨。但他们不知道如何去拿，他们打听到了金银洞的位置，悄悄到了金银洞。他们不懂祭祀，不会念开门经文，到洞口后就乱摸洞口的石头，一不小心碰到了机关，洞门打开了，从洞里伸出一只人脚，表示要杀人祭献才能拿到金银。布角人知道后认为杀人太残酷，从此就放弃了拿金银的念头。

自此以后，布角人在曼尖盖了一个庙房，养了很多和尚，大大小小加起来有250多人，每年做赕。最大的佛爷死了，村里人把他烧后埋在补过村附近。没有大佛爷，布角人从泰国请来了一个。布角首领巴龙咪给了他4头大象，一头公的三头母的。从此，泰国人和布角人像亲戚一样，关系密切。但这个大佛爷在补过寨生活了几年后，有一天突然不知去向。

据说补过和曼帕村的布角人是由两弟兄发展而来的。留在补过村的是哥哥，住在曼帕的是弟弟。相传，曼帕的弟弟在补过村种了一棵南瓜。南瓜长大后藤就爬到了哥哥的菜地里，还结出了一个大南瓜。有一天，弟弟要去摘那个大南瓜，哥哥说：南瓜结在他的菜地里，应该是他的。弟弟说：南瓜是他栽的，应该是他的。哥哥不让，弟弟一气之下就离家出走了。他去了离家5千米的山脚下（现曼帕村址处）另立门户。他们分家迄今已有100多年的历史。布角人由张、李、杨、陶、刀、小杨、小李等家族组成。这些家族姓氏是与汉族频繁接触演变而来的。

三　文化习俗

1. 服饰

布角人衣着俭朴，男子过去上身穿黑色对襟粗布上衣，下着扭裆裤。女子上身穿无领大襟七分袖短衫，下穿长筒裙，以白布裹头。在布角人的

---

① 僾尼人是阿卡人的另一个他称。

传统习俗中,烟卷是爱情信物,由少女亲手制成。未婚少女一般一生只做一根烟卷。烟卷由烟叶卷裹成锥状,中间填满老草烟烟丝。未婚少女在包头中插一根高出包头三寸左右的烟卷,待看到意中人时送出。因此,少女头上是否有烟卷是判断该少女是否有心上人的标志。一般布角男人都不会去打扰和追求没有烟卷的女人。

在与周边傣族和汉族的频繁接触中,布角人的传统服饰趋于傣族和汉族。农村中年妇女喜欢穿傣族服装,上身穿到腰部的圆领窄袖对襟或大襟上衣,下身包裹一条长筒裙。年轻人喜欢穿汉族服装。男人一般穿汉族服装,如夹克、衬衫、运动装、西服、牛仔裤、胶鞋、布鞋、运动鞋或皮鞋等。外出打工的布角人只穿汉族服装。现在政府加大了语言文化保护宣传力度,布角人的民族文化保护意识、审美水平不断提高。妇女们会在领口、袖口及裙尾处缝绣上一些本民族的花纹、布条、图案和银制品,来呈现本民族特点。

2. 住房

过去布角人潜居于热带原始森林里,在依山傍水的半山腰向阳地建寨。住房简单,就地取材,砍木料、竹子、棕榈叶(当地叫"各叶")等材料,盖简易的"干栏式"棕榈或"各叶"房。木料做框架、地板和隔墙。竹子破成竹片后,与棕榈叶编织铺盖屋顶,只求遮风避雨,不求永久结实,一般维持三年左右,漏雨时就换房顶。房子分上下两层,上层人住。空间小且紧凑。下层一般堆放杂物、养家禽牲畜。搭一木板楼梯通往上层。堂屋与卧室之间有独立的简易木板门或竹门。厨房紧挨着堂屋。这种房具有夏季凉爽、通风透气的特点,是热带雨林中常见的住房。

布角人建房时很讲究。有选地基、备料、起房、搬新房等几个重要环节。选地基、起房、搬新房前一般都要请傣族佛爷或博章来念经。地基选定后开始备料。男人负责砍木头、柱子、大梁、锯板子。备料一般需要两三年。抬木料时寨人都会来帮忙。男人到森林里砍木料、竹子。木料必须选未被虫吃过的坚硬树木。最优质的木料是一种叫"曼登(布角语)"的树;其次是木荷树(也叫"毛毛树")、核桃树;再次是株栗树、桂花树、刺桐树或泡树。备料时主人会约上亲戚和伙伴一起出动。女人负责砍棕榈叶或割毛草、砍竹子、破竹片。常用的竹子有龙竹、金竹和小花竹。棕榈叶用竹片压好编织成棕榈叶竹排。起房当日,要杀一头猪,做几道菜,如冬瓜煮排骨、糊拉(一种用玉米做成的粥)、包蒸鸡肉等,要请四个佛爷或博章到地基上念经。他们先从地基四角念经,然后逐渐念到地基中心。布角人认为,念经是为了驱逐地基上的鬼,以求房建好后牢固、财源广进、人畜安康。佛爷或博章念完经后,会告诉主人应在哪一方先立第一根柱子。立柱时，柱子上要捆绑上甘蔗和芭蕉。柱立好后，捆在上面的甘蔗和芭蕉不取下，要让它们自然脱落。然后上大梁。上大梁前，要在大梁上放一小块写有经文的白布。经文内容与驱鬼、求福有关。上好大梁上小梁。小梁上铺上龙竹片。竹片有大有小，根据自家的需要来破。竹片与小梁形成垂直交叉后，用竹篾固定压稳，在上面铺上编织好的棕榈叶排，层层压住，由低往高，往屋顶方向压。盖好屋顶后，用竹片围好房屋四周，在二楼横梁上铺上木板或竹片，房子就算建好了。只要材料备齐，这样的房子大概十多天就能盖好。

搬新房前，要请佛爷或博章选日子。日子选定后，搬新房当天要先将自家供奉的神请进新房。然后，搬双数的东西，如筷子、鞋子等。接着锅、米、甑子等到新家，做一个简单的仪式：姑爷烧着火塘火，主人用盛满水的口缸泼到姑爷身上。布角人认为这样做房子会更加牢固安稳。仪式后搬被子、衣服等各种生活用品。搬新房这天，主人家会请建房人及亲戚朋友吃饭。饭前，老人要祈祷：我们今天住进这里了，保佑我们的房子牢固，让我们一年四季有饭吃，有钱花，家人，猪、鸡、鸭、鹅、牛马牲口不疼不病，平平安安。饭菜摆好后要先献家神。献家神的饭菜中，稀饭和冬瓜不能少。献了家神后，家人和亲友们才可开吃。

随着布角人与傣族的密切交往，他们的建房风格逐渐演变为与傣族民居相似的"杆栏式"竹楼或木结构平房。"杆栏式"竹楼也称"高脚房"，是气候潮湿，雨量充足的热带与亚热带，特别是西双版纳地区一种十分普遍的建筑风格。起初，这种房子用竹子建盖，后逐渐发展为以木材建盖。分上下两层。上层人住，距离地面约两米，正方形，以数根木料为柱，高高托起。屋脊像凤凰展翅，前后左右各一厦，都是斜坡形，可挡四面雨水。层顶造型为斜山式，层面用草排覆盖，设有楼梯，拾级登楼，有走廊、凉台，可晒物和乘凉。室内用竹篱笆或木板隔成两三间。内间为主人卧室，外间为客室。客室进门处有高出地面四五寸的火塘，用来烹饪食物，晚上取暖照明用。外间是接待客人的场所，也是家人活动的中心，陈设俭朴，除锅、盆、罐外，绝大部分用具是竹制品，如桌、凳、碗、筷、箩、筐等。壁多无窗，阳光和风均由篱笆缝，或板壁缝中透入。但这种房子有两大优点：一是安全，可防蛇、蚊虫、蚂蟥、野兽等；二是通风防潮，人可免受潮气侵袭，有利于健康。生活水平提高后，条件好的布角人普遍建盖木结构平房或瓦房，有的盖钢筋水泥房。但从外形看，仍保留着傣族的"介"字形形式。

3. 饮食

布角人长期居住在热带原始森林。植物和动物资源非常丰富。过去，他们靠山吃山，饮食特点具有突出的地域特性。食材有植物的花、果、皮、叶、根、茎等。

野菜：蕨菜、水香菜、苦凉菜、鱼腥草、野芭蕉心、野芭蕉花、猴子尾巴花、大果榕叶、炮仗花、白花、黄花、青苔、野蛇藤、臭菜、苦叶、甜菜、短棕、各叶心、山药、马蹄叶、野生水葫芦、野芹菜、灰挑菜等为主。

野生菌：木耳、香菇、白生、红菌、火炭菌、奶奶菌、奶浆菌、喇叭菌、扫把菌（红、白、黑三种）、绿菌、鸡油菌、鸡屁股菌、蚂蚁堆鸡枞、鸡枞、纳轰（布角语）[1]等。

野生动物肉：马鹿、麂子、老熊、豹子、野兔、野猪、野鸟、松鼠、野牛、刺猪、苦猪、白鹇、野鸡、野孔雀、蛇（眼镜蛇、蚂蚁古堆蛇）、野猫、竹鼠（大、中、小三种）、穿山甲、独鼠、黄鼠狼、水獭猫、野花雀、斑鸠、团鸡、野鸭子、老虎、野山羊、大象[2]等。

鱼虾类：大头鱼、白鱼（有三种）、蛇鱼、气泡鱼、鲤鱼、草鱼、红尾巴鱼、金瓜鱼、武昌鱼、罗非鱼、虾子、螃蟹、泥鳅、石蚌、田鸡、青蛙等。

蜂虫：大黑蜂、黄土蜂、切利蜂、山蜜蜂、普路蜂、夜蜂、马叉蜂、称杆蜂、细蜂，蝼蛄（土狗）、蚂蚱、知了、竹虫等。

竹笋：小黄竹、泡竹、白竹、毛竹、金竹、苦竹、龙竹、大黄竹笋，甜笋、酸笋等。

水果主要是野生果，如木奶果（三丫果）、毛荔枝、锥栗（策尼）、羊奶果、五丫果、橄榄、朝天罐（备备劳劳）、黄泡、大鸟泡、野芭蕉、酸扁果、橄哩勒、火渣拉食果（布角语）、四丫果、毛樱桃（四季果）、鸡素果、无花果、野板栗（策食）等。

瓜豆：南瓜、冬瓜、丝瓜、黄瓜、丰收瓜（洋丝瓜）、黑豆、黄豆、花生、老鼠豆、筋豆、蚕豆、豌豆等。

粮食以大米、糯米、玉米为主食。以糠、红薯、木薯、野山药等为副食。大米用碓将山谷舂成米后，用甑子蒸，或小罗锅煮食。青玉米直接用水煮食或火塘里烧食。生活困难时，糠、红薯、木薯、野山药等是他们的杂粮。布角人多数一日两餐，少数一日三餐。午餐甚简，平日少油荤。居所稳定后，肉类主要以居家饲养的牲畜和家禽，如羊、猪、鸡、鸭、鹅等肉最为普遍。过去放养家禽家畜，现在圈养。泼水节是布角人的新年，一般宰杀大牲畜，剩余部分制成腊肉、烟熏干巴等，供一年食用。家禽一般

---

[1] 例举的动、植物均为当地的方言，不是学名。
[2] 上述野生动物、鸟类等，现已列为国家保护动物，严禁猎杀。

平日待客和自食时宰杀。蔬菜以白菜、茄子、辣子、韭菜、南瓜、黄瓜、筋豆、姜、蒜、葱、山药、芫荽、薄荷等为主，多产于雨季。妇女会腌制青菜、萝卜酸菜，酸鱼、酸肉、腊肉、干巴等。用金边冬叶包烧、包蒸剁肉和芭蕉花是他们的特色菜。饮食味道近似傣族，以酸辣为主。

山蜂蜜：布角人喜欢吃山蜂蜜。到采蜂蜜的季节，布角男人都会到山上找山蜂蜜，一枝一枝地拿回来后，蜂蜜用棕丝滤出来吃或卖。蜂蛹拿来做菜吃。

旧时，布角人一大清早就到山里干活。午餐基本上在山上解决。他们用竹筒和树叶当锅碗，用各种野菜野果的浆液调制蘸水。有时烧一塘火，就煮竹筒饭，烤鱼，包烧各种野菜。手抓糯米饭是布角人最喜欢的吃法。用青辣椒、小番茄、姜、蒜、花椒、橄哩勒汁、芫荽等搅拌而成蘸水是布角人不可缺少的作料。"泼水节"的菜有烤猪肉、剁生（肉皮、瘦肉、小米辣、薄荷、干辣椒面、橄哩勒汁、盐、味精、姜、蒜、花椒等搅拌而成）、包烧鱼（盐、辣椒、薄荷、香草等）、包蒸芭蕉心（糯米面、肉、盐）、鸡煮南瓜尖、苦笋蘸水、松鼠煮刺五加、牛肉烂呼、烤牛皮、凉拌黄瓜、生香菜、生莲花白蘸"南咪"①等。

4. 节日

布角人与傣族交往密切，传统节日与周边傣族基本相同。节日有"泼水节""开门节""关门节"和"新米节"。布角人使用傣历，但过节时间与傣族有所不同。

泼水节：布角人过"泼水节"的时间比傣族早一个月左右。在傣历六月十四日至十五日期间举行。"泼水节"是布角人最隆重的传统节日，相当于汉族的"春节"。"泼水节"持续三天。傣历六月十四日上午开始打扫卫生，下午杀猪、杀牛、杀鸡等，准备饭菜，在家和去庙房祭献祖宗和神灵。

晚上 9 点左右，村民们要拿着事先用竹片编好的四个大六边形，布角语叫"达勒美"的有孔眼的竹篱笆，带着饭菜、蜡烛等，在老佛爷或博章的主持下，全村人来到寨中央空地上，下跪祈祷。老佛爷或博章念经半小时后，把祭献的饭菜、蜡烛、烂衣物等扔到出进村子的地方。四个大六边形竹篱笆，分别拴在寨子的四方，表示辞旧迎新。

十四日各家各户备好酒、菜，宴请亲朋好友到家做客。十五日上午一早去赶塔。赶塔的人来自四面八方，向金碧辉煌的塔祭献蜡烛、钱（一角、

---

① "南咪"是一种用青辣椒、小番茄、姜、蒜、花椒、橄哩勒汁、芫荽等搅拌而成的一种混合菜泥。

五角）物（有花边的白布）和食品（糯米饭及各种各样的蔬菜、水果等）。下午男人做赕、安碑。做赕时，佛爷在庙房中统一念诵经文，各家各户端来丰盛的酒菜祭献祖先和神灵。接下来，给庙房诸位神仙"洗澡"，即用抹布将庙里的诸位神仙身上的灰尘擦干净。男人负责擦洗，女人负责递送清洗抹布。用芭蕉树皮做成一个水槽洗。然后，女人拿着盆到河边泼水，寓意一年中不好的东西泼出去及把好的东西、财富等拿回家。之后，村口、路边男女老少可以开始相互泼水，表示相互祝福和净身。下午 4 点左右，为活跃气氛、取乐众人、释放情绪，各家派一个代表，男人装扮成女人，女人扮成男人，脸上抹上黑漆漆的锅灰，身上背着破旧的布包，敲锣打鼓，放高僧①、跳粑粑②，挨家挨户地边跳边泼水。泼水队伍所到的各家要备好烟酒、粑粑等送给他们。这些物品晚上对歌时大家一起享用。泼水队伍的泼水线路遵循尊卑顺序，先去佛爷住处，再去村长、村支书和博章家，然后去最年长的老人家，最后才到一般村民家。整个过程极其热闹，一边敲锣打鼓，相互泼水，一边又唱又跳。家家户户泼完水后，队伍就地解散，回家洗澡换衣服。吃过晚饭后，晚上 9 点多钟，寨子里的男女老幼不约而同地汇集到公房旁空地上。男的在一边，女的在另一边，中间用一根长木头隔开，开始对歌。大家一边对歌，一边享用各家各户赠送的烟酒和食品。对歌用母语，男女唱生活、古老的歌，比赛对输的罚酒，两边互不示弱，中间烧一塘篝火，兴致高时会对到天亮。由于现在很多年轻人都不会说布角语，更不会用母语唱歌，因此，中年以上的村民唱上几个回合后，大概半夜 12 点就结束了。年轻人用流行歌曲对唱助兴。第四天休息，第五天就开始干活了。

关门节：从傣历九月十五日开始，持续三个月。第一天两三户杀一头猪或一头牛，准备食材；第二天请客吃饭，但亲戚朋友请的少，不送肉，只送糯米和花生。糯米和花生用柊叶包起来，两包并拢和粽子包在一起。粽子是布角关门节中必备的食品。其形状略小于汉族端午节粽子。关门节包粽子，除自家吃外，主要是拿到庙中去祭献祖宗和神灵。送人一般要送三四包。第三天上午 8 点，全村人到庙中祭献祖宗和神灵，直到 11—12 点结束。下午 3 点，各家各户要给村里的佛爷或和尚送柴、米或谷子，相当于给佛爷或和尚一年的口粮。因为佛爷或和尚的任务是念经，为村民消灾避邪。三天后，布角人开始轮流祭献请客。一周一次，初八、十五、二十三、三十要祭献一次。祭献时通常以 5—6 家人为单位，轮流去庙中献祭祖

---

① 放高僧是指有人装扮成高僧到各家各户祝福。
② 跳粑粑是指主人把粑粑给送祝福的人。

先、神灵，然后请客吃饭，直到三个月后开门节才能停下来。关门节期间，不能结婚、恋爱、修房子、盖新房、外出闲游及参加重大的娱乐活动。一切重要的活动都要等到开门节后才能进行。

开门节：从傣历十二月十五日开始到来年的关门节结束。开门节的第一天两三户杀一头猪或一头牛，包粽子，准备食材；第二天请客，第三天上午 8 点左右，全村人敲锣打鼓，到庙中祭献祖宗和神灵，直到 11—12 点结束。祭献的贡品不拿回家，全部归佛爷或和尚。下午 3—4 点后，要带柴、米或谷子给佛爷或和尚。三天后，就可以恋爱、结婚、修房子、盖新房、搬新家，或参加各种娱乐活动，生活不再受任何约束了。

新米节：傣历一月十五日，布角人过新米节，历时一天。这天两三家杀一头猪，不杀猪的人家要去街上买点肉包粽子。要拿粽子、酒、一碗米或谷子，抓一对河鱼（大小不限），带一点水果放在篾萝（布角人叫"色桐"）里去庙房里祭献。新米节是收完稻谷后必须要过的一个节日，表示告知祖宗神灵，在他们的庇护下，这一年风调雨顺，已吃上新米饭了。

5. 婚俗

布角人原则上自由恋爱，实行一夫一妻制。旧时，一般族内通婚。布角人有"李、杨、张、陶、刀"五大姓氏。但同姓不通婚。

如果小伙子看上某家女孩，会事先去打探女孩居住的地址，然后在夜深人静，长辈熟睡时偷偷摸进女孩家中，与姑娘约会。旧时，布角人的房屋门锁简易，用竹片或藤子拴着，小伙子轻易就打开了。进屋后，点燃一根烟，借着亮光，找到女孩睡的房间。如果遇到打不开门时，小伙子也可从楼房外顺着柱子爬到女孩的窗口进入房间。进入房间时，小伙子一不能吵醒女孩家中熟睡的长辈，二不可惊吓睡梦中的女孩。小伙子靠近女孩的床后，要从床尾掀起被子的一角，用手轻轻地拉扯女孩的脚拇指。女孩被拉醒后，小伙子要自报姓名。如果女孩熟悉小伙子，两人会在当天夜里确定恋爱关系。以后以同样的方式在夜里约会。如果女孩不喜欢小伙子，就会直接告诉他。小伙儿会自觉离开。如果小伙子一直喜欢她，通过日常接触，有把握后会再次潜入女孩房间与她约会。一段时间后，如果女孩父母同意，会默许。待时机成熟时，男方父母会向女方父母提亲。

双方父母认可后，男女双方开始准备婚事。首先，双方长辈请博章为儿女选一个日子举办婚礼。日子订下后，各家开始准备结婚用品。举行婚礼前一个礼拜，男方家要组织村里人上山打猎，下河抓鱼。婚礼前一两天，要上山采野菜，杀猪、杀牛。一切准备就绪，婚礼前一天晚上 7 点，将双数礼品，如河鱼 10 对、鸡蛋 12 对、排骨 12 对、槟榔 4 对、酒 2 瓶、芭蕉花1对、蜡烛5对、石灰5包^①、猪肉12包、鸡肉12包、酸肉2筒、芭蕉2柄、甘蔗2捆等,送往女方家。一大早新姑爷要带2包糖、2条烟、2瓶酒,1床被子、1把刀去新娘家。送礼人也必须是成双成对的年轻情侣或夫妻。离婚的,夫妻一方死亡的不能参加送礼。送礼时拿蜡烛的人要走在最前面,其他人要一对对地紧跟在后面,不可中断。到达女方家后,点一根蜡烛在女方家的大梁下方。当天男方家送礼的人留住女方家,第二天参加婚礼。

第二天早晨,女方家拿来两只鸡,一公一母,宰杀后将内脏清洗干净,放回鸡体内,将鸡脖子和翅膀绑拢,放在开水中煮熟,一只送给家中老人吃,一只送给新婚夫妇吃。老人吃鸡肉前要给新婚夫妇礼金,叮嘱他们用礼金买猪、鸡等过日子,不要乱花钱。

新婚夫妇吃三口饭和一些鸡肉后,早上9—10点,婚礼开始,亲戚朋友们来为新婚夫妇拴"祝福线"。拴"祝福线"前,家人要请博章为跪在面前的新婚夫妇念经。博章念经是为了祈福。博章念完经后先把一根白色的"祝福线"拴在两位新人的右手上。博章拴完后,双方父母拴。接下来男方父母拴媳妇的右手,女方父母拴女婿的右手。然后,女方的老人、亲朋好友拴女婿,男方的老人、亲朋好友拴新媳妇。拴线时,父母、亲戚朋友要给两位新人礼金。礼金放在前面的盘子里。白线代表亲友们满满的祝福。布角人认为拴"祝福线"表示恩恩爱爱,白头偕老,长命百岁。风长、水涨不离不弃。拴得越多,越有福气。"祝福线"一般要缠一个礼拜才可取下。拴好线后,就摆桌子吃饭。吃饭时,要先给老人吃,之后其他人才能吃。

按传统习俗,在女方家举办婚礼后,男方不可立刻回家,必须和女方一同在父母家住七天。第八天夫妻俩才能回男方家。回男方家当日,女方会带上回礼。回礼是男方送礼的一半,如男方送来20个鸡蛋,女方要回送10个;男方送一头猪,女方要回送半头猪,以此类推。回礼的品种一样都不能少。夫妻俩带着回礼回到男方家后,男方家举行婚礼。举行婚礼前,女方要上山背三到四背^②柴火放在男方家门口,表示媳妇勤快。三周后两人再回女方家住。这次要在女方家住一个月左右,夫妻俩才能回男方家长住,表示为女方家尽最后的义务。此后,逢年过节或特殊情况,女方才回娘家了。

6. 生育

旧时,布角人生小孩一般请村里接生婆接生。小孩出生后由接生婆洗

---

① 布角人的石灰是纸包的,大小不限,只数包数。
② 背是布角人的量词,一背指一捆。

澡，女孩三天后穿衣服。男孩七天后穿衣服。不满十天不抱出门。要抱出门前，先给产妇洗身。给产妇洗身时，要在家中放三个石头，让产妇跨过，然后往她身上泼冷水，表示洗掉身上不干净的不好的东西。这样做了，孩子以后不会被鬼"闯着"，也不会生病，人生顺当。这个仪式做完后，孩子才能抱出门。

亲友看望产妇要提前到河里抓螃蟹、鱼作为礼品。布角人认为，吃螃蟹、鱼比较有营养，可以下奶。但随着社会的发展及科学意识的增强，现代布角人看望产妇拿鸡、鸡蛋、肉等，但不送白鸡、黑鸡。现在布角人也意识到对产妇泼冷水有害于身体，因此这个仪式也摒弃了。

7. 葬俗

布角人至今仍实行土葬。旧时，因经济条件受限，不用棺材而用临时编织的竹子席笆包裹尸体。由两名男子砍来树干作为扁担，用扁藤把席笆包裹好的尸体捆绑在扁担上，扛出去安葬在各家族坟山上。

随着布角人经济水平的提高，布角人开始使用棺材、白布、帕垫等。扛棺材的人也增至四人，皆为亲属。人在病重前，这些东西都提前准备好。病人死亡时，亲戚朋友要守好，家人要接气。如果李家死人，李、杨两个家族的人要给死者穿衣物。陶家死人，陶、张两家的人要给死者穿衣物。抬人扁担、拴棺材的扁藤也要两个家族的两个男人去砍。丢死者的东西也要两个家族的这两个男人去丢。死亡当天不入棺材。穿衣物时拇指要用白线拴起来，还要放一点银子在嘴里和左右心口处。目的是为了开天门。吃饭时间还要喂饭。长子守在旁边，用柊叶包一点米，点一对蜡烛，抓一点火灰放在一个小簸箕上，放在死者脚下。来看死者的人都会带这几样东西来，放在上面。

第二天入殓。两兄弟姓氏家族的男子去砍树和扁藤。扁藤专为抬人用，也叫鬼藤。砍树前，两人要一人持一根蜡烛在树前拜一拜，告诉砍树的原因。提前向树打招呼，然后把蜡烛丢到树后才能开始砍。做扁担的树要选直且粗细适中的。树砍回来后要放在屋檐上。布角人的棺材大多选桂花树。棺材下方的头、中、尾三个部位要摆放好三根柴火。尸体先放到事先准备好的帕垫上，帕垫放在席笆上。尸体上盖上白布。死亡当晚，要请佛爷或博章来家中念经。死者兄弟姓氏的老人们还要到其床前抚摸死者躯体，口中不断说："去吧，去吧，你的房子我们已经帮你盖好了。"第二天，将死者连同帕垫、席笆一起从楼上抬到楼下，放入棺材，在楼下钉钉，扎好捆好，准备出殡。在楼上时家人可以看死者。抬到楼下后就不能打开看了。

出殡当天，佛爷会一早来到家中嘱咐死者："走好，从今往后你就不在这个家中，不要有任何牵挂和留念，去你该去的地方。"佛爷念经是为了给死者指路，让死者清楚自己该去的地方。出殡路上，死者亲友不能哭，要跟在后面。佛爷跟到坟山后，先要念经，下葬前用一根小棍敲打棺材三下，每敲一次，口中说："现在你已死了，不是人了，去吧，去你该去的地方吧。"佛爷念完经离开，之后亲友们才开始挖坑、下葬。棺材埋好后，扁担要砍断放在土面上，再放一把撑开的伞才能离开。

离开坟山前，要用事先准备好的竹筒水，带刺的野茄子叶，蘸水清扫送葬者的头部，扫掉不干不净的东西，以隔断坟山鬼魂跟随活人回家。返回途中，走在最后面的人通常是死者最亲的人。这个人最后要用一枝带刺的野茄子叶蘸水清扫自己的头部，把竹筒踩坏，用自己的脚擦掉送葬人留下的脚印，避免死者鬼魂跟随而来。

回到寨中要先去死者家。砍树做扁担的那两个人要煮饭，要把盐、煮好的饭和一些白线放在死者家中楼梯口，再放两个装有水的竹筒，一些带刺的野茄子叶。如果不是主人家的亲友，要取一根白线，蘸一点盐和米饭，将白线缠绕一圈在手腕上。出门时再用带刺的野茄子叶蘸竹筒水清扫头部，才离开主人家，再去河里洗个澡才能回自己的家。等所有人清洗完毕，砍扁担的那两个人，要把竹筒、盐、饭、柴，以及死者生前的所有物品拿到坟山附近丢掉。

不能上山的老人会在家里破篾，编七八个叫"松筒"的篾箩。当天晚上，佛爷到死者家念经。死者家摆一张桌子给死者，也请亲友们来喝酒吃饭表示答谢。但这天死人家不杀猪、牛等牲口，所需食品到市场买。喝酒吃饭时，每隔半小时敲鼓，邀请大家到死者家做伴，陪死者亲人共度一夜。第二天，去庙房做赕，献"松筒"给死者。摆一桌饭菜让死者吃，让死者保佑家人安康。和尚念完经，"松筒"留给和尚。亲人三天内不洗澡、不洗衣物、不动刀、不干活。三天后拴白线就可洗澡和干活了。

布角人没有上坟习俗，但有在庙房安碑的习俗。经济条件好的人家会请佛爷或和尚在庙房念经。安碑一般要念三天经，要做一个五层高的房子。人间用的东西都要有，至少要花一两万。吃的去街上买，还要用一角、五角的钱折堆起来。布角人说安碑比埋死人花费多。正常死亡者才能享受安碑。非正常死亡者不能埋家族坟山，只能另埋坟山，也不请佛爷做任何仪式。祭祀时不进庙房，只能在庙房围墙背后献祭。

8. 命名

布角人给孩子取名通常是在产妇做完泼水仪式之后。名字可由老人取，也可由父母取。布角人深受傣族文化的影响，中年人一般有三个名字：一个布角名、一个傣族名、一个汉族名。如布角名为"切欧"，傣族名为"波尖"，汉族名为"岩香干"。"波"是"爸爸"的意思，一般用于有孩子的男性，"尖"是儿子的名字，意思是"尖的爸爸"。如果是有孩子的女性，就用"咪"。"尖"是儿子的名字。"咪尖"的意思是"尖的妈妈"。"岩"是傣族男性的姓。"依"是傣族女性的姓。按照傣族取名习惯，父母辈，男人一般姓岩，女人一般姓依，家中如果排行老大，名字中一般会带上"糯"字，如岩糯坎、岩坎糯等；排行老二，名字中喜欢带上"干"，如岩干、岩干坎等。有的人取名时也会考虑加上出生当日的属相。在村里，对已成家的中年人来说，大家都习惯叫布角名。但用于身份证的姓名，年轻人喜欢用汉族名，中年人喜欢傣名。近年来出生的人基本上只用汉名。

9. 禁忌

布角人的民俗习惯非常丰富，日常生活中有许多禁忌，主要表现在以下几方面。

建房：建房选地基时，同姓的人不能选地基、建房子在不同姓氏的地基上。如果建了，将来容易吵架和打架。家族之间会产生矛盾。盖房子时，大门不能与另一户的大门相对，上面的阁楼也不可正对，否则容易招致病痛。搬新房当天，不能先拿单数物品，要先拿双数物品。否则搬进新房后家庭不兴旺，会吃不饱穿不暖。

饮食：布角人不吃猫肉和狗肉，因为老人说吃了这两种肉后头发会掉光。狗肉不能吃，吃了"学口功"学不快。蛇有灵性，布角人也不吃。吃了蛇肉、猫肉，学口功时上不了楼。马肉、黄鳝、大头鱼女人不能吃，吃了对女人身体不好。生孩子时产妇不能吃野菜，不能吃酸笋，不能吃白鸡肉和白猪肉，不能吃牛肉，吃了会发病。布角人平日盛饭时不能从饭中间盛，要从边上盛。否则会惊动饭神，以后饭神就不会给布角人吃饱饭了。

节日：关门节后三个月内不准出远门，不能恋爱、结婚，参加重大娱乐活动。泼水节第三天"做赕"时，进入庙房要脱鞋、脱帽。女人来月经期间不能进庙房。

婚俗：旧时布角人不允许族外通婚。如果通婚了就认为家族血统不纯正。同姓不通婚。如果通婚了认为两口子会吵架，生出的孩子也会成为残疾。同姓通婚寿命短。布角老人说，傣历年四月、六月、八月、九月不能结婚。如果结了夫妻两人生活会过不下去；六月是泼水节会敲鼓，在这个月结婚的夫妻会像敲鼓一样打架；八月要犁田干活儿，心思要花在劳动上，不然没饭吃；九月是关门节不能结婚。

男方送结婚礼品不能送单数。单数有"孤寡"之意。送成双成对的礼品时，不能送大头鱼，布角人认为大头有"弱智"之意；不能送黄鳝，因黄鳝有"乱钻，不安分"之意；不能送牛蛙（当地人叫"石蚌"），因它会"到处乱跳"，结婚夫妻"心不能乱"；不能送有头江鳅，即使要送也要把头砍掉，因有头江鳅会咬人，有"婚后夫妻打架"之意。送礼的人不能请寡妇和鳏夫，离过婚的人也不能参加。送礼途中人群不能中断。如果中断就会给新婚夫妇带来不祥。怀孕妇女不能去摘果子，摘了果子会酸或长不好。

葬俗：布角人家中老人去世，未入棺前，小孩不能进入死者房间。如果进了就容易"闯"着鬼，给小孩带来伤害，导致今后小孩容易生病，易夭折。家人或帮忙的人不能把带血的生肉拿到死者房间，如果拿进去死者就会变成恶鬼伤害家人和村民。不同姓氏的人不能埋在一起。如果埋了，死者灵魂会因争夺地盘相互打架。非正常死亡者不能与正常死亡者埋在同一座坟山上。因为他们有不同的归宿。去坟山埋人的人回家时不能三五成群离去，要一个紧跟一个地走。这样鬼魂不容易"附身"。死者家办完丧事后一周内不能出寨子，不能动刀。如果做了，容易出刀伤。不能吃酸的食品，如果吃了，容易生肠胃疾病。死者家属三天内不能干活，干了这辈子会很苦。

宗教：祖先和神灵在布角人的心目中是至高无上的。布角人把敬重神灵，照顾祖先放在日常生活中的首位。

庙房是逢年过节、祭拜祖先神灵的圣地。女人在月经期间不能进庙房。头晚同过房的夫妻不洗澡不能进庙房。穿鞋、戴帽的人不能进庙房。男女之间不能在庙房里打情骂俏。进了庙房献祭时不能开玩笑，不能在庙房里说不吉利的话。不能在庙房里吃东西。如果做了上述中的任何一点，就会被视为对神灵的不敬。惹神灵生气，就会给家人和寨民带来天灾人祸。三年一次的大型献祭中，女人不能去庙房。男人出门到回到家的过程中不能说不吉利的话。而且还要管好小孩，不能让孩子说不吉利的话。献给神灵的东西已经属于神灵。献祭中没吃完的食物不能带回家。如果带回就会带来不幸。非正常死亡者不能进庙房献祭安碑，只能在庙房后墙外特别的区域里祭献。家里进眼镜蛇、绿蛇、麂子、野斑鸠等要"退鬼"，不退的话就会死人或伤人。野鸡飞进家要念经，不然会发生火灾。

生活：老人面前不能唱情歌，开玩笑。如果做了会被视为对老人的不尊敬。小孩面前不能乱说话，因小孩不懂事，容易学坏。去打猎路上遇到孕妇要回家，布角人认为这样出去也打不到猎。打猎前不能说不吉利的话，如果说了会伤人。孕妇不能去生小孩的家里串门，如果去了会对产妇和婴儿都不好。

10. 宗教

布角人祖祖辈辈生活在热带雨林中，认为万物有灵，对自然界充满敬畏。泼水节期间祭寨门，在与周边傣族的交往中，建寺庙，信南传佛教。男孩入寺学傣经文，有的出家修行。日常生活中，家家有神位，供奉祖先，既信仰原始宗教、神灵崇拜和祖先崇拜，也信仰小乘佛教。

在神灵崇拜中，布角人有 32 位神灵。其中，称为"飘哈洛山神"和"架摩扁"的两大神灵位于 32 神灵之首。这两大神灵并非家家供奉。在补过村，"飘哈洛山神"一般供奉在村长家；"架摩扁"供奉在村里一户杨姓家中。这两家供奉这两个神并无特殊原因，只因祖上传承。

平时，如果寨中哪家出现不幸或病痛。这家人会带上准备好的饭菜、酒和五支蜡烛去祭献"飘哈洛山神"和"架摩扁"神，祈求健康、平安。有时，也请供养神的两家主人帮忙献祭。两家主人也会向神灵祈祷："我们做不好，希望神灵您来帮忙，不要让他疼，不要让他病，我们凡人看不见的你们看得见，生病或是哪里不好，你们让他好起来，该顺的让他顺起来。"

在布角传统中，每隔三年，村民会到山上有河沟地带做一次大献祭，祭"飘哈洛山神"和"架摩扁"神。祭献时间在泼水节前，地点不讲究，唯一的要求是河沟中的水必须清澈。献祭这天，寨子里村民要带上鸡、猪等牲口，在祭献地点燃起一塘大火，家家户户一起宰杀。先将宰杀好的生肉丢进大火中，随后开始丢熟肉。这天村民们要在山上同吃喝。杀猪时，老人要看猪肝。如果肝色泽鲜艳均匀、有光泽，暗示来年人畜健康、有财运。若肝看起来色泽较暗，光泽不均，意味着来年有不好征兆，大家得多加小心。

除祭献"飘哈洛山神"和"架摩扁"外，种谷子时要拜"依雅空拷"神，即"谷子娘娘"，以祈求风调雨顺，谷子饱满，丰衣足食。如今过去的山谷地已全部种上了橡胶，布角人也不再搞这些祭祀活动了。

在民俗活动中，布角人十分敬重祖先，家家户户都有祖宗神位。祖宗神位一般立在堂屋正墙上方。逢年过节，上新房，结婚办喜事等重要日子来临之前，都要到祖宗神位上烧香祭献，求福祈安。拆旧房建新房时，先要祭献祖宗神位。如拆房必须先把祖宗神位请下来，照顾好。搬新房时，得先把祖宗神位请进去，安顿好，家人才能搬东西进屋。

每逢泼水节、关门节和开门节布角人要"做赕"。这也是集体祭献祖先的日子。家家户户要带上准备好的肉、菜和饭去庙房烧香祭献，缅怀祖先。

四 学校教育

20 世纪六七十年代，上海知青到补过寨上山下乡之前，补过寨没有学校。是他们开办了学校，小学生才开始在寨子里读书，读到五年级后才去勐腊县城里读。

以前曼帕村也没有学校，学生去最近的部队学校上学。部队撤走后上政府学校。

2014—2015 年笔者对布角人的教育现状进行了调查。补过、曼帕村的儿童上小学主要在勐腊县二小。勐腊县二小位于勐腊县城中心，校园环境优美，有各种热带植物和花卉，热带风光特点突出，距补过、曼帕村大约3千米。学校学习环境良好，教学楼、综合楼、教师宿舍、学生食堂、硬化操场等。教学设施先进，有远程教育卫星接收系统、多媒体网络教室、远程教育控制中心、实验室、仪器室等，有校园广播、学校管理和教学管理系统。学生有傣、瑶、哈尼（僾尼）、布朗、苗、壮、克木等。少数民族学生上课讲普通话，课后傣、瑶、哈尼（僾尼）族等会讲母语，但大多数布角学生不会母语。

布角学生主要上民族中学，成绩好的上一中，寄宿制，一般周五才回家。有的高中去景洪市读。

调查发现，布角人的汉文化教育水平普遍偏低，文盲、半文盲比例高。据2015年1月统计，布角人中有12个大学生，都是自谋职业。他们读书的积极性不高。他们认为无论读小学、初中、高中、还是大学，最终还是要回来种橡胶。最近几年橡胶价下跌，种橡胶也不是好职业了。

五 经济状况

旧时，布角人土地多，生活主要靠刀耕火种的农业和出售森林资源。粮食以种植山谷、玉米为主，也种红薯、木薯等杂粮。解放前后粮食基本能自给自足。女人靠采金边柊叶、野菜，砍芭蕉心，采大红菌、白生、木耳等，跟傣族换米、盐、油等维持生活。粮食不够吃的年景，就去森林里找山茅野菜、挖苦卡拉、野山药充饥。男人上山狩猎，猎物换食品、钱、衣服等。村里分过土地，集体合作社时，养过牛、猪增加收入，生活有一定改善。但对孩子多、劳动力少的家庭，因年年超支，温饱仍是问题。

1983年实行家庭联产承包责任制以来，布角人从单一种山谷、玉米的农耕生产，放开养牛、猪、鸡、鸭等，大力发展畜牧业，收入增加了。特别是1984—1985年后，还种香蕉、橡胶、砂仁、西瓜、甜竹等，有了固定的收入。1995年起，仅橡胶收入有的人家每年就有一万多元。有的农户一年有十多万。到2010年橡胶价格下跌，年人均收入只有八千元左右。收入下降，年轻人到勐腊、景洪、昆明等地打工，主要是当宾馆、饭店服务员。到2014年人均毛收入只有两千元左右了。补过村有6户五保户，他们享受国家低保补贴。3人进养老院。每年县民政局救济他们被子、衣服等。多数农户有电视、冰箱，有农耕拖拉机20多辆，农用车十多辆，小轿车十多辆。成年人人手一部手机。现在，土地被部队征用建营房，政府征用建高速公路和铁路。补过村的土地面积大为减少，每人只有五分地，仅能维持温饱。

如今政府对边境地区的政策好，布角村寨不仅实现了水、电、路三通，而且政府的扶贫补贴也落实到位。"双女户"国家一次性补助3000元。只要拿着结婚证、身份证、准生证，女方就可以去医院做免费结扎手续。办了手续后还可享受每月90元的医疗保险，直到孩子年满18岁。因此，布角人重男轻女的观念也变了。他们认为生男生女都一样。自从农村有了养老保险，只要交100元、200元、300元、400元、500元，15年后就可按缴费不同，领取800元、900元、1100元、1200元、1300元。2010年开始实行健康保险和养老保险。60岁以上的由国家缴纳。年满80岁的县民政局每年有600元的高龄补贴。低保每人每年补1700元。生活比以前有了更多的保障。

六 道德规范

布角村民风淳朴，无论红白喜事都有人帮忙。生活中一直延续着"一家有事大家帮忙"的美德。村里不管哪家盖房、结婚、丧葬，全寨人都会自愿来相帮。旧时，村里打到猎物，无论大小、多少都一律平均分享。打到野牛、烧到土蜂，要分一半给寨人，留一半自己吃。现在各家打到猎物各家吃，不再分给其他人了。主要原因是寨子人口多，分不过来了。外出看见老人背不动东西时，年轻力壮的人会主动帮老人拿。布角人尊敬老人、长幼有节、性格温和、说话耿直、喜朋好友，能与邻居、周边各民族，如傣族、哈尼族等和睦相处。

逢年过节，只要走进布角人家，都会得到热情款待。布角人认为，即便是从没见过面的人来到家里都是客人，吃好吃俭，都要尽力接待。因此，只要家中来客，女人会热情做饭、摆碗，男人会倒酒接待。客人离开时送出家门。平日就餐，让长辈坐上席。有公婆长辈在场，媳妇不同桌吃饭。晚辈不直呼长辈的名字。寨中老人是最受尊敬的人。重要决策，如搬家、祭寨门、祭祖等都要听取长老的意见。长辈有病，晚辈要精心护理、守护，尽力医治。长辈生病，全村人都会前去探望。斟酒发烟时从年长者开始。

第二节 语言生态环境

语言生态环境是指特定的语言与所在的族群共同所处的社会、经济、语言、文化、地理等环境，是不同族群居住在同一个区域相依共存中的语言使用环境。

从整体看，勐腊是一个多民族聚居县，有傣、哈尼、瑶、彝、苗、布朗、基诺、汉等26个民族。从少数民族人口数量看，人数最多、分布最广的是傣族，其次是哈尼族，简称"雅尼[①]"，再次是瑶族。从地理环境看，布角人处于傣族、哈尼（雅尼）族、瑶族和汉族的层层包围中。按语言发展规律，强势语通常影响弱势语。社会、经济、文化、教育的发展将不断改变语言生态环境。语言生态环境的变化将影响语言的发展，改变语言发展的方向。下面我们来看看布角人的语言生态环境特点。

一 自然和谐的语言生态环境

20世纪50年代以前，地处边疆的布角人，其社会、经济、文化、教育等都比较落后。他们周边的汉人很少。人口较多，语言文化都比较强势的民族主要是傣族。那时的布角人处于一个自然和谐，不受外界干扰的语言生态环境中。布角人与傣族的交流多，与其他少数民族的交流相对较少。族内通婚的多，异族通婚的少。外出干活的机会少，在家干活的机会多。家庭、社区主要以母语交流。父母是母语传承的第一任老师。男女老少母语熟练。中年人除了会讲母语外，还会讲周边少数民族语，如傣话、雅尼话、瑶话等。语言习得是在自然的听、说环境中进行和完成的。布角人中会讲汉语西南官话和普通话的很少。

二 受干预的语言生态环境

20世纪60年代以来，地处边疆的布角人，其社会、经济、文化、教育有了长足的发展。开发边疆，知识青年上山下乡，涌入了一大批外地汉族。他们在农场、乡村、学校接受再教育的过程中，不仅带来了内地先进的文化、理念，而且对当地少数民族的语言文化也产生了巨大的影响。特别是改革开放以来，大批橡胶移民南下，承包土地，种植橡胶、香蕉、咖啡等经济作物，从上海、湖南、四川、广西、贵州等地源源不断地涌入大批汉族。随之，汉语也传入布角村寨。各少数民族在互惠共生、偏利共生中不断吸取先进文化营养。在发展自己的过程中，布角人对汉语的依赖度越来越大，对傣、哈尼（雅尼）话的依赖逐渐减弱。语言生态环境也发生了变化，汉语的强势地位越来越凸显，傣语退位到次强势语。

三 打破平衡的语言生态环境

进入21世纪，教育、经济、科技、社会、文化等都发生了翻天覆地的

[①] "雅尼"是东南亚哈尼族支系的自称。后经傣泰化的西方学者在东南亚将该支系哈尼族改称为"阿卡"，使该称呼强化为东南亚哈尼族的他称。现在由他称变为自称。西双版纳地区的哈尼族古老自称为"雅尼"或"雅尼然"，本书沿用"雅尼"或"雅尼然"这一自称。

变化。各民族年青一代几乎普遍接受了汉语文教育。布角人汉语文水平普遍通过学校教育，汉语电视新闻媒体等渠道，与各民族学习使用汉语的语言环境中得到强化和提高。到政府机关办事，到公共场所娱乐，集市贸易购物，参加节日庆典等，各民族都使用汉语交流。汉语已成为各民族的主要交流工具。其结果是各民族，包括布角人在内的儿童、年青人，母语传承退出家庭，母语能力渐趋渐弱。成年人的母语词汇因不常用而丢失。本民族的很多概念借用汉语表达。语言生态环境失去了平衡，语言文化多样性在减少。

第三节 语言使用现状

如前所述，语言生态环境不同，对语言的影响也不同。为了解布角人的语言使用现状，笔者根据语言使用特点，分成五个年龄段：0—5岁、6—15岁、16—25岁、26—50岁，51岁及以上，对他们的母语使用、语言兼用情况进行调查。

一 母语使用

布角人有自己的语言，日常生活中成年人在族群内部使用母语，使用范围仅限于家庭、社区。笔者参照语言口语"听""说"技能，把语言能力划分为四个等级：熟练、一般、略懂、不会（戴庆厦、白碧波，2008）[①]，进行入户调查。各年龄段的母语使用情况见表1-2。

表1-2　　　　　　各年龄段的母语使用情况　　　　　单位：人、%

年龄段	村寨名称	调查人数	熟练 人口	熟练 百分比	一般 人口	一般 百分比	略懂 人口	略懂 百分比	不会 人口	不会 百分比
0—5岁	补过	14	0	0	5	35.7	7	50	2	14.3
	曼帕	4	0	0	4	100	0	0	0	0
	曼回	9	6	66.7	0	0	1	11.1	1	11.1
	曼降因	7	1	14.3	0	0	0	0	6	85.7
	南泥	18	14	77.8	1	5.6	3	16.7	0	0
	合计	52	21	40.4	10	19.2	11	21.1	9	17.3

①"熟练"：布角话"听""说"能力完全无障碍；日常生活中能够自如地运用布角话进行交际。"一般"：布角话"听""说"能力有一些障碍；日常生活中大部分能够用布角话进行交流。"略懂"：布角话"听""说"能力均较差，或"听"的能力稍强，或"说"的能力稍差；日常生活中以使用汉语当地方言为主，但具有生存语言的交际能力。"不会"：布角话"听""说"能力已完全丧失，转用汉语。百分比一般小数点后保留1位数，小数点后二位，采用四舍五入。

续表

年龄段	村寨名称	调查人数	熟练 人口	熟练 百分比	一般 人口	一般 百分比	略懂 人口	略懂 百分比	不会 人口	不会 百分比
6—15岁	补过	40	25	62.5	6	15.0	4	10.0	4	10
	曼帕	22	15	68.2	5	22.7	0	0	2	9.1
	曼回	7	6	85.7	0	0	0	0	1	14.3
	曼降因	14	2	14.3	0	0	0	0	12	85.7
	南泥	21	21	100	0	0	0	0	0	0
	合计	104	69	66.3	11	10.6	4	3.8	19	18.3
16—25岁	补过	64	62	96.9	0	0	2	3	0	0
	曼帕	35	34	97.1	0	0	0	0	1	3
	曼回	10	6	60	0	0	0	0	4	40
	曼降因	11	4	36.4	0	0	2	18.2	5	45
	南泥	20	20	100	0	0	0	0	0	0
	合计	140	126	90	0	0	4	2.9	10	7.1
26—50岁	补过	174	169	97.1	1	0.6	1	0.6	3	1.7
	曼帕	125	121	96.8	0	0	0	0	4	3.2
	曼回	39	21	53.8	0	0	0	0	7	17.9
	曼降因	49	21	42.9	0	0	5	10.2	23	46.9
	南泥	83	81	97.6	0	0	1	1.2	0	0
	合计	470	413	87.9	1	0.2	7	1.5	37	7.9
51岁及以上	补过	61	61	100	0	0	0	0	0	0
	曼帕	52	50	96.2	0	0	0	0	2	4
	曼回	12	11	91.7	0	0	0	0	0	0
	曼降因	29	20	69	0	0	0	0	9	21
	南泥	38	37	97.4	0	0	0	0	0	0
	合计	192	179	93.2	0	0	0	0	11	5.7
总计		906	787	86.9	12	13.2	33	36.4	77	8.5

从整体来看，补过、曼帕、曼回、曼降因、南泥村的布角人，母语使用程度不稳定，呈阶梯状，分四个层次由高至低，呈急剧递减趋势。51岁及以上年龄段的布角人，母语熟练人数占该年龄段调查人数的93.2%；

16—25 岁、26—50 岁年龄段的布角人，母语熟练人数为 90%；6—15 岁年龄段的青少年，母语熟练人数为 66.3%；0—5 岁儿童，母语熟练人数为 40.4%。从各村寨看，51 岁及以上的布角人，除曼降因村母语熟练人数为 69%外，补过、南泥、曼帕、曼回村分别为 100%，97.4%，96.2%，91.7%；26—50 岁，16—25 岁，6—15 岁年龄段中，母语活力最强的是南泥村，最弱的是曼降因村。0—5 岁年龄段中，补过、曼帕村母语熟练人数为 0。曼降因为 14.3%。曼回、南泥村分别为 66.7%，77.8%。这说明母语熟练者大多是成年人。补过、曼帕村的家庭母语代际传承已基本中断。母语成为第二语言，濒危特征凸显。

二 语言兼用

1. 汉语兼用

布角人长期处于傣语、哈尼语、汉语等语言环境中。为生存发展，他们需要适应主流社会，选择有助于自身生存发展的语言。因此，他们除使用母语外，兼用汉语、傣语、哈尼语，少数还兼用瑶语、布朗语、老挝语、泰语等。汉语使用情况见表 1–3。

表 1–3　　　　　　　　汉语使用情况　　　　　　单位：人、%

年龄段	村寨名称	调查人数	熟练 人口	熟练 百分比	一般 人口	一般 百分比	略懂 人口	略懂 百分比	不会 人口	不会 百分比
0—5 岁	补过	14	0	0	5	35.7	7	50	2	14.3
	曼帕	4	0	0	4	100	0	0	0	0
	曼回	9	5	55.6	0	0	4	44.4	0	0
	曼降因	7	7	100	0	0	0	0	0	0
	南泥	18	0	0	0	0	2	11.1	16	88.9
	合计	**52**	**12**	**23.1**	**9**	**17.3**	**13**	**25**	**18**	**34.6**
6—15 岁	补过	40	25	62.5	6	15	4	10	4	10
	曼帕	22	17	77.3	5	22.7	0	0	0	0
	曼回	7	7	100	0	0	0	0	0	0
	曼降因	14	14	100	0	0	0	0	0	0
	南泥	21	8	38.1	0	0	1	4.8	16	76.2
	合计	**104**	**71**	**61.4**	**11**	**10.6**	**5**	**4.8**	**20**	**19.2**

续表

年龄段	村寨名称	调查人数	熟练 人口	熟练 百分比	一般 人口	一般 百分比	略懂 人口	略懂 百分比	不会 人口	不会 百分比
16—25岁	补过	64	62	96.9	0	0	2	3.1	0	0
	曼帕	35	25	71.4	0	0	0	0	0	0
	曼回	10	10	100	0	0	0	0	0	0
	曼降因	11	11	100	0	0	0	0	0	0
	南泥	20	19	95	0	0	0	0	3	15
	合计	140	127	90.7	1	0.7	2	1.4	3	2.1
26—50岁	补过	174	169	97.1	0	0	1	0.6	3	2
	曼帕	125	125	100	0	0	0	0	0	0
	曼回	39	37	94.9	0	0	1	2.6	0	0
	曼降因	49	49	100	0	0	0	0	0	0
	南泥	83	79	95.2	0	0	0	0	3	3.6
	合计	470	459	97.7	1	0.2	2	0.4	6	1.3
51岁及以上	补过	61	61	100	0	0	0	0	0	0
	曼帕	52	52	100	0	0	0	0	0	0
	曼回	12	6	50	0	0	3	25	2	16.7
	曼降因	29	29	100	0	0	0	0	0	0
	南泥	38	37	97.3	0	0	0	0	0	0
	合计	192	185	96.4	0	0	3	1.6	2	2.2
总计		958	854	89.1	22	2.3	25	2.6	49	5.1

从整体看，补过、曼帕、曼回、曼降因、南泥村的布角人，汉语水平都很高。从0—5岁年龄段看，补过、曼帕、南泥村汉语熟练人数为23.1%，6—15岁年龄段的青少年，汉语熟练人数为61.4%。但南泥村的汉语能力较弱，25.8%。16—25岁，26—50岁，51岁及以上的布角人，汉语熟练人数分别为90.7%，97.7%，89.1%。从各村寨看，0—5岁的儿童，曼降因村为100%，曼回村为55.6%，补过、曼帕、南泥村为0。他们正接受汉文化教育，随着年龄的增长，学业的进步，汉语能力将很快提高。汉语使用将成

为一种趋势。

2. 傣语兼用

布角人除兼用汉语外，兼用傣语，傣语使用情况见表1–4。

表1–4　　　　　　　傣语使用情况　　　　单位：人、%

年龄段	村寨名称	调查人数	熟练 人口	熟练 百分比	一般 人口	一般 百分比	略懂 人口	略懂 百分比	不会 人口	不会 百分比
0—5岁	补过	14	0	0	0	0	0	0	14	100
	曼帕	4	0	0	0	0	0	0	4	100
	曼回	9	0	0	0	0	1	11.1	8	88.9
	曼降因	7	6	85.7	0	0	0	0	1	14.3
	南泥	18	0	0	0	0	2	11.1	16	88.9
	合计	52	6	11.5	0	0	3	5.8	43	82.7
6—15岁	补过	40	0	0	0	0	0	0	39	97.5
	曼帕	22	0	0	0	0	0	0	22	100
	曼回	7	2	28.6	0	0	0	0	5	71.4
	曼降因	14	14	100	0	0	0	0	0	0
	南泥	21	8	25.8	0	0	1	3.2	22	71.0
	合计	104	24	23.1	0	0	1	1	88	84.6
16—25岁	补过	64	2	3.1	0	0	0	0	62	96.8
	曼帕	35	2	5.7	0	0	0	0	33	94.3
	曼回	10	3	30	0	0	1	10	6	60
	曼降因	11	11	100	0	0	0	0	0	0
	南泥	20	19	95	0	0	0	0	1	5.0
	合计	140	37	26.4	0	0	1	0.7	102	72.9
26—50岁	补过	174	29	16.7	0	0	15	8.6	130	74.7
	曼帕	125	20	16	0	0	2	1.6	103	82.4
	曼回	39	27	69.2	0	0	2	5.1	9	23.1
	曼降因	49	48	98	0	0	0	0	1	2.0
	南泥	83	79	95.2	0	0	0	0	3	3.6
	合计	470	203	43.2	0	0	19	4	246	52.3

续表

年龄段	村寨名称	调查人数	熟练 人口	熟练 百分比	一般 人口	一般 百分比	略懂 人口	略懂 百分比	不会 人口	不会 百分比
51岁及以上	补过	61	49	80.3	0	0	6	9.8	6	9.8
	曼帕	52	40	76.9	0	0	0	0	12	23.1
	曼回	12	10	83.3	0	0	0	0	1	8.3
	曼降囡	29	28	96.6	0	0	0	0	1	3.4
	南泥	38	37	97.4	0	0	0	0	0	0
	合计	192	164	85.4	0	0	6	3.1	20	10.4
总计		958	434	45.3	0	0	30	3.1	499	52.1

从整体看，曼降囡各年龄段的傣语活力最强。从0—5岁年龄段看，补过、曼帕、曼回、南泥村的儿童基本不会傣语。6—15岁、16—25岁年龄段中，曼降囡村的傣语熟练人数达100%。南泥、曼回村，有1/3的布角人傣语运用熟练。26—50岁年龄段中，曼降囡、南泥村90%以上的傣语运用熟练。曼回村有69.2%。51岁及以上布角人中，曼降囡、南泥村有90%以上的傣语运用熟练。补过、曼回村有80%以上的人兼用傣语。这说明傣语熟练人数与后期的语言接触有关。

3. 雅尼话使用

雅尼话属于哈尼语哈雅方言，使用情况见表1-5。

表1-5　　　　　哈尼族雅尼话使用情况　　　　单位：人、%

年龄段	村寨名称	调查人数	熟练 人口	熟练 百分比	一般 人口	一般 百分比	略懂 人口	略懂 百分比	不会 人口	不会 百分比
0—5岁	补过	14	0	0	0	0	0	0	14	100
	曼帕	4	0	0	0	0	0	0	4	100
	曼回	9	6	66.7	0	0	1	11.1	2	22.2
	曼降囡	7	0	0	0	0	0	0	7	100
	南泥	18	14	77.8	1	5.6	3	16.7	0	0
	合计	52	20	38.5	1	1.9	4	7.7	27	51.9
6—15岁	补过	40	0	0	0	0	1	2.5	39	97.5
	曼帕	22	0	0	0	0	0	0	22	100
	曼回	7	6	85.7	0	0	0	0	1	14.3

续表

年龄段	村寨名称	调查人数	熟练 人口	熟练 百分比	一般 人口	一般 百分比	略懂 人口	略懂 百分比	不会 人口	不会 百分比
6—15岁	曼降因	14	0	0	0	0	0	0	14	100
	南泥	21	21	100	0	0	0	0	0	0
	合计	104	37	35.6	0	0	1	0.9	76	73.1
16—25岁	补过	64	0	0	0	0	1	1.6	63	98.4
	曼帕	35	1	2.9	0	0	0	0	34	97.1
	曼回	10	6	60	0	0	0	0	4	40
	曼降因	11	1	9.1	0	0	0	0	10	90.9
	南泥	20	20	100	0	0	0	0	0	0
	合计	140	28	20	0	0	1	0.7	111	79.3
26—50岁	补过	174	8	4.6	0	0	1	0.6	165	94.8
	曼帕	125	5	4	0	0	1	0.8	119	95.2
	曼回	39	21	79.5	0	0	0	0	4	10.3
	曼降因	49	3	6.1	0	0	1	2	45	91.8
	南泥	83	81	97.6	0	0	1	1.2	0	0
	合计	470	118	25.1	0	0	4	0.9	333	70.9
51岁及以上	补过	61	4	6.6	1	2	4	6.6	52	85.2
	曼帕	52	4	7.7	0	0	0	0	48	92.3
	曼回	12	11	91.7	0	0	0	0	0	0
	曼降因	29	10	34.5	0	0	1	3.4	18	62.1
	南泥	38	37	97.4	0	0	0	0	0	0
	合计	192	66	34.4	1	0.5	5	2.6	118	61.5
总计		958	269	28.1	2	0.2	15	1.5	665	68.7

从整体看，各年龄段中，南泥、曼回村的布角人，兼用雅尼话的人最多。0—5岁的儿童中，分别达77.8%、66.7%；6—15岁年龄段中，为100%、85.7%；16—25岁年龄段中，为100%、60%；26—50岁年龄段中，为97.6%、79.5%；51岁及以上年龄段中，分别为97.4%、91.7%。补过、曼帕、曼降因村各年龄段中，兼用雅尼话的人极少。

第四节　成因分析

　　调查显示，部分布角人是汉语单语人，部分是布—汉双语人，部分人是布—汉—傣三语人，部分人是布—汉—傣—哈尼或其他民族语多语人。笔者采访了一个会说 6 种语言（布角、汉、傣、哈尼、老挝语和泰国语）的布角人，他说布角村成年人中会说老挝、泰国语的人虽然很少，但会说周边少数民族语的人还是很多的。其成因分析如下：

　　1. 语言环境如同生物环境一样，每种语言的使用和发展都有其特殊的生态环境及其生存意义。勐腊是一个多民族杂居县，26 个民族中，傣族、哈尼（哈雅）、瑶族等人口多，语言文化强势。在没有外界干预的情况下，其母语发展顺其自然。家庭、社区是母语传承的重要场所。在与周边少数民族的交往中，自然而然就学会了傣语、哈尼语、瑶语等。这是符合语言发展规律的。在地理环境上，布角村被傣族村层层包围，最近的不到 1 千米。如勐腊镇 68 个自然村中，补过、曼帕、曼回、曼降因、南泥村的周边是曼掌、曼勒、曼庄、曼竜勒、曼竜傣、曼拼、曼养、曼暖叫等傣族村，布角村宛如"孤岛"，受傣族语言、文化、宗教、生活、住房、饮食、节日等诸多方面的影响。

　　2. 在汉族没有大量进入之前，傣族以先进的文化典范，极大地影响着周边的少数民族。在没有政府的学校前，布角男孩一般要入傣族寺庙学习傣文。受过傣文教育的布角人大多数都是母语、傣语双语人。没受过傣文教育的布角人，成长过程中与傣族的交往比较频繁，如结婚、丧葬、上庙房、节日等都要参与，或请傣族大佛爷来念傣文经。天长日久就自然学会了傣语。曼降因村的布角人，20 世纪 70 年代前与傣族住在龙林村，后因宗教文化习俗的差异，搬到龙林村边，傣语叫曼降因，意为：村边小寨。曼降因村的布角人至今傣语能力都比其他布角村的人强。

　　3. 历史上布角人来回迁徙于热带原始森林里，与哈尼族雅尼人为邻。周边有贝海勒、飘杰、广南里、温泉、下红星村等雅尼村。在生存繁衍中他们亲如兄妹，相互帮助，以物易物。20 世纪 70 年代，补过、曼帕、曼回、曼降因四村搬到坝区边缘后，与哈尼族雅尼人接触的机会就减少了。因此，布角人中雅尼话熟练的大多是老年人，年青一代会讲雅尼话的人很少。南泥村位于山区距温泉、下红星雅尼村只有几百米。曼回距雅尼村也较近。在山区雅尼村多、人口密，语言文化不断影响着南泥、曼回村的布角人。老老少少都会讲雅尼话。但补过、曼帕、曼回村的布角人，只有经常与雅尼人打交道的人才会讲雅尼话。现在，各民族都会讲汉语，讲雅尼话的人也不多了。

4. 20世纪70年代以来，改革开放，开发勐腊，建设勐腊，大批汉族人相继南下。承包土地，种植橡胶、香蕉、咖啡等经济作物，各少数民族对汉语的依赖程度越来越大。农场、机关、学校、集市贸易、公共场所等，汉语已成为各民族的通用语。随着社会、经济、文化、教育的快速发展，学校是汉语学习的重要场所。汉语能力一代比一代强。傣语、雅尼话的使用范围也在不断缩小。

母语的生命力越来越弱。母语能力也渐趋渐弱。母语衰退主要有以下几方面的原因：

1. 学校教育让布角人从小接触汉语普通话。学校撤并后，布角小孩全部在勐腊县城上学。在学校里，汉语是学校的教育和交流工具。只要接受九年义务教育的少年儿童，就能熟练掌握汉语。期间，布角学生在学校的时间多，接触汉语的时间长[①]。他们不仅很快学会汉语，而且还学会傣语、哈雅话。因为学校里傣族、哈雅学生聚在一起时讲母语。天长日久，从会听到会说。但布角语因接触时间少就慢慢丢失了。

2. 20世纪70年以来，勐腊大力发展橡胶、香蕉，搞经济大开发，对弱势语言文化的冲击很大。期间，西双版纳州各县都涌入了许多外地人，如上海知青，湖南、四川等地的橡胶移民，或墨江、江城、绿春等县的土地承包者。各民族在一起只能用汉语交流。村里村外，家里家外，汉语使用机会多于母语。母语生态环境逐渐退化。

3. 改革开放以后，异族婚增多，影响到了下一代的家庭语言环境。据调查，同族婚家庭，家庭内部还讲母语。但在异族婚家庭，只能讲汉语。因此，孩子学到的语言是汉语。

综上所述，布角人的多语现象与语言生态环境有关。语言生态环境稳定平衡，母语使用、语言兼用就顺其自然，和谐发展。人类活动的干预，会改变语言发展的规律，导致很多语言走向濒危和消亡，最后严重危及人类语言文化多样性和社会的可持续性发展。

[①] 九年义务教育为寄宿制，上学期间，学生周一至周五住校，周五放学后回家、周日返校。

第二章　语音

布角语是汉藏语系藏缅语族彝缅语支的一种有特点的语言，与彝语、哈尼语、基诺语、纳西语、拉祜语等较接近。本语音系统以勐腊县勐腊镇城子村委会补过村布角语为主要材料，以曼帕、曼回、曼降因、南泥村的布角语为补充语料整理的[①]。

第一节　声母

布角语有声母 40 个。从发音部位上看，有双唇、唇齿、龈前、龈中、硬腭、软腭音；双唇、龈中、软腭前，有非腭化和腭化之分。从发音方法上看，有塞音、塞擦音，分清音送气、不送气和浊音三套。部分擦音分清浊两套。鼻音和边音，见浊音，不见清音。有单声母，没有复合声母，见下表。

发音方法＼发音部位	清不送气	清送气	浊	浊	清	浊
双唇	p	ph	b	m		w
双唇腭化	pj	phj	bj	mj		
唇齿					f	v
龈前	ts	tsh	dz		s	z

[①] 布角语发音合作者岩糯胆，男，补过村民小组长，1965 年 9 月 9 日出生于勐腊县勐腊镇城子村委会补过村，初小文化，通汉语、傣语。乳名叫 ŋui⁵⁵tɕɛ⁵²，意为"哭得厉害"；婚后依照傣族宗教习俗，由傣族"博章"赐予傣族名字叫 ai²¹no⁵⁵tɑŋ⁵²（音译"岩糯胆"）。结婚生子后顺从傣族习俗，起名为 po³³kjɔ³³（音译"波娇"），"波"为"父"，"娇"为"女儿"，即"女孩的父亲"。

布角语发音合作者波胖，男，补过村民小组支部书记，1960 年 2 月 17 日出生于勐腊县勐腊镇城子村委会补过村，初小文化，通汉语、傣语。乳名叫 pa⁵⁵ɕɛn³³，意为"胎记"。婚后依照傣族宗教习俗，由傣族"博章"赐予傣族名字叫 ai²¹ɕaŋ³³（音译"岩香"）。结婚生子后，顺从傣族习俗，起名为 po³³phaŋ²¹³（音译"波胖"），"波"为"父"，"胖"为"儿子"，即"男孩的父亲"。

续表

发音部位＼发音方法	清不送气	清送气	浊	浊	清	浊
齿龈中	t	th	d	n		l
龈中腭化	tj	thj				lj
硬腭	tɕ	tɕh	dʑ	ȵ	ɕ	ʑ
软腭前	k	kh	g	ŋ	x	ɣ
软腭前腭化	kj	khj	gj	ŋj		

声母例词：

1	p	pa̱²¹	扛	po̱²¹	罐子
2	ph	pha̱³³	半	a²¹pha̱²¹	叶子
3	b	bi⁵⁵	箫，笛子	bɛ³³	给
4	w	wua̱²¹i̱³³	猪	wua̱³³tɕi²¹³	鸡
5	m	me̱³³	眼	me̱²¹	闪电
6	pj	(ŋo²¹dɣ⁵⁵) pjɛ²¹	烤（鱼）	(ŋo²¹dɣ⁵⁵) pjɛ⁵²	钓（鱼）
7	phj	phja³³	拆	phjɔ²¹	村长
8	bj	ʑɛ³³bjɛ⁵⁵	扫帚	tɕha³³bjɔŋ⁵⁵	虾
9	mj	mjɛ²¹	饿	mjo²¹	箭
10	f	tɕa⁵⁵fai²¹	加法	ka⁵⁵fai⁵²	火柴
11	v	vɣ²¹	钩	vɯ⁵⁵	晕
12	ts	tsi⁵⁵	好吃（味）	tso̱³³	咸
13	tsh	tsho³³	捏（痧）	tsho̱²¹	雷
14	dz	dzo²¹	吃	dzoŋ²¹	哑
15	s	sɣ²¹	杀	sɯ²¹	清楚
16	z	zen²¹min²¹	人民	kɔŋ⁵⁵zen²¹³	工人
17	t	to̱³³	出（来）	tɔ³³	砍
18	th	tha³³	锋利	tha²¹	（用钻子）钻
19	d	de³³	田	dɛ³³	床

续表

20	n	na³³	黑	na²¹	深
21	l	lo⁵⁵	（从下上）来	lo²¹	老虎
22	tj	tjɛn⁵⁵tɤn³³	电灯	tjen⁵⁵sɯ⁵⁵	电视
23	thj	thje³³	包（东西）	(ɔŋ²¹ bo²¹) thjɛ²¹	（天亮）时候
24	lj	sɯ⁵⁵ljɔ⁵⁵	饲料	fu²¹³ljen⁵²	妇联
25	tɕ	a²¹tɕa⁵²	什么	tɕha²¹	煮（饭）
26	tɕh	tɕho²¹	安全	tɕhu²¹	吮
27	dʑ	dʑɛ²¹	浸泡	dʑe⁵⁵	湿
28	ɕ	ɕo³³	送	ɕo⁵⁵	寻找
29	ʑ	ʑo³³	个（人）	ʑa²¹	工具
30	ɲ	ɲa⁵⁵	草	ɲi⁵⁵	居住
31	k	ka²¹	绑	ka³³	狩猎
32	kh	kha²¹	哪里	kha²¹³	硬
33	g	a²¹gu³³	（蚂蚁）巢	gu²¹	双
34	x	xɤ²¹	远	xɯ²¹	大
35	ɣ	ɣo²¹	竹子	ɣuɛ³³	勤快
36	ŋ	ŋa⁵²	凶恶	ŋo²¹	五
37	kj	kjo³³	缅甸	kje³³	擦
38	khj	khjɑŋ²¹	捆	khjɔŋ²¹	句
39	gj	gjo²¹	想	gje²¹	老
40	ŋj	ŋje²¹	筷子	ŋji⁵⁵	也

声母说明：

1. 清唇齿音 f，只出现在汉语、傣语借词中，读音因人而异，可读 f 或 ɸ。本音系里记作 f。如 khji²¹fu⁵⁵ 化肥，ŋɤ²¹lɤ³³ fa²¹³ 发工资，fen³³pi²¹ 粉笔，fua²¹ 听，fuɛ²¹ 游过河，电筒 kɔŋ²¹fai⁵²，ɲi²¹dɤŋ³³ faŋ²¹ dɤŋ²¹ 想一想，la²¹ɲi⁵⁵ thɤ²¹ fen³³ 一分钟，ɔ³³ ma²¹ faŋ²¹ 不听话等。

2. 声母 d, t, th, n, l 等与后元音韵母 ɤ, ɯ, u, o, ɔ, ɔŋ, ɤ 等相拼时，接近卷舌音 ɖ, ʈ, ʈh, ɳ, ɭ。本音系记作 d, t, th, n, l 的变体。如 dɤŋ²¹ dɤŋ²¹ 试一试→ɖɤŋ²¹ ɖɤŋ²¹，dɯ²¹ 拍桌子→ɖɯ²¹，a²¹dɔŋ⁵⁵ 翅膀→a²¹ɖɔŋ⁵⁵，dɔŋ⁵² tho²¹ 等

待→dɔŋ⁵²tho²¹，dɔ²¹khɔŋ²¹dɔ²¹so²¹ 肛门→dɔ²¹khɔŋ²¹dɔ²¹so²¹，a²¹nɔŋ³³ 羽绒→a²¹nɔŋ³³，ɯ²¹nɔ²¹ 脑髓→ɯ²¹nɔ²¹，nʐ²¹dɔŋ⁵⁵ 坟墓→nʐ²¹dɔŋ⁵⁵，nɔ²¹ 软→nɔ²¹，nɔ⁵⁵tɔ³³wuan⁵² 向日葵→nɔ⁵⁵tɔ³³wuan⁵²，tɔŋ²¹ 铜→tɔŋ²¹，ɯ⁵⁵tɔ³³ 泉水→ɯ⁵⁵tɔ³³，ɯ⁵⁵lɔŋ⁵⁵ 温泉→ɯ⁵⁵lɔŋ⁵⁵，la²¹tho³³ 拳头→la²¹tho³³，tho³³（脉搏）跳→tho³³，nʐ²¹tɕhu²¹dɔŋ²¹tu⁵⁵ 刺桶树→nʐ²¹tɕhu²¹dɔŋ²¹tu⁵⁵，pɔ²¹ŋaŋ³³lɔ²¹ 水牛犊→pɔ²¹ŋaŋ³³lɔ²¹，ma³³ɲɔ⁵²lɔ²¹ 黄牛犊→ma³³ɲɔ⁵²lɔ²¹，lɔ³³thɔŋ²¹ 生蛆→lɔ³³thɔŋ²¹，pɔ²¹ŋaŋ³³lɔ²¹ 水牛犊→pɔ²¹ŋaŋ³³lɔ²¹，thʐ²¹tsʐ²¹thʐ²¹lɔŋ³³ 一个节筒子→thʐ²¹tsʐ²¹thʐ²¹lɔŋ³³ 等。齿龈中声母 d, t, th, n, l 的发音部位略微后移。这是布角语声母发音的重要特点之一，反映了布角语在语言接触中深受周围语言的影响，其声母系统正在发生变化。

3. 软腭音声母 ɣ 与韵母 u, o, ɔŋ 等相拼时，略带双唇介音ʷ，实际音质接近于ɣʷ。本音系记作ɣ，如ɣue²¹ 快，nɔ²¹ɣui³³ 耳壳，ɣo³³ 得，ɲi⁵⁵ɣo³³ 太阳，nɣ³³ɣo³³ 身体，khji³³ɣo³³ 儿媳，phɔŋ²¹ɣɔŋ²¹ 筛子，ɣo⁵⁵mo²¹ 簸箕等。

4. 清擦音声母 s, ɕ, x 与韵母 ɯ, o, a, a̠ 等相拼时，气流较强，其音质接近 sh, ɕh, xh。本音系记作 s, ɕ, x，如ɯ²¹sɯ⁵² 头，sa⁵² 剁(肉)，a²¹sa²¹ 气，ɕo³³ 泻(肚子)，ɕo⁵² 肉类，be²¹xo³³ 蚂蚁，ma⁵⁵xa³³ma³³xɔŋ⁵⁵mo³³ 妖精等。

5. tj, lj 声母多用在借词中，基本词汇中例词数量少，如 tjɛn⁵⁵sɯ⁵⁵ 电视，mjɛn⁵⁵thjɔ²¹ 面条，sɯ⁵⁵ljɔ⁵⁵ 饲料等。

6. 声母ŋ与韵母 ui 相拼时，略带介音ʷ，接近于ŋʷ。本音系记作ŋ，如ŋui⁵⁵ 哭，ŋui⁵⁵i³³ 忘记，tɕɔŋ²¹ŋui⁵² 拐杖等。

7. 个别词 x 与 ɣ 互转，如xɔ³³khɔŋ⁵⁵xɔ³³kha⁵² 岔路→ɣɔ³³khɔŋ⁵⁵ɣɔ³³sɯ⁵⁵。

8. tɕ, tɕh, dʑ, ɲ, ɕ, ʑ 声母与韵母相拼时，带有介音-j，本音系省略。

第二节 韵母

布角语有韵母 41 个。单韵母 18 个，分为松紧两套，为藏缅语族彝语支语言的共性特点，可见藏缅语古音遗留。复合韵母 9 个；带鼻音尾韵母 11 个，其中有 5 个前鼻音尾，6 个后鼻音尾；带塞音尾韵母 3 个，可见其与壮傣民族语长期接触的结果。

序号	类别		元音
1	单元音	松	i e ɛ a ɣ ɯ u o ɔ
		紧	i̠ e̠ ɛ̠ a̠ ɣ̠ ɯ̠ u̠ o̠ ɔ̠

续表

序号	类别		元音
2	复合元音		ei ai ɯi oi ui uɛ ua ɔe uɔ
3	带鼻音尾元音	前鼻音	in en an un uan
4		后鼻音	iŋ eŋ ɤŋ aŋ ɔŋ uaŋ
5	塞音尾元音		it et ɔk

韵母例词：

1	i	ȵi³³	日	ȵi²¹	想
2	i̠	mi̠³³	闭（眼）	ȵi̠²¹	二
3	e	le³³	上去	me²¹pɔŋ²¹³	矛
4	e̠	le̠³³	脱（衣服）	me̠²¹	闪电
5	ɛ	dzɛ²¹	泡	ɕɛ³³	近
6	ɛ̠	lɛ̠²¹	厉害	lɛ̠⁵²	献（鬼）
7	a	da³³	驮	(ɯ²¹da²¹) da²¹	戴（头巾）
8	a̠	ka̠²¹	勒	pa̠²¹	挑（水）
9	ɤ	(a²¹thɤ⁵⁵) ɕɤ³³	回声	(pi²¹lo³³) xɤ³³	（月亮）亮
10	ɤ̠	lɤ̠³³	街，集市	lɤ̠³³	交换
11	ɯ	ɯ²¹sɯ⁵²	头	sɯ²¹	懂
12	ɯ̠	sɯ̠⁵²	桃子	nɯ̠³³	年
13	u	phu⁵⁵	银子	phu²¹	煮（玉米）
14	u̠	ku̠⁵⁵	千	ku̠³³	抠
15	o	lo²¹	老虎	bi²¹lo³³	月亮
16	o̠	lo̠²¹	养（鸡）	lo̠³³	（地）震
17	ɔ	(a²¹gu²¹) thɔ³³	（脉搏）跳	nɔ⁵⁵	你
18	ɔ̠	pɔ̠³³	打（枪）	tɔ̠³³	砍（柴）
19	ei	khjei³³	干活	khjei²¹	害怕
20	ai	lai²¹	楔子	ʐai²¹³	豺狗

续表

21	ɯi	khɯi⁵²dzɯ⁵⁵	漆树	a²¹khɯi²¹	屎
22	oi	moi²¹³	发霉	moi³³(go³³)	露水
23	ui	kui²¹	九	khui²¹	夜
24	uɛ	tɕuɛ²¹	锄（草）	shuɛ²¹	切（菜）
25	ua	khua³³bo³³	斧头		
26	ɔu	lɔu²¹	老挝	tho³³khɔu⁵²	豆荚
27	ɔe	lɔe⁵²	狡猾	mɔɛ³³	累
28	in	tɕin⁵⁵	抢	tɕin²¹	生（的）
29	en	sen²¹	三	kui²¹tɕen⁵⁵	香蕉
30	an	ma³³san⁵²	鞭炮	tan²¹mu⁵⁵	群（动物）
31	un	tshɤ²¹khun³³a²¹sɯ⁵²	大板栗	tshun⁵⁵wui²¹xui²¹³	村委会
32	uan	kai²¹³tuan³³	阉鸡	mi³³tuan⁵⁵	扣子
33	iŋ	liŋ⁵²	蟒蛇	liŋ²¹³	一颗钉子
34	eŋ	tseŋ³³	楼梯	a²¹tsheŋ²¹	肺
35	ɤŋ	dɤŋ²¹	看	thɤŋ²¹	大梁
36	ɑŋ	mɑŋ⁵²	牛蝇（大）	mɑŋ²¹	合适
37	ɔŋ	lɔŋ²¹	小船，舟	xɔŋ²¹	饭
38	uɑŋ	buɑŋ³³	白牛	phuɑŋ³³	垮
39	it	lɤ³³sit³³	（农历）十月	lɤ³³sit³³it²¹³	十一月
40	et	lɤ³³tɕet²¹³	七月	lo³³gjet⁵⁵	领养子女
41	ɔk	ɣɑŋ²¹ɔk⁵⁵	东方	ɣɑŋ²¹tɔk⁵⁵	西方

韵母说明：

1. 复合韵母ɯi²¹只见与舌面后声母 kh 相拼，如 a²¹khɯi²¹ 屎，tshɔŋ⁵⁵ khɯi⁵² 汗水，khɯi⁵²dzɯ⁵⁵ 漆树；ui 只见与舌面后声母 ŋ 相拼，如 ŋui⁵⁵ 哭，ŋui⁵⁵ i³³ 忘记，tɕɔŋ²¹ŋui⁵² 拐杖等。

2. 韵母 ɔ 与声母 ɣ 相拼时，略带有介音 u，接近于 ɣuɔ 音。本音系记作 ɣɔ，如 ɔ²¹lɯ⁵⁵a²¹ɣɔ³³ 项圈，la²¹phu⁵⁵a²¹ɣɔ³³ 手镯等。

3. 紧韵母不受声母送气与不送气的制约，如 sa̱³³ tsho̱³³ 捏痧，i̱ŋ⁵⁵ tsho̱³³ 盖房子，pha²¹sa̱³³ 民族，a²¹pha̱²¹ 叶，tha̱²¹ 凿，tha̱²¹ 钉（钉子）等。

4. 韵母 it, et, ɔk 等只出现在傣语借词中，如 lɤ³³sit³³ 十月，lɤ³³sit³³it²¹³ 十一月，lɤ³³tɕet²¹³ 七月，lɤ³³pjet²¹³ 八月，ɣaŋ²¹ɔk⁵⁵ 东方，ɣaŋ²¹tɔk⁵⁵ 西方等。

5. 因为布角语受汉语和傣语影响很深，借用了不少外来词，所以部分复合韵母和韵尾归纳难免有遗漏。如 xop²¹³ 六，xuai 百，mou⁵⁵ 群，khuai²¹ 块、元，等等。

第三节　声调

布角语有 5 个声调：低降（21）、中平（33）、高降（52）、低降升（213）、高平（55），例词如下：

调序	调类调值	例词	汉义	例词	汉义
低降	低降²¹	lo²¹	老虎	liŋ²¹	蟒蛇
中平	中平³³	lo³³	黄（色）	liŋ³³	最里面
高平	高平⁵⁵	lo⁵⁵	来	liŋ⁵⁵	烤（火）
低降升	低升²¹³	lo²¹³	走	liŋ²¹³	摔跤
高降	高降⁵²	lo⁵²	来吧	li⁵²	万

声调说明：

在 2292 个常用词汇中，声调频率高低排列顺序为：21 调有 2113 个词汇，33 调有 1591 个，52 调有 303 个，213 调有 130 个，55 调有 90 个。

第四节　音节

布角语有以下 7 种音节类型。

序号	类型	例词	汉义	例词	汉义
1	韵母+声调	a²¹	别	o³³	孵（蛋）
2	韵母+鼻韵尾+声调	ɔŋ²¹	上牛轭	eŋ⁵⁵	下牛轭
3	声母+韵母+声调	ma²¹	不、没	mi²¹	火
4	声母+韵母+鼻韵尾+声调	dɤŋ²¹	看	tshɔŋ⁵⁵	人
5	声母+韵母+韵母+声调	lai²¹	抓痒	khuɛ²¹	瘪（谷）
6	声母+韵母+韵母+鼻韵尾+声调	phuaŋ²¹	乱	suan⁵⁵	算
7	声母+韵母+塞音尾	tɕet²¹³	七	sit³³	十

第五节 音变

在语流中，有连读变调，音节合并产生的语调变化等现象，其变化规律如下：

1. 低降调²¹ 位于高平调⁵⁵ 之前，²¹ 变读为高降调，近似于⁵² 调，如：
a²¹gɔŋ⁵⁵ ŋa³³lo²¹，变读为 a²¹⁻⁵²gɔŋ⁵⁵ ŋa³³lo²¹ 中间那只鸟
中间　　鸟
a²¹dzɯ⁵⁵ thɤ²¹ dzɯ⁵⁵，变读为 a²¹⁻⁵²dzɯ⁵⁵ thɤ²¹⁻⁵² dzɯ⁵⁵ 一棵树
树　　一　　树

2. 两个低降调²¹ 相邻时，头一个音节变读为中平调，如：
ma³³dɔŋ⁵²khoʔ²¹ kɔŋ²¹kiŋ⁵⁵，变读为 ma³³dɔŋ⁵²khoʔ²¹⁻³³ kɔŋ²¹kiŋ⁵⁵ 野菜

3. 三个低降调相邻时，中间一个音节变读为中平调，如：
sɯ²¹khoʔ²¹ a²¹khoʔ³³，变读为 sɯ²¹khoʔ²¹⁻³³a²¹khoʔ³³ 黄瓜皮

4. 陈述语气句末²¹ 调变读为²¹³ 调，如：
dzo²¹ 吃，ŋo³³ xɔŋ²¹ *dzo²¹³*. 我吃饭。
　　　　我　饭　吃
sɤ²¹ 杀，ŋo³³ wua̠³³tɕi²¹³ sɤ²¹³. 我杀鸡。
　　　　我　鸡　杀
no³³ wua̠³³tɕi²¹³ sɤ²¹³. 你杀鸡。
你　鸡　杀

5. 连读混合音现象突出。动词、形容词、代词的语法标记助词与其前面词根词习惯连读，产生合音现象，本书把这种现象称为合音。合音产生降升语调，如：
dzo²¹ lo²¹ o̠³³ 吃饱了，变读为 dzo²¹ lo̠²¹³. （lo²¹ o̠³³ 合为 lo̠²¹³）
吃　饱　体助　　　　　　吃　饱
a²¹khoʔ²¹ na̠²¹ a³³ 河水深的，变读为 a²¹khoʔ²¹ na̠²¹³. （na̠²¹ a³³ 合为 na̠²¹³）
河　深　名化　　　　　　　河　深

第三章 词汇

词汇是语言表达中的具体要素，是不可缺少的重要内容。布角语的词汇以音节或词素构成。词汇系统中既有固有词素构成的词，也有吸收的外来词汇，如傣语、汉语等的借词。有的还有固有词素与借词词素结合的词。本章讨论布角语的构词法和借词。

第一节 构词

从词素或词的构成要素看，布角语的构词类型有单纯词与合成词。合成词可分为复合式和附加式。

布角语的大部分词素可独立使用。单纯词在基本词汇中占重要地位。按音节划分可分为单音节、双音节及多音节词三类。

一 单纯词

（一）组成

1. 单音节单纯词

单音节单纯词是指由一个音节组成并表达独立意义的词。常见于名词、动词、形容词、基数词、量词、代词、副词、助词、连词、叹词等。其中，单音节单纯词以形容词、名词、动词居多。如：

paŋ^{21} 缠　　　　　　　dɛ^{33} 床
wuɛ^{33} 镜子　　　　　　lɔŋ^{55} 烫
dʐa^{33} 有　　　　　　　ku̠^{33}, tshe^{33} 抠
sɯ^{21} 懂　　　　　　　sɯ^{52} 结（果子）
ko̠^{52} 借（工具）　　　　n̠i^{21} 二
sen^{21} 三　　　　　　　kho^{21}(一)条(河)
ʐo^{33}(一)个(人)　　　　nɔ^{55} 你
ŋo^{55} 我　　　　　　　nʁ^{55} 那
mju^{52} 高　　　　　　　a^{33}, ʁ^{33} 的

ȵi³³ 矮 　　　　　　　　　ɕɛ³³ 近
tsʳ⁵⁵ 再，又 　　　　　　ʑu⁵⁵ 将要
ʑɛ³³ 和 　　　　　　　　　aŋ⁵⁵ 啊
ɣo³³ 哎 　　　　　　　　　xʳ⁵⁵ 哦

2. 双音节单纯词

双音节单纯词指由两个无独立意义的音节组成的词，有联音、双声、叠韵、双声叠韵等。

（1）联音

联音词指前后两个音节的声母和韵母各不相同的词(李永燧 1987:24)。布角语的双音单纯词不少，如：

lɔŋ³³pi⁵² 布角人 　　　　　lɔŋ²¹pu⁵⁵ 蝌蚪
e²¹lɔŋ⁵⁵ 蛇 　　　　　　　 thɔŋ²¹phi²¹ 象脚鼓
tɑŋ⁵⁵si³³ 二胡

（2）双声

双声是指前后两个音节声母相同的词，布角语的双声词不少，如：

pe²¹pe²¹lɔ⁵⁵lɔ̱³³ 朝天罐 　　pe⁵⁵pɛ³³ 男头巾
ma⁵⁵ma³³ 小李子

（3）叠韵

叠韵是指前后两个音节韵母相同的词，布角语中叠韵词也不多，如：

sa³³tha⁵⁵ 霜、雪 　　　　　dɔŋ²¹khɔŋ⁵⁵ 坑
kho²¹lo⁵⁵ 灶灰 　　　　　　pho²¹mo⁵⁵ 牛蛙
sei³³khjei³³(门)闩 　　　　na²¹sa̱³³ 肥皂
ma²¹ba³³ 可以 　　　　　　lo⁵⁵ko³³ 门

（4）双声叠韵

双声叠韵词是指前后两个音节声母韵母都相同的词。布角哈尼语中这类词较少。如：

dɔŋ³³dɔŋ³³ 吉他 　　　　　 tɕaŋ³³tɕaŋ³³ 秤
khei⁵⁵khei⁵⁵gui²¹ 正是 　　 kaŋ²¹khaŋ⁵⁵ 歌
pa²¹la²¹pa²¹tha⁵² 庄稼 　　 a²¹bu³³da³³da⁵⁵ 影子

（二）多音节单纯词

多音节单纯词是指由三个或三个以上不表达独立意义音节连在一起，表达一个概念或意义的词。布角语的多音节单纯词较少，如：

a²¹bu³³da³³da⁵⁵ 影子 　　　do⁵⁵lo²¹lɯ⁵⁵lo²¹ 动物
a²¹kha²¹a²¹ko⁵⁵ 家 　　　　khji³³sɯ⁵⁵la²¹sɯ²¹ 谜语
tʳ²¹kha³³pe⁵⁵kha³³ 衣物 　　a²¹tɕi̱³³kji̱⁵⁵li⁵⁵ 燕子

khɔŋ²¹po³³lo³³lo⁵⁵ 猫头鹰   a²¹mje³³tɕha³³tɕhɔŋ⁵⁵lɔŋ⁵⁵ 蜘蛛
a²¹tɕhɔŋ⁵⁵tɕhɛ³³lɛ³³ 蚂蚱   a²¹gu²¹kʏ²¹lʏ⁵⁵ 蝗虫
tɕha³³pu³³li⁵² 粽叶芦   kho²¹nu⁵²sa³³ 木瓜

二 合成词

合成词是指两个或两个以上有独立意义词素合成为一个新概念或意义的词。按音节分可分为双音和多音节合成词。按构成方式及功能分为复合式与附加式合成词。其中，复合式多，附加式少。

（一）构成

1. 双音节

布角语中，双音节复合词居较多，如：

la²¹tho³³ 拳   xɯ²¹lo⁵⁵ 长(大)
nʏ⁵⁵kha³³ 别人   pje̱²¹lo⁵⁵ 肿
ȵi³³dɯ⁵⁵ 坐   thʏ²¹kji⁵⁵ 一起
tan²¹mu⁵⁵ 群（动物）   dʐo³³ȵi³³ 经常
kja³³lɔŋ⁵⁵ 发烧   thɔŋ²¹kho²¹ 竖
ȵɛ²¹nɯ³³ 压   no³³dʐŋ⁵² 问
ʑu³³tsɔŋ⁵⁵ 收拾   kha³³lo²¹ 多少
xʏ⁵⁵kha³³ 这   tɕhe³³gje²¹ 撕
tɔŋ²¹mi²¹ 尾巴   ne̱³³ȵi³³ 那里
ȵi⁵⁵ɣo³³ 太阳   pe²¹lo³³ 月亮
na²¹ʐo³³ 你俩   xo⁵⁵ta̱³³ 上坡
la²¹lɯ³³ 下来   mɔŋ³³ ma⁵² 热闹

2. 叠韵

在布角语中，叠韵复合词较多，如：

to̱³³lo⁵⁵ 出来   kha²¹ta⁵⁵ 织
ʑe̱³³pje³³ 盖(土)   lo⁵⁵po̱³³ 跌倒
tho²¹ lo²¹(种子)留够   tɕhe³³gje²¹ 撕
i²¹tɕi³³ 火炭   lɔŋ⁵⁵pɔŋ³³(墙)倒
kho²¹pho²¹ kho²¹mo³³ 男女   do⁵⁵lo²¹lɯ⁵⁵lo²¹ 野生动物
nʏ⁵⁵tɕʏ³³xʏ⁵⁵tɕʏ³³ 各种各样   a²¹kho²¹mo³³ a²¹kho²¹lo²¹ 大河小河

3. 双声叠韵

在布角语中，双声叠韵复合词较少，如：

tɕʏ³³tɕʏ³³ 东西   nʏ⁵⁵tɕʏ³³xʏ⁵⁵tɕʏ³³ 那种这样的东西
khjei³³khjei³³dzo²¹dzo²¹ 生产生活

（二）复合式

复合式合成词见并列、修饰、支配、重叠、解释等形式。

1. 并列

并列式合成词由两个有独立意义，语义相关的词素构成，如：

phu⁵⁵ɕɯ⁵⁵ 金银　　　　　　a²¹bu³³a²¹ti⁵⁵ 父母
银　金　　　　　　　　　　父　母
ɯ²¹tha²¹mi⁵⁵tsho⁵² 天地　　　a²¹kho²¹u²¹tɕhoŋ⁵² 山河
天　　地　　　　　　　　　河　　山
la̠²¹phu⁵⁵a²¹khji⁵⁵ 四肢　　　kho²¹pho²¹kho²¹mo³³ 男女
手　　脚　　　　　　　　　男　　女

2. 修饰

大部分布角语合成词由修饰词素+中心词素构成。修饰词素和中心词素有名词、形容词、动词等。不同的是名词修饰词素通常置于中心词素之前，形容词修饰词素置于中心词素之后，动词修饰词素比较灵活，可置于中心词素前或后。在修饰词素中，名词、形容词修饰词素多，动词修饰词素少。常见构词方式如下：

（1）名词+名词=名词

名词合成词由"名词修饰词素+名词中心词素"构成，这类构词在布角哈尼语中居多。如：

na̠³³mo²¹kho²¹ 曼掌河　　　　me²¹tɕa²¹kho²¹ 回邦河
曼掌　河　　　　　　　　　回邦　河
ŋui²¹mo³³kho²¹ 布角河　　　　noŋ³³lɔŋ⁵⁵kho²¹ 勐腊河
布角　河　　　　　　　　　勐腊　河
ɣo²¹a³³xoŋ²¹mɯ²¹ 篾桌　　　　ɣo²¹a³³ɲi⁵⁵tɔ³³ 竹凳
竹篾　饭　桌　　　　　　　竹编　凳子
a²¹dzɯ⁵⁵a³³ɲi⁵⁵tɔ³³ 木凳　　　ma⁵⁵khɔŋ³³a²¹kɣ²¹ 锅盖
木　　凳子　　　　　　　　锅　　盖子
ma⁵⁵khɔŋ³³tɕuɛ³³ʐa²¹ 锅刷　　tɕhi⁵⁵phɯ⁵² khɯ²¹ʐa²¹ 酒杯
锅　　刷　　　　　　　　　酒　　杯
i⁵⁵tɕho⁵²pɔŋ⁵² 水筒　　　　　bjo²¹ɯ⁵⁵ 蜂蜜
水　　竹筒　　　　　　　　蜜蜂　水
u²¹tɕhoŋ⁵² mi⁵⁵tsho⁵² 山地　　kɔŋ³³ʐaŋ⁵²tsho⁵² 橡胶地
山　　　地　　　　　　　　橡胶　地
ŋua³³tshoŋ⁵⁵ 本国人　　　　　sɯ²¹pho³³a²¹dzi²¹ 无花果汁
本国　人　　　　　　　　　无花　果汁

iŋ⁵⁵mo⁵⁵xa²¹lo³³ 房顶　　　　　phɔŋ²¹tɕhe⁵⁵a²¹sɯ²¹ 芒果
屋内　顶部　　　　　　　　酸　　　果

（2）名词+形容词=名词

"名词中心词素+形容词修饰词素"构成名词，如：

ŋɔ²¹dʐ⁵⁵a²¹tɕhe⁵⁵ 酸鱼　　　　ɕho²¹pɔ²¹a²¹gɯ³³ 干巴
鱼　　酸　　　　　　　　　　肉　　　干

khɯ²¹kho²¹pho²¹ 公狗　　　　　khɯ²¹kho²¹mo³³ 母狗
狗　　　公　　　　　　　　　狗　　　母

mi²¹tɕhe⁵⁵ 酸笋　　　　　　　tɕhi⁵⁵phɯ⁵² a²¹ʐai⁵⁵
竹笋酸　　　　　　　　　　酒　　　糟

lo⁵⁵ko³³ʐo³³mo³³lo³³ 大门　　　xɔŋ²¹si²¹³ 馊饭
门　　　大　　　　　　　　　饭　　馊

a²¹kho²¹lo²¹ 小河　　　　　　a²¹kho²¹mo³³ 大河
河　　小　　　　　　　　　河　　大

（3）名词+动词=名词

"名词中心词素+动词修饰词素"构成名词，如：

ŋo²¹dʐ⁵⁵pjɛ²¹ 烤鱼　　　　　ma⁵⁵tu³³pjɛ²¹ 烧苞谷
鱼　　烤　　　　　　　　　苞谷　烧

wua̠³³tuan³³ 阉鸡　　　　　　a²¹lo²¹ xe⁵² 怀孕
鸡　　阉　　　　　　　　　孩子　怀

ŋa̠³³tu³³pjɛ²¹ 包烧芭蕉花　　　n̠o²¹pha²¹ɔ⁵⁵za²¹ 电话
芭蕉花烤　　　　　　　　　耳朵　　接听

no²¹pɔŋ²¹ 聋子　　　　　　　ne²¹tɔ³³ko²¹³ 歪嘴
耳　聋　　　　　　　　　　嘴　　歪

（4）动词+名词=名词

"动词修饰词素+名词中心词素"构成名词。这类词少，如：

no⁵⁵tshɔŋ⁵⁵ 病人　　　　　　sɯ²¹lo̠²¹ 磨石
病　人　　　　　　　　　　磨　石

tshɔŋ²¹pɔ̠²¹lɔ̠²¹ 撮箕　　　　dɔŋ²¹tshe⁵⁵ 脚臼
撮　工具　　　　　　　　　捣　窝

pa²¹khɔŋ²¹ 扁担　　　　　　tsɔŋ²¹ŋui⁵² 拐杖
抬　棍　　　　　　　　　　撑　棒

（5）名词+动词+名词=名词

"名词修饰词素+动词修饰词素+名词中心词素"构成名词，通常指从事某职业者，如：

a²¹do⁵⁵ɔ⁵⁵a³³tshɔŋ⁵⁵ 教师　　　　　a²¹do⁵⁵xiŋ²¹³tshɔŋ⁵⁵ 学生
字　教　人　　　　　　　　字　学　人
iŋ⁵⁵tsho̯³³tshɔŋ⁵⁵ 木匠　　　　a²¹khje³³khje³³tshɔŋ⁵⁵ 农民
房　盖　人　　　　　　　　活计　干　人
mi²¹tɕɔŋ²¹le³³tshɔŋ⁵⁵ 媒人　　　ɕo²¹ ka³³tshɔŋ⁵⁵ 猎人
亲戚　去　人　　　　　　　野味赶　人
po²¹nɑŋ³³lo̯²¹tshɔŋ⁵⁵ 放牛人　　mjo³³thje²¹tshɔŋ⁵⁵ 铁匠
牛　　放　人　　　　　　　刀　打　人

3. 支配

支配式合成词由"名词词素+动词词素"构成名词，这类词数量少，如：

xoŋ²¹tʐ³³ 饭篓　　　　　　pha⁵⁵tɕi³³ 毛巾
饭　装　　　　　　　　　布　擦
e⁵⁵tɕho⁵² ko²¹kʐ³³ 葫芦瓢　　khɔ⁵⁵lʐ³³ 三角石
水　　舀出　　　　　　　石头架

4. 重叠

重叠式合成词是布角语重要的构词手段和特点，但使用频率不高。从重叠方式看，见单音节和双音节词重叠。从词性看，见复合名词、宾动结构。

（1）复合名词

a²¹wu³³da³³da⁵⁵ 影子/电影　　ma³³lɯ²¹ma³³kɯ⁵⁵ 蜻蜓
影子　停　　　　　　　　蘸　停　蘸　飞
ɔŋ²¹lo̯³³mi⁵⁵lo̯³³ lo̯³³ 地震　　khje³³khje³³dzo²¹dzo²¹ 生活
天动　地动　动　　　　　干　干　吃　吃
dzo²¹dzo²¹dɔŋ⁵⁵dɔŋ²¹ 吃喝　　do⁵⁵lo²¹lɯ⁵⁵lo²¹ 动物（总称）
吃　吃　喝　喝　　　　　野兽　禽兽

（2）宾动结构（词组）

ȵi²¹dʐŋ²¹dʐŋ²¹ 想一想　　　　a²¹mi⁵⁵ mi⁵⁵ 起名
想　看　看　　　　　　　名　起
ko²¹lo²¹ lo²¹(蛇)蜕(皮)　　　ɯ²¹me²¹ me²¹ 闪电
皮　脱　　　　　　　　　雷　闪
a²¹khɑŋ⁵⁵ khɑŋ⁵⁵ 起鸡皮疙瘩　tɕhoŋ²¹pjɛ³³ pjɛ³³ 羊叫
疙瘩　起　　　　　　　　山　咩　咩

5. 解释

解释性合成词是指由多个词素，通过解释方式构成新概念和意义的词，如：

o²¹xo⁵⁵ʐaŋ⁵² 夏季　　　　　　　kja³³mju⁵⁵ʐaŋ⁵² 冬季
雨　　季节　　　　　　　　　冷　　季节

lɔŋ⁵⁵mju⁵⁵ʐaŋ⁵²　　　　　　　ʐoŋ³³iŋ²¹dɔŋ²¹khɔŋ⁵⁵ 厕所
热　　季节　　　　　　　　　屎　　拉　塘

ma²¹tɕei²¹tɕɑŋ³³ 哑巴　　　　　ma³³dɔŋ⁵²kho²¹tɕhɔŋ²¹kho²¹ 野姜
不　讲　会　　　　　　　　　山　　　上　　姜

mjɔŋ⁵²a²¹mɯ³¹ʐo³³ɕɯ⁵⁵lɯ⁵⁵ 马鬃　　mi⁵⁵bo³³lo³³ 萤火虫
马　毛　　长　　　　　　　　黑　亮　小

xoŋ²¹ɕɤ²¹pha³³la³³mo³³ 蝉　　　a²¹dzɯ⁵⁵ʐo³³mjoŋ⁵⁵lɔŋ⁵⁵ 万年青树
米　新　蒸来　娘　　　　　　树　　　大

sɤ³³sa̠³³a²¹dzɯ³⁵ 木荷树　　　　nɤ²¹tɕhu²¹dɔŋ²¹tu⁵⁵ 刺桶树
树毛　树　　　　　　　　　　鬼　疙瘩打　锤

xo³³tɕha⁵²la̠⁵²se²¹a²¹sɯ⁵² 野龙眼树　tshɤ²¹khun³³a²¹sɯ⁵² 野板栗
老鼠　　指甲果　　　　　　　栗　　　果

ta²¹ka⁵⁵ma⁵²ɯ²¹no̠²¹ 卤腐　　　pɯ²¹tɕhi⁵⁵a²¹thje³³ 水果糖
罐罐　头　脑髓　　　　　　　甘蔗　　　包

（三）附加式

附加式合成词是指前缀+词根，词根+性别词素构成两种名词结构。

1. 前缀

布角语词汇系统中前缀不发达，但由前缀构成的词很常见。其中名词多，形容词少。a²¹是常用的前缀，黏着于表示亲属称谓、身体器官、部位、植物器官和方位名词前，表示类别和词性标记。

（1）亲属称谓，如：

a²¹mɔ⁵⁵ 祖宗　　　　　　　　a²¹phi²¹pu³³ 爷爷
a²¹phi²¹mo³³ 奶奶　　　　　　a²¹phi²¹bu³³ 外祖父
a²¹phi²¹mo³³ 外祖母　　　　　a²¹bu³³a²¹ti⁵⁵ 父母
a²¹bu³³ 父亲　　　　　　　　a²¹ti⁵⁵ 母亲
a²¹li²¹kho²¹pho³³lo²¹ 孙子　　a²¹li²¹kho²¹mo³³lo²¹ 孙女儿
a²¹tshu³³ 嫂子　　　　　　　a²¹a⁵⁵ 大舅
a²¹na̠²¹³ a²¹ bu³³ lo²¹ 小舅　　a²¹mo³³lo²¹ 婶母
a²¹bu³³mo³³ 伯父　　　　　　a²¹mo³³mo³³ 伯母

（2）身体器官、部位等，如：

a²¹so²¹thje³³ʐa²¹ 牙龈　　　　a²¹so²¹ 牙齿
a²¹lo⁵⁵ 舌　　　　　　　　　a²¹kho³³ 皮肤
a²¹u⁵⁵ 肠子　　　　　　　　a²¹gu²¹ 脉搏

a²¹tsheŋ²¹ 肺　　　　　　　　a²¹tshɯ²¹ 肝

a²¹pa⁵² 疤瘩　　　　　　　　a²¹ɯ⁵² 骨头

（3）植物器官，如：

a²¹dzɯ⁵⁵a²¹la²¹ 树枝　　　　a²¹du³³ 蓓蕾

a²¹mje̠³³ 芽儿　　　　　　　a²¹tsi̠²¹ 核

a²¹ʐɛ̠³³ 花　　　　　　　　　a²¹tɕhe⁵⁵ 树根

a²¹dzɯ⁵⁵a²¹kho³³ 树皮　　　　a²¹sɯ⁵² 果

（4）方位名词，少部分用 o⁵⁵，如：

a²¹goŋ⁵⁵ 中间　　　　　　　a²¹dzɤ²¹ 旁边

a²¹no̠³³a²¹ 外边　　　　　　 a²¹khoŋ⁵⁵a²¹ 里边

a²¹tha²¹ 上面　　　　　　　a²¹o̠²¹ 下面

o⁵⁵khoŋ⁵⁵a²¹ 前边　　　　　o⁵⁵no̠⁵²a²¹ 后边

（5）时间，如：

a²¹mu⁵⁵n̠i³³ 今天　　　　　 a²¹mi⁵⁵n̠i³³ 昨天

a³³phje⁵²n̠a³³ 第三天　　　　a²¹ne³³n̠a⁵⁵ 明天

a²¹mu⁵⁵khui⁵² 今晚　　　　 a²¹ne³³ɕoŋ⁵² 明早

a²¹ne²¹khui⁵²ʐa³³ 明晚　　　a²¹mi⁵⁵khui⁵² 昨晚

a²¹xu²¹ 先　　　　　　　　 a²¹nɔŋ³³ 后

（6）形容词，如：

a²¹ɕo̠²¹ 满　　　　　　　　　a²¹ŋɤ²¹ 空

a²¹khui²¹ 瘪　　　　　　　　a²¹phje²¹le²¹ 扁

a²¹tɕhe³³le³³ 椭圆　　　　　　a²¹mɔŋ³³loŋ⁵⁵ 圆

a²¹du³³lu³³ 秃　　　　　　　 a²¹loŋ²¹ 平

a²¹tsɑŋ⁵⁵phɤ²¹³ 偏　　　　　a²¹lo³³le³³ 悄悄

a²¹tɕho²¹a²¹lu³³ 粗糙　　　　 a²¹li⁵⁵ 旧

a²¹ɕɤ²¹ 新　　　　　　　　　a²¹n̠i²¹ 年轻

上述带 a-前缀的名词、形容词，前缀和词根紧密结合才有意义。前缀独立使用无意义，也起到了强化词性的功能。

2. 性别词素

布角语中表示人和事物的名词，本身无性别形态变化。名词的性别大小主要靠后置词素表示"阴性、阳性、老、大、小"等意义。这些词素由名词或形容词虚化而来，不能单独使用。

（1）后置词素 kho²¹pho²¹，pho²¹ 表示阳性；mo³³ 表示阴性，用于人或动物。pho²¹ 有时可以省略，有时不能省略。如：

kho²¹pho²¹ 男人   kho²¹mo³³ 女人
人　男   人　女

mjɔŋ⁵²kho²¹pho²¹ 公马   khɯ²¹kho²¹pho²¹ 公狗
马　　　公   狗　　　公

mjɔŋ⁵²kho²¹mo³³ 母马   khɯ²¹kho²¹mo³³ 母狗
马　　　母   狗　　　母

po²¹naŋ³³kho²¹pho²¹ 公牛   po²¹naŋ³³kho²¹mo³³ 母牛
牛　　　公   牛　　　母

si⁵⁵thi³³mo³³ 老板娘   pha̠⁵²kho²¹mo³³ 尼姑
老板　女   和尚人　女

（2）后缀 lo²¹ 表示"小"，少部分 lo²¹ 置于词头，如：

mjɔŋ⁵²lo²¹ 马驹   kho²¹mo³³a²¹ti⁵⁵lo²¹ 小老婆
马　小   老婆　　　小

kho²¹pho³³lo²¹ 男孩   kho²¹mo³³lo²¹ 女孩
人　男　小   人　女　小

wua̠³³tɕhi³³lo²¹ 小鸡   wua̠²¹lo²¹ 猪崽
鸡　　　小   猪　小

a²¹mo³³lo²¹ 小舅母   kuaŋ²¹lo²¹ 小勺
舅母　小   勺　小

（3）mo³³，ʐo³³mo³³ 表示"大"，ʐo³³mo³³lo²¹ 表示"最大"，常用于山河地貌、亲属称谓、身体部位、植物等名称中，如：

a²¹kho²¹mo³³ 大河   xɔ³³khɕŋ⁵⁵ʐo³³mo³³ 大路
河　大   路　　　大

a²¹u⁵⁵mo³³ 大肠   kho²¹mo³³ʐo³³mo³³ 大老婆
肠　大   老婆　　　大

a²¹dzɯ⁵⁵ʐo³³mo³³ 大树   phjɛ²¹lɤ²¹phjɛ²¹mo⁵⁵ 柊叶
树　　　大   叶子　叶　大

so²¹ʐo³³mo³³lo²¹ 大门牙   pe⁵⁵kha³³ʐo³³mo³³ 外衣
牙　大   衣服　　大

lo⁵⁵ko⁵⁵ʐo³³mo³³ 大门   tɔŋ²¹du⁵⁵ʐo³³mo³³ 大锤
门　　　大   锤　　　大

ɯ²¹sɯ⁵²ʐo³³mo³³ 大头   me̠³³tɕho³³ʐo³³mo³³
头　　　大   眼睛　　　大

3. 词根+词素

布角语中有部分名词由表意义的词根和词素构成。这些词根的构词能力很强，可以形成与该词根意义相关的语义族。如：

（1）u²¹tɕɔŋ⁵² 山（总称）

u²¹tɕɔŋ⁵²mju⁵² 山峰	u²¹tɕɔŋ⁵²paŋ²¹pe³³le³³ 山洼
山　峰	山　半　起伏
u²¹tɕɔŋ⁵²a²¹khɔŋ⁵⁵ 山洞	u²¹tɕɔŋ⁵²lɔ³³le³³ 山顶
山　洞	山　尖

（2）mɯ²¹ 山药（总称）

mɯ²¹tɕhi⁵⁵　甜山药	mɯ²¹mo³³ 大山药
山药甜	山药　大
mɯ²¹khjɛ³³ 小山药	mɯ²¹khɔŋ²¹mɯ²¹taŋ⁵² 苦卡拉
山药小	山药　空　山药涩

（3）la̠²¹phu⁵⁵ 手（总称）

la̠²¹phu⁵⁵la̠²¹ko̠²¹ 手腕	la̠²¹mo⁵⁵ 右手
手　手　弯	手　顺
la̠²¹o̠²¹ 左手	la̠²¹phu⁵⁵pa̠²¹tha²¹ 胳臂
手下	手　抬　上
la̠²¹tshṳ⁵² 肘	la̠²¹ɲi⁵⁵ 手指
手节	手　指
la̠²¹khuɛ²¹ 手掌	la̠²¹sɯ²¹ 指甲
手　掌	手　指甲

（4）a²¹dzɯ⁵⁵ 树（总称）

a²¹dzɯ⁵⁵ʐo³³mo³³lo³³ 大树	a²¹dzɯ⁵⁵a²¹kho³³ 树皮
树　大　大　最	树　皮肤
a²¹dzɯ⁵⁵a²¹la̠²¹ 树枝	a²¹dzɯ⁵⁵a²¹pha̠²¹ 树叶
树　枝	树　叶子

三　重叠

音节重叠是布角语构词的另一种手段。常见的重叠构词方式有 ABAC、AABB、ABAB、ABCD 等形式。

1. ABAC

有的四音节词呈 ABAC 格式。个体词素有的有实在意义，有的无实在意义。如：

lo²¹gu³³lo²¹ɯ⁵⁵ 小孩子们	lo²¹mi³³lo²¹ɯ⁵⁵ 小姑娘们
a²¹dzɔŋ²¹a²¹ʐʅ²¹ 笨头笨脑	a²¹ko²¹a²¹lɛ²¹ 花花绿绿
tɕi³³lu²¹tɕi³³lɛ²¹ 斑斑点点	a²¹ko²¹a²¹li̠³³ 弯弯曲曲

tshɔŋ⁵⁵mɯ²¹tshɔŋ⁵⁵dʐɣ²¹ 老老实实　　ma²¹tɕo̠²¹ma²¹lɔŋ⁵⁵ 不冷不热
tɯ²¹xɔŋ³³tɯ²¹xɑŋ³³ 乱七八糟　　　a²¹tɕho²¹a²¹lu³³ 黄生生
ma²¹xɯ²¹ma²¹ȵɯ⁵⁵ 不大不小　　　ma²¹ɕɯ⁵⁵ ma²¹ȵi⁵⁵ 不长不短
a²¹no̠³³ a²¹khɔŋ⁵⁵ 里里外外

2. AABB

呈AABB式重叠的四音节词见于少数形容词中。如：
dzo²¹dzo²¹dɔŋ⁵⁵dɔŋ⁵⁵ 吃吃喝喝　khjei³³khjei³³dzo²¹dzo²¹ 生产生活
ko²¹ko²¹gi³³gi³³ 弯弯曲曲　　　xɯ²¹xɯ²¹ȵɯ⁵⁵ȵɯ⁵⁵ 大大小小
ɕɯ⁵⁵ɕɯ⁵⁵ȵi⁵⁵ȵi⁵⁵ 长长短短　　mjo²¹mjo²¹ȵɯ⁵⁵ȵɯ⁵⁵ 多多少少
liŋ⁵⁵liŋ⁵⁵no̠³³no̠³³ 热热乎乎　　kja³³kja³³tshe̠⁵²tshe̠⁵² 冷冷冰冰
la̠²¹la̠²¹ta̠³³ta̠³³ 上上下下

3. ABCC

呈ABCC式重叠的四音格词见于少量名词和形容词。如：
khji⁵⁵nɔŋ⁵²phjɛ³³phjɛ³³ 凉拖鞋　　khji⁵⁵nɔŋ⁵²khɔ³³khɔ³³ 筒筒鞋
a²¹liŋ⁵⁵no̠³³no̠³³ 热乎乎

四　拟声

布角语的拟声词较为独特，主要见与声音有关的词。布角语有少数名词直接模仿乐器声音构成拟声词，表示事物的名称。如：

tɑŋ⁵⁵si³³ 二胡　　　　　　　dɔŋ³³dɔŋ³³ 三弦
bi⁵⁵ 箫　　　　　　　　　　tɕi³³tɕhɣ⁵² 钹
khji⁵⁵nɔŋ⁵²phjɛ³³phjɛ³³ 凉拖鞋　khji⁵⁵nɔŋ⁵²khɔ³³khɔ³³ 筒鞋

部分昆虫、鸟类通过模仿声音构成拟声词。如：
a²¹mjɛ³³ 猫　　　　　　　　tɕhɔn²¹pjɛ³³pjɛ³³ 羊
猫叫声　　　　　　　　　　走　　羊叫声
a²¹tɕi³³kji̠³³li⁵⁵ 燕子　　　 pho²¹go³³go³³ 青蛙
燕子　叫声　　　　　　　　青蛙　叫声
a²¹tɕhɔŋ⁵⁵tɕhɛ⁵⁵lɣ³³ 蚂蚱
跳　　　响声

第二节　借词

受语言接触影响，布角语词汇系统中，除本族固有词外，还吸收了大批汉语和傣语词汇。其构词方式既有整体借用、布傣或布汉合璧、借傣或借汉重组、仿傣或仿汉新造词等。

一　整体借用

整体借用是指借用汉语、傣语时，将汉语、傣语的语音、语义、词素一起借入布角语中。这类借词主要是现代社会发展中的新概念、新事物和政治文化词。

1. 政治、经济、文化、生产、生活等新事物、新概念借用汉语。如：

sɯ³³tɕe⁵⁵ 世界　　　　　　　tsɔ⁵⁵ɕa⁵⁵tɕi³³ 照相机
tjen⁵⁵sɯ⁵⁵ 电视　　　　　　kho⁵⁵ɕo²¹ 科学
fen³³pi²¹ 粉笔　　　　　　　tɕhen⁵⁵pi²¹ 铅笔
ko²¹dʑa³³ 国家　　　　　　　tjen⁵⁵tɤn³³ 电灯
tɕhɑn²¹ 墙　　　　　　　　　wui⁵⁵ɕi⁵⁵ti⁵⁵ VCD
pi⁵⁵lu²¹tjen⁵⁵sɯ⁵⁵ 闭路电视　　si⁵⁵xɔ⁵⁵ 信号

2. 日期、标准衡量单位等词借用汉语。如：

ɕi⁵⁵tɕhi⁵⁵ʑi²¹ 星期一　　　　ɕi⁵⁵tɕhi⁵⁵ɤ⁵⁵ 星期二
ɕi⁵⁵tɕhi⁵⁵shan³³ 星期三　　　ɕi⁵⁵tɕhi⁵⁵sɯ⁵⁵ 星期四
ɕi⁵⁵tɕhi⁵⁵ɣu²¹ 星期五　　　　ɕi⁵⁵tɕhi⁵⁵lu²¹ 星期六
ɕi⁵⁵tɕhi⁵⁵thjen⁵⁵ 星期日　　　ta³³ 点钟
fen³³ 分钟　　　　　　　　　kjiŋ³³ 斤

3. 一些蔬菜、水果、食品等名称借用汉语。如：

mi³³ɕen⁵⁵ 米线　　　　　　　mjen⁵⁵thjɔ²¹ 面条
phiŋ²¹ko²¹ 苹果　　　　　　　thɔŋ²¹kho²¹ 冬瓜
phu²¹thɔu⁵⁵ 葡萄　　　　　　ɕi⁵⁵kua⁵⁵ 西瓜
tɤ²¹fu⁵² 豆腐　　　　　　　　dʑa³³ʑu²¹ 酱油

4. 地名、行政机构，现代职业、身份等名称借用汉语。如：

tsɔŋ⁵⁵ko²¹ 中国　　　　　　　pɤ²¹tɕiŋ⁵⁵ 北京
saŋ³³xai²¹tshɔŋ⁵⁵ 上海　　　　kuaŋ³³tɔŋ³³ 广东
kuaŋ³³ɕi⁵⁵ 广西　　　　　　　sɯ⁵⁵ tshuan³³ 四川
ʑi²¹nan²¹seŋ⁵² 云南省　　　　ta²¹³li⁵² 大理
sɯ⁵⁵ mɔ⁵² 思茅　　　　　　　xɔŋ²¹xo²¹ 红河
khuin⁵⁵miŋ²¹shɯ²¹³ 昆明市　　tɕiŋ³³xɔŋ²¹shɯ²¹³ 景洪市
mɤŋ³³la²¹ɕen²¹³ 勐海县　　　ɕen²¹³tsaŋ⁵² 县长
fu²¹³ljen⁵² 妇联　　　　　　　su³³tɕi²¹³ 书记
taŋ³³ʑɛn²¹³ 党员　　　　　　 thuan²¹ʑɛn²¹³ 团员
kɔŋ⁵⁵zen²¹³ 工人　　　　　　tsu³³ɕi²¹³ 主席

5. 部分国名、职业、地名、文化、生活、宗教、节日、动物等借用傣语。如：

kjo³³ 缅甸　　　　　　　　　　lou²¹ 老挝
mo³³ʑa³³ 医生　　　　　　　　pɔ³³tsɑŋ⁵⁵ 祭司
pɔ³³ 书　　　　　　　　　　　kha³³ta⁵⁵ 纸
lɔ⁵⁵mi⁵²tɕin³³ 蘸水　　　　　　na²¹wan³³ 味精
tu³³bi³³lo³³ 大和尚　　　　　　nɔ²¹me³³ 海
pɔ³³ 棺材　　　　　　　　　　lɔŋ³³pa³³ 鱼塘
mɯ³³ 水库　　　　　　　　　meŋ³³ 蚌
ma³³tɕo⁵⁵ 橘子　　　　　　　 kai²¹³tuan³³ 阉鸡
wuɛ⁵⁵ 镜子　　　　　　　　　ma⁵⁵kai³³tai²¹³ 兔子
ɔ⁵⁵wua³³sa³³ 开门节　　　　　kho²¹wua³³sa³³ 关门节
la³³ka̠³³ke³³ 鸽子　　　　　　 ma⁵⁵kai³³tai²¹³ 兔子
kai⁵⁵kho³³ 桥　　　　　　　　bo³³xai³³mi³³nɤ²¹ 老百姓
ka²¹la²¹ 外国人　　　　　　　a²¹mei⁵⁵li²¹ka³³ 美国

二　汉布、傣布合璧

汉布、傣布合璧是指布角语词素和汉语或傣语词素构成的词，有汉语或傣语词素+布角语词素、布角词素+傣语或汉语词素两类。

1. 汉语词素+布角语词素=名词

tɤn³³phɔ³³a²¹bo³³lo³³ 灯泡　　　pi²¹a²¹ɯ⁵⁵ 水笔
　灯泡　　亮亮　　　　　　　　笔　水
tɕhi³³ʑu²¹a²¹tshɯ⁵⁵ 汽油　　　tjen³³sɯ²¹³ma⁵⁵khɔŋ³³ 电视接收器
　汽油　　油　　　　　　　　　电视　　锅
sɑŋ³³xai²¹tshɔŋ⁵⁵ 上海人　　　 pɤ²¹tɕin⁵⁵ tshɔŋ⁵⁵ 北京人
　上海　　人　　　　　　　　　人 北京　人
no²¹tshɑŋ²¹³ tshɔŋ⁵⁵ 湖南人　　ko³³tɕha⁵² tshɔŋ⁵⁵ 四川人
　农场　　　人　　　　　　　　人 老鼠　人

2. 傣语词素+布角语词素=名词

ma⁵⁵pɔŋ²¹³dzɯ⁵⁵ 椰树　　　　 ma⁵⁵khɤ³³sɤ³³thɤ⁵⁵a²¹sɯ⁵² 柿子
　椰子　树　　　　　　　　　　树 柿子 果树 果
kɔŋ²¹kjin³³pha̠⁵² 自行车　　　　mo³³ʑa³³ 医生
　车　　　脚　　　　　　　　　医 人
na³³sɯ³³ 写信　　　　　　　　a²¹do⁵⁵xin²¹³tshɔŋ⁵⁵ 学生
　写 信　　　　　　　　　　　　字　学　人

a²¹do⁵⁵ɔ⁵⁵a³³tshɔŋ⁵⁵ 老师　　　　　a²¹do⁵⁵xiŋ²¹³di²¹ 学校
字　教　　人　　　　　　　　字　　学　　地方

3. 布角词素+汉词素=名词
e⁵⁵tɕho⁵²thɔŋ²¹ 水桶　　　　　pha⁵⁵pjen²¹³ 韭菜
水　　桶　　　　　　　　　　叶　扁

4. 布角词素+傣词素=名词
khɯ²¹phi²¹pa̠³³ 疯狗　　　　　pe³³ʑoŋ²¹nai²¹ 龙
狗　　疯　　　　　　　　　　龙　　龙

三　借傣重组

在借用傣语时，通过重组结构，使傣语词符合本民族表达习惯，如：

tɑŋ²¹mɤ²¹ 全世界　　　　　　kɔŋ³³ʑaŋ⁵²dɔŋ⁵² 橡胶地
全部城　　　　　　　　　　　橡胶　　地

ma³³tɕo⁵⁵dɔŋ⁵² 橘子园　　　　kɔŋ³³ʑaŋ⁵²a²¹ɯ⁵⁵/ a²¹dzi²¹ 橡胶水
橘子　园　　　　　　　　　　橡胶　水　汁

tɑŋ²¹pho³³ 全寨　　　　　　　ma³³san⁵²po³³ 放鞭炮
全　寨　　　　　　　　　　　鞭炮　　燃放

从表面上看，上述构词方式似乎看不出汉语、傣语的痕迹。但从构词理据分析，构词方式始终以汉语或傣语语义为基础，用布角语创新说明、解释新事物、新概念，使抽象的概念具体化，以达到通俗易懂的目的。

第四章 词类

第一节 名词

一 名词的组成

名词表示人或事物名称，包括具体、抽象事物，也包括表示时间、方位、处所、亲属称谓、新文化概念、名称的词。

1. 事物

表示具体事物、自然现象名称的词较丰富。如：

ɯ²¹tha²¹ 天　　　　　　　ȵi⁵⁵ɣo³³ 太阳
mi³³tsho⁵⁵ 阳光　　　　　bi²¹lo³³ 月亮
bi²¹kji⁵⁵ 星星　　　　　　ɔŋ²¹mo³³ 云、雾
o²¹li⁵⁵ 风　　　　　　　　ɔŋ²¹kho⁵⁵lo̠³³ 冰雹
o²¹xo⁵⁵ 雨　　　　　　　　sa³³tha⁵⁵ 霜、雪
mi⁵⁵tsho⁵² 地　　　　　　u²¹tɕhɔŋ⁵² 山
a²¹sa̠²¹ 气　　　　　　　　mi²¹ 火
a²¹kho²¹ 河　　　　　　　ȵa⁵⁵ 草
iŋ⁵⁵ 房子　　　　　　　　lɔ³³mo³³ 石头
xoŋ³³xɔŋ³³ 蒜　　　　　　ȵi²¹dɯ²¹ 绳子
ȵi⁵⁵tʂ̠³³ 凳子　　　　　　pɤ²¹tɕhi⁵⁵ 甘蔗
a²¹mjɛ³³ 猫　　　　　　　wua²¹i̠³³ 猪
pe⁵⁵kha³³ 衣服　　　　　 ŋo²¹dʐ̠⁵⁵a²¹ŋa⁵⁵ 泥鳅
tɤ³³tɕi⁵⁵li⁵⁵ 泥鳅　　　　mi²¹me̠²¹ 火星
me³³mɯ²¹ 睫毛　　　　　ɕi⁵⁵kua⁵⁵ 西瓜

表示抽象事物名称的词较少。如：

nɯ³³ɣo³³ȵi²¹³ 思想　　　 ȵi²¹go²¹³ 想法
a²¹sa̠⁵² 生命　　　　　　 a²¹ʐu³³ 年龄

nɣ²¹ 鬼　　　　　　　　　　　a²¹thɣ⁵⁵ 声音
te²¹a²¹la³³ 神仙　　　　　　　a²¹sha̠²¹a²¹lo⁵⁵ 灵魂
ko²¹ 力气　　　　　　　　　　ɯ²¹tha²¹mi⁵⁵tshɔŋ⁵⁵ 老天爷
ma⁵⁵xa³³ma³³xɔŋ⁵⁵mo³³ 妖精　　nɯ³³ɣo³³xɯ²¹³ 慢性子

2. 时间

表示时间概念，年月、生辰、日期、时刻等。如：

nɯ³³ 年　　　　　　　　　　　ȵi³³ 日
bi²¹lo³³ 月　　　　　　　　　 thɣ²¹bi²¹lo³³ 一月
ȵi̠²¹bi²¹lo³³ 二月　　　　　　 sen²¹ bi²¹lo³³ 三月
li²¹bi²¹lo³³ 四月　　　　　　　ŋo²¹bi²¹lo³³ 五月
kho²¹bi²¹lo³³ 六月　　　　　　 ɕi̠⁵²bi²¹lo³³ 七月
xɣ⁵²bi²¹lo³³ 八月　　　　　　　kui²¹bi²¹lo³³ 九月
tshɣ⁵⁵bi²¹lo³³ 十月　　　　　　thɣ²¹tshɣ⁵⁵tsa⁵²thɣ²¹bi²¹lo³³ 十一月
a²¹mi⁵⁵ȵi³³ 昨天　　　　　　　a²¹mi⁵⁵khui⁵² 昨晚
ne̠³³ɕoŋ⁵² 早晨　　　　　　　 ɔŋ²¹khui²¹ 晚上
ɔŋ²¹khui²¹khui²¹go³³ʐe⁵⁵ 傍晚　a²¹mɯ⁵⁵ 现在
a²¹tɕa⁵⁵ 将来　　　　　　　　 ɕi²¹mi⁵⁵ȵi³³ 前天
a²¹ne̠³³ȵa⁵⁵ 明天　　　　　　 phje⁵²ȵa³³ 后天

表示生辰的名词。如：

xo³³tɕha²¹ȵi³³ 子（鼠）　　　　po²¹naŋ³³ȵi³³ 丑（牛）
lo²¹ȵi³³ȵi³³ 寅（虎）　　　　　ma⁵⁵kai³³tai²¹³ȵi³³ 卯（兔）
pe³³ʐɔŋ²¹ȵi³³ 辰（龙）　　　　e³³lɔŋ⁵⁵ ȵi³³ 巳（蛇）
mjɔŋ⁵²ȵi³³ 午（马）　　　　　 tɕhɔŋ²¹pjɛ³³ȵi³³ 未（羊）
tɕho³³pɔ̠²¹ȵi³³ 申（猴）　　　　wua³³tei²¹³ȵi³³ 酉（鸡）
khɯ²¹ȵi³³ 戌（狗）　　　　　　wua̠²¹i̠³³ȵi³³ 亥（猪）

表示日期的名词，借用汉语。如：

ɕi⁵⁵tɕhi⁵⁵ 星期　　　　　　　　ɕi⁵⁵tɕhi⁵⁵ʑi²¹ 星期一
ɕi⁵⁵tɕhi⁵⁵ɣ⁵⁵ 星期二　　　　　 ɕi⁵⁵tɕhi⁵⁵shan³³ 星期三
ɕi⁵⁵tɕhi⁵⁵sɯ⁵⁵ 星期四　　　　　ɕi⁵⁵tɕhi⁵⁵ɣu⁵⁵ 星期五
ɕi⁵⁵tɕhi⁵⁵lu²¹ 星期六　　　　　ɕi⁵⁵tɕhi⁵⁵thjen⁵⁵ 星期天

3. 方位处所

表示方位处所的名词，如：

ȵi⁵⁵ɣo³³to³³lo⁵⁵pha²¹ 东方　　　ȵi⁵⁵ɣo³³go³³le³³pha²¹ 西方
la̠²¹o̠²¹ 左边　　　　　　　　　la̠²¹mo⁵⁵ 右边
a²¹bɣ³³ 前边　　　　　　　　　kho⁵⁵no̠⁵² 后边

a²¹no̠³³ 外边　　　　　　　　　　a²¹khɔŋ⁵⁵ 里边
a²¹dzɤ⁵⁵ 旁边　　　　　　　　　　a²¹do²¹a²¹dzɤ⁵⁵ 周围
mi²¹tha²¹pha²¹ 北方　　　　　　　mi²¹o̠²¹pha²¹ 南方
a²¹tha²¹ 上面　　　　　　　　　　a²¹o̠²¹ 下面

4. 亲属称谓

有的区分男女性别，有的不区分男女性别，用布角语，少数借用傣语和汉语。如：

a²¹phi²¹bu³³ 爷爷　　　　　　　　a²¹phi²¹mo³³ 奶奶
a²¹bu³³ 父亲　　　　　　　　　　a²¹ti⁵⁵ 母亲
a²¹bu³³mo³³ 伯父　　　　　　　　a²¹mo³³mo³³ 伯母
a²¹bu³³lo²¹ 叔叔　　　　　　　　a²¹mo³³lo²¹ 婶母
a²¹bu³³mo³³ 姑父　　　　　　　　a²¹mo³³mo³³ 姑母
a²¹a⁵⁵ 舅舅　　　　　　　　　　a²¹³mo³³ 舅母
a²¹bu³³mo³³ 姨父　　　　　　　　a²¹mo³³mo³³ 姨母
bo³³dɑŋ³³ 岳父（傣）　　　　　　me³³nai⁵² 岳母（傣）
wai³³pho²¹ 外婆（汉）　　　　　　wai³³kɔŋ³³ 外公（汉）

5. 新概念、新事物

大多借用汉语、傣语，个别借用英语。如：

tsɔ⁵⁵ɕa⁵⁵tɕi³³ 照相机　　　　　　jen⁵⁵sɯ⁵⁵ 电视
tjen⁵⁵tɤŋ³³ 电灯　　　　　　　　kho⁵⁵ɕo²¹ 科学
wui⁵⁵ɕi⁵⁵ti⁵⁵ VCD　　　　　　　khɔŋ²¹bin³³ 飞机（傣）
lɤ³³tɕet²¹³ 七月（傣）　　　　　　lɤ³³sit³³it²¹³ 十一月（傣）
a²¹mi⁵⁵li²¹ka³³mi³³ 美国（英）　　wui²¹la²¹ 时间（傣）

6. 地名

周边村寨、地名用布角语、或借用傣语，如：

lɔŋ³³pi⁵²a³³pho³³ 布角村①　　　　tshɤŋ²¹tsɯ³³tshun⁵⁵wui²¹xui²¹³ 城子村
mɤŋ³³xai²¹mɤ⁵² 勐海　　　　　　mɤŋ³³la̠²¹mɤ⁵² 勐腊县
pan⁵⁵pha³³a²¹pho³³ 曼帕村　　　　nɑŋ²¹xiŋ⁵⁵a²¹pho³³ 曼回村
pan⁵⁵ko³³a²¹pho³³ 南泥村　　　　ta̠²¹tɕhe⁵⁵a²¹pho³³ 曼降囡村
pan²¹tɕɑŋ³³pho³³ 曼掌村　　　　　xui²¹mɔŋ⁵² 回勐

较远村寨地名借用汉语。如：

thai²¹³ 泰国　　　　　　　　　　ʑe⁵²nan²¹ 越南

---

① lɔŋ³³pi⁵²a³³pho³³ 补过村，变读为合音 lɔŋ³³pia⁵²pho³³ 补过村，其余几个村名变读亦然 pan⁵⁵pha³³a²¹pho³³ 曼帕村，nɑŋ²¹xiŋ⁵⁵a²¹pho³³ 曼回村，pan⁵⁵ko³³a²¹pho³³ 南泥村，ta̠²¹tɕhe⁵⁵a²¹pho³³ 曼降囡村。

lou²¹ 老挝　　　　　　　pɤ²¹tɕiŋ⁵⁵ 北京
sɑŋ³³xai²¹ 上海　　　　　kuɑŋ³³tɔŋ³³ 广东
kuɑŋ³³ɕi⁵⁵ 广西　　　　　sɯ⁵⁵ tshuan³³ 四川
sɯ⁵⁵ mɔ⁵² 思茅　　　　　xɔŋ²¹xo²¹ 红河

二　名词的词缀

部分名词带前缀 a²¹，有区别词性的功能。如：

a²¹khɔŋ⁵⁵ 洞　　　　　a²¹kho²¹ 河　　　　　a²¹bei²¹ 泥
a²¹khui²¹ 嘴　　　　　a²¹khji⁵⁵ 脚　　　　　a²¹so²¹ 牙
a²¹mɔ⁵⁵ 祖宗　　　　　a²¹bu³³ 父亲　　　　　a²¹ti⁵⁵ 母亲
a²¹sɯ²¹ 果子　　　　　a²¹tsi³³ 种子　　　　　a²¹du³³ 蓓蕾

部分名词带后缀，有区别词义的功能。如 lo²¹ 表示"小"，mo³³ 表示"大、母"等。

kho²¹pho²¹ 男人　　　　　　kho²¹pho³³lo²¹ 小男孩
pha⁵²lo²¹ 小和尚　　　　　　a²¹kho²¹lo²¹ 小河
a²¹kho²¹mo³³ 大河　　　　　thɔŋ²¹du⁵⁵ʐo³³mo³³ 大锤
a²¹mo³³ 婶母　　　　　　　 a²¹mo³³mo³³ 大婶母
kho²¹mo³³ 女人　　　　　　 khɯ²¹kho²¹mo³³ 母狗

三　复合词

1. 名词词素+名词词素=名词

phu⁵⁵la̠²¹tshɔŋ⁵² 银戒指　　　ɕɯ⁵⁵la̠²¹tshɔŋ⁵² 金戒指
　银　　戒指　　　　　　　　金　　戒指
lo³³mo³³ iŋ⁵⁵ 石头房子　　　　a²¹dzɯ⁵⁵ ɯ²¹ɕi³³ 木梳子
　石头　　房　　　　　　　　　木头　　梳子

2. 动词词素+名词词素=名词

sɯ²¹³tshɔŋ⁵⁵ 熟人　　　　　tɕɑŋ³³tshɔŋ⁵⁵ 师父
　知道人　　　　　　　　　　能　人
tɔŋ²¹du⁵⁵ 锤　　　　　　　 pa̠²¹khɔŋ²¹ 扁担
　打　棒　　　　　　　　　　扛　棍

3. 名词词素+动词词素=名词

ɕɔ²¹pa̠²¹tse³³ 剁生　　　　　tɕho⁵²tsɯ³³ 水珠子
　肉　剁细　　　　　　　　　水　滴
ɔŋ²¹me̠²¹ 闪电　　　　　　　ɔŋ²¹mo³³ 云、雾
　天　闪　　　　　　　　　　天　朦

4. 名词词素+形容词词素=名词

a²¹kho²¹ʐo³³mo³³lo³³ 海　　　　　phjɔ²¹lo³³ 大官
河　　大　　　　　　　　　　官　　大
tu³³lo³³ 大和尚　　　　　　　pha⁵²lo²¹ 小和尚
和尚　大　　　　　　　　　　和尚　小

5. 名词词素+动词词素或形容词词素+名词词素=名词

kɔŋ²¹kjiŋ³³gɔŋ²¹di²¹ 农贸市场　　xɔŋ⁵⁵dzo⁵²di²¹ 厨房
菜　　卖　　处　　　　　　　饭　做　吃　地
tɕho⁵²dɯ³³u³³di²¹ 池塘　　　　a²¹khjei²¹khjei³³tshɔŋ⁵⁵ 农民
水　堵塞　地　　　　　　　　活计　干　人

四　名词的数

名词有单、复数之分，在单数名词后加 ɯ⁵⁵ 表示复数，相当于汉语的"们"。如：

lo²¹gu³³lo²¹ 小孩子　　　　　lo²¹gu³³lo²¹ɯ⁵⁵ 小孩子们
lo²¹mi³³lo²¹ 小姑娘　　　　　lo²¹mi³³lo²¹ɯ⁵⁵ 小姑娘们
lo²¹kho²¹ 伙子　　　　　　　lo²¹kho²¹ɯ⁵⁵ 伙子们

五　名词的数量结构

名词本身没有表示数的形态变化。给名词计数，一般在名词后加数量短语，语序为"名词＋数词＋量词"。如：

a²¹ʐɛ³³ thɤ²¹ do³³ 一朵花　　　　a²¹bei² n̩i²¹ dzɔŋ⁵⁵ 两堆土
花　　一　朵　　　　　　　　　　土　　两　堆
a²¹kho²¹ sen²¹ kho²¹ 三条河　　　kɔŋ²¹kjiŋ³³ thɤ²¹ ma³³ 一把菜
河　　三　条　　　　　　　　　　菜　　一　把
mi²¹dzo²¹ thɤ²¹ kɛ³³ 一堆柴　　　ne²¹dɯ²¹ n̩i²¹ do³³ 两条绳
柴　　一　堆　　　　　　　　　　绳　　两　条

也可以在名词后加 mu⁵⁵, kha²¹ "些、群、窝"等量词表示复数。如：

wua²¹lo²¹ thɤ²¹ mu⁵⁵ 一窝小猪　　tɕhɔŋ²¹pjɛ³³ thɤ²¹ mu⁵⁵ 一群羊
小猪　　一　窝　　　　　　　　　羊　　　一　群
wua³³tɕhi³³lo²¹ thɤ²¹ kha²¹ 一窝小鸡　ŋa³³lo²¹a²¹ti⁵²lo²¹ thɤ²¹ kha²¹ 一窝小鸟
小鸡　　　一　窝　　　　　　　　　小鸟　　　　一　窝
lo²¹kho²¹ taŋ²¹ mu⁵⁵ 一群小伙子　tshɔŋ⁵⁵gje²¹pu³³ taŋ²¹ mu⁵⁵ 一群老人
伙子　全　群　　　　　　　　　　老人　　全　群

六 句法功能

名词在句子中主要做主语、谓语、宾语和定语。

（一）主语

a²¹mɯ⁵⁵ȵi³³   ɯ²¹tha⁵²mɯ²¹³/mɯ²¹ɯ³³. 今天天气好/晴。
今天   天   好   晴

wua̠²¹thɤ²¹ lo⁵⁵ ko³³! 野猪来了!
野猪   来 体助

a²¹bu³³ dzo²¹ ɔ²¹ bɯ³³ so²¹³. 爸爸吃饱了。
爸爸   吃 体助 饱 体助

a²¹bu³³ mi²¹tɕhɔŋ³³tshɔŋ⁵⁵ ʐɔŋ⁵⁵ khɔ²¹ŋɔ²¹so³³ thɤ²¹ thje³³ be⁵⁵ ʑɛ²¹.
父亲   客人   受助 糯米粑粑   一   块 给 体助
父亲给客人一块糯米粑粑。

（二）谓语

pan⁵⁵pha³³ a³³   lɔŋ³³pi⁵² a²¹pho³³ tshɔŋ⁵⁵ pho³³. 曼帕是布角村。
曼帕   话助 龙碧   村子   人   人

a²¹ti⁵⁵ lɔŋ³³pi⁵²tshɔŋ⁵⁵. 妈妈是布角人。
妈妈 龙碧   人

khɔ²¹mo³³lo²¹xɯ²¹tshɔŋ⁵⁵ pɤ²¹tɕhin²¹. 姐姐是傣族。
姐姐   人   傣族

（三）宾语

ŋa⁵⁵ʐo³³ phu⁵⁵ a²¹ɣɔ³³ te²¹ thɔ³³. 我俩戴银镯子。
我俩   银   镯子   戴 体助

khɔ²¹pho³³lo²¹ȵɯ⁵⁵tshɔŋ⁵⁵ sɯ⁵² tɕho³³ dzo²¹ so²¹³. 弟弟摘桃子吃。
弟弟   桃子 摘   吃   体助

na³³ɯ⁵⁵ thɤ²¹kji⁵⁵ ma³³dɔŋ⁵²khɔ²¹ le³³ xaŋ⁵⁵ mi²¹dzo²¹ tɔ³³ le³³ xaŋ⁵⁵.
你们   一起   山上   去   体助 柴   砍   去 体助
你们一起上山去砍柴。

a²¹ȵɔ²¹ a³³   khɔ²¹pho²¹ khɔ³³ ʐɛ³³ mjo³³ sei³³ tshe³³ so³³.
她   结助 丈夫   锄头 和   刀   弄   断   体助
她丈夫把锄头和刀弄断了。

（四）定语

ŋo⁵⁵ ŋo³³ a³³   xɯ²¹tshɔŋ⁵⁵a³³   mjo³³ ma²¹ lu³³ʐu⁵⁵. 我不拿哥哥的刀。
我   我 结助 哥哥   结助 刀   不   拿

ŋa⁵⁵ʑo³³ phu⁵⁵ a²¹ɣɔ³³ te²¹ tho³³ ɕɯ⁵⁵ la̠²¹tshɔŋ⁵² ma²¹ tshɔŋ⁵².
我俩   银   镯子 戴 体助 金   戒指   不   戴
我俩戴银镯子不戴金戒指。

a²¹mɔ⁵⁵ a³³   pe⁵⁵kha³³ kje²¹ so³³. 曾祖父的衣服破了。
曾祖父 结助 衣服   破   体助

a²¹mɯ⁵⁵nɯ³³ pa²¹la̠²¹pa̠²¹tha⁵² i²¹nɯ³³ tha²¹le³³ tsʏ⁵⁵ mɯ²¹³.
今年   粮食   去年   上去   更   好
今年的庄稼比去年好。

第二节 代词

代词指代替名词、动词、形容词、副词和数量短语等的词。按意义和功能,布角语的代词可分为人称代词、不定代词、指示代词和疑问代词。

一 人称代词

布角语的人称代词有单数、复数,主格、宾格、领格之分。详见表 4–1。

表 4–1　　　　　　　　布角语的人称代词分类

单复数	人称	第一人称	第二人称	第三人称
单数	主格	ŋo⁵⁵ 我	nɔ⁵⁵ 你	a²¹ȵɔ²¹ 他/她
	宾格	ŋo³³ ʑoŋ⁵⁵ 我	no³³ ʑoŋ⁵⁵ 你	a²¹ȵɔ²¹ ʑoŋ⁵⁵ 他/她
	领格	ŋo³³, ŋo³³ a³³, ŋua³³ 我的	no³³, no³³ a³³ 你的	a²¹ȵɔ³³, a²¹ȵɔ²¹ a³³ 他的/她的
双数	主格	ŋa⁵⁵ʑo³³ 我俩	na²¹ʑo³³ 你俩	a²¹ȵʏ³³ʑo³³ 他/她俩
	宾格	ŋa²¹ʑo³³ ʑoŋ⁵⁵ 我俩	na²¹ʑo³³ ʑoŋ⁵⁵ 你俩	a²¹ȵʏ³³ʑo³³ ʑoŋ⁵⁵ 他/她俩
	领格	ŋa³³ʑo³³ a³³ 我俩的	na²¹ʑo³³ a³³ 你俩的	a²¹ȵi²¹ʑo³³ a³³ 他/她俩的
数	主格	ŋa³³ɯ⁵⁵ 我们几个	na³³ɯ⁵⁵ 你们几个	a²¹ȵɔ²¹ ɯ⁵⁵ 他们几个
	宾格	ŋa³³ɯ⁵⁵ ʑoŋ⁵⁵ 我们几个	na³³ɯ⁵⁵ ʑoŋ⁵⁵ 你们几个	a²¹ȵɔ²¹ ɯ⁵⁵ ʑoŋ⁵⁵ 他们几个
	领格	ŋa³³ɯ⁵⁵ a³³ 我们几个的	na³³ɯ⁵⁵ a³³ 你们几个的	a²¹ȵɔ²¹ ɯ⁵⁵ a³³ 他们几个的
多数	主格	ŋa³³dʑu²¹ 我们	na³³dʑu²¹ 你们	a²¹ȵɔ²¹dʑu²¹ 他们,她们
	宾格	ŋa³³dʑu²¹ ʑoŋ⁵⁵ 我们	na³³dʑu²¹ ʑoŋ⁵⁵ 你们	a²¹ȵɔ²¹dʑu²¹ ʑoŋ⁵⁵ 他们,她们
	领格	ŋa³³dʑu²¹ a³³ 我们的	na³³dʑu²¹ a³³ 你们的	a²¹ȵɔ²¹ɯ⁵⁵ a³³ 他们的,她们的

（一）数

1. 人称代词表示复数时，通常用后缀"dʑu²¹ 们、ɯ⁵⁵ 几个"表示。如：

ŋo⁵⁵ 我　　　　　　ŋa³³ɯ⁵⁵ 我们几个　　　　ŋa³³dʑu²¹ 我们

nɔ⁵⁵ 你　　　　　　na³³ɯ⁵⁵ 你们几个　　　　na³³dʑu²¹ 你们

a²¹ȵɔ²¹ 他、她、它　a²¹ȵɔ²¹ɯ⁵⁵ 他们几个　　a²¹ȵɔ²¹dʑu²¹ 他们

2. 表示父母子女、夫妻、兄弟姐妹数量时用后缀"ʑo³³ 俩，mi̠⁵² 俩亲兄弟、俩亲姊妹，phe²¹ 父子俩，me²¹ 母子俩，gu²¹ 一对、一双"。如：

ŋa⁵⁵ʑo³³ 我俩　　　　　　　na²¹ʑo³³ 你们俩

ŋa³³mi̠⁵² 我们哥弟俩（一娘生）　ŋo³³mi̠⁵² 我们哥弟俩（非一娘生）

na³³phe²¹ 你们父子俩或父女俩　na³³me²¹ 你们母子俩或母女俩

khji⁵⁵nɔŋ⁵² thɤ²¹ gu²¹ 一双鞋　　ma⁵⁵kai³³tai²¹³ thɤ²¹ gu²¹ 一对兔子
　鞋　　一　双　　　　　　　　兔子　　　　一　对

na³³ɯ⁵⁵　sen²¹ ʑo³³ 你们三个　　a²¹ȵɔ²¹ɯ⁵⁵ ŋo²¹ ʑo³³ 他们五个
　你们　　三　个　　　　　　　他们　　　五　个

（二）格

1. 主格

布角语人称代词有主格表示法。如：

单数主格：ŋo⁵⁵ 我，nɔ⁵⁵ 你，a²¹ȵɔ²¹ 他、她、它

双数主格：ŋa³³ʑo³³ 我俩，na²¹ʑo³³ 你俩，a²¹ȵɤ³³ʑo³³ 他/她俩

表少数主格：ŋa³³ɯ⁵⁵ 我们几个，na³³ɯ⁵⁵ 你们几个，a²¹ȵɔ²¹ɯ⁵⁵ 他们几个

表多数主格：ŋa³³dʑu²¹ 我们，ŋa³³ɯ⁵⁵ 我们几个，na³³ɯ⁵⁵ 你们，a²¹ȵɔ²¹dʑu²¹/ȵɤ³³dʑu²¹ 他们、她们、它们

2. 宾格

宾格是在主格后加助词 ʑoŋ⁵⁵ 表示。如：

单数宾格：ŋo³³ ʑoŋ⁵⁵ 我，no³³ ʑoŋ⁵⁵ 你，a²¹ȵɔ²¹ ʑoŋ⁵⁵ 他、她、它

双数宾格：ŋa³³ʑo³³ ʑoŋ⁵⁵ 我俩，na²¹ʑo³³ ʑoŋ⁵⁵ 你俩，a²¹ȵɤ³³ʑo³³ ʑoŋ⁵⁵ 他/她俩

表少数宾格：ŋa³³ɯ⁵⁵ ʑoŋ⁵⁵ 我们，na³³ɯ⁵⁵ ʑoŋ⁵⁵ 你们几个，a²¹ȵɔ²¹ɯ⁵⁵ ʑoŋ⁵⁵ 他们几个

表多数宾格：ŋa³³dʑu²¹ ʑoŋ⁵⁵ 我们，na³³dʑu²¹ ʑoŋ⁵⁵ 你们，a²¹ȵɔ²¹dʑu²¹ ʑoŋ⁵⁵ 他（她、它）们

3. 领格

领格有屈折式和分析式。屈折式通常将主格⁵⁵ 调变为³³ 调，分析式是在

主格后加助词 a³³ 表示。如：

单数领格：ŋo³³ 我的　　　　　ŋo³³ a³³ 或ŋua³³ 我的　　　no³³ a³³ 你的
a²¹ȵɔ²¹ a³³ 他、她、它的

双数领格：ŋa³³ʐo³³ a³³ 我俩的　　na²¹ʐo³³ a³³ 你俩
a²¹ȵi²¹ʐo³³ a³³ 他俩，她俩

少数领格：ŋa³³ɯ⁵⁵ a³³ 我们的　　na³³ɯ⁵⁵ a³³ 你们几个
a²¹ȵɔ²¹ɯ⁵⁵ a³³ 他们几个

多数领格：ŋa³³dʐu²¹ a³³ 我们的　　na³³dʐu²¹ a³³ 你们
a²¹ȵɔ²¹dʐu²¹ a³³ 他（她、它）们

（三）反身代词

布角语反身代词随人称代词的主格变化而变化，常见的有 ŋa³³ȵi⁵² 我自己，a³³do³³ 你自己，人称代词主格（单数或复数）+ a³³do³³ 表示"他自己"。如：

ŋo³³ a³³　　a²¹khjei³³ a²¹　　ŋa³³ȵi⁵² khjei³³ xɤ⁵⁵. 我的事情我自己做。
我　领助　事情　　话助　自己　　做　　语助

no³³ a³³　　a²¹khjei³³ a²¹　　a³³do³³ khjei³³. 你的事情你自己做。
你　领助　事情　　话助　自己　做

a²¹ȵɔ²¹ a³³　　a²¹khjei³³ a²¹　　a³³do³³ khjei³³. 他的事情他自己做。
他　领助　事情　　话助　自己　做

lo²¹gu³³lo²¹ɯ⁵⁵ a³³　　a²¹khjei³³ a²¹　　a³³do³³ khjei³³.
娃娃　　　　领助　事情　　话助　自己　做
娃娃的事情娃娃自己做。

ŋo³³ɯ⁵⁵ a³³　　a²¹khjei³³ a²¹　　ŋo³³ɯ⁵⁵ khjei³³ xɤ⁵⁵. 我们的事情我自己做。
我们　领助　事情　　话助　自己　　做　　语助

（四）句法功能

人称代词在句中充当主语、宾语、定语等。

1. 主语

主格人称代词在句中作主语，通常置于句首。如：

a²¹ȵɔ²¹dʐu²¹ kɔŋ³³ʑaŋ³³ ma²¹ pha³³ tho²¹. 他们不割胶了。
他们　　橡胶　　不　割　语助

na³³dʐu²¹ mɯ²¹ le³³ oi³³　dɤŋ²¹！你们好好商量嘛！
你们　　好好　　商量　语助

nɔ⁵⁵ kɔŋ²¹pha²¹kɔŋ²¹kjiŋ³³　xɔŋ²¹mɯ²¹ tha²¹ tɕhi²¹ta³³ le²¹　！
你　各种蔬菜　　　　　　桌子　　上　端上　　语助
你把菜端放在桌子上吧！

ŋo⁵⁵ pe⁵⁵kha³³ thɤ²¹ phɯ⁵⁵ li̠²¹³ʐo⁵⁵mo³³lo³³ ʐu⁵⁵ kui³³ so²¹³.
我　衣服　　一　件　柜子　　　放　装　体助
我把一件衣服装进箱子里了。

ŋo³³ a³³　　ʐaŋ²¹ a²¹ɕɛn²¹ no³³ a³³　　ʐaŋ²¹ a²¹li⁵⁵. 我的新，你的旧。
我　领助 东西 新　　 你　领助 东西 旧

ŋa³³dʐu²¹ a³³　ʐaŋ²¹　na³³dʐu²¹ a³³　ʐaŋ²¹ sen²¹ bɔŋ²¹ lɯ³³ a⁵⁵.
我们　领助东西 你们　　领助东西 三　份　达到 语助
我们的有你们的三份。

2. 宾语

宾格人称代词在句中作宾语时，加受事助词标志 ʐɔŋ⁵⁵，表示宾语是动作的承受者，有时可省略。如：

ŋo⁵⁵ na³³dʐu²¹ ʐɔŋ⁵⁵ ɔ⁵⁵kjo⁵² a²¹　xeɤ⁵⁵. 我要告诉你们了。
我　你们　　受助　告诉　　受助 体助

ŋo³³dʐu²¹ no³³ ʐɔŋ⁵⁵　no⁵⁵dɤŋ⁵² dɤŋ⁵² xɤ³³. 我们向你请教。
我们　　你 受助　问　　　试　体助

a²¹ȵɔ²¹dʐu²¹　ŋo³³dʐu²¹ ʐɔŋ⁵⁵ xɔŋ²¹tɕhe⁵²ko³³tɕhe⁵⁵ thɤ²¹ sɤ²¹bɔŋ⁵⁵ be⁵⁵ a³³.
他们　　　我们　　受助 大米　　　　　一 箩　　给 体助
他们给了我们一箩大米。

nɔ⁵⁵ ŋo³³ ʐɔŋ⁵⁵　ma̠³³，ŋo³³ no³³ ʐɔŋ⁵⁵ ma̠³³. 你爱我，我爱你。
你　我　受助　爱　　我　你 受助　爱

3. 定语

人称代词领格作定语时通常在人称代词后加 a³³。如：

a²¹ȵɔ²¹ a³³　kji²¹ kɤ²¹ so²¹³. 他的镰刀断了。
他　领助 镰刀 断 体助

ŋo³³ a³³　iŋ⁵⁵　o²¹xo⁵⁵ xo⁵⁵ tɕin⁵² a³³. 我的房子漏雨了。
我　领助 房子 雨　　下　湿　体助

a²¹ȵɔ²¹ a³³　tɕo²¹kɑn²¹ nou⁵⁵ sei³³. 她的腰带很好看。
她　领助 腰带　　看　好

a²¹ȵɔ²¹ɯ³³ a³³　ma⁵⁵tu³³ tɕhɔŋ²¹xo³³lɯ²¹ so³³ la²¹? 他们的苞谷收了吗？
他们　　领助 苞谷　收　　　　完 语助

ŋa³³ɯ⁵⁵ a³³　iŋ⁵⁵ wua²¹i̠³³ ȵi²¹ do³³ sɤ²¹ dzo²¹. 我们几家杀了两头猪吃。
我们　　结助 家 猪　　两　头 杀 吃

二　不定代词

不定代词有指人物、事物、时间及混合式四类。

（一）人物

表示人物的不定代词常用 ko³³wa⁵²dʐu²¹ 一些人，mi²¹tɕhɔŋ⁵² 别人，thɣ²¹ma²¹ 一些人，n̠i²¹ ʐo³³ sen²¹ ʐo³³ 几个人，等等。如：

ko³³wa⁵²dʐu²¹ a³³ dzo²¹ ko³³ ko³³wa⁵²dʐu²¹ a³³ dɔŋ⁵⁵ ko³³.
一些人　话助　吃　体助　一些人　话助　喝　体助
一些人吃，一些人喝。

thɣ²¹ma²¹ ko²¹ lo⁵⁵ ko³³ thɣ²¹ma²¹ ko²¹ ʐe⁵⁵ ko³³. 一些人来，一些人去。
一些人　话助　来　体助　一些人　话助　去　体助

ŋo⁵⁵ khua⁵⁵ lo⁵⁵ so²¹³ mi²¹tɕhɔŋ⁵² ma²¹ lo⁵⁵ ʐɔŋ⁵⁵. 我到了，别人没来。
我　到　来　体助　别人　　没有　来　体助

mi²¹tɕhɔŋ⁵² ʐɔŋ⁵⁵ a²¹ xɔŋ²¹. 别骂别人。
别人　受助　别　骂

na³³pa⁵² tshɔŋ⁵⁵ n̠i²¹ ʐo³³ sen²¹ ʐo³³ n̠i⁵⁵ tho²¹tho²¹. 那里有几个人。
那里　人　　两　个　三　个　在　体助

（二）事物

表示事物的不定代词有 a²¹tɕi⁵⁵ 一些，a²¹tɕa⁵² 什么，kha³³tshɔŋ⁵⁵ 个个（物体），kha³³sɯ⁵⁵tshɔŋ⁵⁵ 个个（动物），n̠i²¹ tɕɣ³³ sen²¹ tɕɣ³³ 几件东西 a²¹tɕi⁵⁵，a²¹tɕi⁵⁵le³³ 一点点，a²¹tɕi⁵⁵ lo³³ko³³le³³ 一些，如：

xɔŋ²¹ a²¹tɕi⁵⁵ le³³ dzo²¹⁻²¹³. 吃一点饭吧。
饭　一点　多　吃

a²¹tɕi⁵⁵lo³³ko³³le³³ ʐu⁵⁵ ŋa³³ khji⁵⁵ ma²¹ ŋɣ⁵⁵. 拿一点点没事。
一点点　　　　　拿　语助　什么　不　是

pe⁵⁵kha³³ thɣ²¹tɕɣ³³ kɯ³³so²¹³ thɣ²¹tɕɣ³³ ma²¹ kɯ³³ʐɔŋ⁵⁵.
衣服　　一些　干　　　一些　　不　干
一些衣服干了，一些还没干。

a²¹n̠ɔ²¹ tɕɣ³³tɕɣ³³ tɕɣ⁵⁵tɕɣ³³ dʐa³³. 他有一些东西。
他　东西　　一些　　有

（三）时间

常用不定代词 dʐo³³n̠i³³ 天天，dʐo²¹nɯ³³ 年年，thɣ²¹sa̠²¹ 偶尔，a²¹mɯ⁵⁵thɣ²¹sa²¹ 一会儿，表示时间。如：

ŋa³³ɯ⁵⁵ dʐo³³n̠i³³ a²¹do⁵⁵ xin²¹ le³³. 我们几个天天去读书。
我们　　天天　　书　　读　去

ŋo³³ a³³ ti⁵⁵ thɣ²¹sa²¹ le³³ pɣ²¹tɕhin²¹tha²¹lɣ³³ ʐe⁵⁵. 我妈妈偶尔去赶集。
我　领助妈　偶尔　　集市　　　　　　去

ŋo³³ a³³ ti⁵⁵ thɤ²¹sa̠²¹ thɤ²¹sa̠²¹ de³³ a²¹khjei³³ khjei³³ ʐe⁵⁵. 我的母亲偶尔去干活。
我　领助 母亲　　偶尔　　　结助 活计 干　去

ŋa³³dʑu²¹ lɔŋ³³pi⁵²tshɔŋ⁵⁵ dʐo²¹nɯ³³ nɯ³³xɔ⁵⁵ to³³.
我们　　　龙碧人　　　　年年　　　泼水节　过
我们布角人年年都过泼水节。

ŋa⁵⁵ʐo³³ a²¹mɯ⁵⁵thɤ²¹sa̠²¹ sou²¹ xɤ³³. 我们俩要休息一下。
我俩　一下　　　　　　休息 体助

（四）混合

有些不定代词既可指人也可指物，称为混合式，如 ma²¹ ȵɯ⁵⁵ 不少，mjo²¹ 多， mjo²¹tsɤ⁵⁵le³³ 很多， nɤ⁵⁵dʑu²¹ 那些， kha⁵⁵lo³³ʐo³³ 多少个人，kha⁵⁵lo³³ 多少， kha⁵⁵lo³³do⁵⁵ 多少个东西， thɤ⁵⁵tɕɤ³³ 那些(东西)， xɤ⁵⁵tɕɤ³³ 这些(东西)等。既可单独使用，也可与其他名词连用。其位置松散，既可置于名词前，也可置于名词后。如：

lɔŋ³³pi⁵²tshɔŋ⁵⁵ ma²¹ ȵɯ⁵⁵ dʑa³³ 有不少布角人　de³³ mjo²¹le³³ dʑa³³ 有许多田
龙碧人　　　　　不　少　有　　　　　　　　田　多　　有

mi²¹tɕhu²¹ i³³dɤ⁵² 其他旱地　　　　　lo³³mo³³ kha⁵⁵lo³³do⁵⁵ 多少块石头
其他　　旱地　　　　　　　　　　　　石头　　 多少　　个

wua²¹thɤ²¹ mjo²¹ tsɤ⁵⁵le³³ dʑa³³ 很多野猪　tshɔŋ⁵⁵ thɤ²¹tɕɤ³³ 一些人
猪野　　多　很　　　有　　　　　　　　　人　　　一些

kɔŋ²¹kjiŋ³³ thɤ²¹tɕɤ³³ 一些菜　　　　　kha⁵⁵lo³³ dʑa³³ 要多少
菜　　　　一些　　　　　　　　　　　 多少　　要

（五）句法功能

不定代词在句中主要作主语和定语。作定语时，其位置比较松散，既可置于中心词之前，也可置于中心词之后。如：

mi²¹tɕhɔŋ⁵² e⁵⁵tɕho⁵² xuɛ²¹ ʐe⁵⁵. 别人都游泳去了。
别人　　水　　游泳　去

thɤ²¹ma²¹ ŋa³³su²¹kui²¹tɕen³³ ma²¹ sɤ³³ ʐɛ⁵⁵. 一些人还没收香蕉呢。
一些人　　　香蕉　　　　　　没有 收　还

tɑŋ²¹bu²¹kɤ⁵⁵ ma³³ȵo⁵² lo⁵⁵　 kho³³ so²¹³. 全部黄牛都回来了。
全部　　　　　黄牛　 回来完 体助

tɕhɔŋ²¹pjɛ³³ ȵi²¹do³³sen²¹do³³ tai⁵² mjɔŋ⁵⁵ so²¹³. 几只山羊都找到了。
山羊　　　　两只 三　 只　　　找到　体助　体助

pho³³ xɤ³³ pho³³ lɔŋ³³pi⁵² tshɔŋ⁵⁵ mjo²¹ tsɤ⁵⁵le³³ ȵi⁵⁵ tho³³.
村子 这 村　 布角　 人　　　 很多　　　　　住 语助
这个寨子里有许多布角人。

kho²¹mo³³ taŋ²¹bu²¹kɤ⁵⁵ xɔŋ⁵⁵pha̠⁵²a²¹mo⁵⁵ ɕo⁵⁵ le³³⁻²¹³.
女人们　　全部　　　　蘑菇　　　　采　体助
女人们都去采蘑菇了。

三　指示代词

（一）布角语指示代词有单数、复数、近指、远指、具体、抽象等之分，常用 xɤ⁵⁵、xɤ⁵⁵kha³³ 这个，nɤ⁵⁵、nɤ⁵⁵kha³³ 那，xɤ⁵⁵tɕɤ³³ 这些（物），xɤ³³dʐu²¹ 这些（人），nɤ⁵⁵tɕɤ³³ 那些（物），nɤ⁵⁵dʑu²¹ 那些（人）表示。其位置灵活，可放在中心词语前后。如：

tshɔŋ⁵⁵ xɤ⁵⁵kha³³ 这个人　　　　tshɔŋ⁵⁵ nɤ⁵⁵kha³³ 那个人
人　　这个　　　　　　　　　　人　　那个

a²¹mjɛ³³ xɤ⁵⁵tɕɤ³³ 这些猫　　　　khɯ²¹ nɤ⁵⁵tɕɤ³³ 那些狗
猫　　这些　　　　　　　　　　狗　　那些

lo²¹mi³³lo²¹ xɤ⁵⁵dʐu²¹ 这些姑娘　　nɤ⁵⁵tɕɤ³³ lo³³mo³³ 那些石头
姑娘　　这些　　　　　　　　　那些　　石头

xɤ⁵⁵tɕɤ³³ mɤ²¹ 这些地方　　　　　nɤ⁵⁵tɕɤ³³ mɤ²¹ 那些地方
这些　地方　　　　　　　　　　那些　地方

（二）句法功能

在句中作主语、定语，可与名词连用，也可单独使用。

1. 主语

xɤ⁵⁵tɕɤ³³ mɯ²¹⁻²¹³ nɤ⁵⁵tɕɤ³³ ma²¹ mɯ²¹. 这些好，那些差。
这些　好　　那些　不　好

xe³³ tshɔŋ⁵⁵ mjo²¹⁻²¹³ na³³ tshɔŋ⁵⁵ ȵɯ⁵⁵. 这里人多，那里人少。
这里　人　　多　　那里　人　　少

xa³³pa⁵² wua²¹i̠³³ kho²¹na³³pa⁵² po²¹naŋ³³ kho²¹. 这边是猪圈，那边是牛棚。
这边　　猪圈　　那边　　　牛圈

xa³³pa⁵² a²¹kho²¹ na³³pa⁵² ma³³doŋ⁵²kho²¹. 这边是河，那边是森林。
这边　河　　那边　森林

2. 定语

tshɔŋ⁵⁵　nɤ⁵⁵kha³³　ŋo³³ a³³　kho²¹mo³³. 那个人是我老婆。
人　　　那个　　　我　领助　老婆

xɤ⁵⁵kha³³ po²¹naŋ³³ kho²¹pho²¹. 这个是公牛。
这个　　牛　　　　公牛

po²¹naŋ³³ xɤ⁵⁵ thɤ²¹ do³³ kho²¹pho²¹. 这一条是公牛。
牛　　　这　一　条　公牛

mjoŋ⁵² nɤ⁵⁵ thɤ²¹ do³³ kho²¹mo³³. 那一匹马是母马。
马　　那　一　匹　　母马

wua̠²¹i̠³³ nɤ⁵⁵　wua̠²¹mo³³. 那头猪是猪母。
猪　　那　　猪　母

3. 状语

ŋo³³ a³³　a²¹bu³³mo³³ iŋ⁵⁵ xe⁵² n̪i⁵⁵tho⁵⁵ tho²¹⁻²¹³. 我大伯家在这边。
我 领助 大伯　　家 这儿 住在　体助

ŋo³³ a³³　a²¹mo³³mo³³ iŋ⁵⁵ xa³³ n̪i⁵⁵ tho⁵⁵ tho²¹⁻²¹³. 我婶婶家在那边。
我 领助 婶婶　　家 那边 住 方助 体助

ŋo³³ a³³ iŋ⁵⁵ a²¹gɔŋ⁵⁵ n̪i⁵⁵ tho⁵⁵ tho²¹⁻²¹³. 我们家在中间。
我们 领助家 中间　在 方助 体助

四　疑问代词

（一）分类

布角语的疑问代词较丰富，涉及人或物，也表处所、数量、时间、方式或程度等，见表4–2。

表4–2　　　　　　布角语的疑问代词分类

1. 人或物	a²¹sɤ³³，ka²¹sɤ³³	谁
	ka²¹sɤ³³ tshɔŋ⁵⁵，kha³³tshɔŋ⁵⁵do³³	哪个人
	a²¹tɕa⁵² ʐa²¹，kha²¹tɕa⁵²ʐa²¹	什么
	ka²¹sɤ³³	哪个东西
	xa³³dʐa³³	哪样
	kha⁵² dʐa³³ tɕɤ³³，a⁵² dʐa³³ tɕɤ³³	哪种
2. 处所	kha²¹	哪里
3. 数量	kha⁵⁵lo³³ʐo³³	几个（人）
	kha⁵⁵lo³³do⁵⁵	几个（物）
	kha⁵⁵lo³³	多少(指物)
	kha⁵⁵lo³³ tɕɔŋ⁵⁵	多少次
4. 时间	kho²¹mɑŋ⁵⁵，kho²¹mɑŋ⁵⁵dʐo²¹	几时、什么时候
	kho²¹mɑŋ⁵⁵ʐaŋ²¹	什么季节
5. 方式或程度	khjei⁵⁵ka³³，khjei⁵⁵ka³³de³³ a²¹dʐa³³ʐaŋ⁵²	为什么
	khjei⁵⁵	怎么
	khjei⁵⁵	怎么样

1. 特殊

xɤ³³ a²¹sɤ³³? 这是谁呀？
这　谁

xɤ³³ a²¹tɕa⁵² ʑa²¹（kha²¹tɕa⁵²ʑa²¹）? 这是什么呀？
这　什么　是

no³³ a³³　kho²¹mo³³ kha²¹sɤ⁵² tshɔŋ⁵⁵⁻⁵²? 哪个是你的女朋友？
你 领助 妹妹　　谁　人

po²¹naŋ³³ nɤ⁵⁵ a²¹sɤ³³ iŋ⁵⁵ po²¹naŋ³³? 那头牛是哪家的？
牛　　那　谁　　家　牛

2. 处所

nɔ⁵⁵ kha²¹ ȵi⁵²tho⁵⁵ tho³³⁻²¹³? 你住哪里？
你　哪里 住在　　体助

a²¹ȵɔ²¹ a³³　　bu³³ kha²¹ ʑe⁵⁵ so²¹³? 他爸爸去哪里了？
他　领助 爸　哪边　去　体助

no³³ bu³³ kha²¹ ʑe⁵⁵ ɤ³³? 你爸爸去了哪里了？
你 爸　哪边 去　语助

3. 数量

no³³ɯ³³ a³³　　iŋ⁵⁵ tshɔŋ⁵⁵ kha⁵⁵lo³³ʑo³³ dʑa³³? 你们家有几口人？
你们 领助 家 人　　多少　　　　有

a²¹ȵɔ²¹ ȵi²¹⁻²¹³ kha⁵⁵lo³³do⁵⁵ ʑu⁵⁵ ba⁵⁵ kha⁵⁵lo³³ do⁵⁵. 他想拿多少就拿多少。
他　想　　多少个　　　拿 想 多少　个

no⁵⁵ khui⁵⁵mi²¹ a²¹ kha⁵⁵lo³³ tɕɔŋ⁵⁵ le³³① so²¹³? 你去过昆明几次？
你　昆明　　方助 多少次　　去　体助

4. 时间

na³³ɯ⁵⁵ mɔŋ³³la²¹ kho²¹maŋ⁵⁵dʑo²¹⁻²¹³ ʑe⁵⁵ o²¹. 你们什么时候去过勐腊？
你们　勐腊　　什么时候　　　　去　体助

a²¹ȵɔ²¹　kho²¹maŋ⁵⁵ khɔ³³ lo⁵⁵ xɤ³³⁻²¹³? 他什么时候到的？
他　　什么时候　到　来　语助

no³³ a³³　lɔ³³ɯ⁵⁵ kho²¹maŋ⁵⁵ ʑe⁵⁵ xɤ³³⁻²¹³? 你老师什么时候去？
你 领助老师　什么时候　去　语助

no³³ a³³　iŋ⁵⁵ kho²¹maŋ⁵⁵ʑa²¹ ko³³ kjo²¹ xɤ³³⁻²¹³? 你家什么时候割稻谷？
你 领助 家 什么季节　　　割 稻谷体助

---

① ta³³表示向上的方向；ʑi³³表示向下的方向。

5. 方式或程度

a²¹ɲɔ²¹ khjei⁵⁵ka³³ ma²¹ xua²¹⁻²¹³? 他为什么不听？
他　　为什么　　不　听

a²¹ɲɔ²¹ a²¹dʑa³³ʑa²¹ ma²¹ lo⁵⁵? 他为什么不来？
他　　为什么　　　不　来

a²¹ɲɔ²¹ɯ⁵⁵ a²¹khjei²¹ khjei⁵⁵ khjei³³? 他们怎么干活计呢？
他们　　活计　　怎么　干

nɔ⁵⁵ khjei⁵⁵ ŋʅ⁵⁵ a⁵⁵o⁵⁵? 你怎么样了？
你　怎么样　是　语助

na³³ɯ⁵⁵ a²¹dʑa³³ʑa²¹ ɕo²¹phi⁵⁵ ma²¹ po²¹⁻²¹³? 你们为什么不种辣椒？
你们　　为什么　　　辣椒　　不　种

（二）句法功能

疑问代词在句中作主语、表语、宾语、状语、补语等，一般置于动词前。

1. 主语

a²¹tɕa⁵²ʑa²¹ mɯ²¹ a²¹tɕa⁵²ʑa²¹ ma²¹ mɯ²¹? 什么好，什么不好？
什么　　　好　什么　　　不　好

ka²¹sʅ³³ kaŋ²¹khaŋ⁵⁵ tɕhʅ⁵⁵ ka²¹sʅ³³ ŋɛ³³⁻²¹³? 谁唱歌？谁跳舞？
谁　　　歌　　　　　唱　　谁　　　跳

2. 表语

疑问代词与动词 ŋʅ⁵⁵ "是" 连用，作表语，有时可省略，如：

nɔ³³ a³³ a²¹do⁵⁵ khjei⁵⁵ ŋʅ⁵⁵ o²¹? 你身体怎么样？
你　领助　身体　怎么样　是　语助

nɔ³³ a³³ iŋ⁵⁵ kɔŋ³³ʑaŋ³³dzɯ⁵⁵ lʅ²¹⁻²¹³ khjei⁵⁵ ŋʅ⁵⁵ ʅ²¹? 你家橡胶树长得怎么样？
你　领助　家　橡胶树　　　　　　长　　怎么样　是　语助

xʅ³³ a²¹tɕa⁵²ʑa²¹? 这是什么呀？
是　什么

3. 宾语

疑问代词与实义动词连用，在句中作宾语。

nɔ⁵⁵ a²¹tɕa⁵²ʑa²¹ dʑa³³? 你有什么？
你　什么　　　　　有

ma³³tɕo⁵⁵ zɛ³³ phɔŋ²¹tɕhe⁵⁵a²¹sɯ²¹ nɔ⁵⁵ a⁵²dʑa³³tɕʅ²¹ ʑu⁵⁵ xʅ⁵⁵?
橘子　和　芒果　　　　　　　你　哪一个　　　要　体助
橘子和芒果你要哪种？

no³³ a³³　iŋ⁵⁵ de³³　kha⁵⁵lo³³ mu³³ po²¹? 你家种几亩田？
你　领助 家　田　多少　　亩 种

4. 作状语

疑问代词在句中可作时间、方式、原因、地点等状语。如：

no³³ phi²¹　kho²¹maŋ⁵⁵ wua̱²¹dzo⁵⁵ be³³ dzo⁵⁵ xɤ⁵⁵⁻⁵²?
你　奶奶　何时　　　猪食　　给 体助 语助
你奶奶什么时候喂猪？

no³³ kho²¹mo³³ a²¹lo²¹ kho²¹maŋ⁵⁵ dẓa³³ xɤ⁵⁵⁻⁵²? 你媳妇什么时候生孩子？
你　媳妇　何时　孩子　　生 体助

a²¹mɯ⁵⁵nɯ³³ wua̱²¹i̱²¹ khjei⁵⁵ka³³de³³ phi²¹⁻²¹³? 今年猪为什么贵？
今年　　　猪　　为什么　贵

nɔ⁵⁵ phu⁵⁵pjɛ³³ kho²¹maŋ⁵⁵ be⁵⁵ a²¹　xɤ⁵⁵⁻⁵²? 你什么时候交钱？
你　钱　　哪个时候　交 语助 体助

no³³ a³³　kho²¹pho⁴³lo²¹nɯ⁵⁵tshɔn⁵⁵ iŋ⁵⁵ kha²¹ o²¹? 你弟弟家在哪里？
你 领助 弟弟　　　　　　　　　家 哪里 在

第三节　数词

数词是表示抽象数量和事物顺序的词，分为基数、序数、分数和概数等。

一　基数词

布角语使用十进制计数，基数词分为单纯数词与合成数词。

（一）零至十的数词

布角语有"零至十"基数词：ɣɔ³³lɔ³³mɔŋ⁵⁵（liŋ²¹）零，thɤ²¹ 一，n̠i²¹ 二，sen²¹ 三，li²¹ 四，ŋo²¹ 五，kho²¹ 六，ɕi²¹ 七，xɤ²¹ 八，kui²¹ 九，tshɤ⁵⁵ 十。数数时，习惯在基数词后加量词 do³³ 个，如：thɤ²¹ do³³ 一个，n̠i²¹ do³³ 两个，sen²¹ do³³ 三个……

兼用汉语 ẓi²¹ 一，ɤ²¹³ 二，san⁵⁵ 三，sɯ²¹³ 四，u²¹ 五，lu⁵² 六，tɕhi²¹ 七，pa²¹ 八，tɕɤ³³ 九，sɯ⁵² 十。有时也用傣语数词：nɯn³³ 一，sɔŋ³³ 二，san³³ 三，ɕi²¹³ 四，xa²¹³ 五，xop²¹³ 六，tɕai²¹³ 七，pjɛt²¹³ 八，kau²¹³ 九，sit⁵⁵ nɯn³³ 十等。

（二）十以上的数词

十以上至九十以下的整数，用本族单纯基数词个位数 thɤ²¹ 一，n̠i²¹ 二，sen²¹ 三，li²¹ 四，ŋo²¹ 五，kho²¹ 六，ɕi²¹ 七，xɤ²¹ 八，kui²¹ 九，加 tshɤ⁵⁵ 十。如：

thɤ²¹tshɤ⁵⁵ 十   n̪i²¹tshɤ⁵⁵ 二十   sen²¹tshɤ⁵⁵ 三十
一 十   二 十   三 十
li²¹tshɤ⁵⁵ 四十   xɤ²¹tshɤ⁵⁵ 八十   kui²¹tshɤ⁵⁵ 九十
四 十   八 十   九 十

十以上至九十九以下的非整数，用本族单纯基数词个位数加 tshɤ⁵⁵ 十，与 tsa⁵⁵a³³＋基数词＋do³³ 个。如：

thɤ²¹tshɤ⁵⁵ tsa⁵⁵a³³ thɤ²¹ do³³ 十一   thɤ²¹tshɤ⁵⁵ tsa⁵⁵a³³ n̪i²¹ do³³ 十二
一十　再加　一 个   一十　再加　两 个
n̪i²¹tshɤ⁵⁵ tsa⁵⁵a³³ sen²¹ do³³ 二十三   kui²¹tshɤ⁵⁵ tsa⁵⁵a³³ kui²¹ do³³ 九十九
二十　再加　三 个   九十　再加　九 个

（三）一百及一百以上的基数

百以上的位数词用傣语 xuai²¹³nɯn³³ 一百，pan²¹nɯn³³ 一千，mɯ⁵⁵nɯn³³ 一万。基数词用本族语一至九。如：

thɤ²¹xuai 一百   n̪i²¹xuai 二百
一 百   二 百
sen²¹xuai 三百   li²¹xuai 四百
三 百   四 百
ŋo²¹xuai 五百   kho²¹xuai 六百
五 百   六 百
kui²¹xuai 九百   tshɤ⁵⁵xuai 一千
九 百   十 百

（四）直接借用汉语

如 liŋ²¹ 零，ʑi²¹ 一，ɤ²¹³ 二，san⁵⁵ 三，sɯ²¹³ 四，u²¹ 五，lu⁵² 六，tɕhi²¹ 七，pa²¹ 八，teɤ³³ 九，sɯ⁵² 十，bɤ²¹ 百，tɕhɛn⁵⁵ 千，wan⁵⁵ 万，ʑi²¹³ 亿。

ʑi²¹ bɤ²¹ liŋ²¹ san⁵⁵ 一百零三   lu⁵² tɕhɛn⁵⁵ liŋ²¹ pa²¹ 六千零八
一 百　零　三   六 千　零　八
ɤ²¹³ bɤ²¹ liŋ²¹ san⁵⁵ 二百零三   lu⁵² bɤ²¹ liŋ²¹ u²¹ 六百零五
二 百　零　三   六 百　零　五
sɯ²¹³ bɤ²¹ pa²¹ sɯ⁵² 四百八十   teɤ³³ bɤ²¹ ɤ²¹³ sɯ⁵² 九百二十
四 百　八 十   九 百　二 十

（五）基数词在不同场合的使用

用于电话号码、车牌、身份证号码等，借用汉语数词。如：

ʑou⁵⁵ u²¹　liŋ²¹ pa²¹ tɕhi²¹ tɕhi²¹ ʑou⁵⁵ lu⁵² ɤ²¹³ san⁵⁵ sɯ²¹³. 15087716234
一 五　零 八 七 七 一 六 二 三 四

ʑin²¹ kei⁵⁵ san⁵⁵ ɣ²¹³ ʐou⁵⁵ pa²¹ tɤ³³. 云 K 32189
云　 K　 三　 二　 一　 八　 九

liŋ²¹ ʐou⁵⁵ liŋ²¹ lu⁵² pa²¹ tɤ³³ san⁵⁵ san⁵⁵ ɣ²¹³ pa²¹ u²¹. 010-68933285
零　 一　 零　 六　 八　 九　 三　 三　 二　 八　 五

u²¹ san⁵⁵ ɣ²¹³ u²¹ ɣ²¹³ lu⁵² ʐou⁵⁵ tɤ³³ san⁵⁵ pa²¹ liŋ²¹ lu⁵² ɣ²¹³ lu⁵² ʐou⁵⁵ pa²¹.
五　 三　 二　 五　 二　 六　 一　 九　 三　 八　 零　 六　 二　 六　 一　 八
5325261938062618

表示计量、计价使用 ʐen³³ 元, khuai²¹ 块, tɕo²¹³ 角, fen³³ 分, kjiŋ⁵⁵ 斤, xɔŋ³³ 两, tɕhɛn⁵⁵ 钱, pai³³ta²¹³ 零头、零钱等。如：

thɤ²¹ ʐen³³ 一元　　　　　　　　ʑi²¹ khuai²¹ 一元

thɤ²¹ xuai²¹³ ʐen³³ 一百元　　　ȵi²¹ xuai²¹³ ʐen³³ 二百元

thɤ²¹ tɕo²¹³ 一角　　　　　　　ȵi²¹ tɕo²¹³ 两角

ŋo²¹ pan⁵² tsa⁵⁵a³³ kho²¹ ʐen³³ 五千零六元

thɤ²¹ ʐen³³ a³³ sen²¹ kjiŋ⁵⁵ 一块钱三斤

ȵi²¹ da³³ 两点　　　　　　　　　sɯ⁵² da³³ 十点

ŋo²¹ da³³ tsa⁵⁵a⁵⁵ ȵi²¹ fɛn³³ 五点过两分

kho²¹ da³³ ma²¹ khɔ³³ ʐɔŋ⁵⁵ ŋo²¹ fɛn³³ 六点差五分

（六）加减乘除

布角语中的运算法加减乘除主要使用汉语，如 tɕa⁵⁵ 加, tɕɛn³³ 减, tshɛŋ²¹ 乘, tshu²¹ 除。

pa²¹ dʑa³³ ʑi²¹ tɛŋ³³ʑi²¹ tɤ³³. 八加一等于九。
八　 加　 一　 等于　 九

u²¹ dʑa³³ lu²¹ tɛŋ³³ʑi²¹ sɯ⁵²ʑi²¹. 五加六等于十一。
五　 加　 六　 等于　 十一

sɯ⁵² san³³ tɕɛn³³ lu²¹ tɛŋ³³ʑi²¹ tɕhi²¹. 十三减六等于七。
十　三　 减　 六　 等于　 七

sɯ⁵²sɯ²¹³ tɕɛn³³ tɤ³³ tɛŋ³³ʑi²¹ u⁵². 十四减九等于五。
十四　 减　 九　 等于　 五

san³³ tshɛŋ²¹ pa²¹ tɛŋ³³ʑi²¹ ɣ²¹³sɯ⁵²sɯ²¹³. 三乘八等于二十四。
三　 乘　 八　 等于　 二十四

san³³ pa²¹ ɣ²¹³ sɯ⁵² sɯ²¹³. 三八二十四。
三　八　二十　四

pa²¹ tshu²¹ʑi³³ sɯ²¹³ tɛŋ³³ʑi²¹ ɣ²¹³. 八除以四等于二。
八　 除以　 四　 等于　 二

san⁵⁵suɯ²¹ tshu²¹ʑi³³ lu²¹ tɛŋ³³ʑi²¹ u²¹. 三十除以六等于五。
三十　　除以　　六　等于　　五

二　序数词

布角人使用固有基数词 thɤ²¹ 一，n̠i²¹ 二，sen²¹ 三，li²¹ 四，ŋo²¹ 五，kho²¹ 六，ɕi²¹ 七，xɤ²¹ 八，kui²¹ 九，tshɤ⁵⁵ 十，表示先后次序，或使用表示首位或末位次序的词汇 a²¹xu²¹thɤ²¹do³³ 第一，la̠⁵²nɔŋ³³nɔŋ³³ 最后，表示序数。

（一）排列次序

1."第 X 个"用 "a²¹xu²¹thɤ²¹do³³+名词前面+量词，la̠⁵²nɔŋ³³nɔŋ³³ 最后+名词+量词"表示。如：

la̠⁵²xu³³xu³³ tshɔŋ⁵⁵ 最先那个人　　la̠⁵²nɔŋ³³nɔŋ³³ tshɔŋ⁵⁵ 最后那个人
最先个　人　　　　　　　　　　最后个　　　人

la̠⁵²xu³³xu³³ thɤ²¹do³³ 最先一个（动物）
最先　　一个

la̠⁵²nɔŋ³³nɔŋ³³ thɤ²¹ do³³ 最后一个（动物）
最后　　　一个

a²¹xu³³ ʑa⁵² 最先那个（东西）　　a²¹nɔŋ³³ ʑa⁵² 最后那个（东西）
最先　个　　　　　　　　　　最后　个

2."第 X 个事物"用 "名词+la̠⁵²xu³³xu³³ 最前面+量词，名词+ a²¹xu³³ 开头，名词+ a²¹gɔŋ⁵⁵ 中间，名词+la̠⁵²nɔŋ³³nɔŋ³³+量词"表示。如：

a²¹dzɯ⁵⁵ la̠⁵²xu³³xu³³ thɤ²¹ dzɯ⁵⁵ 最前面一棵树
　树　　最前面　　一　棵

iŋ⁵⁵ la̠⁵²xu³³xu³³ thɤ²¹ iŋ⁵⁵ 最前面一栋房子
房子 最前面　　一　栋

a²¹dzɯ⁵⁵ a²¹gɔŋ⁵⁵ nɤ³³thɤ²¹ dzɯ 中间那棵树
　树　　中间　　那　　棵

iŋ⁵⁵ a²¹nɔŋ³³ nɤ³³n̠i²¹ iŋ⁵⁵ 中间那栋房子
房　中间　那　　栋

a²¹dzɯ⁵⁵ la̠⁵²nɔŋ³³nɔŋ³³ thɤ²¹ dzɯ⁵⁵ 最后一棵树
　树　　　后面　　　那　　棵

（二）长幼排序

用本族称谓名词加排列大小长幼的专用词素 do³³，mo³³，kaŋ⁵⁵，lo²¹，la̠²¹³ 构成固定称谓。如：

xɯ²¹tshɔŋ⁵⁵ 哥哥　　　　　　　　a²¹mo³³ 婶婶
大　人　　　　　　　　　　　　　阿莫

xɯ²¹tshɔŋ⁵⁵ thʏ²¹ do³³ 大哥、长兄	a²¹mo³³mo³³ 大姅
大人　　　一　个	阿莫　大
xɯ²¹tshɔŋ⁵⁵ ȵi²¹ do³³ 二哥	a²¹mo³³ kaŋ⁵⁵ 二姅
大人　　　二个	阿莫　仲
xɯ²¹tshɔŋ⁵⁵ sen²¹ do³³ 三哥	a²¹mo³³ lo²¹ 三姅
大人　　　三　个	阿莫　三
xɯ²¹tshɔŋ⁵⁵ tsʏ⁵⁵ ȵɯ⁵⁵ thʏ²¹ do³³ 幺哥	a²¹mo³³la²¹³ 幺姅
大人　　　最小一个	阿莫　最小

2. 子女的长幼排序常用 xɯ²¹ 或 xɯ²¹tshɔŋ⁵⁵ 排行一、大，a²¹gɔŋ⁵⁵ 排行二、中，ȵɯ⁵⁵ 排行最小、幺，有的直接用汉语。如：

kho²¹mo³³lo²¹ xɯ²¹tshɔŋ⁵⁵ 大姐	kho²¹mo³³lo²¹ xɯ²¹tshɔŋ⁵⁵ 大女儿
姐　　　　大　人	女儿　　　　大　人
kho²¹mo³³lo²¹ a²¹gɔŋ⁵⁵ 二姐	kho²¹mo³³lo²¹ a²¹gɔŋ⁵⁵ 二女儿
姐　　　　中间	女儿　　　　中间
kho²¹pho³³lo²¹ a²¹gɔŋ⁵⁵ 二儿子	kho²¹pho³³lo²¹ ȵɯ⁵⁵tshɔŋ⁵⁵ 幺儿子
儿子　　　　大	儿子　　　　小　人

（四）时间顺序

周序借用汉语，或汉布合璧。如：

ɕi⁵⁵tɕhi⁵⁵ʑi²¹ 星期一	si³³si³³ thʏ²¹ȵi³³ 星期一
ɕi⁵⁵tɕhi⁵⁵ʏ⁵⁵ 星期二	si³³si³³ ȵi²¹ȵi³³ 星期二
ɕi⁵⁵tɕhi⁵⁵shan³³ 星期三	si³³si³³ sen²¹ȵi³³ 星期三
ɕi⁵⁵tɕhi⁵⁵sɯ⁵⁵ 星期四	si³³si³³ li²¹ ȵi³³ 星期四
ɕi⁵⁵tɕhi⁵⁵ɣu²¹ 星期五	si³³si³³ ŋo²¹ ȵi³³ 星期五
ɕi⁵⁵tɕhi⁵⁵lu²¹ 星期六	si³³si³³ kho²¹ ȵi³³ 星期六
ɕi⁵⁵tɕhi⁵⁵thjen⁵⁵ 星期天	si³³si³³ ȵi³³ 星期天

月序用布角固有词，"基数词＋bi²¹lo³³ 月"表示。如：

thʏ²¹ bi²¹lo³³ 一月	ɕi²¹ bi²¹lo³³ 七月
ȵi²¹ bi²¹lo³³ 二月	xʏ²¹ bi²¹lo³³ 八月
sen²¹ bi²¹lo³³ 三月	kui²¹ bi²¹lo³³ 九月
li²¹ bi²¹lo³³ 四月	tshʏ⁵⁵ bi²¹lo³³ 十月
ŋo²¹ bi²¹lo³³ 五月	thʏ²¹tshʏ⁵⁵ thʏ²¹ bi²¹lo³³ 十一月
kho²¹ bi²¹lo³³ 六月	thʏ²¹tshʏ⁵⁵ ȵi²¹ bi²¹lo³³ 十二月

也借用汉语。如：

| ʑi²¹ ʐɛ²¹ 一月 | tɕhi²¹ ʐɛ²¹ 七月 |
| ʏ²¹³ ʐɛ²¹ 二月 | pa²¹ ʐɛ²¹ 八月 |

san⁵⁵ ʐɛ²¹ 三月   tɕɤ³³ ʐɛ²¹ 九月
suɯ²¹³ ʐɛ²¹ 四月   suɯ⁵² ʐɛ²¹ 十月
u²¹ ʐɛ²¹ 五月   suɯ⁵² ʑi²¹ ʐɛ²¹ 十一月
lu⁵² ʐɛ²¹ 六月   suɯ⁵² ɤ²¹³ ʐɛ²¹ 十二月

农历日期次序借用汉语。如：

tshu³³ ʑi²¹ 初一   tshu³³ ɤ²¹³ 初二
shu³³ san³³ 初三   tshu³³ suɯ²¹ 初十

三　分数词

用汉话"基数词+ fen⁵⁵ 份+ tsuɯ⁵⁵"表示，如：

ɤ²¹³ fen⁵⁵ tsuɯ⁵⁵ ʑi²¹ 二分之一　　lu²¹ fen⁵⁵ tsuɯ⁵⁵ sen²¹ 六分之三
二　份　结助　一　　　　　　　　　六　份　结助　三

sen²¹ fen⁵⁵ tsuɯ⁵⁵ ɤ²¹³ 三分之二　　tshɤ⁵⁵ fen⁵⁵ tsuɯ⁵⁵ sen²¹ 十分之三
三　份　结助　二　　　　　　　　　十　份　结助　三

四　概数词

（一）构成

概数词用数量短语与揣测副词 xe⁵⁵khaŋ²¹daŋ²¹ŋa⁵² … saŋ⁵⁵a³³ 左右, 大概、大约，置于数量词前后。如：

xe⁵⁵khaŋ²¹daŋ²¹ŋa⁵² tshɔŋ⁵⁵ ɕi²¹ xuai²¹³ saŋ⁵⁵a³³. 七百个人左右
大概　　　　　　　　　人　七百　　左右

xe⁵⁵khaŋ²¹daŋ²¹ŋa⁵² wua²¹i̠³³ tshɤ⁵⁵ do³³ saŋ⁵⁵ a³³. 十头猪左右
大概　　　　　　　　　猪　十　头　左右

xe⁵⁵khaŋ²¹daŋ²¹ŋa⁵² ɕɔ²¹pɔ̠²¹ thɤ²¹ pho³³ sen²¹ kjiŋ²¹ saŋ⁵⁵a³³. 一块肉三斤左右
大概　　　　　　　　　肉　一　坨　三　斤　左右

ŋo³³ xe⁵⁵khaŋ²¹daŋ²¹ŋa⁵² kho²¹ tshɤ⁵⁵ nuɯ³³ saŋ⁵⁵a³³. 我六十岁左右。
我　大概　　　　　　　　　六　十　岁　左右

表达"……多, 以上"的概数，用 xo³³tha⁵², tha⁵²le³³ 以上，lɤ³³, tseŋ²¹³ 零头, tɤ²¹ ma²¹ ŋɤ⁵⁵ 不止。如：

thɤ²¹ xuai²¹³ xo³³tha⁵² 一百以上
一　百　以上

n̠i²¹ ʐo³³ tɤ²¹ ma²¹ ŋɤ⁵⁵ 不止两个人
两　个　仅　不　是

wua³³o̠³³ thɤ²¹ xuai²¹³ xo³³tha⁵² 一百多个鸡蛋
鸡蛋　一　百　以上

ŋa³³dʑu²¹ a³³   pho³³ xɤ²¹tshɤ⁵⁵ iŋ⁵⁵ xo³³tha⁵² tɕhaŋ³³⁻²¹³.
我们   领助 村里 八十   户   以上   有
我们村有八十多户人家。
用 o̠²¹le³³ 以下，ma²¹ lo̠²¹ 不足，不够。如：
thɤ²¹ xuai²¹³ ma²¹ lo̠²¹ 不足一百个（东西）
一   百   不   足
thɤ²¹tshɤ⁵⁵ tsa⁵⁵a³³ xɤ²¹ nɯ³³   o̠²¹le³³ 十八岁以下
一 十   再   八   岁   以下
tshɤ⁵⁵ ʐo³³ a³³   o̠²¹le³³ 十个（人）以下
十   个 话助 以下
thɤ²¹ xuai²¹³ do³³ o̠²¹le³³ 一百个以下(动物)
一   百   个 以下

（二）相邻数字组合

相邻数字组合成词组表示不确定数。组合时一般小数在前，大数在后。如：
li²¹ ŋo²¹ tshɤ⁵⁵ ʐo³³ 四五十（人）   ɕi²¹ xɤ²¹ tshɤ⁵⁵ ʐo³³ 七八十（人）
四 五 十 个   七 八 十 个
n̠i²¹ sen²¹ sɯ⁵⁵ sɯ⁵² 两三百（动物）   ŋo²¹ kho²¹ ku̠⁵⁵ sɯ⁵² 五六千（动物）
二 三 百 个   五 六 千 个

（三）词组

数量词组表示概数。如：
tshɔŋ⁵⁵ thɤ²¹ n̠i²¹ ʐo³³ 一两个人   ŋa³³lo²¹   thɤ²¹ n̠i²¹ do³³ 一两只鸟
人   一 两 个   鸟   一 两 只
n̠i²¹ sen²¹   tɕɔŋ⁵⁵ 两三回   ɕi²¹ xɤ²¹   n̠i³³ 七八天
两 三 次   七 八 天
a²¹ʐɛ³³ n̠i²¹ sen²¹ du³³ 两三朵花   i²¹di²¹ ŋo²¹ kho²¹ xɔŋ²¹³ 五六间房子
花 二 三 朵   房 五 六 间
用 kha⁵⁵lo³³ʐo³³ 几个（人），kha⁵⁵lo³³do⁵² 几件（东西），xɤ⁵⁵dzu⁵⁵ 一些，
a²¹tɕi⁵⁵le³³ 一点，tsɤ⁵⁵mjo²¹，mjo²¹ɕi⁵⁵ 许多，taŋ²¹bu²¹kɤ⁵⁵ 全部等词汇表达不确定概数。如：
kho²¹mo³³kha⁵⁵lo³³ʐo³³ 好几个女人 a²¹kha²¹a²¹ko⁵⁵kha⁵⁵lo³³do⁵² 好几件东西
女人   几个   东西   几件
wua̠²¹i̠²¹ xɤ⁵⁵dzu⁵⁵ 一些猪   a²¹to̠²¹ a²¹tɕi⁵⁵le³³ 一点盐巴
猪   一些   盐巴 一点
tshɔŋ⁵⁵ tsɤ⁵⁵mjo²¹ 许多人   do⁵⁵lo²¹lɯ⁵⁵lo²¹ mjo²¹ɕi⁵⁵ 许多动物
人   许多   动物   许多

五 句法功能

数词与量词组合构成数量结构，置于名词之后作定语，或作句子的主语或宾语。

1. 主语或宾语

ŋo²¹ do³³ a³³　sen²¹ do³³ ʑɔŋ⁵⁵ lɤ⁵⁵. 五比三多。
五　个　话助　三　个　受助　多

sen²¹ do³³ poi⁵⁵ ba⁵⁵　sen²¹ do³³　ba⁵⁵ khɔ²¹ do³³. 三加三等于六
三　个　加　连助　三　个　连助　六　个

ŋo³³ a³³　mi⁵⁵tɕhɤ⁵⁵ ŋo³³ o²¹le³³ n̠i²¹ nɯ³³ n̠ɯ⁵⁵⁻²¹³. 妹妹比我小两岁。
我　领助妹妹　我　比　两　岁　小

tshɔŋ⁵⁵ thɤ²¹ ʑo³³ a²¹tse³³ sei³³ tshɔŋ⁵⁵ n̠i²¹ ʑo³³ e⁵⁵tɕho⁵² ɕe²¹⁻²¹³.
人　一　个　种子　撒　人　两　个　水　浇　语助
一人撒种，两人浇水。

2. 定语

pphu²¹lo²¹ thɤ²¹ phu²¹lo²¹ 一个碗　thu²¹ thɤ²¹ gu²¹ 一双筷子
碗　一　个　　　　筷　一　双

ŋo³³ a³³　a²¹mi⁵⁵ sen²¹ mi⁵⁵ dʑa³³ thɤ²¹ mi⁵⁵ a³³　lɔŋ⁵⁵pi⁵² a²¹mi⁵⁵.
我　领助 名字　三　名　有　一　名　话助　布角　名字

thɤ²¹ mi⁵⁵ a³³　pe²¹tɕhiŋ²¹ a²¹mi⁵⁵ thɤ²¹ mi⁵⁵ a³³　a²¹xɔ⁵⁵ a²¹mi⁵⁵.
一　名　话助 傣族　名字　一　名　话助 汉族 名字
我有三个名字，一个布角名字，一个傣族名字，一个汉族名字。

ŋo³³ a³³　a²¹ʐu³³ a²¹　nɔ³³ a³³　a²¹ʐu³³ tha²¹le³³ n̠i²¹ dʑo²¹.
我　领助 年纪　话助 你　领助 年纪　以上　两　倍
我的年纪是你的两倍。

第四节　量词

布角语量词较丰富，部分与名词同源。量词可分为名量词和动量词。其中，名量词多，动量词少。量词与数词、名词结合的语序是"名词+数词+量词"；与动词、数词结合的语序是"名词+数词+量词+动词"。

一　名量词

名量词用于表示人或物的单位。按照量词所指称的人和事物的量的差异，可分为个体、集体、度量、时间量词等。名量词中，有来自名词、动词，可与数词构成数量词组修饰名词。

（一）个体量词

个体量词是用于指称单一个体计量单位的词。这类词数量较多。可分为名量同源词或反响量词、通用量词、类别量词、性状量词等。

1. 名量同源词

名量同源词亦称反响量词，又称"专用量词""拷贝型量词"或"临时量词"，是指量词与被限定名词词源完全相同或部分相同。从语音形式看，名词与量词语音完全相同的量词数量较少。而量词与名词部分语音同源，即部分同源词较多。

（1）量词与名词同源

少部分单音节量词或单纯词词根与名词同源，称整体同源量词。如：

pɔ³³ ȵi²¹ pɔ³³ 两本书　　　　　a²¹u⁵⁵ thɤ²¹ u⁵⁵ 一根肠子
书　两　书　　　　　　　　　　肠子　一　根

a²¹sa̠⁵² thɤ²¹ sa̠⁵² 一条生命
生命　一　命

（2）量词与名词的后一个音节同源，这类词多。如：

su²¹pha⁵² thɤ²¹ pha²¹ 一片树叶　　a²¹ze³³ thɤ²¹ ze³³ 一朵鲜花
树叶　　一　片　　　　　　　　　花　　一　朵

ta³³khjɔŋ⁵² thɤ²¹ khjɔŋ⁵² 一根棍　lo⁵⁵ko³³ thɤ²¹ ko³³ 一扇门
棍　　　一　　根　　　　　　　　门　　一　扇

a²¹kho²¹ thɤ²¹ kho²¹ 一条河流　　mu³³khei³³ thɤ²¹ khei³³ 一条水沟
河流　一　条　　　　　　　　　　水沟　　一　条

kai⁵⁵kho³³ thɤ²¹ kho³³ 一座桥　　ma²¹pjeŋ²¹³ thɤ²¹ pjeŋ²¹³ 一块木板
桥　　　一　座　　　　　　　　　木板　　　一　块

（3）量词与名词整体同源。如：

phu²¹lo²¹ thɤ²¹ phu²¹lo²¹ 一个碗　wua³³tɕi²¹³ thɤ²¹wua³³tɕi²¹³ 一只鸡
碗　　　一　碗　　　　　　　　　鸡　　　一　鸡

tɕhɔn²¹khuɛ³³ thɤ²¹ tɕhɔn²¹khuɛ³³ 一只鸭子　wua³³pho²¹ thɤ²¹ wua³³pho²¹ 一只公鸡
鸭子　　　一　鸭子　　　　　　　　　　　　公鸡　　　一　公鸡

xɔ³³khɔŋ⁵⁵ thɤ²¹ xɔ³³khɔŋ⁵⁵ 一条路　tsɔŋ²¹ŋui⁵² thɤ²¹ tsɔŋ²¹ŋui⁵² 一根拐杖
路　　　一　路　　　　　　　　　　　拐杖　　一　拐杖

2. 通用量词

布角语中使用最频繁的通用量词是 do³³ 个，范围广，常用于称量动物的数量，泛指有生命的动物量词"个、只、头、匹、条"等，或无生命的物体"个、把、颗"等。如：

khɯ²¹ thɤ²¹ do³³ 一只狗　　　　　ŋo²¹dɤ⁵⁵ n̠i⁵⁵ do³³ 两条鱼
狗　　一　　只　　　　　　　鱼　　　两　条

mjoŋ⁵² sen²¹ do³³ 三匹马　　　　ma³³n̠o⁵² kho²¹ do³³ 六条黄牛
马　　三　　匹　　　　　　　黄牛　　六　条

a²¹ʐo²¹a²¹ʐɛ²¹ ɕi²¹ do³³ 七只野山羊　tse⁵⁵mo³³ thɤ²¹ do³³ 一只老鹰
野山羊　　　　七　只　　　　老鹰　　一　只

ŋa³³lo²¹ sen²¹ do³³ 三只鸟　　　　pho²¹go³³go³³sen²¹ do³³ 三只青蛙
鸟　　三　　个　　　　　　　青蛙　　　　三　只

tsɔŋ³³lo²¹ thɤ²¹ do³³ 一把凿子　　ɕiŋ⁵⁵thai²¹za²¹ thɤ²¹ do³³ 一个钉子
凿子　　一　　把　　　　　　钉子　　　　一　个

3. 类别量词

类别量词用于称量同一类事物，称量人的个体量词 zo³³ "个"使用频率较高。如：

kho²¹mo³³lo²¹ n̠i²¹ zo³³ 两个女儿　　xɯ²¹tshɔŋ⁵⁵ sen²¹ zo³³ 三个姐姐
女儿　　　　两　个　　　　　姐姐　　　三　个

kho²¹pho³³lo²¹ sen²¹ zo³³ 三个儿子　　mi⁵⁵tɕhɔŋ⁵² kho²¹ zo³³ 六个亲戚
儿子　　　　三　个　　　　　亲戚　　　六　个

iŋ⁵⁵tshɔ³³sɯ³³fu³³ thɤ²¹ zo³³ 一个木匠　pei²¹³mo⁵² thɤ²¹ zo³³ 一个巫师
木匠　　　　　一　个　　　　巫师　　一　个

sɯ⁵² 颗、个，源于 a²¹sɯ²¹ sɯ⁵² 结果子，多用于"圆形物体"。如：

wua̠³³o̠³³ thɤ²¹ sɯ⁵² 一个鸡蛋　　a²¹sɯ²¹ thɤ²¹ sɯ⁵² 一个果子
鸡蛋　　一　　个　　　　　　果子　　一　个

sɯ⁵² thɤ²¹ sɯ⁵² 一个桃子　　　bi²¹kji⁵⁵ thɤ²¹ sɯ⁵² 一颗星星
桃子　一　个　　　　　　　　星星　　一　颗

kho²¹nu⁵²sa³³ thɤ²¹ sɯ⁵² 一个木瓜　li²¹tsɯ³³ thɤ²¹ sɯ⁵² 一个梨
木瓜　　　　一　个　　　　　梨　　一　个

phɯ³³ 源于 baŋ²¹phɯ³³ 芋头，是泛用植物块根量词"个、块、坨、根"。如：

baŋ²¹phɯ³³ thɤ²¹ phɯ³³ 一个芋头　　maŋ²¹kjo³³ thɤ²¹ phɯ³³ 一个红薯
芋头　　　一　　个　　　　　红薯　　　一　　个

maŋ²¹n̠u³³ thɤ²¹ phɯ³³ 一个木薯　　mɯ²¹ thɤ²¹ phɯ³³ 一个山药
木薯　　　一　　个　　　　　山药　一　个

za²¹ʑi⁵⁵ thɤ²¹ phɯ³³ 一个洋芋　　pha⁵⁵pɯ³³ thɤ²¹ phɯ³³ 一个萝卜
洋芋　一　　个　　　　　　　萝卜　　一　个

tɔ³³ 块、坨，用于称量圆形物体，指"坨"。如：

phu^{55} thɤ^{21} tɔ^{33} 一坨银子　　　　ɕɯ^{55} thɤ^{21} tɔ^{33} 一坨金子
银子　一　坨　　　　　　　　金子　一　坨
pɯ^{21}tɕhi^{55} thɤ^{21} tɔ^{33} 一坨红糖
红糖　　一　坨

gu^{21} 对、双，用于称量成双成对的事物。如：
khji^{55}nɔŋ^{52} thɤ^{21} gu^{21} 一双鞋　　　thu^{21} sen^{21} gu^{21} 三双筷子
鞋　　　　一　双　　　　　　　筷子　三　双
khji^{55}tshɔŋ^{52} thɤ^{21}gu^{21} 一双袜子　　nɔ^{21}ʑɛ^{21} thɤ^{21} gu^{21} 一对耳环
袜子　　　一　双　　　　　　　耳环　　一　对

khuɑŋ^{55} 只，称量人和动物身体中成双出现的部位、器官中的量。如：
me^{33}tɕho^{33} thɤ^{21} khuɑŋ^{55} 一只鞋　　me^{33}pọ^{33} thɤ^{21} khuɑŋ^{55} 一个乳房
眼睛　　　一　只　　　　　　　乳房　　一　个
nɔ^{21}phạ^{21} thɤ^{21} khuɑŋ^{55} 一只耳朵　　lạ^{21}phu^{55} thɤ^{21} khuɑŋ^{55} 一只手
耳朵　　　一　只　　　　　　　手　　　一　只
a^{21}dɔŋ^{55} thɤ^{21} khuɑŋ^{55} 一只翅膀　　a^{21}khji^{55} thɤ^{21} khuɑŋ^{55} 一只脚
翅膀　　　一　只　　　　　　　脚　　　一　只

do^{33}, siŋ^{213},liŋ^{213} 条、根、把，用于称量实物、用具等。如：
ŋɔ^{21}dɤ^{55} thɤ^{21} do^{33} 一条鱼　　　　mjo^{33} thɤ^{21} do^{33} 一把刀
鱼　　　一　件　　　　　　　　刀　一　把
kai^{55}kho^{33} thɤ^{21} do^{33} 一座桥　　　ʑɛ^{33}bjɛ^{55} thɤ^{21} do^{33} 一把扫帚
桥　　　一　座　　　　　　　　扫帚　　一　把

dzɯ^{55} 棵，源于 a^{21}dzɯ^{55} 木，常用于高大植物的称量。如：
ma^{33}pɤ^{55}a^{21}dzɯ^{55} thɤ^{21} dzɯ^{55} 一棵松树　　sɤ^{33}sạ^{33}a^{21}dzɯ^{55} thɤ^{21} dzɯ^{55} 一棵青冈树
松树　　　　　　一　棵　　　　　　青冈树　　　　　一　棵
ko^{33}khai^{33}a^{21}dzɯ^{55} thɤ^{21} dzɯ^{55} 一棵柳树　ma^{55}maŋ^{55}a^{55}dzɯ^{55} thɤ^{21} dzɯ^{55} 一棵李树
柳树　　　　　　一　棵　　　　　　李树　　　　　　一　棵
ɔ^{21}dzɯ^{33}dzɯ^{55} thɤ^{21} dzɯ^{55} 一棵槟榔树　sɯ^{52} dzɯ^{55} thɤ^{21} dzɯ^{55} 一棵桃树
槟榔树　　　　一　棵　　　　　　　桃树　　　一　棵

类别量词的使用范围受限制，主要原因是不少量词与名词同源，这些量词要与特定的名词搭配才符合本民族的表达习惯。因此，使用时必须按照约定俗成称量，否则就不符合布角人的表达习惯。

4. 性状量词

性状量词用于称量具有同类性质、状态或特征事物的名词。

siŋ^{213} 根、条，mɯ^{21} 根，称量条状型细微、纤维、藤条、绳索，细微条状。如：

pi²¹khɯ⁵⁵ thɤ²¹ siŋ²¹³ 一根线　　　ȵi²¹dɯ²¹ thɤ²¹ siŋ²¹³ 一条绳子
线　　　一　　根　　　　　　绳子　　一　　条
ne²¹dɯ²¹ thɤ²¹ siŋ²¹³ 一根藤子　　thoŋ²¹lɔŋ⁵⁵ thɤ²¹ siŋ²¹³ 一条大藤篾
藤子　　一　　根　　　　　　大藤篾　　一　　条
a²¹mɯ²¹ thɤ²¹ mɯ²¹ 一根汗毛　　tɕhɔŋ²¹pjɛ³³a²¹mɯ²¹ thɤ²¹ mɯ²¹ 一根羊毛
汗毛　　一　　根　　　　　　羊毛　　　　一　　根

tsi³³ 粒、颗、个，源于名词 a²¹tsi³³ 果核，称量较小的颗粒状物体。如：
xɔŋ²¹tɕhe⁵²ko³³tɕhe⁵⁵thɤ²¹ tsi³³ 一粒大米　　tho³³o⁵⁵ thɤ²¹ tsi³³ 一颗黄豆
大米　　　　　　一　　粒　　　　　　黄豆　　一　　颗
nɤ³³du²¹ thɤ²¹ tsi³³ 一颗花生米　　tsɛ³³sɯ²¹ thɤ²¹ tsi³³ 一颗花椒
花生　　一　　颗　　　　　　花椒　　一　　颗

hjɛn⁵⁵ 张、片、块，用于称量较小的块状、片状物体。如：
lin³³kho³³ thɤ²¹ phjɛn⁵⁵ 一块瓦片　　ɕɑŋ⁵²phjɛn⁵⁵ thɤ²¹ phjɛn⁵⁵ 一张照片
瓦片　　一　　块　　　　　　照片　　　　一　　张
kha³³ta⁵⁵ thɤ²¹ phjɛn⁵⁵ 一张纸　　xua⁵² thɤ²¹ phjɛn⁵⁵ 一幅画
纸　　一　　张　　　　　　画　　一　　幅

thin⁵⁵ 把，用于称量扁平状工具或物体。如：
khua³³bo³³ thɤ²¹ thin⁵⁵ 一把斧子　　kho³³ thɤ²¹ thin⁵⁵ 一把锄头
斧子　　一　　把　　　　　　锄头　一　　把
thje²¹tɕhou³³ thɤ²¹ do³³ 一把铲子　　kji²¹ thɤ²¹ thin⁵⁵ 一把镰刀
铲子　　一　　把　　　　　　镰刀　一　　把

phɯ⁵⁵ 件、块，用于称量编织或缝制的衣物。如：
mɔ²¹kho³³ thɤ²¹ phɯ⁵⁵ 一件蓑衣　　pu³³pha²¹ thɤ²¹ phɯ⁵⁵ 一块襁褓
蓑衣　　一　　件　　　　　　襁褓　　一　　块
a²¹le³³ thɤ²¹ phɯ⁵⁵ 一块布　　pe⁵⁵kha³³a²¹thu⁵⁵ thɤ²¹ phɯ⁵⁵ 一件棉袄
布　　一　　块　　　　　　棉袄　　　　一　　件

do³³, mai²¹³, gu²¹ 根、支，用于称量较细、圆柱状物体。如：
ka⁵⁵fai⁵² thɤ²¹ mai²¹³ 一根火柴　　tin²¹ thɤ²¹ gu²¹ 一对香
火柴　　一　　支　　　　　　香　　一　　对
tin²¹kjou²¹³ thɤ²¹ do³³ 一支蜡烛　　pi²¹a²¹ɯ⁵⁵ kho²¹ do³³ 六支笔
蜡烛　　一　　支　　　　　　笔　　　　六　　支

phu⁵⁵ 串，do³³, ʐɿ³³ 朵，用于称量自然形成的植物花朵或成串果实等。如：
phu²¹thou³³ ȵi²¹ phu⁵⁵ 两串葡萄　　tɕho²¹tɕho⁵⁵ ȵi²¹ phu⁵⁵ 两串三桠果
葡萄　　　两　　串　　　　　　三桠果　　两　　串

pha²¹ʐoŋ⁵² thɤ²¹ do³³ 一朵棉花   a²¹ʑɛ³³ thɤ²¹ ʑɛ³³ 一束花
棉花   一   朵   花   一   束

da⁵⁵sɯ⁵⁵ 串，用于称量串食物。如：
ŋo²¹dɤ⁵⁵ thɤ²¹ da⁵⁵sɯ⁵⁵ 一串鱼   ɕɔ²¹pɔ²¹a²¹kɯ³³ thɤ²¹ da⁵⁵sɯ⁵⁵ 一串干巴
鱼   一   串   干巴   一   串

wua̠²¹i̠³³ɕo²¹ sen²¹ da⁵⁵sɯ⁵⁵ 三串猪肉
猪肉   三   串

tsɯ²¹ 滴，用于称量液体水滴状物质。如：
moi³³ thɤ²¹ tsɯ²¹ 一颗露珠   tshɔŋ⁵⁵khɯi⁵² thɤ²¹ tsɯ²¹ 一滴汗
露珠 一   滴   汗   一   滴

i⁵⁵tɕhɔ⁵² n̠i²¹ tsɯ²¹ 两滴水   ɕi²¹ thɤ²¹ tsɯ²¹ 一滴血
水   两   滴   血   一   滴

tsho³³, thɛ³³, tho²¹, tuan⁵⁵, phɯ³³ 块、丘、堆、坨、团，用于称量形状不规整的物体，或体积较小的物体。如：

khɔ²¹no⁵⁵so³³ thɤ²¹ thɛ³³ 一坨粑粑   khɔ²¹no⁵⁵ n̠i²¹ tsho³³ 两团糯米饭
粑粑   一   坨   糯米饭   两   团

tɤ²¹fu⁵² n̠i²¹ tho²¹ 两块豆腐   a²¹bei²¹ thɤ²¹ phɯ³³ 一块泥巴
豆腐   两   块   泥巴   一   块

5. 个体量词的特点

个体量词是布角语量词中特点最突出、使用频率最高的一类。个体量词有彝语支语言的共性，也有以下突出的特点：

个体量词中，性状量词和类别量词多，名量同源量词少，通用个体量词更少。名量同源量词中，部分名量同源量词比整体名量同源量词多。名量同源量词是藏缅语族语言个体量词中最古老的一类。名量同源量词的保留与使用，固化了部分词根。在不需要凸显事物特征时，符合语言经济原则，在认知上能够增强事物的个体性和可数性。但是，名量同源量词的使用范围有限，需与特定的名词搭配，约定俗成。在演变过程中，有的扩大了语义方面的使用范围，泛化成为类别、性状量词。

在句法结构方面，个体量词在表称量时具有约束性，必须与名词、数词一起构成名数量结构，才能成为句法结构中的重要部分，影响或制约着其他结构的变化。

随着社会经济、文化教育的发展，布角人接触汉语的机会越来越多，受汉语或傣语的影响，尤其是受当地汉语方言或傣语的影响很大。个体量词的汉化程度日趋明显，出现了一批语音有所变异的汉语方言，或傣语借词。

（二）集体量词

集体量词是指称两个或两个以上个体计量单位的词，见定量和不定量集体量词。

1. 定量集体量词

定量集体量词是指含两个或两个以上个体的计量单位词。gu²¹ "对、双"用来称量对称，或成双成对的事物。如：

khji⁵⁵nɔŋ⁵² thɤ²¹ gu²¹ 一双鞋　　　　thu²¹ sen²¹ gu²¹ 三双筷子
鞋　　　　一　双　　　　　　　　筷子　三　双

khji⁵⁵tshɔŋ⁵² thɤ²¹ gu²¹ 一双袜子　　la²¹phu⁵⁵ ȵi²¹ gu²¹ 两双手
袜子　　　一　双　　　　　　　　手　　　两　只

me³³tɕho³³ ȵi²¹ gu²¹ 两双眼睛　　　a²¹dɔn⁵⁵ ȵi²¹ gu²¹ 两对翅膀
眼睛　　　两　只　　　　　　　　翅膀　　两　只

2. 不定量集体量词

指含三个或三个以上不定量计量单位的词。常用 a²¹tɕi⁵⁵le³³ 一点儿，nɤ⁵⁵ tɕɤ³³xɤ⁵⁵tɕɤ³³ 一些，thɤ²¹maŋ²¹ 一些人，ȵi²¹...sen²¹ ...几个、一些，mjo²¹ 许多，dzɔŋ⁵⁵, gɔŋ³³, kje³³ 堆，mou⁵⁵ 群（动物）、mo³³ 窝（动物），maŋ³³ 把，dzɯ⁵² 捆，tɕɛŋ²¹ 排，phu⁵⁵ 串。如：

phu⁵⁵ nɤ⁵⁵tɕɤ³³xɤ⁵⁵tɕɤ³³ 一些钱　　tɕhɔŋ²¹pjɛ³³ nɤ⁵⁵tɕɤ³³xɤ⁵⁵tɕɤ³³ 一些羊
钱　　一些　　　　　　　　　　　羊　　　一些

ŋo²¹dɤ⁵⁵ ȵi²¹ do³³ sen²¹ do³³ 几条鱼　su²¹tsɯ⁵⁵ ȵi²¹ tsɯ⁵⁵ sen²¹ tsɯ⁵⁵ 几棵树
鱼　　两　条　三　条　　　　　　树　　两　　三　棵

wua²¹i̠³³lo²¹ thɤ²¹ mo³³ 一窝猪崽　　wua²¹i̠³³ thɤ²¹ mou⁵⁵ 一群猪
猪崽　　　　一　窝　　　　　　　猪　　　一　群

mjoŋ⁵²khɯi²¹ thɤ²¹ dzɔŋ⁵⁵ 一堆马粪　po²¹naŋ³³a²¹khɯi²¹ thɤ²¹ dzɔŋ⁵⁵ 一堆牛粪
马粪　　　　一　堆　　　　　　　牛粪　　　　一　堆

wua³³mo³³ thɤ²¹ mou⁵⁵ 一群母鸡　　be²¹xo³³ thɤ²¹ mou⁵⁵ 一群蚂蚁
母鸡　　　一　群　　　　　　　　蚂蚁　　一　群

pha⁵⁵pjɛn²¹³ thɤ²¹ maŋ³³ 一把韭菜　　ɕo²¹ɯ⁵² thɤ²¹ dzɯ⁵² 一把稻草
韭菜　　　　一　把　　　　　　　稻草　一　把

iŋ⁵⁵ sen²¹ tɕɛŋ²¹ 三排房子　　　　　tshɔŋ⁵⁵ sen²¹ tɕɛŋ²¹ 三排人
房　三　排　　　　　　　　　　　人　三　排

（三）度量衡量词

度量衡量词分为标准和非标准度量衡量词。

1. 标准度量衡量词

标准度量衡量词使用本族语与汉语词语合璧，整体借用汉语词。如：

thɤ²¹ kjiŋ³³ 一斤　　　　thɤ²¹ kjiŋ³³ tsa⁵⁵a³³ ŋo²¹⁻³³ xɔŋ³³ 一斤半
一　斤　　　　　　　　一　斤　再　五　两

ŋo²¹ xɔŋ³³ 半两　　　　　thɤ²¹ tɕɑŋ³³ 一秤
半　两　　　　　　　　　一　秤

thɤ²¹ xɔŋ³³ 一两　　　　　thɤ²¹ tɕhɛn⁵² 一钱
一　两　　　　　　　　　一　钱

thɤ²¹ tsaŋ⁵⁵ 一丈　　　　 ȵi²¹ tɕhɛn⁵² 两钱
一　丈　　　　　　　　　两　钱

thɤ²¹ mu³³ 一亩　　　　　 thɤ²¹ tshɯ²¹ 一尺
一　亩　　　　　　　　　一　尺

2. 非标准度量衡量词

非标准度量衡量词使用本族语，数量不多。如：

thɤ²¹ lɤŋ⁵⁵ 一庹　　　　 thɤ²¹ khji⁵⁵ ɕɯ⁵⁵ 一步长
一　庹　　　　　　　　　步　一　步

thɤ²¹ tho⁵⁵ 三拃　　　　 la̠²¹khuɛ²¹ thɤ²¹ la̠²¹khuɛ²¹ kɯ⁵⁵ 一掌宽
三　拃　　　　　　　　　手掌　一　手掌　宽

（四）时间量词

计算时间的单位。固有词多，汉语借词少，有的借用傣语。如：

thɤ²¹ dʑo²¹ 一代　　　　 thɤ²¹ ȵi³³ 一天
一　代　　　　　　　　　一　天

thɤ²¹ khui²¹ 一夜　　　　thɤ²¹ sa̠⁵² 一会儿
一　夜　　　　　　　　　一　下

thɤ²¹ ȵi³³ thɤ²¹khui²¹ 一昼夜　　thɤ²¹ da³³ na²¹li⁵⁵ 一小时（傣）
一　天　一　夜　　　　　　　　一　小时　表

（五）名量词的特点

（1）名词不能直接与数词结合。当称量名词时，必须使用量词。名量词和数词、名词、动词结合的语序为"名+数+量+动"。

i⁵⁵tɕho⁵² thɤ²¹ kɤŋ³³ le³³ dɔŋ⁵⁵ 喝一口水
水　　 一　口　结助　喝

sɯ²¹dzɯ⁵⁵ ȵi²¹ dzɯ⁵⁵ sen³³ dzɯ⁵⁵ tɔ̠³³ 砍几棵树
树　　　 两　棵　三　棵　砍

na³³ɯ⁵⁵ a³³ iŋ⁵⁵ tshɔŋ⁵⁵ kho²¹ ʐo⁵⁵ dʑa³³⁻²¹³. 你家有六个人。
你们　领助　家　人　六　个　有

ŋo³³ po²¹naŋ³³ li³³ do³³ zu⁵⁵ kui⁵⁵ la²¹⁻²¹³. 我买了四头水牛。
我　水牛　　四　条　买　回　体助

第四章 词类

（2）名词与数量短语、指示代词等结合时，语序为：名词+指示代词+数量词；如：

a²¹mjɛ³³ xɤ⁵⁵ ȵi²¹ do³³ a²¹ŋɔ²¹ ʑa²¹. 这两只猫是他的。
猫　　这　两　只　他　结助

khɯ²¹ nɤ⁵⁵ ȵi²¹ thɤ²¹ do³³ a²¹ŋɔ²¹ ʑa²¹ ma²¹ nɤ⁵⁵. 那两条狗不是他的。
狗　　那　两　一　条　他　结助　不 是

ma⁵⁵kai³³tai²¹³ xɤ⁵⁵ thɤ²¹ do³³ a²¹phu⁵⁵lu⁵⁵. 这只兔子是白的。
兔子　　　　这　一　只　白

khɯ²¹ nɤ⁵⁵ thɤ²¹ do³³ a²¹na³³la²¹. 那只狗是黑的。
狗　　那　一　只　黑

（3）thɤ²¹ 一，与名量词合成重叠构成 "thɤ²¹+量词+thɤ²¹+量词" 结构，表示动作、状态重复或依序增长进行。有时 thɤ²¹ 可省略。如：

a²¹ŋɔ²¹ thɤ²¹ khji⁵⁵ thɤ²¹ khji⁵⁵ le³³ lo²¹ la²¹³. 她一步一步地走来了。
她　　一　步　一　步　结助 走 来

a²¹dzɯ⁵⁵ thɤ²¹ ȵi³³ ȵi³³ xɯ⁵⁵ lo⁵⁵. 树一天天长大了。
树　　一　天　天　大　来

thɤ²¹ ʑo³³ ʑo³³ le³³ le³³ o³³. 一个个去吧！
一　个　个　结助 上去 语助

ŋa³³lo²¹ thɤ²¹ mou⁵⁵ thɤ²¹ mou⁵⁵ le³³ bɤŋ⁵⁵ la²¹ a³³. 鸟成群成群地飞来了。
鸟　　一　群　一　群　结助 过 来 体助

（4）表示泛指时，用 "名词或人称代词+ taŋ²¹bu²¹kɤ⁵⁵ 全部(人)、大家都" 结构。如：

taŋ²¹bu²¹kɤ⁵⁵ wua²¹i³³ gɔŋ²¹ kai²¹ ʑe²¹ so²¹³. 所有猪都卖掉了。
全部　　　　猪　　卖　完 去 体助

ŋo⁵⁵ tɕhɔ⁵² dɔŋ⁵⁵ ka²¹ ʑe²¹ so²¹³. 我把水都喝完了。
我　水　喝　完 去 体助

taŋ²¹bu²¹kɤ⁵⁵ le³³ o³³. 大家全部都去。
大家都　　　去 语助

taŋ²¹bu²¹kɤ⁵⁵ kaŋ²¹khaŋ⁵⁵ tɕhɤ⁵⁵ ko³³⁻²¹³. 大家都在唱歌。
大家都　　　歌　　唱　体助

（5）大多数量词是单音节，但布角语里有 la²¹khuɛ²¹ 捧, la²¹tsho³³ 把, bi²¹lo³³ 月, 几个双音节量词。如：

phu⁵⁵ɯ⁵⁵ thɤ²¹ la²¹khuɛ²¹ 一捧子金银　ko³³tɕhe⁵⁵ sen²¹ la²¹tsho³³ 三把大米
金银　　一　捧　　　　　　　大米　　三 抓

bi²¹lo³³ thɤ²¹ bi²¹lo³³ a²¹khjei³³ khjei³³ ʑe⁵⁵. 去干了一个月活计。
月　　一　月　　活计　　干　去

5. 句法功能

名量词与数词组成数量结构在句中修饰名词，充当定语；在一定语境中，也可做主语、宾语。

（1）定语

a²¹ɲɔ²¹ a²¹khjɔŋ²¹ thɤ²¹ khjɔŋ²¹ le²¹ ma²¹ tɕei²¹. 他一句话都不说。
他　话　　　一　句　　都　不　说

ŋo³³ a²¹ʐɛ³³ a²¹nɤ⁵⁵ thɤ²¹ ʐɛ³³ ko²¹ ɣo³³n̥i⁵⁵. 我还要一朵红花。
我　花　红　一　朵　还　想要

ŋo³³ ʐɔŋ³³ tɕhɔŋ²¹khuɛ³³ a²¹o̯³³ thɤ²¹ sɯ⁵² be⁵⁵ a²¹. 给我一个鸭蛋。
我　受助　鸭　蛋　　一　个　给　受助

（2）主语

thɤ²¹ ʐo³³ lo̯³³ ba⁵⁵. 一个人就够了。
一　个　够　语助

sen²¹ ʐo³³ ma²¹ lɯ³³ ʐɔŋ⁵⁵. 三个没有来。
三　个　没　来　还

a²¹bɤ³³ nɤ⁵⁵ tshɔŋ⁵⁵ ʐo³³ a²¹ɲɔ²¹ a³³　kho²¹mo³³lo²¹xɯ²¹tshɔŋ⁵⁵.
前面　那　人　个　他　　领助　姐姐
前面那个人是他的姐姐。

（3）宾语

ŋa³³ɯ⁵⁵ mjɔŋ⁵² sen²¹ do³³ ʐu⁵⁵ la²¹⁻²¹³. 我们买了三匹马。
我们　　马　三　匹　买　体助

thɤ²¹ ʐo³³ ʐɔŋ²¹ thɤ²¹ do³³ pe⁵⁵ ʐɛ²¹⁻²¹³. 一人给一个。
一　人　受助　一　个　给　语助

thɤ²¹ iŋ⁵⁵ a³³　tshɔŋ⁵⁵ kho²¹ ʐo³³. 一家六口人。
一　家　领助人　六　个

ŋa³³ɯ⁵⁵ ŋa³³lo³³lo²¹ n̥i²¹ do³³ n̥ɛ²¹ la²¹⁻²¹³. 我们抓了两只小鸟。
我们　小鸟　　两　只　抓　体助

二　动量词

动量词是对行为动作的计时计量，分为专用和借用两类。布角语的动量词少，与数词连用一起修饰动词，作状语。其位置常见于动词之前，构成"数词+量词+动词"结构。

（一）专用动量词

常用的动量词有 tɕɔŋ⁵⁵ 下，thɔ⁵⁵ 次、回、趟、遍等，指动作发生的次数。如：

thʏ²¹ tɕɔŋ⁵⁵ dɯ²¹ 打一下　　　　　　thʏ²¹ tɕɔŋ⁵⁵ dʏŋ²¹ 看一下
一　下　打　　　　　　　　　　一　下　看

thʏ²¹ tɕɔŋ⁵⁵ le³³　le³³ 上去两次　　thʏ²¹ tɕɔŋ⁵⁵ le³³ 下去一回
一　次　结助 上去　　　　　　　一　回　下去

xɔŋ²¹ thʏ²¹ mjo⁵⁵ dzo²¹⁻²¹³ 吃一顿饭　o²¹xo⁵⁵ thʏ²¹ xo⁵⁵ xo⁵⁵ 下一阵雨
饭　一　顿　吃　　　　　　　雨　一　阵　下

thʏ²¹ tɕɔŋ⁵⁵ tshe²¹³ 咬一口　　　　a²¹sa̱²¹ thʏ²¹ sa̱²¹ le³³ kɔŋ⁵⁵ 喘一口气
一　口　咬　　　　　　　　　气　一　口　喘

i⁵⁵tɕhɔ²¹ thʏ²¹ tɕɔŋ⁵⁵ dɔŋ⁵⁵ 喝一口水　xɔŋ²¹ thʏ²¹ tɕɔŋ⁵⁵ dzo²¹⁻²¹³ 吃一口饭
水　一　口　喝　　　　　　　饭　一　口　吃

（二）借用动量词

临时借用其他词作动量词。如：

ŋo³³ɯ⁵⁵ xɔ³³khɔŋ⁵⁵ thʏ²¹ n̠i³³ lo²¹. 我们走了一天路。
我们　路　一　天　走

a²n̠ɔ²¹　thʏ²¹ n̠i³³ thʏ²¹ khui²¹ n̠i²¹³. 他想了一天一夜。
他　一　天　一　夜　想

a²¹n̠ɔ²¹ thʏ²¹ sa̱⁵²　i̱²¹tɕa²¹. 他睡了一会儿。
他　一　会儿　睡

（三）动量词的重叠

数词"一"与动量词组成数量短语时重叠，构成"ABAB"结构，表示动作或状态依次进行。如：

thʏ²¹ tɕɔŋ⁵⁵ thʏ²¹ tɕɔŋ⁵⁵ le³³　dʏŋ²¹. 一遍一遍地看。
一　遍　一　遍　结助 看

thʏ²¹ tɕɔŋ⁵⁵ thʏ²¹ tɕɔŋ⁵⁵ le³³　tshe²¹³. 一口一口地咬。
一　口　一　口　结助 咬

thʏ²¹ khji⁵⁵ thʏ²¹ khji⁵⁵ le³³　lo²¹⁻²¹³. 一步一步地走。
一　步　一　步　结助 走

（四）句法功能

动量词与数词结合后，在句中主要充当状语、补语、宾语等。

1. 状语

ŋo⁵⁵ ŋo³³　a³³　iŋ⁵⁵ a²¹　thʏ²¹ tɕɔŋ⁵⁵ le³³ ma²¹ le³³　ʑɔŋ⁵⁵ ŋo⁵⁵.
我 我　领助 家 方助 一　次　都　没　回去 还 语助

我没有回过一次家。

a²¹ȵɔ²¹ ŋo³³ ʑɔŋ⁵⁵ ȵi²¹ nɯ³³ po³³tʁŋ⁵⁵ ŋa³³. 他帮助我两年了。
他   我 受助 两   年   帮助   体助
ŋo⁵⁵ sen²¹ tɕoŋ⁵⁵ tso⁵⁵ mʁ⁵⁵ tso⁵⁵ so²¹ so²¹³.
我   三   次   做   体助 做   成   体助
我做了三次做成了。

2. 作补语
a²¹ȵɔ²¹ ŋo³³ ʑɔŋ⁵⁵ thʁ²¹ tɕoŋ⁵⁵ le³³ ma²¹ mjoŋ⁵⁵ a²¹. 她没见到我一面。
她   我 受助 一   次   都   没   见   语助
a²¹ȵɔ²¹ khui⁵⁵min²¹ a²¹   sen²¹ tɕoŋ⁵⁵ le³³ so²¹³. 他去过昆明三次了。
他   昆明   方助 三   次   去   体助
a²¹ȵɔ²¹dʑu³³ a³³   ɔ⁵⁵ a³³   a²¹khjɔ²¹ mɯ²¹³ te³³te³³. 他们说的话真好。
他们   施助 说 话助 话   好   真真

3. 作宾语
ŋo⁵⁵ thʁ²¹ tɕoŋ⁵⁵ tai⁵² le³³. 我已经找了一遍了。
我   一   遍   寻找 体助
a²¹ȵɔ²¹ li²¹ kjiŋ³³ ʑu⁵⁵ tho²¹³. 他卖了四斤。
他   四   斤   卖   体助
ŋo³³ɯ⁵⁵ a²¹dʑu⁵⁵ ȵi²¹ dʑu⁵⁵ po²¹³. 我们种两棵树。
我们   树   二   棵   栽

第五节　形容词

一　形容词的组成

1. 单音节形容词

xɯ²¹ 大　　　　ȵɯ⁵⁵ 小　　　　xʁ²¹ 远　　　　ɕɛ³³ 近
mjoŋ⁵⁵ 高　　　ɯ⁵⁵ 矮　　　　ɕɯ⁵⁵ 长　　　ȵi⁵⁵ 短
kɯ⁵⁵ 宽　　　　toŋ⁵⁵ 窄　　　thu⁵⁵ 厚　　　po²¹ 薄

2. 名词化双音节形容词

a²¹mo⁵⁵ 真的　　a²¹kuɛ⁵² 假的　　a²¹ dʑin²¹ 生的　　a²¹ɕʁ²¹ 新的
a²¹li⁵⁵ 旧的　　a²¹niŋ²¹ 年轻的　a²¹khuɛ²¹ 瘪的　　a²¹te²¹ 活的

3. 少数形容词前加否定副词词素 ma²¹ 不，构成反义词。

naŋ⁵⁵ 好看　　　　　　　　　　ma²¹naŋ⁵⁵ 难看（不好看）
ma²¹³ 对　　　　　　　　　　　ma²¹ma²¹³ 错（不对）
na²¹ 深　　　　　　　　　　　 ma²¹na²¹ 浅（不深）
kaŋ⁵⁵ 忙　　　　　　　　　　　ma²¹kaŋ⁵⁵ 闲（不忙）

4. 形容词名词化

na³³ 黑	a²¹na̠³³ 黑色	a²¹na̠³³la̠³³ 黑色的
phu⁵⁵ 白	a²¹phu⁵⁵ 白色	a²¹phu⁵⁵lu⁵⁵ 白色的
nɤ⁵⁵ 红	a²¹nɤ⁵⁵ 红的	a²¹nɤ⁵⁵lɤ⁵⁵ 红色的
lo³³ 黄	a²¹lo³³ 黄的	a²¹lo³³lo³³ 黄色的
phɯ⁵⁵ 蓝	a²¹phɯ⁵⁵ 蓝的	a²¹phɯ⁵⁵lɯ⁵⁵ 蓝色的
ȵi⁵⁵ 绿	a²¹ȵi⁵⁵li⁵⁵ 绿色	a²¹ȵi⁵⁵li⁵⁵ 绿色的

5. 形容词重叠，构成 AABB，ABAC，ABAB 结构。

AABB 式：

nɤ⁵⁵nɤ⁵⁵ȵi⁵⁵ȵi⁵⁵ 红红绿绿　　tɕhi⁵⁵tɕhi⁵⁵tɕhe⁵⁵tɕhe⁵⁵ 甜甜酸酸
tɕhe⁵⁵tɕhe⁵⁵phi⁵⁵phi⁵⁵ 酸酸辣辣　　kji⁵⁵kji⁵⁵mi³³mi³³ 零零碎碎
neŋ²¹neŋ²¹thɤŋ²¹thɤŋ²¹ 匆匆忙忙　　ȵu³³ȵu³³ȵɛ³³ȵɛ³³ 密密麻麻
ʐe⁵⁵ʐe⁵⁵lo³³lo³³ 去去来来　　la̠²¹la̠²¹ta̠³³ta³³ 上上下下
ȵi⁵⁵ȵi⁵⁵kuɑ²¹kuɑ²¹ 花花绿绿

ABAC 式：

a²¹ko²¹a²¹kji³³ 弯弯曲曲　　a²¹dzɔŋ²¹a²¹ʐɤ²¹ 笨头笨脑
wuɛ³³li⁵⁵wuɛ³³lo³³ 方方圆圆　　tshɔŋ⁵⁵mɯ²¹tshɔŋ⁵⁵dʐɤ²¹ 人好老实
ma²¹tɕho²¹ma²¹lɔŋ⁵⁵ 不冷不热　　a²¹neŋ²¹a²¹thɤŋ²¹ 急急忙忙

ABAB，或其他模式：

tɕhe⁵⁵ tɕhi⁵⁵ tɕhe⁵⁵ tɕhi⁵⁵ 酸甜酸甜　　khɔ²¹tɕhi⁵⁵ khɔ²¹tɕhi⁵⁵ 苦甜苦甜
tɕhe⁵⁵ phi⁵⁵ tɕhe⁵⁵ phi⁵⁵ 酸辣酸辣　　ɯ³³ɕhi⁵⁵ dʐa³³li⁵⁵ 高兴高兴
mɯ²¹le³³tɕho²¹le³³ 平平安安

6. 表示程度加深，用 A + tsɤ⁵⁵le³³ 式。

lɔŋ⁵⁵ 烫	lɔŋ⁵⁵ tsɤ⁵⁵le³³ 烫烫的
kja̠³³ 冷	kja̠³³ tsɤ⁵⁵le³³ 冷冰冰
lo³³ 黄	lo³³ tsɤ⁵⁵le³³ 黄生生的
ʐɔŋ⁵⁵ 轻	ʐɔŋ⁵⁵tsɤ⁵⁵le³³ 轻得很
mɔŋ²¹ 慢	mɔŋ²¹tsɤ⁵⁵le³³ 慢腾腾的
a²¹mɔŋ³³lɔŋ⁵⁵ 圆	a²¹mɔŋ³³lɔŋ⁵⁵ mɔŋ³³tsɤ⁵⁵le³³ 圆圆滚滚

二　形容词使动态

形容词词根前加 khjei³³ 弄、整，构成使动态。

自动　　　　　　　　　　　使动
tɕin⁵⁵ 湿　　　　　　　　khjei³³ tɕin⁵⁵ 弄湿
ko²¹ 弯　　　　　　　　　khjei³³ ko²¹ o³³ 弄弯

a²¹nɤ⁵⁵ 红	khjei³³ nɤ⁵⁵ 弄红
ɕɯ⁵⁵ 长	khjei³³ ɕɯ⁵⁵ 弄长
ȵi⁵⁵ 短	khjei³³ ȵi⁵⁵ 弄短
kɯ⁵⁵ 宽	khjei³³ kɯ⁵⁵ 弄宽
tɔŋ⁵⁵ 窄	khjei³³ tɔŋ⁵⁵ 弄窄

例句：

三 形容词的否定形式

形容词前加否定副词 ma²¹ 不，构成形容词否定结构。

xɯ²¹ 大	ma²¹ xɯ²¹ 不大
ȵɯ⁵⁵ 小	ma²¹ ȵɯ⁵⁵ 不小
xɤ²¹ 远	ma²¹ xɤ²¹ 不远
mjoŋ⁵⁵ 高	ma²¹ mjoŋ⁵⁵ 不高
ɕɛ³³ 近	ma²¹ ɕɛ³³ 不近
na̠²¹ 深	ma²¹ na̠²¹ 不深
dʐo²¹³ 直	ma²¹ dʐo²¹³ 不直
ma²¹na²¹ 浅	ma²¹ khjen³³ 不浅
ȵi⁵⁵ 短	ma²¹ ȵi⁵⁵ 不短
kɯ⁵⁵ 宽	ma²¹ kɯ⁵⁵ 不宽
mɤ²¹³ 漂亮	ma²¹ mɤ²¹³ 不漂亮
ŋɤ²¹nɤŋ⁵⁵ 香味	ma²¹ ŋɤ²¹nɤŋ⁵⁵ 不香
bo²¹nɤŋ⁵⁵ 腐臭	ma²¹ bo²¹nɤŋ⁵⁵ 不臭

四 形容词的疑问形式

布角语形容词的疑问形式有三种：形容词词根作谓语，用句末疑问助词 la⁵² 表示疑问；形容词词根作谓语，后加结构助词 a³³＋la⁵² 表示疑问；形容词词根重叠，加否定副词 ma²¹ 不，构成 A＋ ma²¹＋A 表示反问。

ɕo²¹phi⁵⁵ xɤ⁵⁵tɕɤ³³ phi⁵⁵ a³³ la⁵²? 这些辣椒辣吗？
辣椒   这些   辣 语助 语助

phɔŋ²¹tɕhe⁵⁵a²¹sɯ²¹ xɤɤ⁵⁵tɕɤ³³ tɕhe⁵⁵ la⁵²? 这些芒果酸吗？
芒果   这些   酸 语助

a²¹dzɯ⁵⁵ nɤ⁵⁵tshɔn⁵⁵ dzɯ⁵⁵ dzo²¹ a³³   la⁵²? 那棵树直吗？
树   那   棵   直 语助 语助

kɔŋ²¹mo³³a²¹ȵi³³ xɤ⁵⁵dzɯ³³ khɔ²¹ a³³ la⁵²? 这些青菜苦吗？
青菜   这些   苦 语助 语助

nɔ⁵⁵ e⁵⁵tɕho⁵² ɕe̱²¹ a³³   la⁵²? 你口渴吗？
你 水   渴 语助语助
n̠ɯ⁵⁵ ma²¹ n̠ɯ⁵⁵ 小不小？   na̱²¹ ma²¹ na̱²¹ 深不深？
小   不   小   深 不 深
mjoŋ⁵⁵ ma²¹ mjoŋ⁵⁵ 高不高？ dzo²¹³ ma²¹ dzo²¹³ 直不直？
高   不   高   直   不   直
e⁵⁵tɕho⁵² xɤ⁵⁵ na̱²¹ ma²¹ na̱²¹? 这水深不深？
水   这   深   不   深
a²¹dzɯ⁵⁵ nɤ⁵⁵ dzo²¹³ ma²¹dzo²¹³? 那棵树直不直？
树   那   直   不   直

五　句法功能

布角语形容词，可在句中充当主语、谓语、宾语等语法成分。

1. 主语

xɯ²¹ ŋa⁵² tɕhi⁵⁵ n̠ɯ⁵⁵ ŋa⁵² ma²¹ tɕhi⁵⁵. 大的甜，小的不甜。
大   话助 甜   小   话助 不   甜

a²¹nɤ⁵⁵lɤ²¹ dɤŋ²¹ko³³ mɯ²¹⁻²¹³. 红的好看，
红色   看起来   好

a²¹ŋɤ²¹ ŋɤ²¹ ma²¹ mɯ²¹. 空空的不好；
空   空   不   好

a²¹khuɛ²¹ khuɛ²¹ ŋɤ⁵⁵ ʑe³³ ma²¹ mɯ²¹. 瘪瘪的也是不好。
瘪   瘪   是   也   不   好

2. 宾语

ŋo⁵⁵ tɕhe⁵⁵ ŋa³³ dzo²¹ o³³,　tɕhi⁵⁵ ŋa³³ ma²¹ dzo²¹ o³³. 我吃酸的,不吃甜的。
我   酸   结助 吃   语助   甜   结助 不   吃   语助

nɔ⁵⁵ a²¹mɔŋ³³lɔŋ⁵⁵ ma̱³³ a⁵⁵ la²¹, a²¹phje²¹le²¹ ma̱³³ a⁵⁵ la²¹?
你   圆   喜欢 语助 语助 扁   喜欢 语助 语助
你喜欢圆的，还是喜欢扁的？

nɔ⁵⁵ a²¹ɕɤ²¹ ʑu⁵⁵ xɤ⁵⁵ la²¹ a²¹li⁵⁵ ʑu⁵⁵ xɤ⁵⁵ la²¹? 你要新的，还是要旧的？
你   新   要 体助 语助 旧   要 体助 语助

3. 谓语

iŋ⁵⁵ nɤ⁵⁵tshɔŋ⁵⁵ mjoŋ⁵⁵. 那间房子高。
房 那   高

ma³³dɔŋ⁵² kho²¹ xɔ³³khɤŋ⁵⁵ ko²¹³. 山林间路弯。
山林   路   弯

kɔŋ²¹moˍ³³kɔŋ²¹tɕhe⁵⁵ ma²¹ tɕhe⁵⁵. 酸菜不酸。
酸菜　　　　　不　酸
kɔŋ²¹moˍ³³kɔŋ²¹tɕhe⁵⁵ tɕhe⁵⁵ ba⁵⁵. 酸菜酸了。
酸菜　　　　　酸　体助

4. 定语

pe⁵⁵kha³³ a²¹tho²¹ ʐu⁵⁵. 买便宜衣服。
衣服　　便宜　买
wuaˍ²¹iˍ³³ a²¹tho³³lo³³ sɤ²¹³. 杀大肥猪。
猪　　　大肥　　杀
lɔ³³mo³³ʐo³³mo³³ kha²¹³ keŋ³³kho³³ lɯ²¹³. 一个大石头滚下来。
大石头　　　　个　　滚下　　来

5. 补语

pe⁵⁵kha³³ tshi²¹ phu⁵⁵ so²¹³. 衣服洗白了。
衣服　洗　白　体助
iŋ⁵⁵ tshoˍ³³ so²¹ so²¹³. 房子盖好了。
房子 盖　成　体助
mjo³³ sɯ²¹ tha³³ so²¹³. 刀磨快了。
刀　磨　快　体助
xɔŋ²¹mɯ²¹ thu³³ mɤ⁵²mɤ⁵² so²¹³. 桌子擦得亮亮的。
饭桌　　擦　亮亮　　体助
xɔŋ²¹ tɕhaˍ²¹ tɕɛ²¹tɕɛ²¹ so²¹³. 饭煮得稀稀的。
饭　煮　　稀稀　　体助

6. 状语

a²¹ȵɔ²¹ naˍ²¹naˍ²¹ le³³ lo⁵⁵⁻³³. 他来得早早的。
他　　早早　　体助 来
a²¹ȵɔ²¹ ma²¹ naˍ²¹ ma²¹ ɕi⁵⁵ lo⁵⁵⁻³³. 他提前早早来了。
他　　不　早　不　更加 来
a²¹ȵɔ²¹ phɤŋ³³ tsɤ⁵⁵ ɣuɛ²¹ ɕi⁵⁵. 他跑得快快的。
他　　跑　　快　更加 还
a²¹ʐɛ³³ ʐɤ³³ nɤ⁵⁵nɤ⁵⁵. 花开得红红的。
花　开　红红

第六节　动词

动词表示行为动作，分为行为、趋向、心理、存现、能愿动词等。

一 动词的组成

1. 单音节动词

khu⁵⁵ 喊　　　　　　　　dɯ²¹ 拍　　　　　　　　ɔ⁵⁵ 教

ŋɛ²¹ 捉　　　　　　　　tho²¹ 放置　　　　　　　tɕhe²¹ 撒（尿）

tshe²¹ 咬　　　　　　　ʑiŋ³³ 割（肉）　　　　　sɯ²¹ 知道

xua²¹ 听　　　　　　　lo²¹ 走　　　　　　　　ŋɤ⁵⁵ 是

2. 双音节动词

nɤ⁵⁵tɤŋ⁵⁵ 闻（嗅）　　　　no⁵⁵tɤŋ⁵⁵ 问

tɕi²¹tɵ³³ 伸　　　　　　　du²¹kui³³ 填

i²¹tɕa²¹ 睡觉　　　　　　　tɕhe³³kje²¹ 撕

ŋɛ²¹tshɯ³³ 捂（嘴）　　　　ŋɛ²¹thɯ³³ 握

loŋ⁵⁵thu⁵⁵ 依靠　　　　　　ȵi²¹dɤŋ²¹ 估计

3. 动名同源

a²¹ʐɛ³³ ʐɛ³³ 开花　　　　　　oŋ²¹mo³³ mo³³ 下雾

花　　开　　　　　　　　　天雾　　雾

o²¹xo⁵⁵ xo⁵⁵ 下雨　　　　　　oŋ²¹mɛ²¹ mɛ²¹ 闪电

雨　　下　　　　　　　　　天闪　　闪

ɯ²¹doŋ²¹ doŋ²¹ 戴头巾（女）　tɕo²¹kaŋ²¹ kaŋ²¹ 系腰带

头巾　　戴　　　　　　　　腰带　　系

pe⁵⁵pɛ³³ pɛ³³ 戴头帕　　　　　oŋ²¹tshoŋ²¹ tshoŋ²¹ 戴帽子

头巾　　戴　　　　　　　　帽子　　戴

a²¹mi⁵⁵ mi⁵⁵ 取名字　　　　　a²¹ɵ³³ ɵ³³ 孵蛋

名字　取　　　　　　　　　蛋　下

a²¹tsɯ²¹ dzɯ²¹ 捆成梱　　　　a²¹the³³ the³³ 包包裹

成梱　捆　　　　　　　　　包裹　包

二 动词的搭配

1. 名动搭配

ȵi⁵⁵ɣo³³ tɵ³³lo³³ 太阳升起　　　wua³³pho²¹ de⁵⁵ 公鸡叫

太阳　出来　　　　　　　　公鸡　　叫

po²¹naŋ³³kho²¹pho²¹ mɯ⁵⁵ 公牛叫　tɕho⁵²pa²¹ 挑水

公牛　　　　　　叫　　　　水　挑

khɯ²¹ a³³　tshe²¹ 狗咬　　　　wua²¹i³³ mɯ⁵⁵ 猪叫

狗　施助　咬　　　　　　　猪　叫

pe⁵⁵kha³³ diŋ³³ 穿衣　　　　　　mi⁵⁵tsho⁵² du²¹ 挖地
衣　　　穿　　　　　　　　　　地　　挖

mjo³³ sɯ²¹ ɯ³³ 磨刀　　　　　　ŋa̠³³dzɯ⁵⁵ tɔ³³ 砍芭蕉树
刀　　　磨　　　　　　　　　　芭蕉树　　砍

2. 动形搭配

a²¹lo³³ ʑoŋ³³ 染黄　　　　　　　tshi²¹phu⁵⁵ 洗白
黄　　　染　　　　　　　　　　洗　　白

a²¹na̠³³ ʑoŋ³³ 染黑　　　　　　　a²¹nɤ⁵⁵ lɤŋ⁵⁵ 变红
黑　　　染　　　　　　　　　　做　　红

a²¹n̠i⁵⁵ n̠i⁵⁵ 变短　　　　　　　　a²¹n̠i⁵⁵ ʑe⁵⁵ 变短
短　　短　　　　　　　　　　　短　　下去

3. 四音格动词

ʑe⁵⁵ʑe⁵⁵lo⁵⁵lo⁵⁵ 来来去去　　　　phɤŋ³³phɤŋ³³thɔ³³thɔ³³ 跑跑跳跳
去去来来　　　　　　　　　　　跑　跑　跳　跳

dzo²¹dzo²¹doŋ⁵⁵doŋ⁵⁵ 吃吃喝喝　　ŋui⁵⁵ŋui⁵⁵ɯ⁵⁵ɯ⁵⁵ 哭哭笑笑
吃　吃　喝　喝　　　　　　　　哭　哭　啼　啼

三　动词的差异

布角语的动词分工较细，同一行为使用的工具、对象不同，使用的动词也不同。如：

mi²¹dzo²¹ tɔ³³ 砍柴　　　　　　　a²¹ɯ⁵² tɔ³³ 砍骨头
柴　　　砍　　　　　　　　　　骨头　　砍

a²¹dzɯ⁵⁵ thu⁵⁵ 砍树　　　　　　ŋa̠³³sɯ²¹ thu⁵⁵ 砍香蕉
树　　　砍　　　　　　　　　　香蕉　　砍

thɔŋ²¹kho²¹ pha³³ 砍冬瓜　　　　mi²¹dzo²¹pha³³ 砍柴
冬瓜　　　砍　　　　　　　　　柴　　　砍

ko³³　kjo²¹⁻²¹³ 割谷子　　　　　pha⁵⁵pjen²¹³ kjo²¹ 割韭菜
谷子　割　　　　　　　　　　　韭菜　　　割

koŋ³³ʑaŋ³³ pha³³ 割橡胶　　　　　ɕhɔ²¹pɔ² ʑiŋ³³⁻²¹³ 割猪肉
橡胶　　　划　　　　　　　　　猪肉　　　割

la²¹phu⁵⁵ tshi²¹ 洗手　　　　　　a²¹khji²¹ tshi²¹ 洗脚
手　　　洗　　　　　　　　　　脚　　　洗

mjɛ³³tɕho³³ phjo²¹ 洗脸　　　　　e⁵⁵tɕho⁵² tsɯ²¹ɯ³³ 洗澡
脸　　　　洗　　　　　　　　　水　　　洗

布角语常在 oŋ⁵⁵ 进, tɔ³³ 出, da̠³³ 上, la²¹ 下等词后加 lo⁵⁵ 上来，lɯ³³ 下

来，le³³ 上去，ʐe⁵⁵ 下去，表示动作行为的方向。如：

ɔŋ⁵⁵lo⁵⁵ 进来（从外到内）　　　ɔŋ⁵⁵ʐe⁵⁵ 进去（从外到内）
进来　　　　　　　　　　　　　进去

ta̠³³lo⁵⁵ 上来（从下到上）　　　la̠²¹lɯ³³ 下来（从上到下）
上来　　　　　　　　　　　　　下来

to̠³³lo⁵⁵ 出来（从内到外）　　　to̠³³ʐe⁵⁵ 出去（从内到外）
出来　　　　　　　　　　　　　出去

da³³le³³ 上去（从下到上）　　　la̠²¹ʐe⁵⁵ 下去（从上到下）

ɔŋ⁵⁵le³³ 进去（从外到内）　　　tho³³lo⁵⁵ 升起来（动作向上移动）

四　心理动词

心理动词是表示心理活动的词。在句中常置于实义动词后。表示程度较深时加副词 tsɤ⁵⁵ 很。双音节、多音节词中，tsɤ⁵⁵ 常置于最后一个音节前。如：

dʐa³³li⁵⁵ 高兴　　　　　　　　tsɤ⁵⁵ dʐa³³li⁵⁵ 很高兴
khjei²¹ 怕　　　　　　　　　　khjei²¹ tsɤ⁵⁵ le³³ 很害怕
a²¹bo³³ ɕa²¹ 害羞　　　　　　　a²¹bo³³ ɕa²¹tsɤ⁵⁵ le³³ 很害羞
ma̠³³ 喜欢　　　　　　　　　　ma̠³³ tsɤ⁵⁵ le³³ 很喜欢

a²¹ti⁵⁵ kaŋ²¹khaŋ⁵⁵ tɕhɤ⁵⁵ ma̠³³ tsɤ⁵⁵ le³³. 妈妈喜欢唱歌。
妈妈　　歌　　　　唱　　喜欢　非常

ȵɯ⁵⁵tshɔŋ⁵⁵ thɤ²¹tɕɔŋ³³ ma²¹ mjɔŋ⁵⁵dʐɤ²¹ ʐɔŋ²¹ a²¹ȵɔ²¹ a²¹bo³³ɕa²¹ tsɤ⁵⁵ le³³.
妹妹　　　一　次　　　没　见　　　　过　她　害羞　　　非常
妹妹见到生人很害羞。

mi²¹tɕhɔn³³tshɔŋ⁵⁵ lo⁵⁵ so²¹³ ŋa³³dʑu²¹ dʐa³³li⁵⁵ tsɤ⁵⁵ le³³.
客人　　　　　　　来　体助　我们　　高兴　　非常
客人来了我们很高兴。

ŋo⁵⁵ no³³ xɔŋ²¹ ʐɔŋ⁵² khjei²¹ e³³. 我怕你骂我。
我　你　骂　受助　害怕　语助

五　能愿动词

能愿动词置于动词后表示对客观的可能性、必要性以及人的主观意愿的限定。在实义动词后加否定副词 ma²¹ 构成否定式。如：

a²¹dʐa³³kɤ³³ o²¹xo⁵⁵ xo⁵⁵ ba⁵⁵ ma²¹ ʐe⁵⁵ sɯ²¹. 因为下雨所以没去。
因为　　　雨　下　所以　不　去　会

a²¹dʐa³³kɤ³³ lo̠³³　ma²¹ dza³³ ba⁵⁵　ma²¹ le³³ sɯ²¹. 没有车子不会去。
因为　　车子　没　有　　所以不　去 会

ŋo⁵⁵ kaŋ²¹khaŋ⁵⁵ tɕhɤ⁵⁵ tɕaŋ³³ xɤ⁵⁵kha³³ u³³tɔu⁵⁵ ȵɛ³³ tɕaŋ³³.
我　歌　　　唱　会　这人　　舞蹈　　跳　会
我会唱歌，她会跳舞。

a²¹ȵɔ²¹ bjo²¹ʐɔŋ²¹a²¹khɔŋ⁵⁵ khuɑŋ²¹ tɕhiŋ⁵². 他敢掏蜜蜂窝。
他　蜂窝　　　　　　掏　　　敢

a²¹ȵɔ²¹ a²¹khjei³³ khjei³³ ɣo³³. 他愿意干活。
他　　活　　　干　　愿意

a²¹ȵɔ²¹ bjo²¹ʐɔŋ²¹a²¹khɔŋ⁵⁵ ma²¹ ʐu⁵⁵ tɕhiŋ⁵². 他不敢掏蜜蜂窝。
他　蜂窝　　　　　　　　　不　掏　敢

a²¹mɯ⁵⁵ȵi³³ a²¹khjei³³ ma²¹ khjei³³ ȵi²¹. 今天不想干活儿。
今天　　　活计　　不　干　　想

五　动词的存在式

表示某一事物的存在或拥属的动词，常用 dʐa³³, tɕaŋ³³, kui³³, ȵi⁵⁵ 等。在存在式动词前加否定副词 ma²¹ 构成否定式。如：

iŋ⁵⁵ a²¹bɤ³³ a²¹　a²¹dzɯ³³ ȵi²¹ dzɯ⁵⁵ dʐa³³. 房前有两棵树。
房　前面　方助 树　　两　棵　有

xɔ³³khɔŋ⁵⁵a²¹dʐɤŋ²¹ a³³　lo³³mo³³ʐo³³mo³³ thɤ²¹ do³³ dʐa³³ a³³.
路边　　　　　方助 大石头　　　一　块　有　语助
路边有一块大石头。

te³³ a³³　tɕho⁵² ma²¹ tɕaŋ³³ a³³. 田里面没有水。
田 方助 水　　没　有　　语助

a²¹kho²¹ a³³　ŋo²¹dɤ⁵⁵ tɕaŋ³³. 河里有鱼。
河　方助　鱼　　　有

kho²¹pho³³lo²¹xɯ²¹tshɔŋ⁵⁵ pho³³ a³³　ȵi⁵⁵ tho³³. 哥哥在村里。
哥哥　　　　　　　　　村　方助　在　体助

ŋa³³dʐu²¹ po²¹naŋ³³ mjo²¹ɕhi⁵⁵ le³³　ȵi⁵⁵ tho³³. 我们有很多牛。
我们　　牛　　　多　　　　结助 有　语助

ȵa⁵⁵khɔŋ⁵⁵ a³³　e³³lɔŋ⁵⁵ ȵi⁵⁵ tho³³. 草丛里有蛇。
草　　方助　蛇　　　有　语助

mo²¹la²¹khɔŋ⁵⁵ a³³　ko³³tɕhe⁵⁵ kui³³ tho²¹³. 盆里有米。
盆里　　　　方助 米　　　有　体助

kho²¹ʐo³³khɔŋ⁵⁵ a³³　　phu⁵⁵pjɛ³³ kui³³ tho²¹³. 包里有钱。
包里　　方助 钱　　　有 体助
iŋ⁵⁵ a²¹bɤ³³ a²¹　　a²¹dzɯ⁵⁵ ma²¹dʐa³³. 房前没有树。
房　前面 方助　树　　没 有
a²¹kho²¹ a³³　ŋo²¹dɤ⁵⁵ ma²¹ dʐa³³. 河里没有鱼。
河　　方助 鱼　　没 有
iŋ⁵⁵ a³³　 tshɔŋ⁵⁵ ma²¹ n̠i⁵⁵. 家里没有人。
家 方助　人　　不 在

六　判断动词

对人、事物以及命题做出判断。常见的判断动词：ŋɤ⁵⁵ 是，有的可以省略，有的不能省略。如：

nɔ⁵⁵ lɔŋ⁵⁵pi⁵²tshɔŋ⁵⁵ la²¹? 你是布角人吗？
你　布角　人　　语助
ŋa³³dʐu²¹ lɔŋ⁵⁵pi⁵² pha²¹sa³³. 我们是布角人。
我们　　布角　　民族
a²¹n̠ɔ²¹dʐu²¹ lɔŋ⁵⁵pi⁵²tshɔŋ⁵⁵ ma²¹ ŋɤ⁵⁵. 他们不是布角人。
我们　　布角人　　　不　是
a²¹n̠ɔ²¹ kho²¹pho³³lo²¹xɯ²¹tshɔŋ⁵⁵ mo³³ʐa³³. 他哥哥是医生。
他　　哥哥　　　　　医生
a²¹n̠ɔ²¹ kho²¹pho³³lo²¹xɯ²¹tshɔŋ⁵⁵ mo³³ʐa³³ ma²¹ ŋɤ⁵⁵. 他哥哥不是医生。
他　　哥哥　　　　　　　医生　　不 是

七　动词的态

布角语动词有自动和使动态之分。布角语使动态主要是分析式，屈折式很少。使动标记用 be³³，bi²¹，其源于动词 be⁵⁵，be⁵⁵ ʐɛ²¹ 给，给予，be³³ 置于动词之前，bi²¹ 置于动词之后，或构成前后呼应的 be³³ … bi²¹，或… bi²¹ 主要动词有声调变化。如：

自动　　　　　　　　　　　　使动
dɔŋ⁵⁵ 喝　　　　　　　　　be³³ dɔŋ⁵⁵ 使喝，喂
　　　　　　　　　　　　　be³³ dɔŋ⁵⁵ bi²¹ 喂流质食物，
n̠i³³dɯ⁵⁵ 坐　　　　　　　n̠i³³dɯ⁵⁵ bi²¹ 使坐
tshi²¹ 洗　　　　　　　　　tshi²¹ bi²¹ 使洗
tɕho²¹ 吸奶　　　　　　　 be³³ tɕho⁵² 喂奶
　　　　　　　　　　　　　be³³ tɕho⁵² bi²¹ 喂奶

dzo²¹ 吃   be³³ dzo²¹ 给吃
                           be³³ dzo²¹ bi²¹ 喂

例句：
a²¹lo²¹ me̠³³po̠³³ tɕho²¹ o³³. 孩子吃奶。
孩子 奶   吃   语助
a²¹lo²¹ ʐɔŋ⁵⁵ me̠³³po̠³³ be³³ tɕho⁵² o³³. 给孩子吃奶。
孩子 受助 奶   给   吸 语助
a²¹ti⁵⁵ a²¹lo²¹ ʐɔŋ⁵⁵ me̠³³po̠³³a²¹ɯ⁵⁵ be³³ tɕho⁵² bi²¹. 妈妈给孩子喂奶。
妈妈 孩子 受助 奶汁   给 吸 语助
ŋa³³dʐu²¹ xɔŋ²¹ dzo²¹ o³³. 我们吃饭。
我们   饭   吃   语助
ŋa³³dʐu²¹ a²¹lo²¹dʐu²¹ ʐɔŋ⁵⁵ xɔŋ²¹ be³³ dzo²¹ o³³. 我们让孩子吃饭。
我们   孩子   受助 饭   给   吃   语助
ŋo⁵⁵ a²¹dzɯ⁵⁵a²¹pha̠²¹ le³³ tɕho⁵² khu²¹ dɔŋ⁵⁵ ɔ³³. 我用叶子舀水喝。
我 叶子   工助水   舀   喝   语助
ŋo³³ a³³ mi⁵⁵tɕhɔŋ⁵⁵ a²¹   a²¹dzɯ⁵⁵a²¹pha̠²¹ le³³ tɕho⁵² khu²¹ be³³ dɔŋ⁵⁵ ɔ³³.
我 妹妹   受助 叶子   工助水   给   喝   语助
我让妹妹用叶子舀水喝。
用助词 khjei³³ 弄构成使动。如：
khɯ²¹ ɕi⁵⁵ so²¹³. 狗死了。
狗   死 体助
kho²¹pho³³lo³³lɯ⁵⁵tshɔŋ⁵⁵ xɤ⁵⁵a³³ khɯ²¹ ʐɔŋ⁵⁵ khjei³³ ɕi⁵⁵ ʐɛ²¹³ so²¹³.
弟弟   这个   狗   受助 弄   死 体助 体助
弟弟把狗弄死了。
lo²¹go³³lo²¹ xɤ⁵⁵ pe⁵⁵kha³³ khjei³³ kje²¹ so²¹³. 小孩把衣服弄破了。
小孩   这 衣服   弄   破   体助
kho²¹pho³³lo³³ɲɯ⁵⁵tshɔŋ⁵⁵ a²¹dzɯ⁵⁵a²¹la̠²¹ khjei³³ kɤ²¹ ʐɛ²¹³ so²¹³.
弟弟   树枝   弄   断 体助 体助
弟弟把树枝弄断了。
be³³…xeŋ⁵⁵ 让……吧，表使动时，后续动词声调变读为高平调⁵⁵。如：
ŋo⁵⁵ kho²¹sɯ²¹ dzo²¹ dɤŋ²¹dɤŋ²¹ xeŋ⁵⁵. 我尝尝橄哩勒①。
我 橄哩勒   吃   看看   语助

---

① kho²¹sɯ²¹ "橄哩勒"布角话根据其一串六个果子而得名"六果"，是一种生长在热带的植物，结出的果当地人用它的酸汁凉拌各种菜和肉。

no³³ ʐɔŋ⁵⁵ kho²¹sɯ²¹ be³³ dzo²¹⁻⁵⁵ dʐŋ²¹dʐŋ²¹ xeŋ⁵⁵. 让你尝尝橄哩勒。
你　受助 橄哩勒　　给　吃　　看看　　　语助
a²¹phi²¹bu³³ ʐɔŋ⁵⁵ kho²¹sɯ²¹ be³³ dzo²¹⁻⁵⁵ dʐŋ²¹dʐŋ²¹ xeŋ⁵⁵ 让爷爷尝尝橄哩勒。
爷爷　　　受助 橄哩勒　给 吃　　看看　　　语助
ŋo⁵⁵ a²¹ʐɛ³³ xʐ⁵⁵tɕʐ³³ dʐŋ²¹dʐŋ²¹ xeŋ⁵⁵. 我看看这种花。
我　花　　这　　　　看看　　　语助
no³³ ʐɔŋ⁵⁵ a²¹ʐɛ³³ xʐ⁵⁵tɕʐ³³ be³³ dʐŋ²¹⁻⁵⁵dʐŋ²¹ xeŋ⁵⁵. 让你看看这种花。
你　受助 花　　这　　　　给　看看　　　　 语助
a²¹ɔ²¹ ʐɔŋ⁵⁵ a²¹ʐɛ³³ xʐ⁵⁵tɕʐ³³ be³³ dʐŋ²¹⁻⁵⁵dʐŋ²¹ xeŋ⁵⁵. 让他看看这种花。
他　　受助 花　　这　　　　给　看看　　　　语助

八　动词的体

动词的体是指动作行为所经历的过程和所处的状态。布角语常见的动词体范畴有经常、将行、进行、始行、完成、持续、曾行、尝试、变化等，有的通过体助词标记体现，有的无体助词标记，用动词表示。

1. 经常体

表示经常或习惯发生的动作，常用实义动词表示，无体助词标记。但句末有语气标记，有规律地延长句末词的元音。如：

ŋo⁵⁵ dʑo³³n̠i³³ kho²¹ da³³ ba⁵⁵ tho³³lo⁵⁵ o³³. 我每天六点钟起床。
我　天天　　点　六　　床　起
ŋa³³dʑu²¹ dʑo³³n̠i³³ ŋo²¹dʐ⁵⁵ n̠ɛ⁵⁵ ze⁵⁵ e³³. 我们天天去捉鱼。
我们　　　天天　　　鱼　　捉 去　语助
a²¹n̠ɔ²¹dʑu²¹ dʑo³³n̠i³³ wua²¹dzo⁵⁵ be³³ dzo²¹ o³³. 他们每天喂猪。
他们　　　　每天　　　猪食　　　给　吃　语助

2. 将行体

表示计划、打算要进行的动作，或将要发生的事件。句中有表示将来的时间名词、副词，句末有时带体助词 xʐ⁵⁵, xaŋ⁵⁵, 也可省略 xʐ²¹³, xaŋ⁵⁵。如：

ŋo⁵⁵ ŋʐ⁵⁵ ba⁵⁵ khe⁵⁵khe³³ le⁵⁵ xʐ⁵⁵.
我　是　如果 一定　　去 体助
是我的话，将来一定去。
a²¹nẽ³³n̠a⁵⁵ xɔŋ²¹ɕʐ²¹ dzo²¹ be³³ xʐ⁵⁵. 明天要过新米节了。
明天　　　新米节　　吃　给　体助
a²¹ti⁵⁵ ɔŋ²¹khui³¹pha²¹ wua²¹dzo⁵⁵ be³³ dzo²¹ xʐ⁵⁵. 妈妈下午要喂猪。
妈妈　下午　　　　　猪食　　　给　吃　语助

phje⁵²ȵa³³ mi²¹dzo²¹ tȵ³³ le⁵⁵ xɤ⁵⁵. 后天去砍柴。
后天　　柴　　砍　去　体助
ŋa³³dʑu²¹ kɔŋ³³ʑaŋ³³ pha̠³³ xɤ⁵⁵. 我们要割橡胶了。
我们　　橡胶　　　割　体助

3. 进行体

表示动作正在进行，用实义动词与 "ko⁵⁵, tho³³ 正在" 连用，有时句尾体助词声调有变化，一般变为²¹³。如：
thɤ²¹ma³³ko²¹ dzo²¹ ko⁵⁵ thɤ²¹ma³³ko²¹ dɔŋ⁵⁵ ko⁵⁵.
有些人　　　吃　体助 有些人　　　喝　体助
有些人在吃，有些人在喝。
thɤ²¹ma³³ko²¹ i²¹tɕa̠³³ tho²¹³. 有些人正在躺/睡着。
有些人　　　躺　体助
kho²¹mo³³lo²¹xɯ²¹tshɔŋ⁵⁵ xɔŋ²¹ tɕha̠²¹ ko³³⁻²¹³. 姐姐在煮饭。
姐姐　　　　　　　　饭　煮　体助
a²¹lo³³lo²¹ i̠²¹tɕa̠²¹ tho³³⁻²¹³. 小孩在睡觉。
小孩　　睡觉　体助
wua²¹i̠³³ mɯ⁵⁵ ko⁵⁵⁻²¹³. 猪在叫。
猪　　叫　体助

4. 始行体

表示动作、行为开始，常用 tɔŋ⁵⁵ 开始，也可省略。如：
o²¹xo⁵⁵ xo⁵⁵ tɔŋ⁵⁵. 开始下雨了。
雨　下　开始
a²¹ȵɔ²¹ a²¹sa̠⁵² mɯ⁵⁵ tɔŋ⁵⁵. 他打起呼噜来了。
他　呼噜吹　开始
a²¹phi²¹bu³³ kha³³thi⁵²tshɔŋ⁵⁵ o̠²¹³ a³³ so²¹³. 爷爷在讲故事了。
爷爷　　　故事　　　　讲　体助

5. 完成体

常用体助词标记 so²¹³，或用 ɔ⁵², kho³³ 完，或借用汉语 ko⁵⁵ 过，表示动作行为已完成，或强调完成的状态。如：
a²¹ȵɔ²¹ xɔŋ²¹ dzo²¹ so²¹³. 他们吃过饭了。
他们　饭　吃　体助
kɔŋ²¹khjo⁵⁵ e³³lɔ⁵² tsho̠³³ so²¹³. 谷仓建好了。
大谷箩筐 谷仓　盖　体助
a²¹ɯ²¹mo³³ kɔŋ²¹kjiŋ³³dɔŋ⁵⁵ du²¹ so²¹³. 婶婶把地挖完了。
婶婶　　　地　　　　　挖　体助

ŋa³³suɯ²¹ thu⁵⁵ kho³³ so²¹³. 香蕉砍完了。
香蕉　砍　完　体助

6. 持续体

表示某动作的延续，常用体助词 tho²¹³ 着。如：

a²¹ɲɔ²¹ ɯ²¹dɔu²¹ dɔu²¹ tho²¹³. 她包着包头。
她　　包头　　包　体助

lo²¹mi³³lo²¹ la̠²¹phu⁵⁵a²¹ɣɔŋ³³ te²¹ tho²¹³. 姑娘戴着手镯。
姑娘　　　手镯　　　　戴　体助

ȵɯ⁵⁵tʂɔŋ⁵⁵ a²¹khui²¹ khɔŋ²¹ a³³ pɯ²¹tɕhi⁵⁵ mje⁵⁵ tho²¹³. 弟弟嘴里含着糖。
弟弟　　嘴　　里　方助 糖　　含　体助

ŋo⁵⁵ a²¹khjei²¹ taŋ²¹wa²¹ khjei²¹ ko²¹³. 我一天都在干活。
我　活计　　整天　　　干　体助

a²¹ɲɔ²¹ tɕhi⁵⁵phɯ⁵² xe⁵⁵ dɔŋ⁵⁵ ko²¹³. 他一直喝酒。
他　酒　　　　一直　喝　体助

7. 曾行体

借用汉语副词 ko³³ 过，加体助词 so²¹³ 表示。如：

a²¹ɲɔ²¹ wua̠²¹thɤ²¹ pɔ̠³³ ko³³ so²¹³. 他打过野猪。
他　野猪　　　打　过　体助

ŋo⁵ ȵi⁵⁵mo³³dzɯ⁵⁵ mjɔŋ⁵⁵ ko³³ so²¹³. 我见过大青树。
我　大青树　　　　见　　过　体助

8. 尝试体

常用 dɤŋ²¹，或重复动词"尝尝、试试"表示。如：

nɔ⁵⁵ kɔŋ²¹mo³³kɔŋ²¹tɕhe⁵⁵ xɤ⁵⁵tɕɤ³³ dzo²¹ dɤŋ²¹dɤŋ²¹. 你尝尝这种酸菜。
你　酸菜　　　　　这种　　　吃　尝 尝

ŋo⁵⁵ pe⁵⁵kha³³ tin³³ dɤŋ²¹dɤŋ²¹. 我试试这件衣服。
我　衣服　　穿　试 试

a²¹ɲɔ²¹ zɔŋ⁵⁵ pe⁵⁵kha³³ xɤ⁵⁵tɕɤ³³ be³³ tin³³ dɤŋ²¹dɤŋ²¹. 让他试试这件衣服。
他　受助 衣服　　这件　　给　穿　试 试

nɔ⁵⁵ kaŋ²¹khaŋ⁵⁵ xua²¹ dɤŋ²¹. 你听听这首歌。
你　歌　　　　听　试

a²¹ɲɔ²¹ zɔŋ⁵⁵ kaŋ²¹khaŋ⁵⁵ xɤ⁵⁵tɕɤ³³ be³³ xua²¹ dɤŋ²¹. 让他听听这首歌。
他　受助 歌　　　　这首　　给　听　试

9. 变化体

变化体常由趋向动词"lo⁵⁵ 来、ʑe⁵⁵、le³ 去"等，与形容词一起连用表事物的发展变化。有的用实义动词"起来,下去"表示。如：

a²¹kho²¹ tɕho⁵² ɕe̠²¹ ʐe⁵⁵ so²¹³. 河水变少了。
河　　水　　减少　下去　体助
a²¹kho²¹ ŋo²¹dʐ⁵⁵ mjo²¹ lo⁵⁵. 河里鱼多起来了。
河　　鱼　　多　　起来
pe⁵⁵kha³³ kɯ⁵⁵ lo⁵⁵⁻⁵². 衣服变宽了。
衣服　　宽　起来
tɕho⁵²u³³tu̠⁵² kɯ³³ ʐe⁵⁵ so²¹³. 池塘变干涸了。
池塘　　　干　下去　体助
ŋa³³sɯ²¹ lo³³ lo⁵⁵. 芭蕉变黄了。
芭蕉　黄　起来

九　句法功能

动词在句中主要作谓语、定语和补语。作主语和宾语时，与名词一起构成宾动短语，一起充当句子成分。作主语时与动词后的助词ɣ³³一起充当。

1. 主语和宾语

构成宾动词组作主语时，动词后加话题助词 ŋa⁵²。如：

ŋo²¹dʐ⁵⁵ n̠ɛ²¹ ŋa⁵² sei³³ go³³ mɯ²¹⁻²¹³. 捉鱼是一件好玩的事。
鱼　　捉　话助　好　玩　事

kɔŋ³³ʐaŋ³³ pha³³ ŋa⁵² tɕo²¹n̠i³³ tɕo²¹ n̠i³³ ŋa³³dʑu²¹ a²¹ khjei³³.
橡胶　　　割　话助　我们　　结助　一　辈子　　结助　活计
割橡胶是我们常做的活计。

kho²¹mo³³lo²¹xɯ²¹tshɔŋ⁵⁵ a²¹ʐɣ²¹ tɔŋ²¹³ tɕhaŋ⁵². 姐姐会绣花。
姐姐　　　　　　　　　花　绣　　会

kho²¹pho³³lo²¹xɯ²¹tshɔŋ⁵⁵　wua²¹i̠³³ sʐ²¹ tɕhin⁵²⁻²¹³. 哥哥敢杀猪。
哥哥　　　　　　　　　　　　猪　杀　敢

ŋo⁵⁵ ʐa³³e³³le³³ khjei³³ kjo²¹ o³³. 我想荡秋千。
我　秋千　　　　荡　　想　语助

2. 谓语

ŋa³³dʑu²¹ kɔŋ²¹pha²¹kɔŋ²¹kjin³³ po²¹⁻²¹³. 我们种各种蔬菜。
我们　　　菜地　　　　　　种

lo²¹go³³lo²¹ ŋui³³ ko³³⁻²¹³. 娃娃正在哭。
娃娃　　　哭　体助

kho²¹mo³³lo²¹n̠ɯ⁵⁵tshɔŋ⁵⁵ ɯ⁵⁵ ko³³⁻²¹³. 妹妹笑了。
妹妹　　　　　　　　　笑　体助

3. 定语

作定语时与动词后的助词 so²¹³, a³³ 一起充当，有时没有助词。如：

tshi²¹ so²¹³ kɔŋ²¹kjiŋ³³ xe⁵⁵ ta̠³³ la̠²¹. 洗过的菜拿上来了。
洗　体助菜　　拿　上　来

lɯ³³ so²¹³ tshɔŋ⁵⁵ ŋo⁵⁵ sɯ²¹ ga³³ tɤ⁵². 来的人我都认识。
来　体助　人　　我　认识　都

a²¹bu³³ tɕha̠²¹ a³³　kha³³ pje⁵⁵ ma²¹ tɔ̠⁵². 爸爸煮的粥很稠。
父亲　这　体助　粥　煮　不　稀

4. 补语

两个动词连用，作补语的通常是趋向动词。如：

a²¹dzɯ⁵⁵ thu⁵⁵ lɔ⁵⁵ so²¹³. 树被砍倒了。
树　　砍　倒　体助

iŋ⁵⁵phɤŋ⁵⁵taŋ⁵² xɤ⁵⁵ te²¹ lɔ⁵⁵ ʑe⁵⁵⁻²¹³. 这堵墙推倒了。
墙　　　这　推　倒　体助

khɯ²¹ lɔŋ⁵⁵ tɔŋ⁵⁵. 狗叫起来了。
狗　叫　开始

第七节　副词

副词是修饰、补充动词和形容词的词，用于表示动作行为或事物性质状态的程度、方式、频率以及肯定、否定等。根据所表达的意义，布角语副词分为程度、方式、时间、范围、揣测、否定、次序、频率、疑问等。见下表。

程度	tsɤ⁵⁵ 很，tsɤ⁵⁵le³³ 非常，ɕi⁵⁵ 得，ɣo²¹³ 得，tɕei⁵² 得，lo⁵⁵ 整整，tin³³ 整，dzo²¹ 倍，bɔŋ²¹ 份
方式	mɯ²¹ sɛ̠²¹ le³³ 好好地，a²¹lo³³lo³³ le³³，mɔ²¹tsɤ⁵⁵le³³ 慢慢地、轻轻地，ɣuɛ²¹ɣuɛ²¹le³³ 快快地，a²¹tɕi⁵⁵le³³ 一点点，ɯ³³ɕhi⁵⁵dza³³li⁵⁵ le³³ 高高兴兴地，ŋui⁵⁵tɕɛ²¹ŋui⁵⁵tɕɛ²¹ 哭哭啼啼地
时间	a²¹n̠i²¹a²¹thɤ²¹ŋ²¹ 立刻，thɤ²¹sa̠²¹le³³ 一会儿，ma²¹n̠i²¹ma²¹kjo²¹ 突然，dzo³³n̠i³³ 天天，taŋ²¹dzo⁵⁵ 一辈子，kho²¹maŋ³³za̠²¹ 经常，ko³³ 已经，a²¹nɔŋ³³ 以后，a²¹xu²¹ 先，a²¹nɔŋ³³ 后，a²¹mɯ⁵⁵seŋ⁵² 刚才，thɤ²¹sa̠²¹ 突然
比较	tha²¹le³³ 之上、比，tha²¹le³³… tsɤ⁵⁵ le³³，"之上……更"
范围	thɤ²¹ʑo³³le³³ 独自地，taŋ²¹bu²¹kɤ⁵⁵ 全部、所有

续表

揣测	xe⁵⁵khaŋ²¹dɑŋ²¹ŋa⁵²… saŋ⁵⁵ a³³ 大概、左右、大约，ɣo³³ 得，khe⁵⁵khe³³ 一定，du⁵⁵ 好像，xɤ²¹di³³ 可能、可以
否定	ma²¹ 不、没，a²¹ 别、勿，ma²¹…zɛ³³ ma²¹……既不……也不……，等。
次序	a²¹xu²¹ 首先，a²¹noŋ³³ 然后、其次，la̠⁵²noŋ³³ 最后
频率	ko²¹ 再、还，tsɤ⁵⁵ 再，zɛ²¹³ 也，zoŋ⁵⁵ 还
疑问	kha²¹ 哪里，kha⁵⁵lo³³ 多少、几，a²¹tɕa⁵²，kha²¹tɕa⁵²za²¹ 什么、哪样，kho²¹maŋ⁵⁵ 什么时候，khjei⁵⁵khjei³³ 怎么回事，khjei⁵⁵khjei⁵⁵xɤ⁵⁵ 怎么这么，khjei⁵⁵khjei⁵⁵ xɤ⁵⁵de³³ 为什么这样

一 程度副词

程度副词主要修饰形容词，表示性质状态的程度；修饰动词，表示动作行为的程度。

1. 修饰形容词

布角语 ɕi⁵²，tsɤ⁵⁵le³³ 太很、很、非常、得很，tsɤ⁵⁵ 最，用在形容词后，表示程度的加深。如：

kho²¹mo³³ xɤ⁵⁵kha³³ mɤ²¹³ ɕi⁵². 这个女人非常漂亮。
女人　这个　漂亮　很

ɑŋ⁵⁵ ŋo³³ dʑa³³li⁵⁵ tsɤ⁵⁵le³³! 哈哈！我太高兴啦！
哈　我　高兴　非常

wua̠²¹i̠³³ xɤ⁵⁵tshɔŋ⁵⁵ do⁵⁵ tho³³⁻²¹³ tsɤ⁵⁵le³³. 这头猪非常肥。
猪　这　头　肥　非常

wua̠²¹i̠³³ xɤ⁵⁵tshɔŋ⁵⁵ do⁵⁵ ma²¹tho³³⁻²¹³ tsɤ⁵⁵le³³. 这头猪不怎么肥。
猪　这　头　不肥　非常

wua̠³³tɕhi³³lo²¹ xɤ⁵⁵ ȵɯ⁵⁵ tsɤ⁵⁵le³³. 这只鸡很小。
小鸡　这　小　非常

2. 修饰动词

副词 tɕei⁵² 得，tsɤ⁵⁵le³³ 得很，ɣo²¹³ 得，补充说明动词，置于动词之后，作谓语动词的补足语。如：

xɤ⁵⁵ lo²¹gu³³lo²¹ ŋui⁵⁵ tɕei⁵². 这孩子哭得。
这　孩子　哭　得

ŋo⁵⁵ xɔŋ²¹ dzo²¹ ɣo²¹³. 我吃得饭。
我　饭　吃　得

ŋo³³ a³³　kho²¹mo³³lo²¹xɯ²¹tshoŋ⁵⁵ tɕhi⁵⁵phɯ⁵² dɔŋ⁵⁵ ɣo²¹³. 我姐姐能喝酒。
我　结助　姐姐　　　　　　酒　　喝　得

na³³ɯ⁵⁵ a³³　lo²¹gu³³lo²¹ mɯ²¹ tsʳ⁵⁵le³³ ŋa⁵². 你们的孩子很好。
你们　领助　孩子　　好　得很　语助

tin³³ 整，tin³³tin³³ 整整，用在句中修饰时间或数量名词，tin³³ 可置于修饰词后。如：

ŋo⁵⁵ no³³ ʑoŋ⁵⁵ xʳ²¹ nɯ³³ dɔŋ²¹tho²¹ tin³³. 我等了你整整八年。
我　你　受助　八　年　等待　　整整

o²¹xo⁵⁵ xo⁵⁵ ȵi²¹ ȵi³³ tin³³. 雨下了整整两天。
雨　下　二　天 整整

a²¹ȵɔ²¹ a²¹khjei³³ khjei³³ thʳ²¹ ȵi³³ tin³³. 他干了整整一天活儿了。
他　活计　　　干　一　天　整整

a²¹ȵɔ²¹ kjo²¹ ko³³ thʳ²¹ khui³³ tin³³. 他想了一整夜。
他　想　过　一　夜　整整

副词 ɣo³³ 得，tsʳ⁵⁵le³³ 非常置于后，表示程度的加深，如：

a²¹ lo³³lo²¹ xʳ⁵⁵ ŋui⁵⁵ ɣo³³ tsʳ⁵⁵le³³. 这孩子哭得非常厉害。
孩子　这　哭　得　非常

ŋo⁵⁵ xɔŋ²¹ dzo²¹ ɣo³³ tsʳ⁵⁵le³³. 我的饭量非常大。
我　饭　吃　得　非常

ŋo³³ a³³　kho²¹mo³³lo²¹xɯ²¹tshoŋ⁵⁵ tɕhi⁵⁵phɯ⁵² dɔŋ⁵⁵ ɣo³³ tsʳ⁵⁵le³³.
我　领助　姐　　　　　　酒　　喝　得　非常

我姐姐喝酒厉害得很。

3. 比较副词

比较副词 tha²¹le³³...之上……, tha²¹le³³... tsʳ⁵⁵ le³³ 之上……更放在形容词前后，构成形容词的比较级。如：

a²¹ȵɔ²¹ wua̱²¹i̱³³ lo³³ ŋo³³ a³³　lɔ²¹ tha²¹le³³ mjo²¹. 他养的猪比我养的多。
他　猪　　　养　我　领助　养 之上　多

a²¹ȵɔ²¹ wua̱²¹i̱³³ lo³³ ŋo³³ a³³　lɔ²¹ tha²¹le³³ mjo²¹ tsʳ⁵⁵le³³.
他　猪　　养　我　结助　养　之上　多　得很

他养的猪比我养的更多。

a²¹ȵɔ²¹ ŋo³³ tha²¹le³³ mjoŋ⁵⁵. 他比我高。
他　我　之上　高

a²¹ȵɔ²¹ a³³　de³³ ŋo³³ a³³　tha²¹le³³ mjo²¹. 他的田比我的多。
他　结助 田　我　结助 之上　多

a²¹ɲɔ²¹　ʐo³³dɤ⁵²　ŋo³³　a³³　　tha²¹le³³　ɲ̩i²¹　dʐo²¹. 他的山地是我的两倍。
他　　山地　　我　结助比　　二　倍

二　方式副词

布角语里使用频率较高的副词是：tsɤ⁵⁵ 很，太，通常置于形容词、动词之前；le³³ 地，tsɤ⁵⁵le³³ 得很，通常置于形容词、动词之后。如：

ŋo³³ a³³　iŋ⁵⁵ tsɤ⁵⁵ ɕɛ³³. 我家很近。
我　领助　家　很　近

ŋo³³ a³³　iŋ⁵⁵ ɕɛ³³ tsɤ⁵⁵le³³. 我家近得很。
我　领助　家　近　很

ŋo³³ a³³　a²¹phi²¹bu³³ mɔ²¹mɔ²¹ le³³　lo²¹³. 我爷爷慢慢地走。
我　领助　爷爷　　　慢慢　　结助　走

wua³³tɕi²¹³a²¹o³³ a²¹lo³³lo³³ le³³　tho²¹. 鸡蛋要轻轻地放。
鸡蛋　　　　轻轻　　结助　放

nɤ⁵⁵ a²¹phi²¹bu³³ ɲ̩i²¹ɲ̩i²¹thɤŋ²¹thɤŋ²¹ le³³　lo²¹³. 那个老倌匆匆忙忙地走了。
那　老倌　　　匆匆忙忙　　　　结助　走

tɕhɔŋ²¹pjɛ³³ nɤ⁵⁵ thɤ²¹do³³ ɣuɛ²¹ɣuɛ²¹ le³³　tho³³. 那只山羊很快地跑了。
山羊　　　那　一　只　快快　　结助　跑

a²¹ɲɔ²¹ w³³ɕhi⁵⁵dʐa³³li⁵⁵ le³³　kɑŋ²¹khɑŋ⁵⁵ tɕhɤ⁵⁵ ko⁵⁵. 他高高兴兴地唱着歌。
他　　高高兴兴　　结助　歌　　　唱　体助

a²¹ɲɔ²¹ ŋui⁵⁵tɕɛ²¹ŋui⁵⁵tɕɛ²¹ le³³　lo⁵⁵. 他哭哭啼啼地回来了。
他　　哭哭啼啼　　　结助　回来

a²¹ɲɔ²¹ ɲ̩i²¹ɲ̩i²¹thɤŋ²¹thɤŋ²¹ le³³　phɤŋ³³phi²¹³. 他慌慌张张地逃跑了。
他　　慌慌张张　　　　结助　逃跑

三　时间副词

时间副词常用 a²¹ɲ̩i²¹a²¹thɤŋ²¹ 立刻，thɤ²¹sa²¹le³³ 一会儿，dʐo³³ɲ̩i³³ 天天，ma²¹ɲ̩i²¹ma²¹kjo²¹ 突然等，置于动词前，表示动作行为的时间或频率。如：

ŋo⁵⁵ a²¹ɲ̩i²¹a²¹thɤŋ²¹ le³³　lo⁵⁵. 我立刻回来。
我　立刻　　　　结助来

a²¹ɲɔ²¹ ma²¹ɲ̩i²¹ma²¹kjo²¹ le³³　w⁵⁵ lo⁵⁵. 他突然笑了。
他　　突然　　　　结助　笑　起来

a²¹ɲɔ²¹ thɤ²¹sa²¹le³³ ŋo²¹dɤ⁵⁵ ɲɛ²¹ ʐe⁵⁵. 他一会儿去捉鱼了。
他　　一会儿　　鱼　　捉　去

ŋo³³ a³³ khji²¹ɣo³³ dzo³³n̠i³³ le³³ kɔŋ²¹kjiŋ³³ gɔŋ²¹ ʑe⁵⁵. 我媳妇天天去卖菜。
我　媳妇　　　天天　　结助 菜　　卖　去

副词 so²¹ 已经，放在动词后，与体助词连用，表示某个动作已完成。so²¹ 在句尾有语气变调。如：

ŋo⁵⁵　xɔŋ²¹ dzo²¹ so²¹³. 我吃过饭了。
我　饭　吃　体助

xɔŋ²¹ ŋo³³ a³³ dzo²¹ kai⁵⁵ so²¹³. 饭被我吃完了。
饭　我　施助吃　已经 体助

a²¹n̠ɔ²¹ tɕhi⁵⁵phɯ⁵² dɔŋ⁵⁵ so²¹³. 他喝过酒了。
他　酒　　喝　体助

ŋo⁵⁵　i³³dʐ⁵²　a²¹　tɕho⁵² ɕe²¹ so²¹³. 我浇过地了。
我　旱地　受助 水　浇　体助

la̠²¹xu³³ 先，a²¹tɕa⁵⁵ 将来、以后，ba⁵⁵ 然后，a²¹xuɛŋ⁵²sa̠⁵² 之前，a²¹mɯ⁵⁵seŋ⁵² 刚才等副词通常置于主语后。如：

ŋo⁵⁵　a²¹tɕa⁵⁵ mɔŋ²¹la²¹ a²¹　ʑe⁵⁵ xɣ⁵⁵. 我以后要去勐腊。
我　以后　勐腊　话助 去　语助

nɔ⁵⁵　a²¹tɕa⁵⁵ a²¹lo³³a²¹lo³³ le³³　khjei³³. 你以后慢慢地做。
你　以后　慢慢　　结助 做

ŋo⁵⁵ la̠²¹xu³³ le³³ xɣ³³. 我先上去。
我　先　上去 语助

nɔ⁵⁵ ko⁵⁵ʐa³³ ɕi⁵⁵　so²¹³ ba⁵⁵　ko²¹ ta³³ lo⁵⁵ o²¹. 你抽了烟之后又上来。
你　烟　吸 完　时助 又　上 来 语助

a²¹xuɛŋ⁵²sa̠⁵² lo³³tshi²¹³ thɣ²¹ do³³ ʑe⁵⁵ so²¹³. 之前走了一辆汽车。
之前　　汽车　　一　辆　去　体助

a²¹mɯ⁵⁵seŋ⁵² lo³³tshi²¹³ thɣ²¹ do³³ ko²¹ ʑe⁵⁵ so²¹³. 刚才又走了一辆车。
刚才　　汽车　　一　辆　又　去　体助

四　范围副词

范围副词 thɣ²¹ʐo³³le³³ 独自地，tɑŋ²¹bu²¹kɣ⁵⁵ 全部，修饰动词或形容词，通常置于主语后。如：

a²¹n̠ɔ²¹ thɣ²¹ʐo³³le³³ mi²¹dzo²¹ tɔ³³ le³³. 他独自一人去砍柴。
他　独自　　　柴　砍 去

ŋo³³ a³³　lo²¹　thɣ²¹ʐo³³le³³ iŋ⁵⁵ a³³　n̠i⁵⁵ tho²¹³. 我的孩子独自一人在家。
我　领助 小孩　独自地　　家 方助 在 语助

a²¹ɳɔ²¹ thɤ²¹ʐo³³le³³ ʑe⁵⁵. 他独自去了。
他　　独自　　　去

a²¹ɳɔ²¹dʑu²¹ taŋ²¹bu²¹kɤ⁵⁵ tɔ̠³³ʑe⁵⁵ so²¹³. 他们都出去了。
他们　　全部　　　　出去 体助

ŋa³³ɯ⁵⁵ taŋ²¹bu²¹kɤ⁵⁵ xɔŋ²¹ dzo²¹ so²¹³. 我们全都吃过饭了。
我们　全部都　　　饭　吃　体助

副词 sɯ²¹ 都，ʑɛ⁵⁵ 也、都，ba⁵⁵ 如果，mɯ²¹ba⁵⁵ 可以，so²¹ 完，与体助词 o³³ 合音连读成 so²¹³，置于动词后，加强句子语气。如：

a²¹ɳɔ²¹ ʑe⁵⁵ sɯ²¹ ba⁵⁵ ŋo⁵⁵ ʑe⁵⁵ ʑe⁵⁵ sɯ²¹ba⁵⁵. 他可以去，我也可以去。
他　去　都　可以 我　都　去　可以

a²¹ɳɔ²¹dʑu²¹ tɔ̠³³ʑe⁵⁵ so²¹³. 他们都出去了。
他们　　出去　体助。

ŋo³³ a³³ bu³³① ʑɛ⁵⁵ ma²¹ pa²¹ pɤ⁵⁵ ɣo³³. 我爸爸也抬不动。
我 领助爸 也　不　抬　动　得

ŋa³³dʑu²¹ xɔŋ²¹dzo²¹ mɯ²¹ba⁵⁵. 我们可以吃饭了。
我们　　饭吃　　可以

副词 ne⁵² 都置后，与前面的疑问副词 kha²¹ba⁵⁵ 哪里，a²¹tɕa⁵² 什么连用，表示强调。如：

ŋo⁵⁵ kha²¹ba⁵⁵ ne⁵² ʑe⁵⁵. 我哪里都去。
我　哪里　　都 去

a²¹ɳɔ²¹ a²¹tɕa⁵² ne⁵² khjei³³ sɯ²¹³. 他什么都会做。
他　什么　都　做　会

a²¹ɳɔ²¹ kho²¹maŋ⁵⁵ ne⁵² ŋui⁵⁵ ko²¹³. 他什么时候都哭。
他　什么时候　都　哭　语助

ŋo⁵⁵ a²¹tɕa⁵² ne⁵² dzo²¹. 我什么都吃。
我　什么　都　吃

五　揣测副词

揣测副词 xe⁵⁵khaŋ²¹daŋ²¹ŋa⁵² 大概、大约、左右，khe⁵⁵khe³³kui²¹ 一定、肯定等，在句中表示不确定语气。如：

xe⁵⁵khaŋ²¹daŋ²¹ŋa⁵² tshɔŋ⁵⁵ tshɤ⁵⁵ ʐo³³ ko²¹ lo⁵⁵. 大概还要来十个人。
大约　　　　　　　人　十　个 要 来

---

① ŋo³³ a³³ bu³³ "我的爸" 是 ŋo³³ a³³ a²¹bu³³ 的省略形式，布角话亲属称谓名词之前加了人称代词限定成分之后，就省略了前缀 a²¹-。又如，a²¹ɳɔ³³ ti⁵⁵ "他娘"，也省略了前缀 a²¹-。

ŋo³³ a³³ xe⁵⁵khaŋ²¹daŋ²¹ŋa⁵² tɕho⁵² ŋo²¹ wan³³ko⁵⁵ dɔŋ⁵⁵ so²¹³.
我 话助 大约　　　水　五　杯　　喝　体助
我大约喝了五杯水。

xɤ⁵⁵kha³³ xe⁵⁵khaŋ²¹daŋ²¹ŋa⁵² n̠i̠²¹tshɤ⁵⁵ nɯ³³ dʑa³³ tsha²¹ ba⁵⁵.
这个人　大概　　　　　　二十　　岁　有　可能 语助
这个人大概才有二十岁吧。

xe⁵⁵khaŋ²¹daŋ²¹ŋa⁵² ŋa³³su²¹ sen²¹tshɤ⁵⁵ dzɯ⁵⁵ dʑa³³ tsha²¹ ba⁵⁵.
大约　　　　　　　香蕉　　三十　　　棵　　有　大概 语助
大约有三十棵香蕉树吧。

ŋo³³ kho²¹mo³³lo²¹xɯ²¹tshɔŋ⁵⁵ khe⁵⁵khe³³kui²¹ n̠ɛ³³ ʑe⁵⁵ so²¹³.
我　姐姐　　　　　　　　　一定　　　　　跳舞 去 语助
我姐姐一定是去跳舞了。

ŋa³³lo²¹ khe⁵⁵khe³³kui²¹ pɤŋ⁵⁵ la²¹ tɕaŋ³³ xɤ⁵⁵. 鸟一定会飞来。
鸟　　一定　　　　　飞　来 体助

nɤ⁵⁵kha³³ pɤ²¹tɕhiŋ²¹ du⁵⁵⁻³³. 那个好像是傣族。
那个　傣族　　好像

a²¹n̠ɔ²¹ a²¹lo²¹ xe⁵⁵lo⁵⁵ tsha²¹ ba⁵⁵ du⁵⁵. 她好像怀孕了。
那个 娃娃 怀孕 可能 好像

六 否定副词

否定副词 ma²¹ 不，a²¹ 别，构成句子或短语的否定，常置于所修饰的词前。

1. 否定副词 ma²¹ 不，构成动词或形容词的否定形式。

ma²¹ tɕei²¹ tɕaŋ³³. 不会讲。
不　讲　会

ŋo⁵⁵ ma²¹ dzo²¹. 我不吃。
我　不　吃

wua̠²¹i̠³³ xɤ⁵⁵ ma²¹ tho³³. 这头猪不胖。
猪　　这　不　胖

ŋo⁵⁵ ma²¹ mjoŋ⁵⁵. 我不高。
我　不　高

ŋo⁵⁵ phu⁵⁵pjɛ³³ ma²¹ tɕaŋ³³. 我没有钱。
我　钱　　　　不　有

2. 否定副词 ma²¹ 不，构成"动词／形容词+ ma²¹+动词／形容词"的一般疑问句；放在谓语动词前，表示否定。如：

ʐu⁵⁵ ma²¹ ʐu⁵⁵? 要不要？　　　　ŋɤ⁵⁵ ma²¹ ŋɤ⁵⁵? 是不是？
要　不　要　　　　　　　　　是　不　是
dzo²¹ ma²¹ dzo²¹? 吃不吃？　　　dɔŋ⁵⁵ ma²¹ dɔŋ⁵⁵ 喝不喝？
吃　不　吃　　　　　　　　　喝　不　喝
mɔɕ³³ ma²¹ mɔɕ³³? 累不累？　　　phi⁵⁵ ma²¹ phi⁵⁵? 辣不辣？
累　不　累　　　　　　　　　辣　不　辣

3. 否定副词 ma²¹ 不，常约定俗成为一些固定词组。如：

ma²¹ ɕɯ⁵⁵ ma²¹ ȵi⁵⁵ 不长不短　　　ma²¹ xɯ²¹ ma²¹ ȵ̥ɯ⁵⁵ 不大不小
不　长　不　短　　　　　　　　不　大　不　小

ma²¹ xɤ²¹ ma²¹ʑɕ³³ 不远不近　　　ma²¹ kɯ⁵⁵ ma²¹ tɔŋ⁵⁵ 不宽不窄
不　远　不　近　　　　　　　　不　宽　不　窄

ma²¹ na̠²¹ ma²¹ mo³³ 不早不晚　　　ma²¹ na̠²¹ ma²¹ khjen³³ 不深不浅
不　早　不　晚　　　　　　　　不　深　不　浅

4. 否定副词 a²¹ 别放在动词前，表示禁止、劝阻等意思。如：

a²¹ tɕei²¹. 别讲！
别　讲

ka³³thi⁵⁵ʐɑŋ²¹ a²¹ ŋui⁵². 别忘了过去。
过去　　　　　别　忘

a²¹ ŋui⁵⁵ tho²¹. 别哭了。
别　哭　体助

a²¹ ɯ⁵⁵ tho²¹. 别笑了。
别　笑　语助

七　次序副词

用 a²¹xu²¹, la̠²¹xu²¹ 首先，a²¹nɔŋ³³, la̠²¹nɔ̠³³ 然后、其次，a²¹nɔŋ³³nɔ̠²¹³, la̠²¹nɔ̠³³nɔ̠²¹³ 最后，表示动作的先后顺序。如：

la̠²¹xu²¹ kho³³mo³³lo²¹xɯ²¹tshɔŋ⁵⁵ ʐɔŋ⁵⁵ be³³ dzo²¹ a²¹nɔŋ³³ nɔ⁵⁵ dzo²¹.
首先　姐姐　　　　　　　　受助 使给 吃　然后　你　吃
先给姐姐吃，然后你吃。

a²¹xu²¹ kɔŋ²¹kjiŋ³³dɔŋ⁵⁵ du²¹, a²¹nɔŋ³³ kɔŋ²¹mo³³ a²¹tsi²¹ sei²¹, la̠²¹nɔ̠³³nɔ̠²¹³ e⁵⁵tɕho⁵² ɕɕ²¹³.
首先 地　　　　挖 然后 菜　　种子 撒 最后　　水　浇
先挖菜地，后撒菜种，最后浇水。

八　频率副词

布角语表示频率副词 ko²¹ 再、还，置于动词前。如：

a²¹mɯ⁵⁵ thɤ²¹ tɕɔŋ⁵⁵ ko²¹ tɕei²¹ dɤŋ²¹. 现在再讲一遍。
现在　一　次　再　说　试

xɔŋ²¹ thɤ²¹ phu²¹lo²¹ ko²¹ dzo²¹ o⁵². 再吃一碗饭吧。
饭　一　碗　再　吃　语助

tɕhi⁵⁵phɯ⁵² thɤ²¹ wan²¹³ ko²¹ dɔŋ⁵⁵. 再喝一碗酒。
酒　一　碗　再　喝

a²¹nɛ³³ɲa⁵⁵ ko²¹ lɯ⁵². 明天再来。
明天　再　来

九　疑问副词

疑问副词常用 khjei⁵⁵ 怎么、为什么这样，khjei⁵⁵ga³³ 为什么、怎么样，kha²¹ 哪里，kha²¹lo³³ ʐo²¹ 几个人，kha²¹lo³³ do⁵⁵ 几个东西，a³³tɕa³³ʐaŋ⁵² 哪样，kho²¹maŋ⁵⁵ 几时，khjei⁵⁵ga³³ 怎么样。如：

nɔ⁵⁵ kha²¹ a³³　ʐe⁵⁵ o⁵²? 你去哪里？
你　哪里　结助　去　语助

nɔ⁵⁵ɯ⁵⁵ kha²¹ a³³　le³³ xɤ⁵²? 你去哪里？
你们　哪里　结助　去　语助

nɔ⁵⁵ kha²¹ ba⁵⁵　ʐe⁵⁵ o⁵²? 你去哪方？
你　哪里　结助　去　语助

a²¹phi²¹bu³³ nɔ⁵⁵ po²¹naŋ³³ kha²¹ bai⁵⁵ ʐe⁵⁵ o⁵²? 爷爷去哪里放牛？
爷爷　话助　牛　哪里　放　去　语助

nɔ⁵⁵ kho²¹mo³³lo²¹xɯ²¹tshɔŋ⁵⁵ kha⁵⁵lo⁵⁵ ʐo³³ tɕaŋ³³? 你有几个姐姐？
你　姐姐　　　多少　个　在

nɔ⁵⁵ kha⁵⁵lo³³ nɯ³³ o²¹? 你有几岁啦？
你　多少岁　是　语助

a²¹phi²¹mo³³ ɔ⁵⁵ a³³　a²¹tɕa⁵²ʐaŋ⁵² dei³³? 奶奶说哪样？
奶奶　说　语助　哪样　　　语助

ŋa³³ɯ⁵⁵ kho²¹maŋ⁵⁵ iŋ⁵⁵ a³³　ko²¹le³³ xɤ³³? 咱们什么时候回家？
咱们　什么时候　家　方助　回　去　语助

a²¹mɯ⁵⁵ɲi³³ khjei⁵⁵ ga³³　kja³³ a⁵⁵? 今天怎么这么冷？
今天　　为什么　这么　冷　语助

a²¹kho²¹ xɤ⁵⁵ khjei⁵⁵ga³³　kɯ⁵⁵ ɯ³³? 这条河为什么这么宽？
河　这　为什么　　　宽　语助

八 句法功能

1. 组成短语

副词置于形容词后构成"形容词短语+ tsɤ⁵⁵le³³ 得很"补充形容词的程度。如：

mɤ²¹³ tsɤ⁵⁵le³³ 非常漂亮　　　　　tho³³ tsɤ⁵⁵le³³ 非常肥
漂亮　得很　　　　　　　　　　　胖　得很

ȵɯ⁵⁵ tsɤ⁵⁵le³³ 非常小　　　　　　 ɣuɛ²¹ tsɤ⁵⁵le³³ 非常快
小　得很　　　　　　　　　　　　快　得很

副词置于动词前，构成动词短语。如：

mɯ²¹mɯ²¹le³³ sou²¹ 好好休息　　　mɯ²¹mɯ²¹le³³ dzo²¹ 好好吃
好好地　休息　　　　　　　　　　好好地　吃

a²¹lo³³a²¹lo³³le³³ lo²¹ 慢慢走　　　a²¹lo³³le³³ tho²¹ e²¹ 轻轻放
慢慢地　　走　　　　　　　　　　轻轻地　放　语助

2. 修饰或补充作用

副词常修饰副词或动词，充当修饰或补充成分，有时强调整句内容。常见的是程度副词 tsɤ⁵⁵ 很、太、非常，修饰形容词或副词，可放在形容词或副词前面；ɕi³⁵, tsɤ⁵⁵le³³ 得很，极了，修饰形容词或副词，则放在形容词或副词后面；如：

a²¹ȵɔ²¹ ŋui⁵⁵ ɣo³³ tsɤ⁵⁵le³³. 他哭得非常厉害。
他　哭　得　非常

a²¹ȵɔ²¹ xɔŋ²¹ dzo²¹ ɣo³³ tsɤ⁵⁵ le³³. 他的饭量非常大。
他　饭　吃　得　非常　语助

a²¹mɯ⁵⁵ȵi³³ kja³³ tsɤ⁵⁵　le³³. 今天太冷了。
今天　　冷　非常　体助

mjoŋ⁵² nɤ⁵⁵ do³³ tsɤ⁵⁵ mjoŋ⁵⁵. 那匹马很高。
马　那　匹　高　非常

ȵi²¹dɯ²¹ xɤ⁵⁵ do³³ tsɤ⁵⁵ ɕɯ⁵⁵. 这条绳子很长。
绳子　这　长　非常语助

ȵi²¹dɯ²¹ xɤ⁵⁵ do³³ ɕɯ⁵⁵ tsɤ⁵⁵le³³. 这条绳子长得很。
绳子　这　长　非常　语助

ŋa⁵⁵ʐo³³ mɯ²¹mɯ²¹le³³ thɤ²¹sa²¹le³³ sou²¹. 我俩要好好地休息一下。
我俩　好好地　　　一下　　休息

lo²¹go³³lo²¹ xɤ⁵⁵kha²¹ xuɑŋ⁵² kuɑŋ²¹³ ɕi⁵⁵. 这孩子听话得很。
孩子　这　话　听　得很

a²¹n̠ɔ²¹ kjo²¹ ko³³ thɤ²¹ khui³³ tin³³. 他想了一整夜。
他　想过　一　夜　整整

第八节　连词

连词是在句子中起连接作用的虚词，可连接词、词组和分句，常见有并列、承接、递进、选择、假设、条件、让步、转折、比较、因果等语法功能和意义关系。

一　连词分类

意义关系 \ 功能	连接词、词组和分句
并列、承接	ʑɤ³³ 和，kui²¹ 又……又……，thɤ²¹pjɔ⁵⁵ lɔ⁵⁵…thɤ²¹pjɔ⁵⁵ lɔ⁵⁵…一边……一边……，thɤ²¹ pha³³… thɤ²¹ pha³³… 一边……一边……
递进	ʑiŋ⁵²…ʑiŋ⁵² 也……也……，ɕo⁵⁵ le³³ ma²¹ ŋɤ⁵⁵…kui²¹³ ko²¹ 不仅……而且……，lɔŋ²¹ ba⁵⁵…lɔŋ²¹ 越……越……，ba⁵⁵ ba⁵⁵…一……就……，nji²¹…nji⁵⁵ 也……也……
选择	la⁵²….la⁵² 还是，xɤ⁵⁵ la²¹…xɤ⁵⁵ la²¹ 或者，kui²¹lo²¹（两者）都可以
假设和条件	kɤ³³tɕhɤ³³lɛ³³ 万一、如果，ɤ²¹³ lɤ⁵² 才
转折和让步	mɤ²¹ŋɤ⁵⁵ɤ⁵⁵ 不然的话、否则，nɤ³³li²¹ 即使，ba⁵⁵ 虽然，……a²¹xoi⁵⁵ 但是……
比较	nɛ³³ 比，do²¹kaŋ⁵⁵ 和……一样
因果	e⁵⁵i²¹ 因此，a²¹tɕa⁵²ka³³ 因为

连词的语法特征主要是连接功能；它所连接的成分只表示语法意义和关系，没有修饰或补充关系；不能充当句子成分；不能单独用来回答问题；不能重叠使用。

二　连词的用法

1. 并列、承接

ʑɤ³³ 和，表示并列关系。用于连接两个并列成分，包括形容词、名词、代词等，置于并列成分之间。如：

xɯ²¹ ʑɤ³³ n̠ɯ⁵⁵ 大小　　　　　ɕɯ⁵⁵ ʑɤ³³ n̠i⁵⁵ 长短
大　和　小　　　　　　　　长　和　短

mjoŋ⁵⁵ ʑɛ³³ ɯ³³ 高矮
高　和　矮

li²¹ ʑɛ³³ ʑɔŋ⁵⁵ 轻重
重和轻

lɔ³³mo³³ ʑɛ³³ mi⁵⁵ɕi⁵² 石沙
石头　和　沙子

ɔŋ²¹mo³³ ʑɛ³³ mi²¹khui²¹ 云和火烟
云　　和　火烟

ŋo⁵⁵ ʑɛ³³ nɔ⁵⁵ 我和你
我 和 你

bi²¹kji⁵⁵ ʑɛ³³ bi²¹lo³³ 星星和月亮
星星　和 月亮

ʑiŋ⁵²… ʑiŋ⁵² 又……又……, 连接两个意义相近的词, 构成形容词短语, 在句子中起强调作用。如:

ȵɯ⁵⁵ ʑiŋ⁵² ȵɯ⁵⁵ kji⁵⁵ ʑiŋ⁵² kji⁵⁵. 又小又瘦。
小 又 小 瘦 又 瘦

wua³³tɕi²¹³ xɤ⁵⁵ ȵɯ⁵⁵ ʑiŋ⁵² ȵɯ⁵⁵ kji⁵⁵ ʑiŋ⁵² kji⁵⁵. 这只鸡又小又瘦。
鸡　　这 小 又 小 瘦 又 瘦

mjoŋ⁵⁵ ʑiŋ⁵² mjoŋ⁵⁵ xɯ²¹ ʑiŋ⁵² xɯ²¹ 又高又大
高　又　高　大　又　大

thɤ²¹ pha³³… thɤ²¹ pha³³… 一边……一边……, 常用来描述并列的事。如:
iŋ⁵⁵ xɤ⁵⁵ thɤ²¹ pha³³ ŋo³³ a³³ti⁵⁵ ȵi⁵⁵ ko³³ thɤ²¹ pha³³ ŋo⁵⁵ ȵi⁵⁵ ko³³.
这 房子 一边 我　妈 住 语助 一 边 我 住 语助
这房子一边是我妈住, 一边是我住。

thɤ²¹ pha³³ wua²¹kho²¹ ɔŋ⁵⁵ thɤ²¹ pha³³ wua³³tɕi²¹³a²¹lo³³ ɔŋ⁵⁵.
一 边 猪圈 当作 一 边 鸡圈 当作
一边是猪圈一边是鸡圈。

thɤ²¹ pha³³ a²¹ti⁵⁵ thɤ²¹ pha³³ khji²¹ɣo³³. 一边是妈妈, 一边是媳妇。
一 边 妈 一 边 媳 妇

2. 递进

常用 ɕo⁵⁵ le³³ ma²¹ ŋɤ⁵⁵… ʑɛ³³ 不仅……而且……, ʑɛ³³…ʑɛ³³ 也……也……, de²¹…ko²¹ 即使……还。如:

kho²¹mo³³lo²¹xɯ²¹tshɔŋ⁵⁵ tɕei²¹ tɕaŋ³³ ɕo⁵⁵le³³ ma²¹ ŋɤ⁵⁵ a²¹do⁵⁵ ko²¹ ʑɛ³³
姐姐　　　　　讲　会　仅　不 是 字 写 也
ko²¹ tɕaŋ³³.
写 会
姐姐不仅会讲而且还会写字。

kho²¹mo³³lo²¹ȵɯ⁵⁵tshɔŋ⁵⁵ tɕhɤ⁵⁵ ɕo⁵⁵le³³ ma²¹ ŋɤ⁵⁵ ȵɛ³³ ʑɛ³³ ȵɛ³³ tɕaŋ³³.
妹妹　　　　　唱歌 仅仅 不 是 舞 还 舞 会
姐姐不仅会唱歌而且还会跳舞。

a²¹bu³³mo³³ no⁵⁵ ko³³ de²¹de³³ ko²¹ thai³³ ʑe⁵⁵.
大伯　　　病　体助田　还　犁　去
即使大伯生病，还去犁田。

ŋo³³ a³³　a²¹ti⁵⁵ a³³ khjei³³ ʑɛ⁵⁵ khjei³³ tɕaŋ³³ mɤ²¹ ʑɛ⁵⁵ mɤ²¹.
我　结助　妈　话助　干　也　干　能　看　还　好
我妈妈不仅能干，而且也漂亮。

a²¹n̠ɔ²¹ ko³³　kjo²¹ ʑɛ⁵⁵ kjo²¹ tɕaŋ³³ xɔn²¹gɔŋ²¹ ʑɛ⁵⁵ ɔn⁵⁵ dzo²¹ tɕhi⁵⁵ dzo²¹ tɕaŋ³³.
他　谷子　割　也　割　会　饭菜　也　做　吃　砍　吃　会
他不仅会割谷子，而且还会做家务。

lɔŋ²¹…ba⁵⁵…lɔŋ²¹…越……越……，固定搭配，用于连接词和词组，表示递进关系，分别置于被连接的两个成分之前。如：

na³³ɯ⁵⁵ lɔŋ²¹ dzo²¹ ba⁵⁵ lɔŋ²¹ mje²¹ a³³! 你们越吃越饿啦!
你们　越　吃　连助越　饿　语助

ŋo³³ lɔŋ²¹ dɤŋ²¹ ba⁵⁵ lɔŋ²¹ ma̠³³. 越看越喜欢。
我　越　看　连助越　喜欢

nɔ⁵⁵ tɕhi⁵⁵phɯ⁵² lɔŋ²¹ dɔŋ⁵⁵ ba⁵⁵ lɔŋ²¹ ma²¹ n̠i⁵⁵ ko³³ mɯ²¹!
你　酒　　越　喝　连助越　不　在　再　好
你越喝酒越难受!

lo²¹go³³lo²¹ xɤ⁵⁵ lɔŋ²¹ xɯ²¹　lo⁵⁵ ba⁵⁵　lɔŋ²¹ mjɔŋ⁵⁵ lo⁵⁵.
孩子　　这　越　长大　来　连助　越　高　来
这孩子长得越来越高了。

ba⁵⁵…一……就……，连接两个动作，表示一个动作紧跟着另一个发生。如：

a²¹n̠ɔ²¹ lo⁵⁵ ba⁵⁵　tɕhi⁵⁵phɯ⁵² dɔŋ⁵⁵. 他一来就喝酒。
他　来 连助　酒　　就　喝

a²¹n̠ɔ²¹ tshɔn⁵⁵ ʑɔŋ⁵⁵ mjɔŋ⁵⁵ ba⁵⁵　a²¹bu³³ dei³³ khu⁵⁵.
他　人　　受助　看见　连助　爸爸　结助　喊
他一见到人就喊爸爸。

ŋo⁵⁵ lɔŋ³³pi⁵²tshɔn³³　ʑɔŋ⁵⁵　mjɔŋ⁵⁵ ba⁵⁵ dza³³li⁵⁵ tsɤ⁵⁵ le³³.
我　布角人　　　受助 看见　就　连助　高兴 非常
我一见到布角人就很高兴。

3. 选择

选择连词有 la⁵²…la⁵² 呢……呢，ta̠⁵²wua̠³³lai²¹³ 或者、还是。前者用语义关系及其语气表示选择。置于两个分句或并列成分之间，表示选择关系。后者则借用傣语，置于第二分句之前。如：

ŋa³³ɯ⁵⁵ le³³ xɤ⁵⁵ la⁵² ma²¹ le³³ xɤ⁵⁵ la⁵²? 我们去还是不去？
我们　去 体助 语助 不　去 体助 语助

a²¹mo³³mo³³ ʑe⁵⁵ la⁵² a²¹tshu³³ ʑe⁵⁵ la⁵²? 是姨妈去，还是嫂嫂去？
姨妈　　　去 语助 嫂嫂　　去 语助

nɔ⁵⁵ xɔŋ²¹ dzo²¹ la²¹ ta̠⁵²wua̠³³lai²¹³ la̠³³bo²¹ dɔŋ⁵⁵ xɤ⁵⁵ la²¹?
你　饭　　吃 语助 还是　　　　茶　　喝 体助 语助
你吃饭还是喝茶？

nɔ⁵⁵ po²¹naŋ³³ ʑu⁵⁵ la²¹ ta̠⁵²wua̠³³lai²¹³ tɕhɔŋ²¹pjɛ³³ ʑu⁵⁵ xɤ⁵⁵ la²¹?
你　牛　　　要 语助 还是　　　　羊　　　　要 体助 语助
你要牛还是要羊？

4. 假设、条件和让步

ba⁵⁵ 如果、万一、才，用于肯定复句中，表示假设和条件关系。如：

nɔ⁵⁵ iŋ⁵⁵ xɔŋ²¹ dzo²¹ lo²¹ ba⁵⁵ ŋo⁵⁵ no³³ a³³ iŋ⁵⁵ a²¹ bɔ⁵⁵ dzo⁵⁵ lo⁵⁵ xɤ⁵⁵.
你　家 饭　　如果够 如果我　你　领助家 方助 陪 吃　来 体助
如果你家的饭够，我就在你家吃。

ɯ²¹tha²¹ mɯ²¹ ba⁵⁵　pha³³lɛ⁵² le̠²¹. 如果天晴，就晒被子吧。
雨　　　晴　 如果　被子　　晒

lo⁵⁵ko³³ phi²¹ ba⁵⁵ ka⁵⁵tɕe³³ xe⁵⁵ o⁵². 万一门锁了带上钥匙吧！
门　　关　　万一　钥匙　　带 语助

ŋo⁵⁵ i̠²¹tɕa²¹ sɤ²¹ ba⁵⁵ ŋo³³ ʑɔŋ⁵⁵ khu⁵⁵ tho³³ lo⁵⁵ a⁵².
我　睡觉　　睡 连助 我　受助　叫　醒　来 语助
万一我睡过头就叫醒我。

ɯ²¹ha²¹ mɯ²¹ ba⁵⁵mi²¹dzo²¹ tɔ̠³³ le³³ xɤ⁵⁵. 天晴才去砍柴。
天　　晴　才柴　　　　砍　去 体助

nɔ⁵⁵ lo²¹ so²¹ ba⁵⁵, ŋo⁵⁵ lo²¹ xɤ⁵⁵. 你走我才走。
你　走　去　才　我　去 体助

5. 转折

ma²¹ ŋɤ⁵⁵ ba⁵⁵ 不然……就，否则，在句中表示转折关系，如：

pe⁵⁵kha³³ thɤ²¹phɯ⁵⁵le³³ diŋ³³ mjo²¹ ma²¹ ŋɤ⁵⁵ ba⁵⁵ tshe²¹le²¹lɔŋ⁵⁵ a²¹xɤ⁵⁵.
衣服　　　一点　　　　穿　　多　不然的话　　　感冒　有　　语助
多穿点衣服，不然会感冒的。

ko̠⁵⁵ʑɑŋ³³ ɕi³³ ba⁵⁵ tshe²¹ lɛ²¹lo³³ a⁵⁵.
烟　　　　抽 的话 咳嗽　　 语助 语助
抽烟的话就会咳嗽。

ɣuɛ²¹le³³ phɤŋ³³ ma²¹ ŋɤ⁵⁵ ba⁵⁵ ma²¹ thɤ³³ khuaŋ⁵⁵ ɣo³³ tho²¹.
快　快　跑　　不　是　嘛　不　追　到　　得　语助
快快跑不然追不上了。

kui²¹ 即使，放在第一个分句后，引导转折、让步状语从句。如：
kha⁵⁵lo³³sa̠²¹³ kja³³ kui²¹ ŋo⁵⁵ ma²¹ khjei²¹. 即使冷我也不怕。
如何　　　冷　虽然　我　不　怕

a²¹ȵɔ²¹ mɔɛ³³ a³³ kui²¹ mɔɛ³³ a³³ dei³³ ma²¹ tɕei²¹. 他即使累死也不叫苦。
他　　干　累　死　即使　苦　不　说

a²¹pu³³ ŋo³³ ʑɔŋ⁵⁵ khu⁵⁵ a³³ kui²¹ ŋo⁵⁵ ma²¹ ʑe⁵⁵.
爸爸　我　叫　　即使　　我　不　去
即使爸爸叫我，我也不去。

a²¹xoi⁵⁵ 但是，kui²¹lai³³…… 但是……放在分句之间，表示对比和转折。如：
a²¹ȵɔ²¹ lo²¹ sɯ²¹ ɯ³³ a²¹xoi⁵⁵ a²¹ȵɔ²¹ ma²¹ lo²¹ ȵi⁵⁵. 他能走，但不愿意走。
他　　走　能　结助　但　　他　　不　走　愿意

pe⁵⁵kha⁵⁵ xɤ³³ dɤŋ²¹ ŋɤ⁵⁵ dɤŋ²¹ mɯ²¹³ kui²¹lai³³ phi²¹³ tsɤ⁵⁵le³³.
衣服　　这　看　是　看　好　但是　　　贵　得很
衣服好看但是太贵了。

iŋ⁵⁵ xɤ⁵⁵　ȵɯ⁵⁵ ŋɤ⁵⁵ ȵɯ⁵⁵ kui²¹lai³³ ȵi⁵⁵ ȵi⁵⁵ko³³mɯ²¹.
这　房子小　是　小　但是　　　住　舒服
这房子小，但很舒服。

6. 比较

布角语中常用连词 tha²¹le³³ 比，在形容词或副词前加 tsɤ⁵⁵ 更，构成两者及多者之间性质、状态、数量的比较。有时 tsɤ⁵⁵ 可省略。如：

ŋo⁵⁵ kho²¹pho³³lo²¹xɯ²¹tshɔŋ⁵⁵ tha²¹le³³ tsɤ⁵⁵mjoŋ⁵⁵. 我比哥哥更高。
我　哥哥　　　　　　　比　　更　高

a²¹mɯ⁵⁵nɯ³³ o²¹xo⁵⁵ i²¹nɯ³³ tha²¹le³³ tsɤ⁵⁵ mjo²¹ o³³. 今年的雨水比去年多。
今年　　　雨水　去年　比　　更　多　语助

wua̠²¹i̠³³ xɤ⁵⁵tshɔŋ³³ do³³ wua̠²¹i̠³³ nɤ⁵⁵tshɔŋ⁵⁵ do³³ tha²¹le³³ tsɤ⁵⁵ tho³³.
猪　　　这　头　　猪　那　　头　　比　　更　肥
这头猪比那头猪肥。

ʑɤ³³…… thɤ²¹kaŋ⁵⁵ 和……一样，用在同等比较中。如：
kho²¹pho²¹ ʑɤ³³ kho²¹mo³³ thɤ²¹kaŋ⁵⁵ mjo²¹ o³³. 男人和女人一样多
男人　　　和　女人　　　一样　　　多　语助

ŋo⁵⁵ ʑɤ³³ ŋo³³ a³³ xɯ²¹tshɔŋ⁵⁵ a²¹koŋ⁵⁵ thɤ²¹kaŋ⁵⁵ mjoŋ⁵⁵. 我和哥哥一样高。
我　和　我　领助　哥哥　　　个子　　一样　　　高

ŋo³³ a³³ bu³³ ʑɛ³³ ŋo³³ a³³ ti⁵⁵ a²¹ʐu²¹ thɤ²¹kaŋ⁵⁵ kjei²¹³.
我　爹　和 我 娘　年纪　一样　老
我爹和我娘年龄一样大。

a²¹mɯ⁵⁵nɯ³³ o²¹xo²¹ ʑɛ³³ i²¹nɯ³³ o²¹xo⁵⁵ thɤ²¹kaŋ⁵⁵ mjo²¹ o³³.
今年　　　雨水　和 去年　雨水　一样　　多 语助
今年的雨水和去年的一样多。

lɔŋ²¹…ba⁵⁵ lɔŋ²¹ 越……越……，连接两个并列的比较级。如：

ŋo⁵⁵ lɔŋ²¹ dzo²¹ ba⁵⁵　lɔŋ²¹ dzo²¹ ni³³ a³³. 我越吃越想吃。
我　越　吃　话助 越　吃　想　语助

a²¹dzɯ⁵⁵ lɔŋ²¹ xɯ²¹ lo⁵⁵ ba⁵⁵　lɔŋ²¹ mjoŋ⁵⁵. 树越长越高。
树　　越　长　　话助 越　高

kɔŋ³³ʑaŋ³³ lɔŋ²¹ pha̠³³ mjo²¹ ba⁵⁵ phu⁵⁵ lɔŋ²¹ ɣo³³ lo⁵⁵. 胶割得越多越赚钱。
橡胶　　　越　割　多　话助 钱　越　得　来

ŋo⁵⁵ lɔŋ²¹ ȵi²¹ ba⁵⁵ nɯ³³ɣo³³ lɔŋ²¹ phi⁵⁵ a²¹. 我越想越恨。
我　越　想 话助心　　　越　恨　语助

7. 因果

用 a²¹tɕa⁵²ka³³ …ba⁵⁵ …因为（由于）……所以（因此）……置于句首，而 ba⁵⁵ 却置于分句句末，作因果状语从句的引导词，表示因果关系。如：

a²¹dʑa³³kɤ³³ phu⁵⁵pjɛ³³ ma³³ dʑa³³ ba⁵⁵　a²¹do⁵⁵ ma²¹ xiŋ²¹ le³³ sɯ²¹.
因为　　　钱　　　没 有 所以 书　不　学 去 能
因为没有钱，所以不能上学。

a²¹tɕa⁵²ka³³ o²¹xo⁵⁵ xo²¹ so²¹³ ba⁵⁵ e⁵⁵tɕho⁵² ma²¹ ɕe²¹ kui²¹³ lo²¹ ba⁵⁵.
因为　　　雨　　下 体助 所以 水　　　不　浇 连助 够 语助
因为下过雨，所以不浇水了。

a²¹tɕa⁵²ka³³ khjei³³ȵi⁵⁵ ba⁵⁵,　ŋo⁵⁵ ʐu⁵⁵ tho²¹ so²¹³.
因为　　　喜欢　　　所以　我　买 体助 体助
因为我喜欢，所以我买了。

a²¹tɕa⁵²ka³³ a²¹ȵɔ²¹ ʑɔŋ⁵⁵　ma³³ ba⁵⁵ a²¹ȵɔ²¹ ʑɔŋ⁵⁵ ɔŋ⁵⁵ so²¹- so²¹³.
因为　　　他　　　受助　爱　　　他　　　受助 嫁 体助
因为爱他就嫁给他了。

a²¹tɕa⁵²ka³³ tɕhi³³phɯ⁵² dɔŋ⁵⁵ mjo²¹ ba⁵⁵　a²¹ȵɔ²¹ tɕen³³sei²¹tɕen³³sa̠³³.
因为　　　酒　　　　　喝　　 多　所以 他　　　胡乱乱讲
因为他酒喝多了所以乱说乱讲。

第九节 助词

助词是表示语法作用的虚词。根据语法意义和作用的不同,布角语的助词可分为结构、话题、施受、方位、体、语气助词等。

一 结构助词

结构助词在句子中主要用来帮助句法成分组成各种关系。布角语里用途最广泛的一个常用结构助词是 a³³。

结构助词 a³³ 使用频率最高,是一个多功能词,其用法之一是放在名词、代词后,表示领属关系。如:

a²¹ȵɔ²¹ a³³   ɔ²¹tshɔŋ²¹ a²¹ɕɣ²¹ ɕɣ²¹. 他的帽子新。
他   领助 帽子   新 新

no³³ a³³   pho³³ a²¹mi⁵⁵ loŋ³³pi⁵²pho³³ de³³   ɔ⁵⁵⁻⁵². 你的村子名叫龙碧村。
你 领助 村子 名字   龙碧村   结助 叫

a²¹ȵɔ²¹ a³³   kho²¹mo³³lo²¹ xoŋ²¹ tɕha²¹ a³³. 他女儿煮饭。
他   领助 女儿   饭 煮 煮 语助

a²¹mɯ⁵⁵ȵi³³ a³³   a²¹khjei²¹ tsɣ⁵⁵ mjo²¹ ɕi³³. 今天的活计很多。
今天   领助 活计   很   多   余

结构助词 le³³ 在句中,常与程度副词 "tsɣ⁵⁵ 很、太、过于、更" 连用,表示程度加深。如:

ŋo⁵⁵ dʑo³³ȵi³³ dʑo³³ȵi³³ le³³   mɣŋ³³la²¹mɣ⁵² lɣ³³   a³³   lɯ³³.
我   每天   每天   结助 勐腊城   街上 方助 来
我每天都来勐腊街上。

na³³ɯ⁵⁵ a³³   lo²¹ tsɣ⁵⁵ mɯ²¹. 你们的孩子很好。
你们 领助 孩子 很   好

no³³ a³³   dʑoŋ⁵⁵khɯ⁵⁵ ɕɯ⁵⁵ tsɣ⁵⁵le³³. 你的头发太长。
你 领助 头发   长   过于

xo³³khɔŋ⁵⁵ xɣ²¹ tsɣ⁵⁵le³³. 路远得很。
路   远   得很

二 话题助词

常用 a³³ 作话题助词,置于句子主语后。如:

ŋo⁵⁵ a³³   xe⁵² ȵi⁵⁵. no⁵⁵ kha²¹ ȵi⁵²? 我住在这里。你住在哪里?
我 话助 这里 住   你   哪里 住

phu⁵⁵ a³³ ɕɯ⁵⁵ tha²¹le³³ mjo²¹ o³³. 银子比金子多。
银子　话助　金子 以上　　多　语助
lo²¹kho³³lo²¹ a³³　　ŋo³³ a³³　xɯ²¹tshoŋ⁵⁵ a³³　a²¹lo²¹ ŋɤ⁵⁵ ba⁵⁵.
孩子　　　　话助 我　领助　哥哥　　领助 娃娃 是 语助
这孩子是我哥哥的孩子。
i²¹nɯ³³ a³³　o²¹xo⁵⁵ ma²¹ mjo²¹. 去年么雨水不多。
去年　话助 雨水 没有 多

三　施受助词

施受助词是施事助词和受事助词的统称。当名词、代词作为施事者或受事者时，其后面有不同的标记，以区别不同的语义。

名词、代词作为施事者时，施事者后面有时使用施事助词标记 a³³，表明动作的发出者，但通常省略施事助词。如：

ŋo³³ a³³　lo³³　dzo²¹ kho³³ so²¹. 被我吃完了。
我　施助　全部 吃　　完　体助
a²¹ti⁵⁵ a³³　　ŋo³³ ʐɔŋ⁵⁵ ŋa³³sɯ²¹ be³³ dzo²¹ a³³. 妈妈给我吃香蕉。
妈妈　施助 我　受助　香蕉　　给　吃　语助
kho²¹pho³³lo²¹xɯ²¹tshoŋ⁵⁵ a³³　ŋo³³ ʐɔŋ⁵⁵ a²¹phje⁵⁵ be³³ dzo²¹ ʐɛ²¹a³³.
哥哥　　　　　　　　　　施助 我 受助 药　　　给　吃　语助
哥哥给我吃药。

名词、代词作为受事者，后使用受事助词 ʐɔŋ⁵⁵，有时也用 a³³，ʐɛ³³ 表明动作的承受者，通常不能省略受事助词 ʐɔŋ⁵⁵。如：

mi²¹tɕhɔŋ²¹ ʐɔŋ⁵⁵ xɔŋ²¹. 骂人家。
人家　　　受助　骂
ŋo³³ ʐɔŋ⁵⁵ dɯ²¹ a³³. 我被打了。
我　受助 打　语助
no³³ ʐɔŋ⁵⁵ u²¹tshɔŋ²¹ be³³ tshɔŋ⁵⁵ a³³. 给你戴手镯
你 受助　手镯　　给　戴　　语助
a²¹phi²¹bu³³ lo²¹kho²¹lo²¹ ʐɔŋ⁵⁵ be³³　la̱²¹ ʐe⁵⁵. 爷爷让年轻人下去。
爷爷　　　　年轻人　　　受助 给　下 去
a²¹bu³³ mi²¹tɕhɔŋ³³tshɔŋ⁵⁵ ʐɔŋ⁵⁵ kho²¹no²¹xɔŋ²¹thɔŋ⁵² thɤ²¹ phje³³ be⁵⁵ ʐɛ²¹.
父亲　客人　　　　　　　　受助 糯米粑粑　　　　　　　一 块　给 去
父亲给客人一块糯米粑粑。
nɔ⁵⁵ ŋo³³ ʐɔŋ⁵⁵ ɔ⁵⁵. 你教我。
你 我　受助 教

lo²¹ ʐɔŋ⁵⁵ pu²¹na³³ thɔŋ²¹ sɤ²¹ zɛ²¹³. 老虎被牛撞了。
老虎 受助 牛　　施助 撞 体助

四　方位助词

表示地点的名词后常与方位助词 a³³ 连用。如：
iŋ⁵⁵ a³³　le³³ xaŋ⁵². 要回家了。
家 方助 去 体助
mjɔŋ²¹ ʐɔŋ⁵⁵ a²¹khji⁵⁵ a³³　ɕiŋ⁵⁵ tha²¹ be³³ xɤ⁵⁵. 给马蹄上钉马掌。
马　受助 脚　　方助 钉 钉 给 体助
a²¹bo⁵⁵tshɔŋ⁵⁵ a²¹gɔŋ⁵⁵gɔŋ⁵⁵ a³³　ȵi⁵⁵ thɔ²¹³. 雅尼人住在中间。
雅尼人　　　 中间　　　 方助 住 体助
kha³³kɔ²¹³ a²¹dzɤ⁵⁵ a³³　ȵi⁵⁵ thɔ³³. 克木人住在旁边。
克木人　 旁边　 方助 住 体助

五　体助词

完成体见助词 so²¹³ 通常置于句尾。
ŋo⁵⁵ xɔŋ²¹ dzo²¹ so²¹³. 我已经吃过饭了。
我 饭 吃 体助
ŋo⁵⁵ tɕhi⁵⁵phɯ⁵² dɔŋ⁵⁵ so²¹³. 我喝过酒了。
我 酒　　 喝 体助
kɔŋ²¹kjiŋ⁵⁵dɔŋ⁵⁵ a³³　i⁵⁵tɕho⁵² ɕe²¹ so²¹³. 在菜地里浇过水了。
地　　　　 方助 水　 浇 体助
ŋo⁵⁵ i⁵⁵tɕho⁵² dzɯ²¹ so²¹³. 我洗过澡了。
我 水　　 洗 体助

持续保留体见 ko²¹³, thɔ²¹ 等，表示动作行为处于一直持续和保留状态中。如：
ŋo⁵⁵ xɔŋ²¹ dzo²¹ ko²¹³. 我吃着饭。
我 饭 吃 体助
a²¹ȵɔ²¹dʐu²¹ tɕhi⁵⁵phɯ⁵² dɔŋ⁵⁵ ko²¹³. 他们正在喝着酒。
他们　　 酒　　 喝 体助
a²¹e⁵⁵　i²¹tɕa²¹ thɔ²¹. 熊正在睡觉。
熊　 睡觉 体助
a²¹ȵɔ²¹dʐu²¹ kɔŋ²¹kjiŋ³³gɔŋ²¹ ko²¹³. 他们正在卖菜。
他们　　 菜　　　 卖 体助

将行体用 xaŋ⁵⁵，表示行为动作将要进行。如：

o²¹xo⁵⁵ xo⁵⁵ lɯ³³ xaŋ⁵⁵. 要下雨了。
雨　下　下来　体助
i²¹li⁵⁵ li⁵⁵ lɯ³³ xaŋ⁵⁵. 要刮风了。
风　刮　下来　体助
ŋo⁵⁵ xɔŋ²¹ dzo²¹ xaŋ⁵⁵. 我要吃饭了。
我　饭　吃　体助
ŋo⁵⁵ tɕhi⁵⁵phɯ⁵² dɔŋ⁵⁵ xaŋ⁵⁵. 我要喝酒了。
我　酒　　　喝　体助

六　语气助词

布角语的语气助词用于句首、句末，或者无语气助词标记，来表示各种不同的语气。常见的有陈述、疑问、祈使、感叹。

1. 陈述

句子末尾无语气助词标记,但有较固定的声调²¹³ 调。如：

a²¹mɯ⁵⁵nɯ³³ ŋa̠³³sɯ²¹ mɯ²¹⁻²¹³. 今年的香蕉好。
今年　　香蕉　好

ŋo³³ kho²¹maŋ³³ʐa²¹ ȵi⁵⁵ le³³ ko²¹³. 我经常去。
我　经常　　　　　结助　去

a²¹mɯ⁵⁵nɯ³³ o²¹xo⁵⁵ i²¹nɯ³³ tha²¹le³³ mjo²¹⁻²¹³.
今年　　雨水　去年　比　更　多
今年的雨水比去年的更多。

xɤ⁵⁵ kɔŋ²¹kjiŋ³³ thɤ²¹ tɕɤ³³ le³³ ŋɤ⁵⁵. 这是一种菜。
这　菜　　　一　种　结助　是

2. 疑问语气

常用 la⁵², ba⁵⁵ la⁵² 置于陈述句末表示问句。如：

a²¹mɯ⁵⁵nɯ³³ ŋa̠³³sɯ²¹ mɯ²¹ ba⁵⁵ la⁵²? 今年的香蕉好吗？
今年　　香蕉　好　结助　语助

xɤ⁵⁵ i⁵⁵tɕho⁵² la⁵²? 这是水吗？
这　水　　语助

nɔ⁵⁵ ko²¹ le³³ xɤ⁵⁵ la⁵²? 你要回去吗？
你　回　去　语助　语助

nɔ⁵⁵ i⁵⁵tɕho⁵² xuɛ²¹ tɕaŋ³³ ba⁵⁵ la⁵²? 你会游泳吗？
你　水　　游泳　会　语助

3. 祈使语气

常用 o⁵², 置于句末表示请求、商谈、命令、叮嘱、委婉劝解。如：

ŋo³³ ʑɔŋ⁵⁵ thɤ²¹ sa̠²¹ le³³ be⁵⁵ i̠²¹tɕa²¹ o⁵². 让我睡一会吧。
我   受助 一   下   结助 给 睡   语助

ŋa³³sɯ²¹ mjo²¹ le³³ po²¹ o⁵². 多栽点香蕉吧。
香蕉   多   结助 栽 语助

ne³³ɕɔŋ⁵² na²¹ le³³   lo⁵⁵ o⁵². 早上来早一点吧！
早上   早 结助 来 语助

ŋo²¹ ʑɔŋ⁵⁵ phu²¹lo²¹ po⁵⁵ tɕɥɛ³³ tɤŋ⁵⁵ a²¹ o⁵². 帮我洗洗碗。
我   受助 碗   帮   洗   帮忙 语助

a²¹ȵɔ²¹ ʑɔŋ⁵⁵ phu²¹lo²¹ be⁵⁵ tɕɥɛ³³ ʑe⁵². 让他洗碗吧。
他   受助 碗   给 洗   去

na³³ɯ⁵⁵ a²¹ȵɔ²¹ ʑɔŋ⁵⁵ po³³tɤŋ⁵⁵ le³³ kai⁵². 你们去帮他忙吧！
你们   他   受助 帮   去 语助

4. 感叹语气

表示惊讶、叹息语气时，通常用感叹语气助词。如：

a²¹xa⁵⁵，ŋo⁵⁵ tsɤ⁵⁵ dʑa³³li⁵⁵ tsɤ⁵⁵ le³³ a³³. 哈哈！我真高兴。
哈哈   我 真 高兴   真 语助 语助

ɤ⁵²ɤ⁵²! wua²¹thɤ²¹ lo²¹ ko³³! 哎！野猪来了！
哎哎   野猪   来 体助

ɑŋ⁵⁵, ɯ²¹tha²¹mi⁵⁵ tshɔŋ⁵² khjei⁵⁵khjei³³ xɤ⁵⁵⁻⁵²! 哎呀！老天爷怎么这样啊！
哎呀 天 地   做   怎么这样   是

eŋ⁵², a²¹ȵɔ²¹ a²¹mɯ⁵⁵ ma²¹ lo⁵⁵! 嗯，他又不来了！（表示惋惜）
嗯   他   现在   不 来

第十节 叹词

叹词是表示感叹、呼唤或应答等一类的词。语义上，叹词不表示概念意义，只表示情感意义。语法上，叹词的独立性强，位置灵活。既不充当句子成分，也不跟其他句子成分发生关系。语音上，叹词可以根据语用目的或需要，结合句子的语调自由变读，其读音常突破语音系统。因此，叹词是词类中较特殊的一类词。布角语的叹词按表达情感的不同有不同的种类：惊喜、赞叹、意外、惊叹、痛楚、哀叹、遗憾、后悔、鄙视、厌恶、呼唤应答、警告、惊恐等。如：

ɤ⁵⁵ ɤ⁵⁵ ɤ⁵⁵e²¹, no³³ a²¹mi⁵⁵ a²¹tɕa⁵² khu⁵⁵ a³³? 嘿嘿嘿！你叫什么名字啊？
嗨   你 名字   什么   叫 语助

e⁵², ŋo²¹ ʐɔŋ⁵⁵n̦i³³ a⁵⁵！哎呀！吓到我了。
哎呀 我　吓唬　　语助

a²¹xa⁵⁵, ŋo⁵⁵ dʑa³³li⁵⁵ tsɤ⁵⁵ le³³　a⁵⁵. 哈哈！我真高兴。（表示高兴）
哈哈　我　高兴　太　语助 语助

ʑi⁵⁵, nɔ⁵⁵ kɔŋ²¹kjiŋ³³ po²¹ tɕɑŋ³³ la⁵²？咦！你都会种菜啊？
咦　你 菜　　　种　会　语助

eŋ²¹, ŋo⁵⁵ a²¹mɯ⁵⁵n̦i³³ ɣo³³ tɕɔŋ³³ ʑe⁵⁵ xɤ⁵⁵！哎，今天又得打工。
哎　我　今天　　　又　打工 去 语助

o⁵², a²¹kho²¹ xɯ²¹！噢！发洪水了。
噢　河水　涨

a⁵⁵lo⁵⁵ lo⁵⁵, mɔ⁵⁵sɯ⁵² pho³³ a⁵⁵！哎哟，抽筋啦！
哎哟　　　筋　　抽　语助

o⁵², kja³³ tsɤ⁵⁵le³³ a⁵⁵！哦！太冷了！
哦　冷　太　　语助

xɤ⁵⁵, a²¹mɯ⁵⁵n̦i³³ khjei⁵⁵khjei³³ xɤ⁵⁵！哦，今天日子怎么过。
哦　今天　　　怎么　　语助

a⁵⁵, wua³³pho²¹ xɤ⁵⁵ mɤ²¹³ sei³³！哎哟！这只公鸡很漂亮哪！
哎哟 公鸡　　这　漂亮 非常

eŋ⁵⁵, mjɔŋ⁵⁵ ʐɛ⁵⁵ ma²¹ mjɔŋ⁵⁵ n̦i⁵⁵ a⁵²哼！看都不想看。
哼　看　　都　不 看　想　语助

第五章　句法

第一节　短语

短语也称词组，是由两个或两个以上的词按一定的语用习惯，或借助连词、助词等组合而成的有区别于词和句子的语言单位。根据短语中词与词的关系，布角语短语大致可分为并列、主述、修饰、支配、述补短语。

一　并列短语

并列短语由两个或两个以上同类词并列组成，短语中几个成分之间是平等并列的关系。有的可以相互调换位置，不影响意义表达；有的约定俗成，固定搭配，不能颠倒位置。常见名词、代词、动词、形容词、数量词等并列。

1. 名词+名词

两个亲属称谓并列，固定而约定俗成、先后次序，不需要连接标记。如：

a²¹bu³³ a²¹ti⁵⁵ 父母亲　　　　　　a²¹ti⁵⁵ a²¹bu³³ 母亲父亲
父亲　母亲　　　　　　　　　　　母亲　父亲

a²¹phi²¹bu³³ a²¹phi²¹mo³³ 爷爷奶奶　　a²¹phi²¹mo³³ a²¹phi²¹bu³³ 奶奶爷爷
爷爷　　奶奶　　　　　　　　　　奶奶　　爷爷

xɯ²¹tshɔŋ⁵⁵ kho²¹mo³³lo²¹xɯ²¹tshɔŋ⁵⁵ 哥哥姐姐　　xɯ²¹tshɔŋ⁵⁵ a²¹tshu³³ 哥哥嫂嫂
哥哥　　　姐姐　　　　　　　　　　　　　　　　哥哥　　嫂嫂

两种动物名称并列，约定俗成、先后次序，有的不需要连接词，有时需要连接词 ʐɛ³³ 和。如：

po²¹nɑŋ³³ mjoŋ⁵² 牛马　　　　　　po²¹nɑŋ³³ ma³³ɲo⁵² 水牛黄牛
水牛　　马　　　　　　　　　　　水牛　　黄牛

khɯ²¹ ʐɛ³³ a²¹mjɛ³³ 猫狗　　　　　khɯ²¹pho²¹ khɯ²¹mo³³ 公狗母狗
狗　和　猫　　　　　　　　　　　公狗　　母狗

tshɯ⁵⁵lo²¹ ʑɛ³³ tshe³³ 麂子和马鹿　　ko³³tɕha⁵² ʑɛ³³ ŋa̠³³lo²¹ 鼠和鸟
麂子　和　马鹿　　　　　　　　鼠类　　和　鸟类

两个人体部位名称并列，用连词 ʑɛ³³ 和，有时可省略 ʑɛ³³。如：

la̠²¹phu⁵⁵ ʑɛ³³ a²¹khji⁵⁵ 手和脚　　a²¹khji⁵⁵ la̠²¹phu⁵⁵ 脚和手
手　　和　脚　　　　　　　　　　脚　　手

ɯ²¹sɯ²¹ ʑɛ³³ a²¹khji⁵⁵ 头和脚　　ɯ²¹sɯ²¹ a²¹khji⁵⁵ 头脚
头　和　脚　　　　　　　　　　　头　　脚

两种自然物体名称并列，用连词 ʑɛ³³ 和，有时可省略 ʑɛ³³。如：

i²¹li⁵⁵ ʑɛ³³ o²¹xo⁵⁵ 风和雨　　i²¹li⁵⁵ o²¹xo⁵⁵ 风雨
风　和　雨　　　　　　　　　　风　雨

ɯ²¹tha²¹ ʑɛ³³ mi⁵⁵tsho⁵² 天和地　　ɯ²¹tha²¹ mi⁵⁵tsho⁵² 天地
天　　和　地　　　　　　　　　　天　　地

ne̠³³ɕoŋ⁵² ʑɛ³³ ɔŋ²¹khui²¹ 早和晚　　ne̠³³ɕoŋ⁵² ɔŋ²¹khui²¹ 早晚
早上　　和　晚上　　　　　　　　早上　　晚上

a²¹ʑɤ³³ ʑɛ³³ ȵa⁵⁵ 花和草　　a²¹ʑɤ³³ ȵa⁵⁵ 花草
花　　和　草　　　　　　　　花　　草

两种用具名称并列，用连词 ʑɛ³³ 和，有时可省略 ʑɛ³³。如：

ȵi⁵⁵tɔ³³ ʑɛ³³ xoŋ²¹mɯ²¹ 凳子和桌子　　ȵi⁵⁵tɔ³³ xoŋ²¹mɯ²¹ 凳子桌子
凳子　和　桌子　　　　　　　　　凳子　桌子

lo⁵⁵ko³³ ʑɛ³³ na²¹bɔŋ⁵⁵ 门窗　　lo⁵⁵ko³³ na²¹bɔŋ⁵⁵ 门窗
门　和　窗子　　　　　　　　门　　窗

2. 代词+代词

用连词 ʑɛ³³ 和。如：

ŋa⁵⁵ ʑɛ³³ nɔ⁵⁵ 我和你　　ŋa³³dʑu²¹ ʑɛ³³ na³³dʑu²¹ 我们和你们
我　和　你　　　　　　　　　我们　和　　你们

xɤ⁵⁵tɕɤ³³ ʑɛ³³ nɤ⁵⁵dʑu²¹ 这些和那些　　xɤ⁵⁵kha³³ ʑɛ³³ nɤ⁵⁵kha³³ 这样和那样
这些　和　那些　　　　　　　　　这样　和　那样

3. 动词+动词

用连词 ʑɛ³³ 又，连接两个动词。如：

i²¹li⁵⁵ ʑɛ³³ li⁵⁵ o²¹xo⁵⁵ ʑɛ³³ xo⁵⁵ 又刮风又下雨
风　又　吹　雨　又　下

pa²¹ ʑɛ³³ pa̠²¹ phi²¹³ ʑɛ³³ phi²¹³ 又挑又背
挑　又　挑　背　又　背

dzo²¹ ʑɛ³³ dzo²¹ dɔŋ⁵⁵ ʑɛ³³ dɔŋ⁵⁵ 又吃又喝
吃　又　吃　喝　又　喝

4. 形容词+形容词

用连词 ʐɛ³³ 和，连接两个形容词，有时也可省略 ʐɛ³³ 和。如：

xɯ²¹ ʐɛ³³ ȵɯ⁵⁵ 大小　　　　　　xɯ²¹ȵɯ⁵⁵ 大小
大　和　小　　　　　　　　　大　小

ɕɯ⁵⁵ ʐɛ³³ ȵi⁵⁵ 长短　　　　　　ɕɯ⁵⁵ ȵi⁵⁵ 长短
长　和　短　　　　　　　　　长　短

xɯ²¹ xɯ²¹ ȵɯ⁵⁵ ȵɯ⁵⁵ 大大小小　　ȵɯ⁵⁵ ȵɯ⁵⁵ xɯ²¹xɯ²¹ 小小大大
大　大　小　小　　　　　　　小　小　大　大

5. 名词+数词+量词构成"名词＋数量+量词"结构。如：

xɔŋ²¹ thɤ²¹ phu²¹lo²¹ 一碗饭　　tshɔŋ⁵⁵ sen²¹ zo³³ 一个人
饭　一　碗　　　　　　　　　人　三　个

iŋ⁵⁵khɤ⁵⁵ ŋo⁵⁵ do³³ 五根木头　　wua³³tɕi²¹³ ɕi²¹ mɔŋ⁵⁵ 七只鸡
木头　五　根　　　　　　　　鸡　七　只

ma⁵⁵kai³³tai²¹³ thɤ²¹ do³³ 一只兔子　a²¹dzɯ⁵⁵a²¹phɑ²¹ sen²¹ phɑ²¹ 三片树叶
兔子　　　一　只　　　　　　树叶　　　三　片

6. 名词+动词

常用于食品名称。如：

ŋo²¹dɤ⁵⁵ iŋ²¹³ 包烧鱼　　　　　ŋa³³du²¹ sa²¹³ 蒸芭蕉心
鱼　　包烧　　　　　　　　　芭蕉心　蒸

ɕhɔ²¹pɔ²¹ pjɛ²¹ 烤肉　　　　　　xɔŋ²¹ŋo²¹ ɔŋ⁵⁵ 蒸糯米饭
肉　　烧烤　　　　　　　　　糯米　　蒸

二　主述短语

主述短语由主题和述题两部分构成。主题是述题陈述的对象，述题是对主题的陈述。主题一般由名词、名词性结构充当；述题一般由动词、形容词充当。主题和述题之间在语义和语用方面有一定的制约性。在一定的语境中，主述短语带上一定的语气或语调，可成为一个单句，或称"小句"，常见结构如下：

1. 名词+动词

tshɔ²¹ mɯ⁵⁵ 打雷　　　　　　　o²¹xo⁵⁵ xo⁵⁵ 下雨
雷　响　　　　　　　　　　　雨　下

i²¹li⁵⁵ li⁵⁵ 刮风　　　　　　　　a²¹ʐɛ³³ phoi²¹ 开花
风　吹　　　　　　　　　　　花　开

2. 名词+形容词

nɣ³³ɣo³³ mɯ²¹³ 心肠好　　　　a²¹ʑɛ³³ a²¹nɤ⁵⁵lɤ⁵⁵ 花红
心　　好　　　　　　　　　　花　　　红

a²¹khjɔŋ²¹ mjo²¹³ 话多　　　　u²¹tɕhoŋ⁵² mjoŋ⁵² 山高
话　　　多　　　　　　　　　山　　　高

sɯ²¹pha⁵² pha⁵²mo³³ 树叶大　　tɕho⁵² tɕho²¹³ 水凉
树叶　　大　　　　　　　　　水　　凉

三　修饰短语

修饰短语由修饰语+中心语两部分构成。中心语主要是名词、动词、形容词；修饰中心语的词可以是名词、动词、形容词、数量词、副词等。按中心语的词性，修饰短语常见有以下几种：

1. 名词为中心词的修饰短语

名词+名词

a²¹lɔŋ²¹ ŋa³³sɯ²¹ 坝里的香蕉　　u²¹tɕhoŋ⁵² ŋa³³sɯ²¹ 山梁上的香蕉
坝子　香蕉　　　　　　　　　　山梁　　香蕉

ma³³dɔŋ⁵²kho²¹ xɔ³³khɔŋ⁵⁵ 山路　tɑŋ²¹lo³³ xɔ³³khɔŋ⁵⁵ 车路
山林　　道路　　　　　　　　　车子　路

ŋa³³sɯ²¹ dɔŋ⁵⁵ 香蕉地　　　　　ɕiŋ⁵⁵ tɔŋ²¹du⁵⁵ 铁锤子
香蕉　地　　　　　　　　　　　铁　锤子

xɔŋ²¹no²¹ de³³ 糯谷田　　　　　xɔŋ²¹tɕhe⁵² de³³ 饭谷田
糯谷　田　　　　　　　　　　　饭谷　田

名词+代词

lɔŋ³³po⁵² xɤ⁵⁵ 这水井　　　　　khɯ²¹ nɤ⁵⁵tshɔŋ⁵⁵ 那只狗
井　　这　　　　　　　　　　　狗　　那只

a²¹ʑɛ³³ nɤ⁵⁵tɕɤ³³ 这些花　　　tshɔŋ⁵⁵ nɤ⁵⁵tɕɤ³³ 那些人
花　　这些　　　　　　　　　　人　　那些

a²¹dzɯ⁵⁵ xɤ⁵⁵ 这棵树　　　　　a²¹dzɯ⁵⁵ nɤ⁵⁵tshɔŋ⁵⁵ 那棵树
树　　这　　　　　　　　　　　树　　那棵

名词+形容词

u²¹tɕhoŋ⁵² ʑo³³mo³³lo³³ 大山　　iŋ⁵⁵ ʑo³³mo³³lo³³ 大房子
山　　　大　　　　　　　　　　房子　大

loŋ³³pa³³ lo²¹ 小鱼塘　　　　　xɔ³³khɔŋ⁵⁵ ko²¹ko²¹ 弯路
鱼塘　小　　　　　　　　　　路　　弯

ŋo²¹dɤ⁵⁵ a²¹kɯ³³ 干鱼　　　　wa̠³³u̠³³ a²¹bo̠²¹ 臭鸡蛋
鱼　干　　　　　　　　　　　鸡蛋　臭

名词+数词+量词

a²¹dzɯ²¹a²¹pha⁵² n̠i²¹ pha⁵² 两片树叶　　wua̠³³tɕi²¹³ xɤ̠²¹ do³³ 八只鸡
树叶　　　二　片　　　　　　　　　　鸡　　八　只

ŋa³³sɯ²¹ thɤ²¹ sɯ²¹ 一个香蕉　　thu²¹ n̠i²¹ gu²¹ 两双筷子
香蕉　一　个　　　　　　　　　　筷子　二　双

2. 动词为中心词的修饰短语

名词+动词

a²¹nɔŋ³³ dɔŋ²¹ tho²¹ 外面等　　　a²¹gɔŋ⁵⁵ a³³ n̠i⁵⁵ tho²¹³ 在中间
外边　等　着　　　　　　　　　中间　方助在　着

a²¹mɯ⁵⁵n̠i³³ ʑe⁵⁵ 今天去　　　　a²¹ne̠³³n̠a⁵⁵ lo⁵⁵ 明天来
今天　去　　　　　　　　　　　明天　来

i²¹nɯ³³ tshɔ³³ iŋ⁵⁵ 去年盖　　　a²¹khjei²¹ khjei²¹ 干活计
去年　盖　体助　　　　　　　　活计　干

副词+动词

mɔ²¹mɔ²¹le³³ dzo²¹ 慢慢吃　　　ɣuɛ²¹le³³ lo²¹³ 快快走
慢慢地　吃　　　　　　　　　　快快地　走

mɯ²¹mɯ²¹le³³ khjei⁵² 好好做　　na̠²¹na̠²¹le³³ i̠²¹tɕa²¹ 早早睡
好好地　做　　　　　　　　　　早早地　睡觉

数量词+动词

n̠i²¹ dzɔŋ⁵⁵ thɔ³³ 跳两次　　　　thɤ²¹ dzɔŋ⁵⁵ ʑe⁵⁵ 去过一次
两　次　跳　　　　　　　　　　一　次　下去

thɤ²¹ dzɔŋ⁵⁵ khu⁵⁵ 喊一声　　　　thɤ²¹ sa̠²¹ dɯ²¹ 打一顿
一　下　喊　　　　　　　　　　一　顿　打

疑问词+动词

khjei⁵⁵ de̠²¹³ 过得怎么样　　　　kho²¹man̠³³ ʑe⁵⁵ 什么时候去
怎样　在　　　　　　　　　　　何时　下去

a²¹tɕha̠³³ tɕei²¹ 说哪样　　　　kha²¹ ʑe⁵⁵ xɤ⁵² 去哪里
哪样　说　　　　　　　　　哪里　结助　去

3. 形容词为中心词的修饰短语

副词+形容词

ma²¹ mɯ²¹ 不好　　　　　　ma²¹ nɤ⁵⁵ 不红
不　好　　　　　　　　　　不　红

ma²¹ ɕɯ⁵⁵ ma²¹ ȵi⁵⁵ 不长不短　　ma²¹ xɯ²¹ ma²¹ ȵ̩ɯ⁵⁵ 不大不小
不　长　　不　短　　　　　　不　大　　不　小

数量词+形容词

thɤ²¹ lɤŋ⁵⁵ ɕɯ⁵⁵⁻²¹³ 一排长　　seŋ²¹ tho⁵⁵ kɯ⁵⁵⁻²¹³ 三拃宽
一　排　长　　　　　　　　三　拃　宽

thɤ²¹ kjiŋ³³ li²¹⁻²¹³ 一斤重　　thɤ²¹ la̠²¹tho⁵⁵ xɯ²¹⁻²¹³ 一拳头大
一　斤　重　　　　　　　　一　拳头　大

4. 数量词为中心词的修饰短语

名词+数量词

iŋ⁵⁵　thɤ²¹ di²¹ 一所房子　　　a²¹ʑɛ³³ thɤ²¹ du³³ 一朵花
房子　一　所　　　　　　　　花　一　朵

wua̠²¹i̠³³ sen²¹tshɤ⁵⁵ do³³ 三十头猪　po²¹nɑŋ³³ tshɤ⁵⁵ do³³ 十头牛
猪　　三十　　头　　　　　　牛　十　头

名词+指代+数+量

pho³³ xɤ⁵⁵ thɤ²¹ pho³³ 这个村子　ma³³tɕo²¹³ xɤ⁵⁵ ŋo²¹ sɯ²¹ 这五个橘子
村子　这　一　个　　　　　　橘子　这　五　个

wua̠²¹i̠³³ nɤ⁵⁵ sen²¹ do³³ 那三头猪　mjoŋ⁵² nɤ⁵⁵ kho²¹ do³³ 那六匹马
猪　　那　三　头　　　　　　马　那　六　匹

名词+形容词+数+量，或名词+形容词+指代+数+量

wua̠²¹i̠³³ a²¹na̠³³ thɤ²¹ do³³ 一头黑猪　tshɔŋ⁵⁵ mɯ²¹ tshɤ⁵⁵ ʑo³³ 十个好人
猪　　黑色　一　头　　　　　　人　好　十　个

o²¹lɯ⁵⁵ʑo³³ɕa³³lɯ⁵⁵ a²¹phu⁵⁵ thɤ²¹ mo⁵⁵ 一群白鹅
鹅　　　　　　白色　　一　群

a²¹mjɛ³³ lo²¹ a²¹kua²¹³ lai⁵² kho²¹ do³³ 六只小花猫
小猫　小花　　　　　　六　只

wua²¹i̠³³ a²¹na̠³³la̠³³ xɤ⁵⁵ thɤ²¹ do³³ 这一头黑猪
猪　　　黑　　　　这 一 头

o²¹lɯ⁵⁵ʐo³³ɕɯ⁵⁵lɯ⁵⁵ a²¹phu⁵⁵lu⁵⁵ nɤ⁵⁵ thɤ²¹ mu⁵⁵ 那一群白鹅
鹅　　　　　　　白　　　　那 一 群

四　支配短语

支配短语，又称动宾或述宾短语。布角语的支配短语是 OV 结构。宾语是动作行为的对象，一般由代词、名词、数量短语、形容词等充当。宾语后常用受事助词 a³³ 作标记，有以下几种：

代词+动词

na³³ɯ⁵⁵ ʐoŋ⁵⁵ kjo²¹ a³³ 想你们　　　no³³ ʐoŋ⁵⁵ tɕhi²¹ 抱你
你们　受助 想 语助　　　　　你 抱 语助

a²¹n̠ɕ²¹ ʐoŋ⁵⁵ ma̠³³ a̠³³ 爱他　　　　ŋa³³dzu²¹ ʐoŋ⁵⁵ ɔ⁵⁵kjo⁵² a³³ 告诉我们
他　受助 爱 语助　　　　　　　我们　受助 说　　语助

名词+动词

a²¹do⁵⁵ kɔ²¹⁻²¹³ 写字　　　　lɯ³³thiŋ⁵⁵ thiŋ²¹⁻²¹³ 结疙瘩
字　写　　　　　　　　　疙瘩　　打结

xoŋ²¹ tɕha²¹³ 煮饭　　　　　tɕhi⁵⁵phɯ⁵² doŋ⁵⁵ 喝酒
饭　煮　　　　　　　　　酒　　　喝

名词+数量词+动词

wua²¹i̠³³ thɤ²¹ do³³ ʐu⁴⁵ 买一头猪　tsɛ²¹sɯ⁵² thɤ²¹ la̠²¹tho²¹ tɕho³³ 摘一把花椒
猪　一 头 买　　　　　　花椒　　一 把　　摘

wua³³tɕi²¹³ thɤ²¹ do³³ ȵɛ²¹ 捉一只鸡　mi²¹dzo²¹ thɤ²¹ dzɯ⁵² phi³³ 背一梱柴
鸡　一 只 捉　　　　　柴　一 梱 背

形容词+动词

a²¹tɕin²¹ dzo²¹ 吃生的　　　xɯ²¹⁻²¹³ tshɤ⁵⁵ 挑大的
生的 吃　　　　　　　　大　 挑选

ʐoŋ⁵² phi³³ 背轻的　　　　tɕhi⁵⁵ doŋ⁵⁵ 喝甜的
轻　背　　　　　　　　甜　喝

动词+动词
ʑe⁵⁵ ȵi⁵⁵ 愿意去   xuɛ²¹ tɕhiŋ²¹³ 敢游泳
去   愿意   游泳   敢
khjei²¹ tɕɑŋ²¹³ 会干活   wua³³tɕi²¹³ sʐ²¹ dzo²¹⁻³³ 杀鸡吃
干   会   鸡   杀   吃

名词（处所）+趋向动词
iŋ⁵⁵ a³³ ɔŋ⁵⁵ lo⁵⁵ 进屋   mʏŋ³³la²¹ a³³ ʑe⁵⁵ 去勐腊
房子 方助 进   去   勐腊   助   去
a²¹tha²¹ da³³ le³³ 去楼上   khuin⁵⁵min²¹ a³³ le³³ 去昆明
上面   上   去   昆明   方助 去

数量词+动词
seŋ²¹ ʑɛ³³ tɕho³³ 摘三朵   ȵi²¹ phu²¹lo²¹ dzo²¹ 吃两碗
三   朵   摘   两   碗   吃
thʏ²¹ do³³ tshɯ⁵⁵ 牵一头   thʏ²¹ khjɔŋ²¹ tɕei²¹ 说一句
一   头   牵   一   句   说

五 述补短语

述补短语由中心语和补足语组成。补足语位于中心语后，表示补充、说明动作行为的结果、趋向等。常见以下几种结构：

动词+形容词
dzo²¹ lo²¹ 吃饱   dɔŋ⁵⁵ ʑɛ²¹ 喝醉
吃   饱   喝   醉
pho³³ phi²¹³ 推开   lʏ³³ kji⁵⁵ 压碎
推   开   压   碎
dɯ²¹ pha³³ 打烂   dɯ²¹ lɔŋ³³ 打倒
打   烂   打   倒

动词+动词
tǫ³³ ʑe⁵⁵ 出去   lo²¹³ kui³³ la²¹ 走进来
出   去   走   进   来
lo²¹³ kui³³ lɛ²¹ 走进去   tɕʏ²¹ kho³³ lɯ²¹ 淌下来
走   进   去   淌   下   来

la̠²¹ ʑe⁵⁵ 下去　　　　　ko²¹ lɯ³³ 回来
下　去　　　　　　　　回　　来

第二节　句子结构类别

布角语的句子结构类别是根据句子的结构模式划分出来的。按照句子的结构，可分为单句和复句。

一　单句

单句由一个主谓短语结构构成，也可由一个词或其他短语构成。根据句子成分的完整与否，单句又分为主谓句和非主谓句。

1. 主谓句

主谓句由主语和谓语构成。根据谓语的性质，分为动词、形容词、名词和主谓谓语句。

动词谓语句，是指以动词或动词短语充当谓语的句子，是主谓句中最常见的一种句型。这种句子主要用来叙述人或事物的动作行为、事件的发展变化、状态，以及人的心理活动等。从充当谓语的成分看，动词谓语句可划分为宾动谓语句、动补谓语句、状动谓语句、双宾谓语句、兼语谓语句、连动谓语句。如：

ŋo³³ a³³　bu³³ de³³ thai³³ ko³³. 爸爸正在犁田。（宾动）
我　领助 爹　田　犁　体助

a²¹n̠ɔ²¹ ŋa³³sɯ²¹ mjo²¹ le³³　ʑu⁵⁵. 他买了很多香蕉。（宾动）
他　　香蕉　　多　结助 买

pe⁵⁵kha³³ diŋ³³ kje²¹ so²¹³. 衣服穿破了。（动补）
衣服　　穿　破　体助

bi²¹lo³³ tọ²¹ lo⁵⁵ ŋa³³. 月亮升起来了。（动补）
月亮　　出　来　体助

ŋa³³dʑu²¹ xe³³　n̠i⁵⁵ tho³³tho²¹³. 我们住这里。（状动）
我们　　这里　住　语助

a²¹n̠ɔ²¹dʑu²¹ a³³ nɛ³³⁻²¹³ dɤŋ²¹ mɯ²¹³. 他们跳得好看。（状动）
他们　　　施助 跳舞　看　好

kho²¹pho³³lo²¹xɯ²¹tshɔŋ⁵⁵ dʑo³³n̠i³³ le³³　lo²¹³. 哥哥天天走。
哥哥　　　　　　　　　　每天　　结助　走

ŋo³³ a³³　a²¹ɕoŋ²¹ ŋo³³ a³³　xɯ²¹tshɔŋ⁵⁵ ʑoŋ⁵⁵ nɔ²¹ʑiŋ²¹ thɤ²¹ gu²¹ be³³ ʑɛ²¹³.
我 领助 姐夫　我 领助 姐姐　　　　　受助　耳环　一　对　给 体助

姐夫给我姐姐一对耳环。（双宾）
ŋo³³ a³³ a²¹ti⁵⁵ a²¹ȵɔ²¹dʑu²¹ ʐɔŋ⁵⁵ wa²¹u³³ be⁵⁵ ʐɛ²¹³.
我 领助 妈 他们   受助 鸡蛋 给 体助
我妈妈给了他们鸡蛋。（双宾）
a²¹bu³³ ŋa³³dʑu²¹ ʐɔŋ⁵⁵ ŋo²¹dʁ⁵⁵ pɛ²¹ ʐe⁵⁵ de³³ ɔ⁵⁵⁻²¹³.
阿爸 我们   受助 鱼 放 去 结助 吩咐
爸爸吩咐我们放鱼。（兼语）
a²¹ti⁵⁵ ŋa³³dʑu²¹ ʐɔŋ⁵⁵ ɔ⁵⁵ a³³ xɔŋ²¹ tɕha²¹ ʐe⁵⁵.
妈   我们   受助 叫 体助 饭 煮 去
妈妈叫我们去煮饭。（兼语）
ŋo³³ a³³ kho²¹mo³³lo²¹xɯ²¹tshɔŋ⁵⁵ iŋ⁵⁵ a³³ xɔŋ²¹ dzo²¹ lo⁵⁵.
我 领助 姐   家 方助 饭 吃 来
姐姐回家来吃饭。（连动）
ŋa³³dʑu²¹ ŋa³³sɯ²¹dɔŋ⁵⁵ a³³ ŋa³³sɯ²¹ tɕho³³ ʐe⁵⁵.
我们   香蕉地   方助 香蕉   摘   去
我们到地里摘香蕉。（连动）

形容词谓语句是指由形容词或形容词短语充当谓语的句子，通常是对人或事物性状的描写，说明事物的变化，常见有"主语+形容词"、"主语+形容词+状语"和"主语+形容词+补语"等结构。

主语+形容词
a²¹mɯ⁵⁵ȵi³³ ɯ²¹tha²¹ lɔŋ⁵⁵. 今天天气热。
今天   天气 热
a²¹mi⁵⁵ȵi³³ ɯ²¹tha²¹ kja³³. 昨天天气冷。
昨天   天气 冷

a²¹mɯ⁵⁵ȵi³³ ȵi³³ mɯ²¹. 今天是个好日子。
今天   日子 好
ma³³tɕo⁵⁵a²¹sɯ²¹ tɕhe⁵⁵tɕhe⁵⁵le³³. 橘子酸溜溜的。
橘子   酸溜溜

主语+形容词+状语
sɯ⁵² tɕhi⁵⁵ tsʁ⁵⁵le³³. 桃子很甜。
桃子 甜 非常
lɔŋ³³po⁵² xʁ⁵⁵ na²¹ tsʁ⁵⁵le³³. 这口井深得很。
井   这 深 得很

主语+形容词+补语

ŋa³³sɯ²¹ mjo³³ lo⁵⁵. 香蕉熟了。
香蕉　熟　　来

sɯ⁵² mjo³³ phoi⁵². 桃子熟透了。
桃子熟　透

a²¹ȵɔ²¹ a³³　mjɛ³³phɑŋ²¹ phu⁵⁵ lo⁵⁵. 他的脸变白了。
他　领助 脸　　　白　来

名词谓语句是指由名词、名词短语充当谓语的句子，表示对事物进行判断、说明或描写。一般为肯定陈述句。如：

a²¹mɯ⁵⁵nɯ³³ a³³　mjoŋ⁵² nɯ³³. 今年是马年。
今年　　　话助 马　年

a²¹ȵɔ²¹ ʐɛ²¹　pʁ²¹tɕhiŋ²¹ ŋo⁵⁵ ʐɛ²¹　a²¹bo⁵⁵. 他是傣族，我是哈尼族。
他　话助 傣族　　我　话助 哈尼

a²¹ȵɔ²¹dʑu²¹ thʁ²¹ iŋ⁵⁵ le³³　tshɔŋ⁵⁵. 他们是一家人。
他们　　　一　家 结助 人

主述谓语句是指由主述短语充当谓语的句子，主要用于说明或判断主语的性质或状况。常见两种形式：一是句子的主语（简称"大主语"）置于前，主述短语的主语（简称"小主语"）置于后，它们的语义关系是领属关系；二是大主语为地点名词，小主语为受事，在大主语后加方位助词 a³³，充当地点状语。

a²¹ti⁵⁵ nʐ³³ɣo³³ mɯ²¹ ʁ³³. 妈妈心肠好。
妈妈 心　好　语助

a²¹ti⁵⁵ nʐ³³ɣo³³ ȵi⁵⁵　mɯ²¹ ʁ³³. 妈妈心里舒服。
妈妈 心　　舒服好　语助

a²¹phi²¹bu³³ a²¹so²¹ no⁵⁵. 爷爷牙痛。
爷爷　　　牙齿　痛

de³³ a³³　ŋo²¹dʁ⁵⁵ dʑa³³. 田里有鱼。
田 方助 鱼　　在

u²¹tɕhɔŋ⁵² a³³　tɕho³³pɔ²¹ dʑa³³. 山上有猴子。
山　　方助 猴子　　有

2. 非主谓句

非主谓句与主谓句相对，是单句中不可分出主语和谓语的句子。常见的非主谓句可分为无主句、省略句和独词句。

无主句是没有主语的句子。它不同于主谓句中省略主语的句子，补不出确定的主语。如：

ko⁵⁵ʑa³³ a²¹ɕi³³. 禁止抽烟。　　a²¹ŋui⁵⁵. 别哭啦。
烟　　别 抽　　　　　　　别 哭

a²¹dzɯ⁵⁵ a²¹tɔ³³! 禁止砍树！　　ɣuɛ²¹le³³ pʰɤŋ³³⁻⁵²! 快跑！
树　　别 砍　　　　　　　　快　　跑

省略句是句中省略了主语或谓语的句子。省略句的主语或谓语可依靠上下文、句尾词或问答等语言环境补出省略部分。如：

no⁵⁵ mu²¹ lo⁵⁵ so²¹³. 病好起来了。
病　好　来　体助

（tɕho⁵²）ɕe²¹ so²¹³.（水）浇完了。
水　　浇　体助

xɔŋ²¹ɛʐ²¹ dzo²¹ be³³.（布角人）过新米节了。
饭新　　吃　仪式①

独词句由一个词或相当于一个词的短语构成。独词句通常由名词、代词、动词、形容词、感叹词等构成，在特定的语言环境中使用，表示事情发生的时间、处所、称呼、感叹、斥责等语用意义。如：

a²¹sʐ³³? 谁？　　mi²¹! 火！　　kha²¹³ 哪里？
ɣuɛ²¹! 快！　　lo²¹³! 走！　　kɤ²¹ɤŋ²¹! 行！

二　复句

复句由两个或两个以上的分句构成。分句与分句之间在语音上有较短的停顿，在意义上互相关联。分句之间通常要用关联的词语连接，关联词常见的有连词、副词、语气助词等。有的靠语义关系衔接。

布角语的复句类型多。有时复句与单句之间的界线比较模糊，既可看成单句并列，也可看成复句。复句大体分为联合复句和偏正复句。

1. 联合复句

联合复句是指分句之间关系平等，没有主从之分的两个或两个以上的句子。几个分句之间有的用连词或起关联作用的副词连接；有的不要连接词，只根据语义稍稍停顿。联合复句按意义关系可分为并列、承接、递进、补足、选择等类型。

---

① dzo²¹ be³³ 直译为经得住吃，老米接新米，新米越吃越增加，xɔŋ²¹ɛʐ²¹ dzo²¹ be³³.（布角人）过新米节了。特有文化词语。

第五章 句法

并列是指两个独立的、结构基本相同或大致相同,语义对称,各要素类别基本上对应的分句组成的复句。并列的单句之间,只根据语义切分,稍作停顿,不用连词连接。如:

ma³³dɔŋ⁵²kho²¹ a³³　a²¹dzu⁵⁵ po²¹ ma³³dɔŋ⁵²kho²¹ a²¹o²¹ kɔŋ²¹kjiŋ³³ po²¹.
山　　　　　方助树　种 山　　　　　下面 菜　　　种
山上种树,山下种菜。

ŋo³³ xɔŋ²¹ tɕha²¹ nɔ⁵⁵ phu²¹lo²¹ tɕuɣ³³. 我做饭,你洗碗。
我　饭　煮　你　碗　　洗

a²¹mi⁵⁵ȵi³³ o²¹xo⁵⁵ xo⁵⁵ a²¹mɯ⁵⁵ȵi³³ ɯ²¹tha²¹ mɯ²¹. 昨天下雨,今天晴朗。
昨天　雨　下　今天　　天　好

ne³³kɔŋ⁵⁵ a²¹khjei³³ khjei³³ ɔŋ²¹khui²¹ i²¹tɕa²¹. 白天干活,晚上睡觉。
白天　　劳动　干　晚上　　睡觉

承接是指各分句一次叙述连续发生的几个动作或几件事情。分句之间先后次序不能颠倒。用关联词将短语或分句连接起来,使几个连续的行为动作的先后顺序更加明确。布角语中表示承接的关联词既有连接作用又有一定的意义。常见的关联词有 ba⁵⁵…一……就……,ɣ²¹u²¹ 首先,ɣ²¹zɣu⁵⁵ 然后,a²¹nɔ³³nɔ³³mo⁵⁵ 最后,等。如:

a²¹ȵɔ²¹ lo⁵⁵　ba⁵⁵ tɕhi⁵⁵phɯ⁵² dɔŋ⁵⁵. 他一回来就喝酒。
他　回来 就　酒　　喝

a²¹ȵɔ²¹ lo⁵⁵ ba⁵⁵　tɕhi⁵⁵phɯ⁵² dɔŋ⁵⁵. 他一来就喝酒。
他　回来连助 酒　　　喝

a²¹ȵɔ²¹ tshɔŋ⁵⁵ ʐɔŋ⁵⁵ mjɔŋ⁵⁵ ba⁵⁵　a²¹bu³³ dei³³ khu⁵⁵.
他　人　　受助　看见　连助　爸爸　　结助 喊
他一见到人就喊爸爸。

la̱²¹xu²¹ i³³dʐ⁵² du²¹ so²¹ ba⁵⁵　a²¹nɔŋ³³ a²¹tsi³³ sei²¹ ba⁵⁵la̱⁵²nɔŋ³³ e⁵⁵tɕho⁵² ɕe²¹.
首先　旱地　挖　结助 连助　种子　　　撒 结助　最后　水　　浇
先锄地,然后撒种,最后浇水。

递进表示分句的语义一句比一句深入。如:

a²¹kha²¹a²¹ko⁵⁵ nɤ⁵⁵tɕɤ³³ dɯ²¹ mɯ²¹ ɕo⁵⁵ le⁵³ ma²¹ ŋɤ⁵⁵ dzo²¹ ʑiŋ⁵⁵ dzo²¹ dzi⁵⁵ o³³.
东西　　　那个　看　好 仅 结助 不 是 吃 也 吃 好 语助
那东西不仅好看,而且好吃。

a²¹ȵɔ²¹ nɔŋ⁵⁵ ʑiŋ⁵⁵ nɔŋ⁵⁵ ɕo⁵⁵ le⁵³　ma²¹ ŋɤ⁵⁵ a²¹khjei³³ kui²¹³ khjei³³ tɕaŋ³³.
他　帅　　也　帅　仅 结助　不　是　活计　　也　干　能

他不仅长得帅，而且很能干。

khji⁵⁵noŋ⁵² xɤ⁵⁵ gu²¹ dɤŋ²¹ mɯ²¹ ɕo⁵⁵ le³³　ma²¹ ŋɤ⁵⁵ noŋ⁵² ʐɛ³³ noŋ⁵² ɕɯ⁵⁵ ɣo³³.
鞋子　　这双　看　好　仅　结助 不 是　穿　也　穿　长　得
这双鞋子不仅漂亮，而且耐穿。

ŋo³³ a³³　a²¹ti⁵⁵ a³³　khjei³³ ʐɛ⁵⁵ khjei³³ tɕaŋ³³ mɤ²¹　ʐɛ⁵⁵ mɤ²¹.
我　结助　妈　话助　干　也　干　能　而且　看　好
我妈妈不仅能干，而且也漂亮。

补足是指由前后两个分句组成，前者说明一件事情，后者补充前者的内容，或者增加相关联的另一件事。在前一个分句末尾停顿，后一个分句末中加 li²¹ 还，来连接前后分句。或者前面主句概括叙述，后面分句补充说明，分句之间凭据语义来停顿，没有连词。如：

xoŋ²¹mɯ²¹ tha²¹ a³³　kho²¹nu⁵² thɤ²¹ phu²¹lo²¹ dʑa³³. 桌上有一碗米线。
桌子　　　上 方助　米线　　一　碗　　有

iŋ⁵⁵ a³³　wua²¹i̠³³ ʐɛ²¹ dʑa³³ wua³³tɕi²¹³ ʐɛ²¹ dʑa³³ tɕhoŋ²¹pjɛ³³ ko²¹ dʑa³³ tho²¹³.
家 方助　猪　　也　有　　鸡　　　也　有　羊　　　　还　有　体助
家里有猪、鸡，还有羊。

ŋa³³ɯ⁵⁵ pho³³ a⁵⁵　loŋ³³pi⁵²tshoŋ⁵⁵ dʑa³³ pɤ²¹tɕhiŋ²¹ ko²¹ dʑa³³ tho²¹³.
我们　村子　方助　布角人　　　在　傣族　　　还　有　体助
我们村里有布角人，也有傣族。

a²¹kho²¹ a⁵⁵　ŋo²¹dɤ⁵⁵ dʑa³³ tɕha²¹bjoŋ⁵⁵ ko²¹ tɕo⁵⁵. 河里有鱼，还有虾。
河　　 方助 鱼　　在　虾　　　　也　在

选择是指两个或两个以上语义相关的分句分别叙述几件事情，从中任选其一，分为已定选择和未定选择两种。已定选择表示可选择中已决定做或选择其一。常用 ta̠⁵²wua̠³³lai²¹³ 或者、还是，kui²¹ lo²¹（两者）都可以。如：

no⁵⁵ po²¹naŋ³³ ʐu⁵⁵ la²¹　ta̠⁵²wua̠³³lai²¹³ tɕhoŋ²¹pjɛ³³ ʐu⁵⁵ xɤ⁵⁵ la²¹?
你　牛　　　要　语助 还是　　　　　　羊　　要　体助 语助
你要牛还是要羊？

no⁵⁵ wua³³tɕi²¹³ be³³ tho⁵² ʐɛ⁵⁵ la²¹　ta̠⁵²wua̠³³lai²¹³ ŋo⁵⁵ be³³ tho⁵² ʐɛ⁵⁵ xɤŋ⁵⁵?
你　鸡　　　给　啄食 去 语助 还是　　　　　　我　给　啄食 去 语助
你喂鸡去呢，还是我去喂？

no⁵⁵ a²¹xu²¹ tshi²¹ xɤ⁵⁵ la²¹　ta̠⁵²wua̠³³lai²¹³ ŋo⁵⁵ a²¹xu²¹ tshi²¹ xɤ⁵⁵ la²¹?
你　先　　洗　体助 语助 还是　　　　　　我　先　　洗　体助 语助
你先洗，还是我先洗？

nɔ⁵⁵ ko³³ kjo²¹ ʑe⁵⁵ xɤ⁵⁵ la²¹ ta̠⁵²wua̠³³lai²¹³ mi²¹dzo²¹ phi³³ le³³ xɤ⁵⁵ la²¹?
你 谷子 割 去 体助 语助 还是   柴   背 去 体助 语助
你去割谷子还是去背柴？

2. 偏正复句

偏正复句是指分句有主次之分。其中，被修饰限制的分句是正句；修饰限制的分句是偏句。从语义关系和语法特点可分为转折、假设、条件、因果、目的、比较等几类。

转折指偏句叙述一个事实，正句说出一个相反或相对的事实。用关联词 ma²¹ ŋɤ⁵⁵ ba⁵⁵ "不然的话、否则"，kui²¹ "即使"，kui²¹lai³³ "虽然……但是……" 等引导。如：

pe⁵⁵kha³³ thɤ²¹phɯ⁵⁵le³³ diŋ³³ mjo²¹ ma²¹ ŋɤ⁵⁵ ba⁵⁵ tshe²¹le²¹lɔŋ⁵⁵ a²¹ xɤ⁵⁵.
衣服   一点   穿 多   不然的话   感冒   语助 语助
多穿点衣服，不然会感冒的。

ŋo³³ kja³³ ɕi⁵⁵ kui²¹ lo²¹ xe⁵⁵ le³³ a²¹tiŋ²¹ ma²¹ khai²¹ n̠i⁵⁵ a³³.
我   冷 死 即使 这里 此地 不 离开 愿意 语助
我即使冻死，也不愿意离开这里。

a²¹bu³³ ŋo³³ zoŋ⁵⁵ khu⁵⁵ ko³³ a³³ kui²¹ lo²¹ ŋo⁵⁵ ma²¹ ʑe⁵⁵.
爸爸 我 受助 叫 体助 语助   即使 我   不 去
即使爸爸叫我，我也不去。

xɤ⁵⁵kha³³ mɤ²¹³ ŋɤ⁵⁵ mɤ²¹³ kui²¹lai³³ ŋo⁵⁵ ma²¹ ma³³.
她   漂亮 是 漂亮   但是   我 不 喜欢
她虽然很漂亮，但我不喜欢她。

假设指两个分句之间是一种假定条件与结果关系。前一个分句假设存在或出现了某种情况，后一个分句说出假设情况一旦实现产生的结果。常用关联词组 ba⁵⁵ "如果、万一、才" 等。如：

nɔ⁵⁵ phu²¹lo²¹ dʑa³³ a³³   ba⁵⁵ ŋo³³ zoŋ⁵⁵ thɤ²¹ phu²¹lo²¹ be⁵⁵ la²¹.
你 碗   有 语助 如果 我 受助 一   碗   给 语助。
如果你有碗，就给我一个。

khɯ²¹ iŋ⁵⁵ a³³ ɔŋ⁵⁵ lo⁵⁵ ba⁵⁵   lo⁵⁵ko³³ phoŋ³³ bi⁵² ʑo⁵².
狗   家 方助进来 万一   门   开   给 语助
万一狗进来就开门吧！

nɔ⁵⁵ mjɔŋ⁵⁵ ba⁵⁵ ŋo³³ zoŋ⁵⁵ thɤ²¹ sa̠²¹le³³ ɔ⁵⁵kjo⁵².
你 看见 若 我 受助 一 声   告诉
如果你看见就告诉我一声。

因果句是对客观存在的因果关系进行说明。偏句说明原因，正句说明结果。正句和偏句之间是原因和结果的关系。常见的有说明因果句和推论因果。偏句提出一种事实情况作为依据，正句表示这种事实所必然导致的结果，两句之间常用 a²¹tɕa⁵²ka³³ … ba⁵⁵ "因为……所以……由于、因此"，ɣo³³ … ba⁵⁵ "为了"连接因果状语从句的引导词，用在表示结果的分句中。如：

a²¹tɕa⁵²ka³³ o²¹xo⁵⁵ xo⁵⁵ so²¹³ ba⁵⁵ i⁵⁵tɕho⁵² ma²¹ ɕe²¹ kui²¹³ lo²¹ ba⁵⁵.
因为　　　雨　下　所以　　水　不　浇　连助　够　体助
因为下过雨，所以不浇水了。

a²¹tɕa⁵²ka³³ khjei³³ȵi⁵⁵ ba⁵⁵　ŋo⁵⁵ ʐu⁵⁵ tho²¹ so²¹³. 因为我喜欢，所以我买了。
因为　　　喜欢　　所以　我　买　体助 体助

a²¹tɕa⁵²ka³³ a²¹ȵɔ²¹ ʐoŋ⁵⁵ma̰³³ ba⁵⁵ a²¹ȵɔ²¹ ʐoŋ⁵⁵ ɔŋ⁵⁵ so²¹ so²¹³.
因为　　　他　　受助　爱他　　　受助　嫁　体助 体助
因为爱他，所以就嫁给他了。

a²¹tɕa⁵²ka³³ ŋo³³ a³³　ȵɯ⁵⁵tshoŋ⁵⁵ a²¹ʐu³³ ȵɯ⁵⁵ ba⁵⁵ pu³³tui⁵⁵ ma²¹ khɔa²¹³ le³³ sɯ²¹.
因为　　　我　结助　弟弟　　年龄　小　还　部队　不　得　去　还
因为弟弟年纪小不能去当兵。

目的句是对预期达到的目的与条件关系进行说明。目的分句在前，通常用ɣo³³ … ba⁵⁵ 为了……目的，作引导，条件句在后。如：

xoŋ²¹ ɣo³³ dzo²¹ ba⁵⁵　a²¹khjei³³ ɣo³³ khjei³³. 为了吃饭要干活儿。
饭　　得　吃　连助　　活计　　得　干

ɕo²¹sɛn⁵⁵ a²¹do⁵⁵ mɯ¹¹le⁴³ ɣo³³ xin²¹³ ba⁵⁵ lɔ³³sɯ⁵⁵ a²¹ȵɔ²¹ ʐoŋ⁵⁵ ni⁵² o⁵⁵ ko³³ bi²¹³.
为了　　书　　好好　　得　学生　读　老师　　他　　受助　帮助　结助 体助
为了学生好好读书，老师经常帮助他。

比较用 tha²¹le³³ 更加，表示差比，用 lɔŋ²¹ dzo²¹ ba⁵⁵ lɔŋ²¹……越……越……，表示递进。

ŋo⁵⁵ kho²¹pho³³ lo²¹ xɯ²¹tshɔŋ⁵⁵ tha²¹le³³. 我比哥哥更高。
我　哥哥　　比　更　高　　语助

a²¹mɯ⁵⁵nɯ³³ o²¹xo⁵⁵ i²¹nɯ³³ tha²¹le³³ tsʁ⁵⁵ mjo²¹ o³³.
今年　　　雨水　去年　比　　　更　多　语助
今年的雨水比去年的更多。

ŋo⁵⁵ lɔŋ²¹ dzo²¹ ba⁵⁵ lɔŋ²¹ dzo²¹ ni³³ a³³. 我越吃越想吃。
我　越　吃　话助越　吃　想　语助
a²¹dzɯ⁵⁵ lɔŋ²¹ xɯ²¹ lo⁵⁵ba⁵⁵lɔŋ²¹ mjoŋ⁵⁵. 树越长越高。
树　　越　长　越　　　高

条件常用 ba⁵⁵。如：
kho²¹ma³³nɯ³³ ko⁵⁵ȵɛ³³ xua³³ lo⁵⁵ ba⁵⁵　a²¹ȵɔ²¹ iŋ⁵⁵ a³³　le³³ xɤ⁵⁵.
每年　　　过年　　到　来　如果 他　家　方助 去 体助
每年过年都回家。
nɔ⁵⁵ ʐu⁵⁵ ba⁵² ŋo³³ xe⁵² ʐu⁵⁵ lo⁵⁵. 如果你要来我这里拿。
你　要　如果 我　这里　拿 来
nɔ⁵⁵ ma²¹ le³³ ba⁵⁵ ŋo⁵⁵ ȵi⁵⁵tɤ²¹ le³³ xɑŋ⁵⁵.
你　不　去　如果 我　单独　去 体助
如果你不去，我一个人去。
nɔ⁵⁵ ma²¹ le³³ ba⁵⁵　a²¹ȵɔ²¹ tɤ²¹　le³³ xɤ⁵⁵.
你　不　去　如果 他　　单独 上去 体助
如果你不去，他单独个人去。

第三节　句子语气类别

句子的语气类别是从语用角度对句子的分类。从语用角度看，言语交际总有一定的语用目的，有叙事、询问、请求、抒发情感等。这些语用目的需要借助语气体现。语气是句子语用的外现，通过语调或语气词表现出来。根据语气类型，可分为陈述句、疑问句、祈使句和感叹句等。

一　陈述句

陈述句表示对一件事的陈述。有时使用语气助词，有时不用语气助词。一般分为肯定和否定陈述句。否定陈述句通常使用副词 ma²¹ 不。如：
ŋo⁵⁵ a²¹mi⁵⁵ sen²¹ mi⁵⁵ dʑa³³. 我有三个名字。
我　名字　三　个　有
ȵi⁵⁵ɣo³³ ʐɛ³³ bi²¹lo³³ xɯ²¹tshɔŋ⁵⁵ ʐɛ³³ ȵɯ⁵⁵tshɔŋ⁵⁵. 太阳和月亮是姐妹。
太阳　和　月亮　　姐姐　　和　妹妹
a²¹kho²¹ a³³　ŋo²¹dʐ⁵⁵ e³³lɔŋ⁵⁵ dʑa³³ pho²¹tɔ⁵⁵tɔ³³ ko²¹ dʑa³³.
河里　方助 鱼　也　　有　　牛蛙　　　也　有
河里有鱼，也有牛蛙。

kho³³tɕha̱⁵² ʐɔŋ⁵⁵ a²¹mjɛ³³ a³³   tshe²¹ ɕi⁵⁵ so²¹³. 老鼠被猫咬死了。
老鼠   受助 猫   施助 咬 死 体助

ŋo⁵⁵ ʐɛ³³ ŋo³³ a³³   kho²¹pho²¹ de³³ ma²¹ du²¹. 我和我的丈夫不挖田。
我 和 我   领助 丈夫   田   不   做

ŋo⁵⁵ ɯ²¹tha²¹ lɔŋ⁵⁵ ma²¹ dʐa³³li⁵⁵. 我不喜欢热季（夏天）。
我   天   热   不   喜欢

lɔŋ³³pi⁵² a²¹pho³³ ma³³kɔŋ⁵⁵ma³³tɕe⁵⁵ ma²¹ po²¹. 布角村不栽酸酸角。
布角 村   酸酸角   不   栽

二 疑问句

疑问句表示对一件事的问询，包括有疑而问和无疑而问。疑问的表达主要靠语用习惯、语调、句末语气词、疑问代词等。根据问答情况和结构特点，疑问句可分为是非、特指、选择、反问等。

1. 是非疑问句

提出一种情况，要求作肯定或否定回答的句子。有两种形式。一是肯定形式加疑问语气词 la⁵²，la²¹，lɛ²¹ 提出问题；二是使用肯定和否定形式提出问题，其结构和语义相当于汉语的"V+不+V？"。如：

nɔ⁵⁵ kaŋ²¹khaŋ⁵⁵ tɕhɤ⁵⁵ tɕaŋ³³ la⁵²? 你会唱歌吗？
你 歌   唱   会   唱   语助

a²¹ʐɛ³³ nɤ⁵⁵ la⁵²? 花红吗？
花   红 语助

phɔŋ²¹tɕhe⁵⁵a²¹sɯ²¹ lo³³ ba⁵⁵ la⁵²? 芒果黄了吗？
芒果   黄 体助 语助

de³³ i⁵⁵tɕho⁵² ɔŋ⁵² ɤ³³   lɛ²¹? 田里有水吗？
田   水   有 结助 语助

ko³³ kjo²¹ ma²¹ kjo²¹? 割不割谷子？
谷 割 不   割

lo²¹li⁵⁵ gɔŋ²¹ ma²¹ gɔŋ²¹? 卖不卖荞子？
荞   卖   不   卖

a²¹ɲɔ²¹ɯ⁵⁵ sen²¹ ʐo³³ a²¹xɔ⁵⁵ ŋɤ⁵⁵ ma²¹ ŋɤ⁵⁵? 他们三个是不是汉族？
他们   三   个   汉族   是   不 是

2. 特殊疑问句

在特殊疑问句中，常用 kho²¹maŋ⁵⁵ 何时，kha⁵⁵lo³³ 多少，ka²¹sɤ³³ 谁，khjei⁵⁵ 怎么，kha²¹ 哪里 khjei⁵⁵ 怎么样，a²¹tɕa⁵² 什么，a²¹dʐa³³ka³³ 为什么，等等。大部分句末有疑问助词，但有时也可省略。如：

nɔ⁵⁵ kho²¹maŋ⁵⁵ lo⁵⁵ xɤ⁵²? 何时来？
你　何时　　　来　语助

tshɔŋ⁵⁵ nɤ⁵⁵kha³³ kha²¹sɤ⁵²? 那个人是谁？
人　　那个　　谁

pho³³ a³³　tshɔŋ⁵⁵ kha⁵⁵lo³³ ʐo³³ dʑa³³? 村子里有多少人？
村　方助　人　　多少　　　个　有

nɔ⁵⁵ khjei⁵⁵ o⁵²? 你怎么啦？
你　怎么　语助

nɔ⁵⁵ ɔ⁵⁵ a²¹tɕa⁵² ʑaŋ²¹? 你说什么？
你　说　什么　事

po²¹naŋ³³ kha²¹ dʑa³³? 牛在哪儿？
牛　　　哪里　在

3. 选择疑问句

选择疑问句是指提供两个或两个以上的选项，选择其中之一。布角语常在第二个选项前用 ta̠⁵²wua̠³³lai²¹³ "或者……"，有时句末有语气助词……la²¹ "吗"。如：

nɔ⁵⁵ wua̠³³tɕi²¹³ be³³ tho⁵² ʐe⁵⁵la²¹ ta̠⁵²wua̠³³lai²¹³ ŋo⁵⁵ be³³ tho⁵² ʐe⁵⁵xɤŋ⁵⁵?
你　鸡　　　给　吃　去　语助　还是　　　我　给　吃　去　语助
你喂鸡，还是我喂？

nɔ⁵⁵ a²¹xu²¹ tshi²¹ xɤ⁵⁵ la²¹　ta̠⁵²wua̠³³lai²¹³ ŋo⁵⁵ a²¹xu²¹ tshi²¹ xɤ⁵⁵　la²¹?
你　先　　洗　体助　语助　还是　　　　我　先　　洗　语助　体助
你先洗，还是我先洗？

nɔ⁵⁵ ko³³ kjo²¹ ʐe⁵⁵ xɤ⁵⁵ la²¹　ta̠⁵²wua̠³³lai²¹³ mi²¹dzo²¹ phi³³ le³³ xɤ⁵⁵ la²¹?
你　谷子　割　去　体助　语助　还是　　　　柴　　背　去　体助　语助
你去割谷子还是去背柴？

nɤ³³du²¹ po²¹ xɤ⁵⁵ la²¹　ta̠⁵²wua̠³³lai²¹³ kɔŋ²¹kjiŋ³³ po²¹ xɤ⁵⁵ la²¹?
花生　种　体助语助　或者　　　　菜　　种　体助语助
种花生，还是种菜？

kɔŋ³³ʐaŋ³³ pha³³ ʐe⁵⁵ la²¹ ta̠⁵²wua̠³³lai²¹³ lɤ³³ ɔŋ⁵⁵ ʐe⁵⁵ la²¹?
胶　　　　割　去　语助　还是　　　　街　赶　去　语助
是去割胶，还是去赶街？

4. 反问句

反问句是一种特殊疑问句，常用 ma²¹……la²¹，强调疑问语气。如：

nɔ⁵⁵ lɔŋ³³pi⁵²tshɔŋ⁵⁵ ma²¹ ŋɤ⁵⁵ la²¹? 难道你不是布角人吗？
你　布角人　　　　　不　是　语助

a²¹a⁵⁵ ʐɛ³³ a²¹mo³³ ni⁵² ma²¹ sɯ²¹ la²¹? 难道舅舅和舅母不知道吗？
舅舅　舅母　　也　不　知道　语助

nɔ⁵⁵　a²¹ȵɔ²¹ a²¹　　ma²¹ dʐa³³li⁵⁵ la²¹? 难道你不喜欢他吗？
你　他　受助　不　喜欢　语助

lɔ⁵⁵sɯ⁵⁵ na³³ɯ⁵⁵ ʐoŋ⁵⁵ ma²¹ ɔ⁵⁵ la²¹? 难道老师不教你们吗？
老师　你们　受助　不　教　语助

三　祈使句

表示请求、命令、劝阻、叮嘱等语气。

表示请求/建议的祈求句句末常用 o⁵²。如：

ŋo⁵⁵ xɔŋ²¹tɕha²¹ tɕha²¹ lo⁵⁵ xɛŋ⁵⁵. 我来煮饭嘛。
我　饭　　　煮　来　语助

ŋo³³ ʐoŋ⁵⁵ xɔŋ²¹tɕha²¹ be⁵⁵ tɕha²¹ lo⁵⁵ o⁵². 让我来煮饭嘛。
我　受助 饭　　　给　煮　来　语助

ŋa³³dʐu²¹ a²¹dzɯ⁵⁵ po²¹³ o⁵². 我们来种树嘛。
我们　　树　　种　语助

ŋa³³dʐu²¹ mi²¹dzo²¹ tɔ̠³³ le³³ o⁵². 我们去砍柴吧。
我们　　柴　　砍　去　语助

表示命令的句子，语速快，语调急，口气强硬。有的用语气助词 o⁵²，有的省略助词。如：

ɔ⁵⁵ a⁵² ɣuɛ²¹khjei⁵²! 赶紧说！
　　赶紧　说

ʐe⁵⁵⁻⁵² o⁵². （咱们）走吧。
去　语助

nɔ⁵⁵ ʐe⁵⁵ o⁵². 你去吧。
你　去　语助

la̠²¹lɯ³³ ɣuɛ²¹khjei⁵². 赶快下楼来。
下来　　快快地

a²¹mɯ⁵⁵ȵi³³ ko²¹kjiŋ⁵⁵doŋ⁵⁵ xʁ⁵⁵ du²¹ khoi³³. 今天得把这块地挖完。
今天　　　菜地　　　　这块　挖　完

ma²¹lʁ²¹a²¹sɯ²¹ tɕho³³ kho³³ lɯ³³ o⁵². 快把无花果摘下来嘛。
无花果　　　摘　下　来　语助

表示劝阻的祈使句一般是无主句，要求听话人不要做某事，常用副词 a²¹ 别。有的用句尾语气助词 lo⁵⁵。有的省去句尾助词。如：

a²¹ ʑe⁵⁵ lo⁵⁵. 别去啦！
别 去　语助
a²¹ȵɔ²¹ ʑɔŋ⁵⁵ ko⁵⁵ʑa³³ a²¹ be³³ ɕi²¹ lo⁵⁵! 别给他吸烟。
他　 受助 烟　 别 给 吸 语助
a²¹ ŋui⁵⁵ lo⁵⁵. 别哭啦！
别 哭　语助
a²¹ȵɔ²¹ ʑɔŋ⁵⁵ a²¹thɤ³³ a²¹ be³³ to̠³³. 别让他出声！
他　 受助 声　 别 给 出
ma²¹ ɣo³³ sen³³! 别吵架。
不　 得　吵架
nɔ⁵⁵ a²¹ ʑe⁵⁵ lo⁵⁵. 你不要去啦！
你 别 去 语助

嘱咐对方做事要小心谨慎时，通常用词汇的语义表示，句末省略了语气助词。如：

a²¹xu²¹ xɔŋ²¹ dzo²¹. 先吃饭嘛。
先　 饭　吃
a²¹nɔŋ⁵⁵ tɕhi⁵⁵phɯ⁵² dɔŋ⁵⁵. 然后喝酒嘛。
然后　 酒　　 喝
tsu²¹ʑi⁵⁵ khjei⁵². 要小心啊。
小心　 语助
ŋo²¹dɤ⁵⁵ ȵɛ²¹ tsu²¹ʑi⁵⁵ khjei⁵². 抓鱼要小心啊。
鱼　 抓 小心　 语助
wua³³o̠³³ mɯ²¹mɯ²¹ le³³ tho²¹. 鸡蛋要好好放啊。
鸡蛋　 好好　 结助 放

四　感叹句

感叹句是一种抒发惊讶、喜爱、厌恶、愤怒、惧怕等强烈感情的句子，用叹词或感叹语气助词表示。按表达情感的不同分为惊喜赞叹、意外惊叹、痛楚哀叹、遗憾后悔、鄙视厌恶、呼唤应答、惊恐警告等。

表示惊喜、赞美、惊叹、痛楚哀叹语气的助词ɑŋ⁵⁵，o⁵⁵，a⁵⁵lo⁵² 语气较强，具有强烈的感情色彩，通常置于句子开头。如：

ɑŋ⁵⁵! xɤ⁵⁵　a³³ mɤ²¹³ sʐ̩²¹ʑ³³! 啊！这儿很漂亮呀！
啊　 这儿　漂亮　 很 语助
ɑŋ⁵⁵! o²¹xo⁵⁵ xo⁵⁵ lɯ³³ tha⁵⁵mɑŋ⁵²! 啊！正好下雨啦！
啊 雨　 下 来 正好

o⁵⁵! na⁵⁵　xɔŋ⁵⁵ sʐ̩²¹ʑɛ³³! 啊！那儿那么干净呀！
喔　那边　干净　得很

o⁵⁵! xɤ⁵⁵　liŋ³⁵ sʐ̩²¹ʑɛ³³! 啊！这儿好热乎呀！
喔　这儿　热乎　得很

o⁵⁵! tʂʰɯ⁵⁵lo²¹ tʰɤ²¹ do³³! 啊！有一头麂子！
哦　麂子　　一　个

a⁵⁵lo⁵²! po²¹naŋ³³ xɤ⁵⁵ ko²¹ dʑa³³ sʐ̩²¹ʑɛ³³!
啊啰　牛　　这　个　力气　大　很
啊啰！这头牛力气真大！

ɣui⁵²! kʰa²¹ ʐe⁵⁵! 啊！去哪里啊！
哦　哪里　去

a⁵⁵! a²¹sa̱²¹ŋo²¹dɤ⁵⁵! 啊！这是气泡鱼呀！
啊！气泡鱼

xɛ⁵²! tɕʰo⁵² dʑa³³ ba⁵⁵! 啊！有水啦！
啊！水　有　语助

表示遗憾、后悔、焦急的语气的助词，ɛ⁵⁵ʑɛ³³, ai⁵², a⁵⁵, ɤ⁵²ɤ⁵², aŋ⁵⁵, eŋ⁵² 通常放在开头。如：

ɛ⁵⁵ʑɛ³³! mɔe³³ tsɤ⁵⁵ le⁵⁵! 哎呀！累死了！
哎呀　累　死　体助

ai⁵²! kʰo³³ ŋui⁵⁵i³³ tɕʰa⁵⁵! 唉，锄头忘了！
呃　锄头　忘　体助

a⁵⁵! ŋo³³ a³³　a²¹kʰji⁵⁵ mɔ⁵⁵sɯ⁵² pʰo³³ a⁵⁵! 哎哟，我的腿抽筋了。
哎哟　我　结助　腿　　抽筋　　体助　语助

ɤ⁵²ɤ⁵²! wua²¹tʰɤ²¹ lo⁵⁵ ko³³! 哎！野猪来了！
哎哎　野猪　　来　体助

第六章　特殊句式

布角语中除了"主语+谓语""主语+宾语+谓语"等基本句式外，根据实际的需要，使句型产生变化，而生成施受句、连动句、差比句和话题句等特殊句式。

第一节　施受句

布角语中没有传统语言学中所描述的典型的表示"被动"意义的形态标记或虚词标记。"被动"意义主要通过语序、施受助词的使用来表示。受事位于施事之前时，被动意义比较强烈，施事位于受事之前时，被动意义减弱。布角语施受句根据受事、施事的位置、助词的使用或省略，产生了不同变式。

1. 受事位于句首时，被动意义比较强烈。无生命受事和有生命受事的表达方式存在区别。受事是无生命事物，位于句首而不需要受事助词，位于其后的施事需使用施动助词，构成"受事+施事+ a^{33}"的句式。如：

sɯ^{52}　ŋo^{33} a^{33}　xɯ^{21}tshɔŋ^{55} a^{33}　dʑɔŋ^{33} dzo^{21} so^{213}. 桃子被我哥偷吃了。
桃子　我　结助　哥　　　施助　偷　吃　体助

iŋ^{55}　mi^{21} a^{33}　te^{21} so^{213}. 房子被烧了。
房子　火　施助　烧　体助

a^{21}dzɯ^{55}　a^{21}bu^{33}mo^{33} a^{33}　thu^{55} so^{213}. 树被伯父砍了。
树　　　伯父　　　施助　砍　体助

有生命的受事位于句首时，受事和施事后都需跟助词，构成"受事者+ʑɔŋ^{55}+施事者+ a^{33}"的句式。如：

po^{21}naŋ^{33}　ʑɔŋ^{55} po^{21}naŋ^{33}khɔ^{21} a^{33}　lɔŋ^{55} tho^{213}. 牛被关在牛圈里。
牛　　　受助　牛圈　　　　方助　关　体助

ŋo^{33}　ʑɔŋ^{55} a^{21}nɔ^{21} a^{33}　dɯ^{21}　a^{21}　so^{213}. 我被他打了。
我　受助　他　施助　打　体助　体助

ȵɯ⁵⁵tshɔŋ⁵⁵ ʑɔŋ⁵⁵ xɯ²¹tshɔŋ⁵⁵ a³³ xɔŋ²¹³. 弟弟被哥哥骂了。
弟弟　　　受助　哥哥　　施助　骂
a²¹e⁵⁵ ʑɔŋ⁵⁵ lo²¹ a³³ tshe²¹ sɤ²¹ ʑɛ²¹ so²¹³. 老熊被老虎咬死了。
老熊　受助 老虎 施助 咬　　死　语助 体助

只出现受事，不出现施事时，可不使用助词，例如：
a²¹dzɯ⁵⁵ thu⁵⁵ ko²¹³. 树被砍了。
树　　　砍　 去
a²¹dzɯ⁵⁵ nɤ⁵⁵ dɯ²¹ lɔŋ⁵⁵ so²¹³. 那棵树被劈倒了。
树　　　那　劈　　倒　　体助
a²¹dzɯ⁵⁵ thu⁵⁵ so²¹³. 树被砍倒了。
树　　　砍　　体助
de³³nɤŋ²¹ phuɑŋ³³ so²¹³. 田埂被冲垮了。
田埂　　　垮　　　体助

2. 施事位于句首时，被动意义减弱，强调产生施动力的施事，而受事的遭受意减弱。

施事位于句首，受事于其后时，只在受事后使用助词，构成"施事+受事+ ʑɔŋ⁵⁵"的句式。如：
a²¹ȵɔ²¹ ŋo³³ ʑɔŋ⁵⁵ dɯ⁵⁵ a⁵⁵. 他打我了。
他　　我　受助 打　语助
nɔ⁵⁵ ŋo³³ ʑɔŋ⁵⁵ ȵi³³ a³³. 你吓着我了。
你　我　受助　吓　语助
na³³ɯ⁵⁵ ŋo³³ ʑɔŋ⁵⁵ ȵi³³ a⁵⁵. 你们吓着我了。
你们　　我　受助　吓　语助
a²¹ti⁵⁵ a²¹lo²¹ ʑɔŋ⁵⁵ xɔx²¹³. 妈妈骂娃娃了。
妈妈　娃娃　受助　骂

强调施事地位时，不仅使其位于句首，还使用助词 a³³，构成"施事+ a³³+受事+ ʑɔŋ⁵⁵"的句式。如：
lo²¹ a³³ a²¹e⁵⁵ ʑɔŋ⁵⁵ tshe²¹ sɤ²¹ ʑɛ²¹. 老虎把老熊咬死了。
老虎 施助 老熊　受助　咬　　死　语助
a²¹e⁵⁵ a³³ lo²¹ ʑɔŋ⁵⁵ tshe²¹ sɤ²¹ ʑɛ²¹. 老熊把老虎咬死了。
老熊 施助 老虎 受助　咬　　死　语助

不出现受事，只出现施事时，也使用施助词 a³³。如：
bjo²¹　a³³　　tei²¹　ʑa⁵⁵. 被蜜蜂叮了。
蜜蜂　施助　叮　　语助
wua²¹i³³ a³³　dzo²¹ kho³³ ʑɛ²¹ so²¹³. 被猪吃光了。
猪　　　施助　吃　光　语助　体助
a²¹ ȵɔ²¹　a³³　dɯ²¹ a²¹ so²¹³. 被他打了。
他　　　领助　打　施助 体助
a²¹ ȵɔ³³　a³³　ti⁵⁵　a³³　　xɔŋ²¹³. 被他的妈妈骂了。
他　　　领助　母亲　施助　骂
ŋo³³ a³³　mi⁵²tɕhɔŋ⁵² a³³　ʑa²¹kji⁵⁵　ʑɣ²¹³. 被我的弟弟压碎了。
我　领助　弟弟　　　施助　压碎　　 语助

第二节　连动句

　　连动句是指在一个单句中，由主语发出几个动作，共同作谓语。但在语义上有目的方式、原因和结果、先和后的关系。在布角语里，几个连续的动作之间不使用助词连接，但语序需严格按时间或逻辑顺序排列。能愿动词常常位于实义动词之后，与实义动词一起构成连动句。

ŋa³³ɯ⁵⁵ i⁵⁵tɕho⁵² khjiŋ³³ ʑe⁵⁵ ba⁵⁵　a²¹sɯ²¹a²¹ʑɣ³³ ɕe²¹ lo⁵⁵. 我们挑水浇花果。
我们　水　　取　　　去　连助 果花　　　浇　来
a²¹ti⁵⁵ po²¹lo³³ ɕa²¹³ ba⁵⁵　kɔŋ²¹kjiŋ³³dɔŋ⁵² ʑe⁵⁵ kɔŋ²¹mo³³a²¹ȵi⁵⁵ tsho³³ ʑe⁵⁵.
妈妈　篮子　　提　连助　园子　　　　　　　去　青菜　　　　　采　去
妈妈提着篮子去园子里摘菜。
xɯ²¹tshɔŋ⁵⁵ mjɔŋ⁵² ka²¹ a³³ tɔ³³ ʑe⁵⁵ ma³³tɔŋ⁵⁵kho²¹ a³³　mi²¹dzo²¹ daŋ³³ le⁵⁵.
哥哥　　　　马　　　赶　连助　出　去　山　　　　　方助 柴　　　　驮　去
哥哥赶着马到山上去驮柴。
a²¹tɕi³³kji³³li⁵⁵ bɤŋ⁵⁵ tɔ³³ lɯ²¹³,　a²¹bei²¹ thɤ²¹ phɤ³³ pa²¹ ʑe⁵⁵, a²¹khɯ⁵⁵ khɯ⁵⁵ lo⁵⁵.
燕子　　　　　　飞　出　来　　泥巴　一　快　衔 去　窝　　　做　来
燕子飞出来，去衔了一块泥巴，又飞到窝里了。

第三节　比较句

　　比较句是一种用语义关系范畴来定性的句子类型，表示不同人或事物在性状、程度上的差别。可分为差比句、极比句、等比句、递比句等句式。

一　差比句

表示两个事物之间高下、异同的差异。布角语中差比句的比较标记来源于方位词，因而比较结果表示积极意义时，使用表"……上"的方位词 tha²¹le³³ 作为比较标记；比较结果表示消极意义时，使用表"……下"的方位词 o²¹le³³ 作比较标记。布角语是 SOV 语序，其差比句肯定句的语序结构符合 SOV 语序语言的类型特点，为"比较主体+比较基准+比较标记+比较结果"。

1. 形容词比较参项语序为"比较主体+比较基准+比较标记+形容词"。如：

nɔ⁵⁵ ŋo⁵⁵ tha²¹le³³ mjoŋ⁵⁵. 你比我高。
你　我　上　　　高

po²¹lo³³ xɤ⁵⁵ nɤ⁵⁵ po²¹lo³³ tha²¹le³³ xɯ²¹. 这个篮子比那个篮子大。
篮子　这　那　篮子　　上　　大

sɯ⁵² ma³³khje³³le⁵⁵ tha²¹le³³ phi²¹³. 桃子比菠萝贵。
桃子　菠萝　　　　　上　　　贵

tshɤ²¹nɤ⁵⁵ tshɤ²¹na³³ tha²¹le³³ tho²¹³. 红锥栗比黑锥栗便宜。
红锥栗　　黑锥栗　　上　　　便宜

a²¹mɯ⁵⁵ pe²¹lo³³ xɤ⁵⁵ a³³　 kɔŋ³³ʐaŋ⁵²a²¹ɯ⁵⁵ nɤ⁵⁵ pe²¹lo³³ tha²¹le³³ phi²¹³.
这个　　月　　这　领助　橡胶水　　　　那　月　　　上　　　贵
这个月橡胶水价钱比上个月高。

2. 比较结果含有比较差值时，比较标记可为 o²¹le³³ 低于，tha²¹le³³ 超于，还可为受事助词 zoŋ⁵⁵ 比于。比较差值可置于形容词前或后，如：

ŋo³³ a³³　 mi⁵⁵tɕhɔŋ⁵⁵ a³³　 n̠ɯ⁵⁵tshɔŋ⁵⁵ ŋo⁵⁵ o²¹le³³ n̠i²¹ nɯ³³ n̠ɯ⁵⁵.
我　领助　亲亲　　　领助　弟弟　　　我　下　　两　岁　小
我弟弟比我小两岁。

ŋo³³ a³³　 mi⁵⁵tɕhɔŋ⁵⁵ kho²¹mo³³lo²¹ no³³ tha²¹le³³ gje²¹³ sen²¹ nɯ³³.
我　领助　亲亲　　　姐姐　　　　你　上　　　老　三　岁
我姐姐比你大三岁。

no³³ a³³　 tɕhɔŋ²¹pjɛ³³ ŋo³³ a³³　 tɕhɔŋ²¹pjɛ³³ zɔŋ⁵⁵ tɕɔŋ²¹³ sen²¹ do³³.
你　领助　羊　　　　我　领助　羊　　　　比　少　三　头
你的羊比我的少三头。

ma³³pɤ⁵⁵a²¹dzɯ³³ sɤ³³sa³³a²¹dzɯ³³ zɔŋ⁵⁵ tɕɔŋ²¹³ tshɤ⁵⁵ dzɯ⁵⁵.
松树　　　　　　毛木树　　　　　　比　少　　十　棵
松树比毛木树少十棵。

3. 比较差值中包含动词比较点时，动词常置于形容词之前。例如：

kho²¹mo³³lo²¹ xɤ⁵⁵ a²¹　　nɤ⁵⁵ kho²¹pho³³lo²¹ tha²¹le³³ phɤŋ³³ a³³　tsɤ⁵⁵ yuɛ²¹³.
女娃娃　　这 话助 那　男娃娃　　　上　　跑　结助 更　快
这个女娃娃比那个男娃娃跑得快。

a²¹n̠ɔ²¹ a³³　ŋo⁵⁵ tha²¹le³³ du²¹ yo³³. 他比我挖得多。
他　　话助 我 上　　挖 得

ŋo³³ a²¹　n̠ɯ⁵⁵tshɔŋ⁵⁵ ŋo³³ tha²¹le³³ tɕhɤ³³ xuɑŋ²¹ mɯ²¹. 弟弟比我唱得好。
我 领助 弟弟　　　我 上　　唱　得　好

wua³³tɕi²¹³ a³³　tɕhɔŋ²¹khuɛ³³ tha²¹le³³ phɤŋ³³ a³³　yuɛ²¹. 鸡比鸭子跑得快。
鸡　　话助 鸭子　　　上　跑 结助 快

kui²¹lɔ⁵²khɛn⁵⁵ ʐɛ³³ kui²¹tɕen⁵⁵ iŋ³³　kui²¹lɔ⁵²khɛn⁵⁵ tsɤ⁵⁵ tɕhi⁵⁵.
芭蕉　　　 和　香蕉　　　比较 芭蕉　　　更　甜
香蕉和芭蕉比起来，香蕉更甜。

wua³³tɕi⁵⁵ ʐɛ³³ tɕhɔŋ²¹khuɛ³³ iŋ³³　wua³³tɕi⁵⁵ phɤŋ³³ a³³　tsɤ⁵⁵ yuɛ²¹.
鸡　　　和 鸭子　　　比较 鸡　　　跑 结助 更 快
鸡和鸭子比起来，鸡跑得更快。

4. 否定句中不再使用比较标记 o²¹le³³、tha²¹le³³，或 ʐɔŋ⁵⁵，而使用 ka²¹ 与否定副词一起表示否定的差比义。语序结构为"比较主体+比较基准+ ka²¹+否定副词+比较结果"，如：

no⁵⁵ ŋo⁵⁵ ka²¹ ma²¹ mjɔŋ⁵⁵. 你没我高。
你　 我　样　不　高

po²¹lo³³ xɤ⁵⁵ a³³　nɤ⁵⁵ po²¹lo³³ ka²¹ ma²¹ xɯ²¹. 这个篮子没有那个篮子大。
篮子　 这 话助 那　篮子　　样 不　大

a²¹dzɯ⁵⁵ xɤ⁵⁵ nɤ⁵⁵ ka²¹ ma²¹ n̠ɯ⁵⁵. 这棵树没那棵小。
树　　 这 那 样 不 小

tshɤ̠²¹nɤ⁵⁵ a³³　tshɤ̠²¹na³³ ka²¹ ma²¹ tho²¹. 红锥栗没有黑锥栗便宜。
红板栗 话助 黑板栗 样 不 便宜

a²¹mi⁵⁵n̠i³³ a³³　a²¹mɯ⁵⁵n̠i³³ ka²¹ ma²¹ lɔŋ⁵⁵. 昨天没有今天热。
昨天　 话助 天　　　样 不 热

a²¹mɯ⁵⁵nɯ³³ i²¹nɯ³³ ka²¹ ma²¹ kja³³. 今年没有去年冷。
今年　　　去年　样 不 冷

二　极比句

布角语中用相当于 tsɤ⁵⁵ 更，或 tsɤ⁵⁵… ɕi⁵⁵ 最，表示极比意义。如：

a²¹n̪ɔ²¹ a³³   tshɔŋ⁵⁵khɯ⁵⁵ a²¹mɯ⁵⁵ tsɤ⁵⁵ ɕɯ⁵⁵. 她的头发最长。
她   领助 头发   现在   更   长
a²¹dzɯ⁵⁵ nɤ⁵⁵ tsɤ⁵⁵ mjɔŋ⁵⁵. 那棵树最高。
树   那棵 更   高
a²¹ti⁵⁵ a³³   ko²¹kjiŋ³³ ɔŋ²¹³ dzo²¹ tsɤ⁵⁵ tsi⁵⁵. 妈妈做的菜最好吃。
母亲 话助 菜   做   吃   更   好吃
wua²¹i̯³³ xɤ³³ tsɤ⁵⁵ tho³³. 这头猪最胖。
猪   那   更   胖
lɔŋ³³pi⁵²tshɔŋ⁵⁵ a²¹pho³³ ŋo²¹ pho³³ a²¹kɔŋ⁵⁵ ɛ³³ pan⁵⁵ko³³pho³³ tsɤ⁵⁵ xɤ²¹³ ɕi⁵⁵.
布角人   村子   五   村   中   语助 南泥村   最   远   极
五个布角人村中，南泥村最远。
lɔŋ³³pi⁵²a³³pho³³ a²¹kɔŋ⁵⁵ ɛ³³   na²¹xi⁵⁵pho³³ tsɤ⁵⁵ n̪ɯ⁵⁵ ɕi⁵².
布角 村子   当中   语助 曼回   最   小   极
布角人村子中，曼回村子最小。

三 平比句

1. 肯定句

布角语平比句中使用"thɤ²¹kaŋ⁵⁵ 一样"来表示平比之意。如：
mɤŋ³³la̯²¹mɤ⁵² mɤŋ³³xai²¹mɤ⁵² thɤ²¹kaŋ⁵⁵ lɔŋ²¹³.
勐腊坝子   勐海坝子   一样   平坦
勐腊坝子像勐海坝子一样平。
lo²¹kho²¹ lo²¹mi²¹ thɤ²¹kaŋ⁵⁵ mjɔŋ⁵⁵. 小伙子和小姑娘一样高。
小伙子 小姑娘 一样   高
a²¹bu²¹ a²¹ti⁵⁵ thɤ²¹kaŋ⁵⁵ niŋ²¹. 父亲像母亲一样年轻。
父亲   母亲   一样   年轻
u²¹tɕhɔŋ⁵² xɤ⁵⁵ ʑɛ³³ u²¹tɕhɔŋ⁵² nɤ⁵⁵ thɤ²¹kaŋ⁵⁵ xɯ²¹³.
山   这   和   山   那   一样   大
这座山和那座山一样大。
kai⁵⁵kho³³ xɤ⁵⁵ ʑɛ³³ kai⁵⁵kho³³ nɤ⁵⁵ thɤ²¹kaŋ⁵⁵ ɕɯ⁵⁵.
桥   这   和   桥   那   一样   长
这座桥和那座桥一样长。

2. 否定句

平比句否定句中在 thɤ²¹kaŋ⁵⁵ 之后，形容词之前加否定副词 ma²¹，也可不用 thɤ²¹kaŋ⁵⁵ 而用 ka²¹ 来表示。有的则把否定副词置于形容词后，加判断动词ŋɤ⁵⁵ 是。如：

mɤŋ³³la̠²¹mɤ⁵² mɤŋ³³xai²¹mɤ⁵² thɤ²¹kaŋ⁵⁵ ma²¹ lɔŋ²¹.
勐腊坝子　勐海坝子　　一样　　不　平坦
勐腊坝子不像勐海坝子一样平。
a²¹bu³³ a²¹ti⁵⁵ thɤ²¹kaŋ⁵⁵ niŋ²¹ ma²¹ ŋɤ⁵⁵. 父亲不像母亲一样年轻。
父亲　母亲　一样　　小　不　是
u²¹tɕhɔŋ⁵² xɤ⁵⁵ u²¹tɕhɔŋ⁵² nɤ⁵⁵ thɤ²¹kaŋ⁵⁵ ma²¹ xɯ²¹³.
山　　这　山　　那　一样　　不　大
这座山不像那座山一样大。
xɤ⁵⁵ tɕhɔŋ⁵² kai⁵⁵kho³³ nɤ⁵⁵　 tɕhɔŋ⁵² kai⁵⁵kho³³ ka²¹ ma²¹ ɕɯ⁵⁵.
这　座　桥　　那　座　　桥　一样不　长
这座桥不像那座桥一样长。

四　递比句

递比句是表示程度逐渐递加或递减的句子，常用"一量+比+一量"和"越……越"两种句式。

1. "一量+比+一量"递比句，用"a²¹n̠ɔ³³+量词+ a²¹n̠ɔ³³"表示。如：
lɔŋ³³pi⁵²　a²¹mɯ⁵⁵ a³³　a²¹n̠ɔ³³ nɯ³³ a²¹n̠ɔ³³ tha²¹le³³ mɯ²¹ lo⁵⁵.
布角　现在　话助一　年 一　　更加　好　语助
布角人的日子一年比一年更好了。
lo²¹gu³³lo²¹ a²¹n̠ɔ³³ n̠i³³ a²¹n̠ɔ³³ tsɤ⁵⁵ xɯ²¹ lo⁵². 娃娃一天比一天长大了。
娃娃　　一　　天 一　　更　长大 语助
a²¹n̠ɔ²¹ a²¹n̠ɔ³³ n̠i³³ a²¹n̠ɔ³³ kiŋ⁵⁵ ʑe⁵⁵. 她一天比一天瘦了。
她　一　　天　一　　瘦　去
a²¹n̠ɔ²¹ tɕei²¹³ a²¹khjɔŋ²¹ thɤ²¹khjɔŋ²¹ ba⁵⁵ thɤ²¹ khjɔŋ²¹ ma²¹ xua²¹ mɯ²¹.
他　说　话　　一　句　　比 一　句　　不　听　好
他说的话一句比一句难听。
ko²¹kjiŋ³³dɔŋ⁵⁵ xɤ⁵⁵dʑu²¹ a³³　 thɤ²¹ dɔŋ⁵⁵ tha²¹le³³ thɤ²¹ dɔŋ⁵⁵ ma²¹ du²¹ mɯ²¹.
菜地　　这些　话助一　块　比　　一　块　不　挖　好
这些地一块比一块难挖。

2. "越……越"递比句，常用"lɔŋ²¹+ 动词+ ba⁵⁵ lɔŋ²+形容词"表示。如：
ŋo³³ a²⁵　n̠ɯ⁵⁵tshɔŋ⁵⁵ lɔŋ²¹ lo²¹ ba⁵⁵　lɔŋ²¹ ɕɛ⁵⁵ lo⁵⁵. 我弟弟越走越近。
我 领助 弟弟　　越　来 连助越　近 体助
ŋo⁵⁵ lɔŋ²¹ xiŋ²¹ ba⁵⁵ lɔŋ²¹ dʑa³³li²¹ a²¹. 我越学越喜欢学。
我　越　学　连助越　喜欢　语助
mi²¹dzo²¹ lɔŋ²¹ tɔ³³ ba⁵⁵ lɔŋ²¹ mjo²¹ lo⁵⁵. 柴越砍越多。
柴　　越　砍 连助越　多　体助

ko³³ lɔŋ²¹ khjei³³ ba⁵⁵ lɔŋ²¹ ȵɯ⁵⁵ ʐe⁵⁵. 粮食越来越少。
粮食 越 做 连助 越 少 去
lo²¹mi²¹ lɔŋ²¹ khjei³³ ba⁵⁵ lɔŋ²¹ mɤ²¹ lo²¹³. 姑娘越来越漂亮。
姑娘 越 做 连助 越 漂亮 体助
a²¹dzɯ⁵⁵a²¹pha²¹ lɔŋ²¹ khjei³³ ba⁵⁵ lɔŋ²¹ ȵi⁵⁵ lo⁵⁵. 树叶越来越绿。
树叶 越 长 越 绿 语助 体助
a²¹sɯ²¹ lɔŋ²¹ khjei³³ ba⁵⁵ lɔŋ²¹ mju³³ lo⁵⁵. 果子越来越熟。
果子 越 长 连助 越 熟 体助

第四节 话题句

话题句是从语用角度分出的一类句子。从形式上可分为标记话题句和无标记话题句。标记话题句是在话题成分后加话题助词ʐɛ³³, a³³。无标记话题句是通过句法位置、语气、句重音、停顿等辅助手段体现。布角语中既有带话题标记 a³³ 的话题句，也有靠句法位置、语气等来凸显话题的句子。根据充当话题成分的不同，话题句分为以下几种。

一 名词话题句

a²¹mɯ⁵⁵nɯ³³ ʐɛ³³ i²¹nɯ³³ tha²¹le³³ tsɤ⁵⁵ kja³³⁻²¹³. 今年比去年冷。
今年 话助 去年 以上 冷 更

a²¹mo³³kɑŋ³³ ʐɛ⁵⁵ no³³ a³³ pe⁵⁵kha²¹ tshi²¹ so²¹³.
二姨母 话助 你 领助 衣服 洗 体助
二姨妈把你的衣服洗了。

pho³³ xɤ⁵⁵ a³³ po²¹nɑŋ³³ thɤ²¹xuai³³ tsɤŋ⁵⁵ ʐu⁵⁵ lɤ²¹³.
寨 这 话助 水牛 一百 多 买 来
这寨子买了一百多头水牛。

a²¹phi²¹mo³³ a³³ ɯ²¹ta²¹ tsɤ⁵⁵ ɕɯ⁵⁵. 奶奶的包头巾很长。
奶奶 话助 包头巾 更 长

ɔ⁵⁵ ni⁵⁵ a³³ kui²¹le²¹ ma²¹ ɔ⁵⁵ tɕhiŋ⁵². 想说又不敢说。
说 想 话助 又 不 说 敢

二 名物化话题句

a²¹nɤ⁵⁵lɤ⁵⁵ ŋa⁵² a²¹ʐɛ³³ a²¹lo³³lo³³ ŋa⁵² a²¹sɯ²¹. 红的是花，黄的是果。
红 话助 花 黄 话助 果

xɯ²¹ ŋa⁵² wua̠³³pho²¹ n̠ɯ⁵⁵ ŋa⁵² wua̠³³mo³³. 大的是公鸡，小的是母鸡。
大　话助 公鸡　　小　话助 母鸡

dzo²¹ ŋa⁵² kha²¹sʁ⁵² sʁ⁵² ʑɛ²¹ sɯ⁵². 人人都会吃。
吃　话助 谁　　谁　也　会

a²¹n̠ɔ³³ ɲui⁵⁵ ŋa⁵² a²¹khjei³³ ma²¹ khjei⁵⁵ sɯ⁵². 他哭解决不了事情。
他　　哭　话助 事情　　不　解决　会

三　代词话题句

lɔ³³sɯ⁵⁵ ɔ⁵⁵ a³³　mɯ²¹mɯ²¹le³³ xua²¹ xʁ⁵⁵. 老师说的要好好地听。
老师　说 话助 好好地　　听话 体助

nɔ⁵⁵ a²¹n̠ɔ³³ a³³　kho²¹mo³³lo²¹xɯ²¹tshɔŋ⁵⁵ ʑɔŋ⁵⁵ ɔ⁵⁵kjo⁵² ʑe⁵⁵.
你 他　　领助 姐姐　　　　　　受助 告诉 去
你去告诉他姐姐吧。

a²¹n̠ɔ³³dʑu²¹ a³³　ŋo²¹dʁ⁵⁵ ma²¹ dzo²¹. 他们不吃鱼。
他们　　话助 鱼　　不　吃

ʁ⁵⁵teʁ³³ a³³ ŋo³³ ʑɔŋ⁵⁵ be⁵⁵ a⁵⁵　ma²¹ be⁵⁵ a³³? 那些给不给我？
那些　话助 我　给 语助 不　给 语助

xʁ⁵⁵teʁ³³ a³³　nʁ³³du²¹ tho³³ɔ⁵⁵ ma²¹ ŋʁ⁵⁵. 这些是花生，不是黄豆。
这些　话助 花生　黄豆　　不　是

na⁵⁵pa⁵² ŋo⁵⁵ kɔŋ³³ʑaŋ³³ po²¹ ko³³ di²¹. 那边是我种橡胶的地方。
那边　我　橡胶　种 体助 地方

xe³³ a³³　ŋo³³ a³³　pho³³ n̠i⁵⁵ di²¹. 这里是我的家乡。
这里 话助 我　领助 村　在 地方

四　短语话题句

n̠i²¹ do³³ ʑɔŋ⁵⁵ sen²¹ do³³ po⁵⁵ʑe²¹³ ba⁵⁵ ŋo²¹ do³³. 二加三等于五。
二　个　受助 三 个 加　　话助 五 个

kho²¹ do³³ ʑɔŋ⁵⁵ li²¹ do³³ po⁵⁵ʑe²¹³ ba⁵⁵ tshʁ⁵⁵ do³³. 六加四等于十。
六　个　受助 四 个 加　　话助 十 个

xʁ²¹ do³³ ʑɔŋ⁵⁵ thʁ²¹ do³³ ɔŋ⁵⁵ʑe²¹³ ba⁵⁵ ɕi²¹ do³³. 八减一等于七。
八 个　话助 一 个　减 去　　话助 七 个

tshʁ⁵⁵ do³³ ʑɔŋ⁵⁵ sen²¹ do³³ ɔŋ⁵⁵ʑe²¹³ ba⁵⁵ ɕi²¹ do³³. 十减三等于七。
十 个　话助 三 个　减 去　　话助 七 个

附录一 词汇表

序号	汉义	布角语
1	天	$ɯ^{21}tha^{21}$
2	太阳	$ȵi^{55}ɣo^{33}$
3	太阳光	$mi^{33}tsho^{55}$
4	月亮	$bi^{21}lo^{33}$
5	星星	$bi^{21}kji^{55}$
6	流星	$phu^{55}po^{52}$
7	云	$ɔŋ^{21}mo^{33}$
8	雾	$ɔŋ^{21}mo^{33}$
9	雷	$tsho̱^{21}$
10	风	$i^{21}li^{55}$
11	雨	$o^{21}xo^{55}$
12	闪电	$ɔŋ^{21}me̱^{21}$
13	虹	$ɔŋ^{21}thɔŋ^{33}lɔ^{33}mɔ^{55}$
14	雪	$sa^{33}tha^{55}$
15	霜	$sa^{33}tha^{55}$
16	冰雹	$ʁ^{21}kho^{55}lo̱^{33}$
17	露水	moi^{33}
18	火	mi^{21}
19	火焰	$mi^{21}lɤŋ^{55}$
20	火星	$mi^{21}me̱^{21}$
21	（炊）烟	$mi^{21}khui^{21}$
22	气	$a^{21}sa̱^{21}$
23	蒸汽	$xɔ^{21}sa̱^{21}$
24	地、土地	$mi^{55}tsho^{52}$
25	山林	$ma^{33}dɔŋ^{52}kho^{21}$

续表

序号	汉义	布角语
26	上坡	xo⁵⁵ta̠³³
27	下坡	xo⁵⁵la̠²¹
28	山顶头	u²¹tɕhɔŋ⁵²lo̠³³le³³
29	山峰	u²¹tɕhɔŋ⁵²mjɔŋ⁵²
30	山洼	u²¹tɕhɔŋ⁵²pɑŋ²¹pe³³le³³
31	洞	a²¹khɔŋ⁵⁵
32	岩洞	lɔ³³mo³³a²¹khɔŋ⁵⁵
33	山洞	u²¹tɕhɔŋ⁵²a²¹khɔŋ⁵⁵
34	河	a²¹kho²¹
35	小河	a²¹kho²¹lo²¹
36	小溪	a²¹kho²¹lo²¹
37	大河	a²¹kho²¹mo³³
38	湄公河	nɔŋ²¹khɔŋ³³kho²¹
39	勐腊河	nɔŋ³³lɔŋ⁵⁵kho²¹
40	补过河	ŋui²¹mo³³kho²¹
41	回邦河	me²¹tɕa²¹kho²¹
42	曼掌河	na̠³³mo²¹kho²¹
43	海	a²¹kho²¹ʐo³³mo³³lo³³
44	湖	nɔŋ²¹me³³
45	水库	mɯ³³
46	池塘	tɕho⁵²u³³tṵ⁵²
47	龙潭	tɕho⁵²ɯ⁵⁵dɯ³³
48	鱼塘	lɔŋ³³pa³³
49	水沟	mɯ³³khei³³, xɔ³³mɯ³³
50	井	lɔŋ³³po⁵²
51	（自然）坑	dɔŋ²¹khɔŋ⁵⁵
52	（挖的）坑	dɔŋ²¹khɔŋ⁵⁵
53	路	xɔ³³khɔŋ⁵⁵
54	路边	xɔ³³khɔŋ⁵⁵a²¹tsɤŋ⁵⁵
55	公路	xɔ³³khɔŋ⁵⁵ʐo³³mo³³
56	山间小路	xɔ³³khɔŋ⁵⁵a²¹ti⁵⁵lo²¹

续表

序号	汉义	布角语
57	岔路	xɔ^{33}khɔŋ^{55}xɔ^{33}kha^{52}
58	大路	xɔ^{33}khɔŋ^{55}ʐo^{33}mo^{33}
59	小路	xɔ^{33}khɔŋ^{55} a^{21}ti^{55}lo^{21}
60	土	a^{21}bei^{21}mi^{55}tshɔ^{52}
61	山林	ma^{33}dɔŋ^{52}kho^{21}
62	旱地	i^{33}dɤ^{52}
63	山谷地	ʐo^{33}dɤ^{52}
64	水田	de^{33}
65	坝子	mi^{55}tshɔ^{52}a^{21}lɔŋ^{21}
66	橡胶	kɔŋ^{33}ʑaŋ^{33}
67	橡胶林	kɔŋ^{33}ʑaŋ^{33}dɔŋ^{55}
68	橡胶水	kɔŋ^{33}ʑaŋ^{33}a^{21}ɯ^{55}
69	橘子园	ma^{33}tɕo^{55}dɔŋ^{55}
70	田埂	de^{33}nɤŋ^{21}
71	荒地	mi^{21}tsho^{52}lɯ^{33}tho^{213}
72	深山老林	ma^{33}dɔŋ^{52}kho^{21}
73	石头	lɔ^{33}mo^{33}
74	鹅卵石	lɔ^{33}mo^{33}lo^{21}
75	沙子	mi^{55}ɕi^{52}
76	尘土	kho^{21}phɯ^{21}kho^{21}lo^{55}
77	泥巴	a^{21}bei^{21}
78	泥石流	phɔ^{21}a^{33}
79	土块	a^{21}bei^{21}a^{21}phɤ^{33}
80	水	i^{55}tɕho^{52}
81	泡沫	i^{55}tɕho^{52}a^{21}mɔ^{33}
82	水滴	i^{55}tɕho^{52} thɤ^{21} tsɯ^{21}
83	泉水	ɯ^{55}tɔ^{33}
84	温泉	ɯ^{55}lɔŋ^{55}
85	漩涡	i^{55}tɕho^{52} wuɛ^{33}ko^{213}
86	激流	i^{55}tɕho^{52}tɕɤ^{21}wuɛ^{213}
87	瀑布	i^{55}tɕho^{52}tshɔŋ^{21}

续表

序号	汉义	布角语
88	森林	ma³³dɔŋ⁵²kho²¹
89	金子	ɕɯ⁵⁵
90	银子	phu⁵⁵
91	铜	tɔŋ²¹
92	黄铜	tɔŋ²¹
93	红铜	tɔŋ²¹a²¹nɤ⁵⁵lɤ⁵⁵
94	铁	ɕiŋ⁵⁵
95	锈	khji²¹mi⁵⁵
96	铝	so³³to⁵²
97	炭	mi²¹dʑi³³
98	灶灰	kho²¹lo⁵⁵
99	国家	ko²¹dʑa³³
100	美国	a²¹mei⁵⁵li²¹ka³³
101	世界	sɯ³³tɕe⁵⁵
102	全世界	tɑŋ²¹mɤ²¹
103	地方	mɤ²¹
104	处所	di²¹
105	街	lɤ³³
106	集市	pɤ²¹tɕhiŋ²¹tha²¹ lɤ³³
107	城市	mɤ²¹
108	街道	lɤ³³
109	组	tɕo²¹
110	村寨	pho³³, tshɔŋ⁵⁵pho³³, a²¹pho³³
111	全村	tɑŋ²¹pho³³
112	家，家庭	iŋ⁵⁵
113	学校	ɕo²¹ɕou⁵⁵, a²¹do⁵⁵xiŋ²¹³di²¹
114	桥	kai⁵⁵kho³³
115	补过村	lɔŋ⁵⁵pi⁵²pho³³
116	曼帕村	pan⁵⁵pha³³a²¹pho³³
117	曼降因村	ta²¹tɕhe²¹a²¹pho³³
118	南泥村	pan⁵⁵ko³³a²¹pho³³

续表

序号	汉义	布角语
119	曼回村	nɑŋ²¹xiŋ⁵⁵a²¹pho³³
120	城子村	tshɤŋ²¹tsɯ³³tshun⁵⁵wui²¹xui²¹³
121	勐腊镇	mɔ³³la²¹tsɤn²¹³
122	勐腊县	mɤŋ³³la²¹, pɤ²¹tɕiŋ²¹tha⁵²
123	勐海县	mɤŋ³³xai²¹mɤ⁵²
124	景洪市	tɕɯ⁵⁵lɔŋ⁵²
125	昆明市	khui⁵⁵miŋ²¹shɯ²¹³
126	云南省	ʑi²¹nan²¹seŋ⁵²
127	广西	kuɑŋ³³ɕi⁵⁵
128	四川	sɯ⁵⁵tshuan³³
129	大理	ta²¹³li⁵²
130	思茅	sɯ⁵⁵mɔ⁵²
131	红河	xɔŋ²¹xo²¹
132	磨憨	mo²¹³xan³³
133	缅甸	kjo³³
134	老挝	lɔu²¹
135	越南	ʑe⁵²nan²¹
136	泰国	thai²¹³
137	中国	tsɔŋ⁵⁵ko²¹
138	北京	pɤ²¹tɕiŋ⁵⁵
139	人民政府	zen²¹min²¹tsen²¹³fu⁵²
140	县长	ɕen²¹³tsɑŋ⁵²
141	法院	fa²¹ʑen²¹³
142	书记	su³³tɕi²¹³
143	妇联	fu²¹³ljen⁵²
144	磨憨	mo²¹³xan³³
145	工人	kɔŋ⁵⁵zen²¹³
146	党员	tɑŋ³³ʑɛn²¹³
147	团员	thuan²¹ʑɛn²¹³
148	身体	a²¹do⁵⁵
149	头	ɯ²¹sɯ²¹

续表

序号	汉义	布角语
150	头皮	ɯ²¹sɯ²¹a²¹kho³³
151	头发	tshɔŋ⁵⁵khɯ⁵⁵
152	头旋	ko²¹li̠³³
153	脑门，额头	na²¹thɤ⁵⁵
154	辫子	tshɔŋ⁵⁵khɯ⁵⁵phjɛ²¹³
155	秃头	ɯ²¹sɯ²¹dɤ²¹dɤ²¹
156	白发	o²¹phu⁵⁵ tɔ̠³³
157	头皮垢	ɯ²¹sɯ²¹ɯ²¹ȵɔ²¹
158	眉毛	me̠³³khɔŋ³³
159	睫毛	me̠³³mɯ²¹
160	眼睛	me̠³³tɕho³³
161	眼珠	me̠³³sɯ²¹
162	眼白	me̠³³phu⁵⁵
163	白眼病	me̠³³phɯ⁵⁵
164	黑眼珠	me̠³³na̠³³
165	眼皮	me̠³³tɕho³³a²¹kho³³
166	眼泪	me̠³³bi⁵⁵
167	鼻子	nɛ̠³³khɔŋ⁵⁵
168	鼻孔	nɛ̠³³khɔŋ⁵⁵a²¹go³³
169	耳朵	nɔ̠²¹pha̠²¹
170	耳屎	nɔ̠²¹pha̠²¹nɔ²¹khɯi²¹
171	耳壳	nɔ̠²¹pha̠²¹nɔ²¹ɣui³³
172	耳孔	nɔ̠²¹pha̠²¹a²¹go³³
173	耳脓	nɔ̠²¹pha̠²¹bɯ⁵⁵
174	脸	mjɛ³³phɑŋ²¹， mjɛ³³tɕho³³
175	面颊	kɔŋ²¹mjɔ²¹ɔ²¹
176	嘴	a²¹khui²¹
177	嘴唇	nɛ̠²¹phi⁵⁵
178	胡子	nɛ̠²¹mɯ²¹
179	连鬓胡	a²¹mɯ²¹mjo²¹ o³³
180	汗毛	a²¹mɯ²¹

续表

序号	汉义	布角语
181	下巴	nɛ²¹gɔŋ²¹
182	脖子	ɔ²¹lɯ⁵⁵
183	肩膀	pa̠²¹tha²¹
184	背	khɔŋ⁵⁵tshɯ⁵²
185	腋	la̠²¹o̠²¹
186	胸	na̠³³o⁵⁵li̠³³
187	乳房	mɛ³³po̠³³
188	奶汁	mɛ³³po̠³³a²¹ɯ⁵⁵
189	肚子	o²¹tha²¹
190	肚脐	tɕha³³thɔŋ²¹
191	腰	ɔ²¹tɕɔ⁵²
192	屁股	tɔŋ²¹khɔŋ²¹
193	腿	khji³³tshɤŋ⁵⁵
194	大腿	a²¹bɔŋ⁵⁵
195	膝盖	phɔŋ²¹tshɯ²¹
196	小腿面	mɔ²¹gɔ³³
197	腿肚子	khji⁵⁵tshɤŋ⁵⁵
198	脚	a²¹khji⁵⁵
199	脚后跟	nɔŋ²¹thɔ²¹
200	脚踝	tɕhɛ⁵⁵mjɛ³³
201	胳臂（上部）	la̠²¹phu⁵⁵a²¹tha²¹
202	肘	la̠²¹tshɯ⁵²
203	手	la̠²¹phu⁵⁵
204	手腕	la̠²¹phu⁵⁵la̠²¹ko̠²¹
205	手指	la̠²¹ȵi⁵⁵
206	拇指	la̠²¹mo³³
207	食指	la̠²¹mo³³ʑo³³thai⁵⁵
208	中指	a²¹gɔŋ⁵⁵
209	无名指	a²¹gɔŋ⁵⁵a²¹thoi⁵⁵
210	小指	la̠²¹ȵi⁵⁵tsɛ⁵⁵lo²¹
211	小指指尖	la̠²¹ȵi⁵⁵tsɛ⁵⁵lo²¹

续表

序号	汉义	布角语
212	指甲	la̠²¹sɯ²¹
213	拳	la̠²¹tho³³/ȵɛ⁵²tho³³
214	右手	la̠²¹mo⁵⁵
215	左手	la̠²¹o̠²¹
216	手掌	la̠²¹khuɛ²¹
217	手茧	kha³³lo³³a̠³³
218	手血泡	xo²¹lo³³a̠³³
219	肛门	tɔ²¹khoŋ²¹dɔ²¹so²¹
220	男生殖器	tɕhɔ²¹lɔ³³
221	睾丸	ne̠²¹u̠³³
222	精液	tɕɑŋ²¹tɕhai⁵⁵
223	女生殖器	tso²¹phje²¹
224	月经	tso²¹ɕi²¹
225	羊水	tso²¹ɯ⁵⁵
226	胎盘	tɕha²¹u⁵⁵pe³³le³³
227	皮肤	a²¹kho³³
228	皱纹	khu²¹ʐe⁵⁵
229	鸡皮疙瘩	a²¹khɑŋ⁵⁵
230	痣	mɛ³³na̠³³
231	疮	tɕhɑŋ²¹tɕhu²¹
232	伤口	a²¹pa̠⁵²
233	生癣	khji²¹kha⁵⁵ kha⁵⁵
234	颈瘤	lɯ⁵⁵bei⁵⁵
235	狐臭	la̠²¹o̠⁵²mi⁵⁵nʏ⁵²
236	疟疾	lo²¹tɕi⁵²
237	疤疮	a²¹pa̠⁵²
238	火眼	me³³tɕho³³
239	肉	ɕɔ²¹pɔ̠²¹
240	血	ɕi²¹
241	筋	a²¹gu²¹
242	脉搏	a²¹gu²¹

续表

序号	汉义	布角语
243	脑髓	ɯ²¹nọ²¹
244	骨头	a²¹ɯ⁵²
245	脊椎骨	a²¹si³³a²¹ɯ⁵²
246	肋骨	a²¹nɤŋ⁵⁵ɯ⁵²
247	骨节	la̠²¹tshɯ⁵²
248	牙齿	a²¹so²¹
249	牙龈	a²¹so²¹thje³³ʑa²¹
250	牙根	so²¹khɔŋ⁵⁵
251	智齿	a²¹so²¹liŋ³³
252	犬牙	so²¹tɕɯ⁵⁵
253	门牙	so²¹mo³³
254	舌头	a²¹lo⁵⁵
255	喉咙	khɔŋ²¹bɔŋ²¹, khɔŋ²¹ɣọ³³
256	肺	a²¹tsheŋ²¹
257	心脏	nɤ³³sɯ⁵²
258	肝	a²¹tshɯ²¹
259	肾	ma³³kjo⁵²
260	苦胆	bi²¹khji⁵⁵
261	胃	u⁵⁵mo³³
262	肠子	a²¹u⁵⁵
263	大肠	a²¹u⁵⁵mo³³
264	小肠	a²¹u⁵⁵lo²¹
265	膀胱	tɕha²¹u⁵⁵pe³³le³³
266	屎	a²¹khɯi²¹
267	尿	i²¹tshɔŋ⁵⁵
268	屁	ʑɔŋ³³kho²¹
269	汗	tshɔŋ⁵⁵khɯi⁵²
270	痰	thi²¹kho²¹ma̠³³xɔŋ⁵⁵
271	唾液	thi²¹kho²¹
272	口水	khɤ²¹ɯ⁵⁵
273	干鼻屎	nɛ²¹bi²¹a²¹phɤ³³

续表

序号	汉义	布角语
274	鼻涕	nɣ²¹bi²¹
275	清鼻涕	nɣ²¹bi²¹a²¹ɯ⁵⁵
276	脓	bɯ⁵⁵
277	污垢	a²¹tɔ²¹a²¹ʐɤ⁵⁵
278	声音	a²¹thɤ⁵⁵
279	回声	a²¹thɤ⁵⁵ ɕɤ³³
280	尸体	tshɔŋ⁵⁵ɕhi⁵⁵
281	棺材	po³³
282	坟墓	nɤ²¹dɔŋ⁵⁵
283	生命	a²¹sa⁵²
284	年龄	a²¹ʑu³³
285	人	tshɔŋ⁵⁵
286	民族	pha²¹sa³³
287	少数民族	pha²¹sa³³a²¹ti⁵⁵lo²¹
288	大民族	pha²¹sa³³ʐo³³mo³³lo³³
289	汉族	a²¹xɔ⁵⁵
290	阿卡	a²¹bo⁵⁵
291	克木	kha³³kɔ²¹³
292	傣族	pɤ²¹tɕhiŋ²¹, mi²¹tɕhiŋ²¹
293	苗族	mjɔ⁵²tshu²¹
294	瑶族	ʑa³³ʑi²¹³
295	彝族	ʑi²¹tshu²¹
296	四川人	ko³³tɕha⁵²tshɔŋ⁵⁵
297	美国人	a²¹mei⁵⁵li²¹ka²¹
298	外国人	ka²¹la²¹
299	别国人	mi²¹tɕhɔŋ³³tshɔŋ⁵⁵
300	本族人	ŋoa⁵⁵tshɔŋ⁵⁵
301	别人，人家	mi²¹tshɔŋ⁵⁵
302	成年人	lo²¹kho³³
303	中年人	tshɔŋ⁵⁵gje²¹ma²¹gje²¹ʐɛ⁵⁵
304	小伙子	lo²¹kho³³lo²¹

续表

序号	汉义	布角语
305	小孩儿	lo²¹, lo²¹gu³³lo²¹
306	初生儿	lo²¹bɤ⁵⁵lo²¹
307	老头儿	tshɔŋ⁵⁵gje²¹pu³³
308	老太太	tshɔŋ⁵⁵gje²¹mo³³
309	男人	kho²¹pho²¹
310	女人	kho²¹mo³³
311	年轻男人	lo²¹kho²¹
312	年轻女人	lo²¹mi²¹
313	男孩	kho²¹pho³³lo²¹
314	女孩	kho²¹mo³³lo²¹
315	姑娘	mi³³lo²¹
316	小姑娘	lo²¹mi²¹lo²¹
317	百姓	bo³³xai³³mi³³nɤ²¹
318	农民	a²¹khjei³³khjei³³tshɔŋ⁵⁵
319	士兵	pu³³tui⁵⁵
320	大商人	si⁵⁵khui³³
321	小商贩	si⁵⁵thi³³
322	老板	si⁵⁵thi³³bu³³
323	老板娘	si⁵⁵thi³³mo³³
324	医生	mo³³ʑa³³
325	病人	no⁵⁵tshɔŋ⁵⁵
326	疯人	phi²¹pa̯²¹
327	学生	a²¹do⁵⁵xiŋ²¹³tshɔŋ⁵⁵
328	师傅	sɯ²¹³tshɔŋ⁵⁵tɕɑŋ³³tshɔŋ⁵⁵
329	老师	lɔ³³sɯ⁵⁵, a²¹do⁵⁵ɔ⁵⁵a³³tshɔŋ⁵⁵
330	会计	tɕɑŋ³³a³³tshɔŋ⁵⁵
331	当（会计）	(tɕɑŋ³³) ɔŋ⁵⁵
332	木匠	iŋ⁵⁵tshɔ³³tɕɑŋ³³tshɔŋ⁵⁵, sɯ³³fu³³
333	校长	phjɔ²¹lo³³, ɕɔ²¹³tsɑŋ⁵²
334	村长	phjɔ²¹
335	巫师	pei²¹³mɔ⁵²

续表

序号	汉义	布角语
336	祭司	sɯ²¹³tshɔŋ⁵⁵, po³³tsaŋ⁵⁵
337	大和尚	tu³³lo³³, tu³³bi³³, tu³³bi³³lo³³
338	大菩萨	pha̠⁵²tɕɔ²¹³
339	小菩萨	pha̠⁵²tɕɔ²¹³a²¹ti⁵⁵lo²¹
340	小和尚	pha̠⁵²lo²¹
341	尼姑	pha̠⁵²kho²¹mo³³
342	乞丐	lo²¹ɕo²¹
343	贼	tɕɔŋ³³tɕɔŋ³³
344	朋友，伴	lo²¹gu²¹tɕhɔŋ²¹
345	瞎子	mi̠³³pʐ⁵²
346	聋子	no²¹pɔŋ²¹
347	驼子	lɔ²¹tshɔŋ²¹
348	傻子	lɔ²¹dzɔŋ²¹
349	结巴	tɕei²¹mɔ²¹³
350	哑巴	a²¹dzɔŋ²¹, ma²¹tɕei²¹tɕaŋ³³
351	歪嘴	ne²¹tɔ³³ko²¹³
352	房主	iŋ⁵⁵sɯ⁵⁵
353	物主	a²¹sɯ⁵⁵
354	客人	mi²¹tɕhɔŋ³³tshɔŋ⁵⁵
355	媒人	kho²¹pho²¹kho²¹mo³³ɕo⁵⁵bi²¹tshɔŋ⁵⁵
356	祖宗	a²¹mɔ⁵⁵
357	爷爷	a²¹phi²¹bu³³
358	奶奶	a²¹phi²¹mo³³
359	外祖父	a²¹phi²¹pu³³, wai³³kɔŋ³³
360	外祖母	a²¹phi²¹mo³³, wai³³pho²¹
361	曾祖父	a²¹mɔ⁵⁵
362	曾祖母	a²¹mɔ⁵⁵
363	父母	a²¹bu³³a²¹ti⁵⁵
364	父亲	a²¹bu³³, bu³³
365	母亲	a²¹ti⁵⁵, ti⁵⁵
366	儿子	kho²¹pho³³lo²¹

续表

序号	汉义	布角语
367	儿媳妇	khji²¹ɣo³³, lo⁵⁵pai³³
368	大儿子	ŋo³³ a³³ kho²¹pho³³lo²¹xɯ²¹tshɔŋ⁵⁵
369	二儿子	ŋo³³ a³³ kho²¹pho³³lo²¹a²¹kɔŋ⁵⁵
370	老幺	ȵɯ⁵⁵tshɔŋ⁵⁵
371	女儿	ŋo³³ a³³ kho²¹mo³³lo²¹
372	女婿	lo³³khei³³, khei³³
373	孙子	a²¹li²¹kho²¹pho³³lo²¹
374	孙女儿	a²¹li²¹kho²¹mo³³lo²¹
375	哥哥	xɯ²¹tshɔŋ⁵⁵
376	姐姐	kho²¹mo³³lo²¹xɯ²¹tshɔŋ⁵⁵
377	弟弟	kho²¹pho³³lo²¹ȵɯ⁵⁵tshɔŋ⁵⁵
378	妹妹	kho²¹mo³³lo²¹ȵɯ⁵⁵tshɔŋ⁵⁵
379	兄弟	ȵɯ⁵⁵tshɔŋ⁵⁵, kho²¹pho³³lo²¹
380	姐妹	xɯ²¹tshɔŋ⁵⁵, kho²¹mo³³lo²¹
381	兄弟姐妹	xɯ²¹tshɔŋ⁵⁵ȵɯ⁵⁵tshɔŋ⁵⁵
382	亲戚	mi³³tɕhɔŋ⁵²
383	亲姐	mi⁵⁵tɕhɔŋ⁵²
384	伯父	a²¹bu³³mo³³
385	伯母	a²¹mo³³mo³³
386	叔叔	a²¹bu³³lo²¹, a²¹bu³³a̠³³
387	婶母	a²¹mo³³
388	妯娌	a²¹ɯ²¹mo³³
389	嫂子	a²¹tshu³³
390	大舅（比妻大）	a²¹a⁵⁵
391	小舅（比妻小）	a²¹na̠²¹³, a²¹bu³³lo²¹
392	大舅母	a²¹mo³³mo³³
393	小舅母	a²¹mo³³lo²¹
394	大姨父	a²¹bu³³mo³³
395	大姨母	a²¹mo³³mo³³
396	二姨母	a²¹mo³³kɑŋ³³
397	小姨母	a²¹mo³³la̠³³

附录一　词汇表

续表

序号	汉义	布角语
398	姑父	a²¹bu³³mo³³
399	姑母	a²¹mo³³mo³³
400	岳父	ŋoa³³kho²¹mo³³ bu³³, bo³³dɑŋ³³
401	岳母	ŋoa³³kho²¹mo³³ ti⁵⁵, me³³nai⁵²
402	丈夫	kho²¹pho²¹
403	妻子	kho²¹mo³³
404	大老婆	lɑ²¹xu³³kho²¹mo³³
405	夫妻	kho²¹pho²¹kho²¹mo³³
406	小老婆	a²¹ŋo³³kho²¹mo³³
407	继母	me³³nɑ²¹³
408	继父	bo³³nɑ²¹³
409	寡妇（离异）	me³³lɑŋ³³
410	寡妇（亡夫）	me³³mai²¹³
411	鳏夫（离异）	bo³³lɑŋ³³
412	鳏夫（亡妻）	bo³³mai²¹³
413	亲家爹	bo³³lɔŋ³³
414	亲家母	me³³lɔŋ³³
415	亲戚	mi⁵⁵tɕhɔŋ⁵²
416	友人（男女）	mi⁵²
417	领养子女	lo³³gjet⁵⁵
418	养子（随父）	kho²¹pho³³xe⁵⁵lɯ⁵²
419	养子（随母）	kho²¹mo³³xe⁵⁵lɯ⁵²
420	岩香干	ai²¹ɕɑŋ⁵⁵kan⁵⁵
421	波尖	bo⁵⁵tɕɛn³³, tɕhɛ²¹ɛ³³
422	岩树	ai²¹su⁵⁵/kho²¹su⁵⁵
423	野生动物	do⁵⁵lo²¹lɯ⁵⁵lo²¹
424	家畜	iŋ⁵⁵ẓɑ²¹, sɛ³³si⁵⁵
425	水牛	po²¹nɑŋ³³
426	黄牛	ma³³n̥o⁵²
427	白牛	buɑŋ⁵⁵, po²¹nɑŋ³³po²¹buɑŋ⁵⁵
428	水牛犊	po²¹nɑŋ³³lo²¹

续表

序号	汉义	布角语
429	黄牛犊	ma³³ȵo⁵²lo²¹
430	公牛	po²¹nɑŋ³³kho²¹pho²¹
431	母牛	po²¹nɑŋ³³kho²¹mo³³
432	公黄牛	ma³³ȵo⁵²kho²¹pho²¹
433	母黄牛	ma³³ȵo⁵²kho²¹mo³³
434	水牛粪	po²¹nɑŋ³³a²¹khɯi²¹
435	黄牛粪	ma³³ȵo⁵²a²¹khɯi²¹
436	猪粪	wua̠²¹khɯi²¹
437	牛犄角	po²¹nɑŋ³³po²¹khɯ⁵⁵
438	蹄	po²¹nɑŋ³³a²¹pje²¹
439	毛	a²¹mɯ²¹
440	尾巴	tɔŋ²¹mi²¹
441	马	mjoŋ⁵²
442	马驹	mjoŋ⁵²lo²¹
443	公马	mjoŋ⁵²kho²¹pho²¹
444	母马	mjoŋ⁵²kho²¹mo³³
445	马鬃	mjoŋ⁵²a²¹mɯ²¹ʐɔ³³ɕɯ⁵⁵lɯ⁵⁵
446	马粪	mjoŋ⁵²khɯi²¹
447	野山羊	a²¹ʐo²¹a²¹ʐɛ⁵²
448	山羊	tɕhɔŋ²¹pjɛ³³
449	绵羊	tɕhɔŋ²¹pjɛ³³
450	羊毛	tɕhɔŋ²¹pjɛ³³a²¹mɯ²¹
451	羊皮	tɕhɔŋ²¹pjɛ³³a²¹kho³³
452	羊粪	tɕhɔŋ²¹pjɛ³³a²¹khɯi²¹
453	化肥	khji²¹fu⁵⁵
454	驴	lo²¹³
455	猪	wua̠²¹i̠³³
456	种公猪	wua̠²¹tɕhɛ⁵⁵
457	母猪	wua̠²¹mo³³
458	阉猪	wua̠²¹dɔŋ²¹
459	猪崽	wua̠²¹lo²¹

续表

序号	汉义	布角语
460	半大猪	wua²¹i̠³³a²¹tha̠ŋ⁵⁵
461	狗	khɯ²¹
462	公狗	khɯ²¹kho²¹pho²¹
463	母狗	khɯ²¹kho²¹mo³³
464	疯狗	khɯ²¹phi²¹pa̠³³
465	猫	a²¹mjɛ³³
466	兔子	ma⁵⁵kai³³tai²¹³
467	鸡	wua̠³³tɕi²¹³
468	公鸡	wa³³pho²¹
469	母鸡	wa³³mo³³
470	阉鸡	kai²¹³tuan³³
471	雏鸡	wa³³tɕhi³³lo²¹
472	鸡冠	wua̠³³tɕi²¹³a²¹tɕuɑŋ⁵⁵
473	翅膀	a²¹dɔŋ⁵⁵
474	羽绒	a²¹nɔŋ³³
475	蛋	a²¹o̠³³
476	鸡窝	wua̠³³tɕi²¹³a²¹khɯ⁵⁵
477	鸭子	tɕhɔŋ²¹khuɛ³³
478	鹅	o²¹lɯ⁵⁵ʐo³³ɕɯ⁵⁵lɯ⁵⁵
479	鸽子	la̠³³ka̠³³ke³³
480	老虎	lo²¹
481	龙	pe³³ʐoŋ²¹
482	爪子	la̠²¹sɯ²¹
483	猴子	tɕhɔ³³pɔ̠²¹
484	长尾巴猴	ɕo²¹ȵi⁵⁵
485	短尾巴猴	ɕo²¹nɤ⁵⁵
486	长臂猴	ɕo²¹na̠³³
487	熊	a̠²¹e⁵⁵
488	狗熊	khɯ²¹a̠²¹e⁵⁵
489	马熊	mjoŋ⁵²a̠²¹e⁵⁵
490	大象	ʐo³³

续表

序号	汉义	布角语
491	野猫	xɔŋ³³gu⁵⁵
492	野猪	wua̠²¹thɤ²¹
493	野猪群	wua̠²¹ɯ⁵⁵
494	鹿	tshe³³
495	麂子	tshu⁵⁵lu⁵²
496	水獭	ɕin³³vɤ⁵⁵
497	豪猪	xo³³phu⁵⁵
498	苦猪	xo³³kho²¹
499	老鼠	ko³³tɕha̠⁵²
500	小尖嘴田鼠	ko³³tɕha̠⁵²ne̠²¹tɕhe³³
501	硕鼠	xo³³tɕhi⁵⁵
502	松鼠	xo³³lo²¹kɛ⁵⁵lɛ̠³³
503	黑松鼠	xo³³sa̠³³
504	黄松鼠	xo³³o²¹nɤ⁵⁵
505	小松鼠	xo³³tshɔŋ⁵²
506	尖嘴松鼠	xo³³tɕhe³³
507	飞鼠	ma³³ɕɔŋ⁵²ma³³phai⁵²
508	竹鼠	xo³³phi²¹
509	豺狗	ʐai²¹³
510	穿山甲	thɔŋ²¹khɯ²¹a̠²¹lo²¹bua³³
511	鸟	ŋa̠³³lo²¹
512	鸟窝	ŋa̠³³lo²¹a̠²¹khɯ⁵⁵
513	老鹰	tse⁵⁵mo³³
514	猫头鹰	khɔŋ²¹po³³lo³³lo⁵⁵
515	燕子	a²¹tɕi³³kji̠³³li⁵⁵
516	麻雀	tso⁵⁵tshe̠²¹
517	小谷雀	tɕo⁵⁵xo⁵²lo²¹
518	黄谷雀	tɕo⁵⁵nɤ⁵⁵
519	黑谷雀	tɕo⁵⁵na̠³³
520	白头翁鸟	tɕho²¹ɣo³³u²¹bua³³
521	黑头冠鸟	tɕho²¹ɣo³³kho²¹na̠³³

续表

序号	汉义	布角语
522	乌鸦	te²¹ŋa²¹
523	野鸡	wa³³ɳʐ⁵²
524	鹦鹉	no³³iŋ²¹khɑŋ⁵²
525	斑鸠	tɕhɔŋ²¹ku²¹
526	蛇	e³³lɔŋ⁵⁵
527	大黑蛇	e³³lɔŋ⁵⁵ma⁵⁵na̠³³
528	蟒蛇	liŋ²¹
529	青蛙	pho²¹go³³go³³
530	蝌蚪	lɔŋ²¹pu⁵⁵
531	蜻蜓	ma³³lɯ²¹ma³³kɯ⁵⁵
532	青蛙蛋	pho²¹go³³go³³a²¹o̠³³
533	癞蛤蟆	pho²¹po̠³³
534	牛蛙	pho²¹mo⁵⁵
535	田蛙	pho²¹e³³lɔ⁵⁵ɕo̠²¹
536	鱼	ŋo²¹dʐ⁵⁵
537	鳞	ŋo²¹dʐ⁵⁵a²¹gji²¹
538	鱼鳃	ŋo²¹dʐ⁵⁵a²¹ʐ⁵⁵
539	鱼屎	ŋo²¹dʐ⁵⁵a²¹khɯi²¹
540	白鱼	ŋo²¹phu⁵⁵
541	鱼子	ŋo²¹dʐ⁵⁵a²¹u̠³³
542	虾	tɕha³³bjɔŋ⁵⁵
543	螃蟹	khji²¹khja³³
544	泥鳅	ŋo²¹dʐ⁵⁵a²¹ŋa⁵⁵, tʐ³³tɕi⁵⁵li⁵⁵
545	江鳅	ŋo²¹de²¹
546	鳝鱼	ŋo²¹tɕeŋ²¹³
547	气泡鱼	a²¹sa²¹ŋo²¹dʐ⁵⁵
548	螺蛳	tɔŋ²¹tɕho⁵²
549	蚌	meŋ³³
550	虫	pe²¹tɕɯ²¹
551	蛀虫	pe²¹mo²¹u²¹lu³³
552	跳蚤	khɯ²¹ɕhe⁵⁵

续表

序号	汉义	布角语
553	虱	ɕe⁵⁵mo³³
554	白虱	ɕe⁵⁵phu⁵⁵
555	黑虱	ɕe⁵⁵na̠³³
556	虮子	ɕe⁵⁵u̠⁵⁵
557	苍蝇	ʐɔŋ⁵⁵pho⁵²
558	大牛蝇	mɑŋ⁵²
559	小黑牛蝇	mɑŋ⁵²pjo̠⁵²
560	蛆	lo̠³³thɔŋ²¹
561	苍蝇蛋	tshɔŋ³³khɯi²¹
562	蛔虫	pe²¹tɤ⁵⁵
563	竹虫	mje²¹pi²¹
564	蚊子	ʐɔŋ³³kjɔŋ⁵²
565	蜘蛛	a²¹mje³³tɕha³³tɕhɔŋ⁵⁵lɔŋ⁵⁵
566	蜈蚣	e³³ɕiŋ⁵⁵
567	蝎子	mje²¹pɔ²¹³
568	蚂蟥	e³³ʐe̠⁵²
569	干蚂蟥	e³³ʐe̠⁵²ʐe̠⁵²ɲi⁵⁵
570	水蚂蟥	e³³ʐe̠⁵²ʐe̠⁵²thɔŋ⁵⁵
571	蚯蚓	pe²¹tɤ⁵⁵
572	蚂蚁	be²¹xo³³
573	蚂蚁窝	be²¹xo³³ a²¹gu³³
574	红蚂蚁	be²¹xo³³ tɕhe³³nɤ⁵⁵
575	黑蚂蚁	be²¹xo³³ thɔŋ²¹kho²¹
576	白蚂蚁	pin²¹
577	蚂蚁堆	tsɔŋ²¹pho³³lo³³
578	萤火虫	mi⁵⁵bo³³lo³³
579	蝉	xɔŋ²¹ɤ̠²¹mo³³
580	知了	ɕo̠²¹tɕiŋ²¹
581	蜜蜂	bjo²¹ʐɔŋ²¹
582	细小蜜蜂	bjo²¹ɔŋ⁵⁵
583	大头蜂	bjo²¹du⁵⁵

续表

序号	汉义	布角语
584	葫芦蜂	tshɔŋ²¹kjɔŋ⁵²
585	七里蜂	bjo²¹kjiŋ⁵⁵
586	黄土蜂	bjo²¹ɕɯ⁵⁵
587	蜂房	bjo²¹khɔŋ²¹
588	蜂蜜	bjo²¹ɯ⁵⁵
589	蜂蛹	bjo²¹bi²¹
590	蝗虫	a²¹gu²¹kɤ⁵⁵lɤ⁵⁵
591	蚂蚱	a²¹tɕhɔŋ⁵⁵tɕhɛ³³lɛ̠³³
592	蝴蝶	pi²¹lu³³
593	蝙蝠	pɤŋ⁵⁵lo²¹
594	树	a²¹dzɯ⁵⁵
595	大树	a²¹dzɯ⁵⁵ʑo³³mo³³lo³³
596	树枝	a²¹dzɯ⁵⁵a²¹la̠²¹
597	树根部	a²¹dzɯ⁵⁵dɔŋ²¹ŋui⁵²
598	树根	a²¹tɕhe⁵⁵
599	树皮	a²¹dzɯ⁵⁵a²¹kho³³
600	叶子	a²¹dzɯ⁵⁵a²¹pha̠²¹
601	花	a²¹ʐɛ³³
602	扫把花	tɕha³³pu³³li⁵²
603	水果	a²¹sɯ²¹
604	无花果	sɯ²¹pho³³
605	无花果子	sɯ²¹pho³³a²¹sɯ²¹
606	无花果叶	sɯ²¹pho³³a²¹pha̠⁵²
607	无花果汁	sɯ²¹pho³³a²¹dzi²¹
608	核儿	a²¹tsi̠³³
609	芽儿	a²¹mje̠³³
610	蓓蕾	a²¹du³³
611	树丫杈	kho⁵⁵lɔŋ³³ŋa³³
612	空心树	a²¹dzɯ⁵⁵a²¹khɔŋ²¹
613	松树	ma³³pɤ⁵⁵a²¹dzɯ⁵⁵
614	松子	ma³³pɤ⁵⁵a²¹tsi̠²¹

续表

序号	汉义	布角语
615	万年青树	a^{21}dzɯ^{55}ʐo^{33}mjɔŋ^{55}lɔŋ^{55}
616	毛木树	sɤ^{33}sa̠^{33}a^{21}dzɯ^{55}
617	杨柳	ko^{33}khai^{33}a^{21}dzɯ^{55}
618	漆树	khɯi^{52}dzɯ^{55}
619	攀枝花树	ta̠^{33}pɤ^{55}dzɯ^{55}
620	刺桶树	kho^{21}dzɯ^{55}
621	椰子	ma^{55}pɔŋ^{213}
622	椰树	ma^{55}pɔŋ^{213}dzɯ^{55}
623	松明	ma^{33}pɤ^{52}
624	竹子	ɣo^{21}
625	龙竹	sɯ^{21}bɔ^{33}
626	金竹	lɔŋ^{21}xɔŋ^{33}
627	甜竹	kɔŋ^{21}kjiŋ^{21}
628	竹笋	kɔŋ^{21}mju̠^{21}
629	笋叶	ɣo^{21}lo^{21}
630	苦笋	ma^{33}kho^{52}
631	甜笋	kɔŋ^{21}kjiŋ^{21}
632	藤子	ne^{21}tɯ^{21}
633	刺儿	a^{21}kjɔŋ^{33}
634	桃子	sɯ^{52}
635	梨	li^{21}tsɯ^{33}
636	酸果	sɯ^{52}tɕhe^{55}
637	苦果	sɯ^{52}khɔ^{21}
638	甜果	sɯ^{52}tɕhi^{55}
639	香蕉	ŋa̠^{33}sɯ^{21}
640	香蕉	ŋa̠^{33}sɯ^{21}kui^{21}tɕen^{33}
641	芭蕉	kui^{21}la^{55}khjen^{33}
642	大野芭蕉	ŋa̠^{33}mo^{55}
643	野芭蕉	ŋa̠^{33}pɔ̠^{21}
644	西瓜	ɕi^{55}kua^{55}
645	橘子	ma^{33}tɕo^{55}a^{21}sɯ^{21}

续表

序号	汉义	布角语
646	柿子	ma⁵⁵khɤ³³sɤ³³thɤ⁵⁵a²¹sɯ²¹
647	荔枝	li³³tsɯ⁵⁵a²¹sɯ²¹
648	野龙眼（树）	xo³³tɕha̠⁵²la̠²¹se²¹a²¹sɯ²¹
649	野龙眼（藤）	xo³³tɕha̠⁵²la̠²¹se²¹a²¹sɯ²¹
650	菠萝	ma³³khje³³le⁵⁵
651	葡萄	phu²¹thɔu⁵⁵
652	带刺板栗	tshz̠²¹khun³³a²¹sɯ²¹
653	红板栗	tshz̠²¹nɤ⁵⁵
654	黑板栗	tshz̠²¹na̠³³
655	酸角	ma̠²¹khɑŋ⁵⁵
656	甜酸角	ma̠²¹khɑŋ⁵⁵a²¹tɕhi⁵⁵
657	酸酸角	ma̠²¹khɑŋ⁵⁵a²¹tɕhe⁵⁵
658	芭蕉花	ŋa̠³³tu³³
659	芭蕉叶	ŋa̠³³pha̠²¹
660	芭蕉根	ŋa̠³³tsɯ⁵⁵a²¹tɕhe⁵⁵
661	芒果	phɔŋ²¹tɕhe⁵⁵a²¹sɯ²¹
662	包烧叶	phjɛ²¹lɛ̠²¹phjɛ²¹mo⁵⁵
663	甘蔗	pɤ²¹tɕhi⁵⁵
664	橄哩勒	kho²¹sɯ²¹
665	向日葵	nɔ⁵⁵ta³³wan⁵²
666	木瓜	kho²¹nu⁵²sa³³
667	稻草	ɕo²¹ɯ⁵²
668	糯米	xɔŋ²¹nɔ²¹ko³³tɕhe⁵⁵
669	米	xɔŋ²¹tɕhe⁵²ko³³tɕhe⁵⁵
670	糯米饭	xɔŋ²¹nɔ²¹
671	饭米	xɔŋ²¹tɕhe⁵²
672	紫米	ko³³na̠³³la̠³³
673	种子	a²¹tse³³
674	谷种	ko³³sɯ⁵²
675	秧	ka²¹³
676	穗	ko³³nɤŋ⁵⁵

续表

序号	汉义	布角语
677	稻棵	ko³³nɤŋ⁵⁵ɕa²¹ɯ⁵²
678	谷茬	ɕa²¹ɯ⁵²tuɑŋ⁵⁵
679	谷粒	ko³³tsi̱³³
680	谷粒	ko³³khuɛ²¹
681	瘪谷	a²¹khuɛ²¹
682	碎米	tɕhe⁵⁵kɯ⁵²
683	旱谷	ʐɤ³³tɤ⁵²ko³³
684	苞谷	ma⁵⁵tu³³
685	苞谷花	ma⁵⁵tu³³a²¹ʐɛ³³
686	荞麦	lo²¹li⁵⁵
687	庄稼	pa̱²¹la̱²¹pa̱²¹tha⁵²
688	棉花	pha²¹ʐoŋ⁵²
689	青菜	kɔŋ²¹mo³³a²¹ȵi⁵⁵
690	白菜	kɔŋ²¹mo³³a²¹phu⁵⁵
691	包菜	kɔŋ²¹mo³³a²¹sɯ²¹
692	蕨菜	dɔ⁵⁵le³³
693	韭菜	pha⁵⁵pjɛn²¹³
694	野菜	ma³³dɔŋ⁵²kho²¹kɔŋ²¹kjiŋ⁵⁵
695	大韭菜	ku²¹phei³³
696	苦菜	kɔŋ²¹mo³³a²¹kho²¹
697	臭菜	kɔŋ²¹bo²¹
698	长茄子	ma̱²¹khɤ⁵⁵ʐɔ³³ɕhɯ⁵⁵lɯ⁵⁵
699	圆茄子	ma̱²¹khɤ⁵⁵a²¹po̱³³lo³³
700	刀豆	tho³³khɑŋ⁵²
701	西红柿	ma̱²¹khɤ³³ma³³
702	萝卜	pha⁵⁵pɯ³³
703	辣椒	ɕo²¹phi⁵⁵
704	葱	ku²¹
705	盐	a²¹tɔ̱²¹
706	块盐	a²¹tɔ̱⁵²a²¹phɤ³³
707	碎盐	a²¹tɔ̱⁵²a²¹kji⁵⁵li⁵⁵

续表

序号	汉义	布角语
708	糖	pɤ²¹tɕhi⁵⁵
709	水果糖	pɤ²¹tɕhi⁵⁵ a²¹thje³³, pɤ²¹tɕhi⁵⁵a²¹tsi̠³³
710	白糖	ɔe²¹bɔŋ⁵²
711	味精	na²¹wan³³
712	蒜	xo³³xɔŋ³³
713	姜	tɕhɔŋ²¹kho²¹
714	野山姜	ma³³dɔŋ⁵²kho²¹tɕhɔŋ²¹kho²¹
715	芫荽	pha³³pɔŋ⁵⁵
716	土豆	ʑa²¹ʑi⁵⁵
717	芋头	baŋ²¹phɯ³³
718	芋头秆	baŋ²¹khɔŋ²¹
719	魔芋	i³³lɔ⁵⁵ma⁵⁵na̠³³
720	山药	mɯ²¹
721	大山药	mɯ²¹mo³³
722	山药	mɯ²¹khjɛ³³
723	甜山药	mɯ²¹tɕhi⁵⁵
724	柴山药	mɯ²¹khɔŋ²¹mɯ²¹taŋ⁵²
725	红薯	maŋ²¹kjo³³
726	木薯	maŋ²¹ȵu̠³³
727	地瓜	ti³³ti⁵⁵lɔŋ²¹pu⁵⁵
728	南瓜	ma³³kha̠⁵²
729	冬瓜	thɔŋ²¹kho²¹
730	黄瓜	sɯ⁵²kho²¹
731	黄瓜皮	sɯ²¹kho²¹a²¹kho³³
732	洋丝瓜	ma⁵⁵po³³lɔ̠³³
733	丝瓜瓤	ma⁵⁵po³³lɔ̠³³a²¹nɯ³³
734	豆子	nɤ³³kɤ³³lɤ̠³³, tho³³khou⁵²
735	黄豆	tho³³o⁵⁵
736	蚕豆	tho³³pɯ⁵²
737	长豆	nɤ³³kɤ³³lɤ̠³³ʑo³³ɕɯ⁵⁵
738	豌豆	tho³³nɔe²¹a²¹tsi̠²¹

续表

序号	汉义	布角语
739	葫芦	e³³tɕho⁵²phu⁵²
740	花生	nɤ³³du²¹
741	芝麻	nɤ²¹ɕhe⁵⁵
742	草	ȵa⁵⁵
743	茅草	i²¹tǫ²¹
744	香茅草	phɔŋ²¹mi²¹
745	狗尾巴草	ʑa²¹pɔŋ²¹³
746	一种植物	pe²¹pe²¹lɔ⁵⁵lǫ³³
747	蘑菇	xɔŋ⁵⁵phạ⁵²a²¹mo⁵⁵
748	蘑菇	xɔŋ⁵⁵phạ⁵²khji²¹lǫ³³
749	木耳	nǫ²¹pɛ³³
750	小白木耳	xɔŋ⁵⁵tshɤŋ³³
751	青苔	i⁵⁵ʑu³³, u⁵⁵ʑu³³
752	米	ko³³tɕhe⁵⁵
753	饭	xɔŋ²¹
754	菜（总）	kɔŋ²¹kjiŋ⁵⁵
755	早饭	nɤ³³ɕɔŋ²¹xɔŋ²¹
756	午饭	nɤ³³gɔŋ⁵⁵xɔŋ²¹
757	晚饭	ɔŋ²¹khui²¹phạ⁵²
758	粥（稀饭）	kha³³pjẹ³³
759	馊饭	xɔŋ²¹si²¹³
760	冷饭	xɔŋ²¹tɕho⁵², xɔŋ²¹kjạ³³
761	生饭	xɔŋ²¹a²¹tɕi⁵⁵ma²¹tɕạ⁵²
762	面粉	khɔ²¹nǫ³³lɔŋ³³
763	米线	khɔ²¹nu⁵²
764	米干	khɔ²¹suɛ⁵²
765	面条	mjen⁵⁵thjɔ²¹
766	面点	khɔ²¹pa³³pa³³
767	（糯米）粑粑	khɔ²¹no⁵⁵so³³
768	（猪）肉	ɕɔ²¹pǫ²¹
769	油（肥肉）	a²¹tshɯ⁵⁵

续表

序号	汉义	布角语
770	瘦肉	a²¹ɕo²¹, ɕo²¹
771	花生油	nʐ³³kʐ³³lʐ³³a²¹tshɯ⁵⁵
772	酱油	naŋ²¹tɕɑŋ⁵⁵
773	干巴	tɕho²¹pǫ²¹a²¹kɯ³³
774	酸鱼	ŋɔ²¹dʐ⁵⁵a²¹tɕhe⁵⁵
775	酸腌肉	ɕo²¹pǫ²¹a²¹tɕhe⁵⁵
776	酸竹笋	mi̯²¹tɕhe⁵⁵
777	酸菜	kɔŋ²¹mo³³kɔŋ²¹tɕhe⁵⁵
778	卤腐	ta̯²¹ka⁵⁵ma⁵²ɯ²¹nǫ²¹
779	豆豉	tho³³ɣo⁵⁵
780	稀豆豉	tho³³ɣo⁵⁵
781	汤	kɔŋ²¹kjiŋ⁵⁵a²¹ɯ⁵⁵
782	酒	tɕhi⁵⁵phɯ⁵²
783	酒糟	tɕhi⁵⁵phɯ⁵²a²¹ʑai⁵⁵
784	蘸水	lɔ⁵⁵mi⁵²tɕin³³
785	茶	la̯³³bo²¹
786	吸的烟	ko⁵⁵ʑa³³
787	草烟	ʑa³³khuɑŋ²¹
788	药	a²¹phje⁵⁵
789	粗糠	pe²¹kha³³
790	糠	kho²¹phɯ²¹
791	猪食	wua̯²¹dzo⁵⁵
792	马料	mjoŋ⁵²a²¹dzo⁵⁵
793	饲料	sɯ⁵⁵ljɔ⁵⁵
794	食品	a²¹dzo⁵⁵
795	线	pi²¹khɯ⁵⁵
796	布	a²¹le³³
797	衣服	pe⁵⁵kha³³
798	上衣	pe⁵⁵kha³³ʐo³³mo³³
799	衣领	pe⁵⁵kha³³a²¹tɕɯ⁵⁵
800	衣袖	pe⁵⁵kha³³la̯²¹tǫ⁵²

续表

序号	汉义	布角语
801	扣子	mi³³tuan⁵⁵
802	拉链	pe⁵⁵kha³³ɕɯ³³ta̠³³
803	衣袋	thɔŋ³³pe³³le³³
804	裤子	te²¹kha⁵⁵
805	裙子	tɔŋ²¹ko²¹
806	男头巾	pe⁵⁵pɛ³³
807	女头巾	ɯ²¹dɔu²¹
808	帽子	ɔ²¹tshɔŋ²¹
809	裤带	tɕo²¹kɑŋ²¹
810	裹腿	a²¹khji⁵⁵phɑŋ²¹ʑa̠²¹
811	袜子	khji⁵⁵tshɔŋ⁵²
812	鞋	khji⁵⁵nɔŋ⁵²
813	凉拖鞋	khji⁵⁵nɔŋ⁵²phjɛ³³phjɛ³³
814	筒鞋	khji⁵⁵nɔŋ⁵²khɔ³³khɔ³³
815	布鞋	a²¹le³³khji⁵⁵nɔŋ⁵²
816	皮鞋	bo²¹na̠³³a³³khɔ³³khji⁵⁵nɔŋ⁵²
817	斗笠	tshɔ²¹khɔ³³
818	梳子	ɯ²¹ɕi³³
819	耳环	no̠²¹ʑiŋ²¹
820	耳环眼	no̠²¹pha²¹a²¹go³³
821	项圈	ɔ²¹lɯ⁵⁵a²¹ɣɔ³³
822	戒指	la̠²¹tshɔŋ⁵²
823	手镯	la̠²¹phu⁵⁵a²¹ɣɔŋ³³
824	背包	kho²¹ʐo³³
825	小银泡	tse³³mo²¹tse³³sɯ⁵²
826	陆谷（珠）	dzɛ³³mo²¹dzɛ³³sɯ⁵²
827	枕头	ɯ²¹kui²¹
828	被子	pha³³lɛ⁵²
829	棉絮	pha⁵⁵mjɔ̠³³
830	棉衣	pe⁵⁵kha³³a²¹thu⁵⁵
831	襁褓	pu³³pha²¹

续表

序号	汉义	布角语
832	席子	khɔ²¹ʑa̠²¹
833	竹席	shɑŋ²¹
834	竹席笆	shɑŋ²¹mo³³ga³³la̠⁵⁵
835	蓑衣	mɔ²¹khɔ³³
836	房子	iŋ⁵⁵
837	寝室	i²¹di²¹
838	教室	a²¹do⁵⁵xiŋ²¹³di²¹
839	年级	ȵen²¹tɕi²¹
840	房顶	iŋ⁵⁵mo⁵⁵khɑ²¹lo⁵⁵
841	厨房	xɔŋ²¹ɔŋ⁵⁵dzo⁵²di²¹
842	楼房	iŋ⁵⁵tha⁵²
843	平房	iŋ⁵⁵ɔŋ²¹ko²¹
844	楼上	iŋ⁵⁵tha⁵²la̠²¹
845	楼下	iŋ⁵⁵ɔŋ²¹ko²¹
846	仓库	iŋ⁵⁵lɔ̠²¹
847	圈	a²¹khɔ²¹
848	牛圈	po²¹nɑŋ³³a²¹khɔ²¹
849	猪圈	wua̠²¹khɔ²¹
850	马圈	a²¹khɔ²¹
851	羊圈	tɕhɔŋ²¹pjɛ³³a²¹khɔ²¹
852	鸡圈	wua̠³³tɕi²¹³ɿ²¹wa³³lo³³
853	砖	lin³³tɕi⁵⁵
854	瓦	lin³³khɔ³³
855	竹片笆	iŋ⁵⁵phɤŋ²¹
856	篾笆垫	i²¹tshɯ⁵⁵ khɔŋ²¹
857	篾子结头	ŋje²¹khja²¹
858	墙	iŋ⁵⁵phɤŋ⁵⁵tɑŋ⁵²
859	篾子	ŋje²¹
860	藤子	ne²¹dɯ²¹
861	藤篾	wuɛ³³lo³³
862	细藤篾	ʑiŋ⁵⁵

续表

序号	汉义	布角语
863	大藤篾	thɔŋ²¹lɔŋ⁵⁵
864	藤篾凳子	ʐiŋ⁵⁵a³³ɲi⁵⁵tʐ̩³³
865	木头	miŋ²¹thiŋ³³
866	木料	iŋ⁵⁵khɤ⁵⁵
867	木板	ma²¹pjeŋ²¹³
868	柱子	iŋ³³khɤ⁵⁵
869	门	lo⁵⁵ko³³
870	大门	lo⁵⁵ko³³ʐo³³mo³³lo³³
871	寨门	khɔŋ⁵⁵bɔŋ³³
872	窗子	na²¹bɔŋ⁵⁵
873	火塘	tsen²¹thɔŋ³³
874	灶	tsen²¹thɔŋ⁵²a²¹khɔŋ⁵⁵
875	大梁	thɤŋ²¹
876	椽子	iŋ⁵⁵ɲi⁵⁵
877	楼梯	tseŋ³³
878	篱笆	ʐa³³khji⁵⁵
879	菜园子	kɔŋ²¹kjiŋ⁵⁵dɔŋ⁵⁵
880	棚子	ʐa²¹tɕhe⁵⁵
881	东西	a²¹kha²¹a²¹ko⁵⁵, ʐa²¹
882	桌子	xɔŋ²¹mɯ²¹
883	竹篾饭桌	ɣo²¹a³³xɔŋ²¹mɯ²¹
884	竹编凳子	ɣo²¹a³³ɲi⁵⁵tʐ̩³³
885	木凳	a²¹dzɯ⁵⁵a³³ɲi⁵⁵tʐ̩³³
886	床	dɛ³³
887	箱子	li²¹³
888	柜子	li²¹³ʐo³³mo³³lo³³
889	盒子	bo²¹lo³³
890	肥皂	na²¹sa³³
891	毛巾	pha⁵⁵tɕi³³
892	镜子	wuɛ³³
893	扫帚	ʐɤ³³bjɛ⁵⁵

续表

序号	汉义	布角语
894	灯	tjen⁵⁵tʐn³³
895	柴	mi²¹dzo²¹
896	（燃）火炭	mi²¹tɕi³³
897	火机	mɯ²¹dɯ²¹
898	火石	sɯ²¹lo̠³³
899	火柴	ka⁵⁵fai⁵²
900	蜡烛	tin²¹kjɔu²¹³
901	烧香	tin²¹tho²¹³
902	竹火把	mi²¹tho²¹
903	铁锅	ma⁵⁵khɔŋ³³
904	盖子	a²¹kʐ³³
905	锅盖	ma⁵⁵khɔŋ³³a²¹kʐ³³
906	锅刷	ma⁵⁵khɔŋ³³tɕuɛ³³ʐa²¹
907	刀	mjo³³
908	刀子	mjo³³lo²¹
909	刀把儿	mjo³³ɯ²¹
910	饭勺	xɔŋ²¹khɔŋ³³kuɑŋ²¹
911	大勺	kuɑŋ²¹mo³³
912	小勺	kuɑŋ²¹lo²¹
913	碗	phu²¹lo²¹
914	盘子	wa⁵⁵phjɛ²¹
915	筷子	thu²¹
916	瓶子	kɔŋ²¹kjo³³
917	热水瓶	kɔŋ²¹nɔŋ²¹u⁵⁵
918	罐子	po̠²¹
919	酸菜罐	po̠²¹
920	瓿盖	phɔŋ³³lɔŋ³³a²¹kʐ³³
921	瓿子	phɔŋ³³lɔŋ³³
922	筷篓	thu²¹kui³³ʐa²¹
923	饭篓	xɔŋ²¹tʐ³³
924	饭竹筒	xɔŋ²¹pa³³

续表

序号	汉义	布角语
925	酒杯	tɕhi³³phɯ⁵²khɯ²¹ʐa̠³³
926	水桶	i⁵⁵tɕho⁵²thɔŋ²¹
927	水竹筒	i⁵⁵tɕho⁵²bu²¹laŋ⁵⁵
928	竹饭盒	xoŋ²¹tʐ̩³³
929	竹茶杯	la̠³³bo²¹bo²¹laŋ⁵⁵
930	茶杯	la̠³³bo²¹bo²¹laŋ⁵⁵
931	茶壶	la̠³³bo²¹thɔŋ⁵⁵ʐa̠²¹
932	蒸筒	xɔ²¹sɛ³³bo²¹laŋ⁵⁵
933	瓢	i⁵⁵tɕho⁵²khu²¹ʐa̠²¹
934	葫芦瓢	i⁵⁵tɕho⁵² ko²¹kʐ̩³³
935	盆	mo²¹la²¹
936	缸子	wa³³ko⁵⁵
937	铁三脚架	ɕiŋ⁵⁵khji⁵⁵
938	三石架	khɔ⁵⁵lo̠³³
939	烘架	mi²¹sa̠²¹ka̠³³mo³³
940	火钳	tɕhe⁵⁵mjɛ³³
941	吹火筒	mi²¹dzɯ³³ bo²¹laŋ⁵⁵
942	砧板	thʐ⁵⁵
943	扇子	li⁵⁵bjɔ³³
944	挖耳勺	no̠²¹pha̠²¹li³³ʐa̠²¹
945	掏	li̠³³, khuaŋ²¹
946	背巾	bo³³pha̠²¹
947	眼镜	wuɛ³³ta³³ bo²¹³
948	烟斗	ko⁵⁵ʐa⁵⁵ko⁵⁵pɔu³³
949	水烟筒	ko̠²¹³ʐa³³khɔŋ²¹lɔŋ²¹
950	陀螺	sɯ⁵²lɯ³³
951	秤	tɕaŋ³³tɕaŋ³³
952	戥子	tɕaŋ³³tɕaŋ³³lo²¹
953	秤花	tɕaŋ³³tɕaŋ³³mi̠³³tɕho³³
954	秤钩	tɕaŋ³³tɕaŋ³³ vʐ³³ʐa̠²¹
955	秤砣	tɕaŋ³³tɕaŋ³³ ne²¹u̠³³

续表

序号	汉义	布角语
956	钱（币）	phu⁵⁵pjɛ³³, phu⁵⁵, pjɛ³³
957	铜钱	tɔŋ²¹ɔŋ³³phu⁵⁵pjɛ³³
958	银圆	phu⁵⁵a²¹mo⁵⁵
959	工资	ŋɤ²¹lɤ³³, kɔŋ⁵⁵tsɯ⁵⁵
960	工钱	a²¹khjei³³ khjei³³a²¹phi²¹
961	尺子	tɤ³³ʐa²¹
962	缝衣针	kɤ⁵²
963	（打）针	ten²¹khjiŋ³³ khjiŋ³³
964	钉子	ɕiŋ⁵⁵tai²¹ʐa²¹
965	剪子	me̠³³se̠²¹
966	梯子	tseŋ³³
967	水槽	kai³³le⁵²
968	伞	tɕɔŋ²¹³
969	锁	kho³³kha⁵⁵tɕe³³
970	钥匙	ka⁵⁵tɕe³³
971	棍子	ta⁵⁵khjɔŋ⁵²
972	棍棒	mi²¹thiŋ³³
973	拐杖	tsɔŋ²¹ŋui⁵²
974	烙铁棒	ɕiŋ⁵⁵do⁵⁵
975	马鞍	a²¹le³³
976	马鞍垫部	a²¹le³³
977	马铃铛	tɕa⁵⁵tɕi³³li̠³³
978	马套口	bo²¹lo³³
979	马嚼子	ɕiŋ⁵⁵tɕe³³le̠³³
980	马镫子	a²¹khji⁵⁵nɔ³³ʐa²¹
981	马蹄	mjoŋ⁵²a²¹pje²¹
982	马掌	ɕiŋ⁵⁵a²¹khji⁵⁵
983	马料槽	mjoŋ⁵²wua̠²¹lɔŋ²¹
984	驮架	pɔŋ⁵⁵ma²¹³
985	牛皮鞭	ta̠³³khjɔ⁵²
986	牛轭	ɔŋ²¹eŋ⁵⁵

续表

序号	汉义	布角语
987	上牛轭	ɔŋ²¹
988	下牛轭	eŋ⁵⁵
989	牛鼻圈	ne̠²¹u̠³³ thɔŋ⁵²
990	牛绳	ne²¹dɯ²¹
991	小船	lɔŋ²¹
992	大船	lɔŋ²¹ʐo³³mo³³
993	小船	lɔŋ²¹a²¹ti⁵⁵lo²¹
994	木筏	bei²¹
995	斧头	khua³³bo³³
996	锤子	tɔŋ²¹du⁵⁵
997	大锤子	tɔŋ²¹du⁵⁵ʐo³³mo³³
998	小锤子	tɔŋ²¹du⁵⁵a²¹ti⁵⁵lo²¹
999	凿子	tsɔŋ³³lo²¹
1000	圆凿子	tsɔŋ³³lo²¹a²¹kɔŋ³³lɔŋ⁵⁵
1001	扁凿子	tsɔŋ³³lo²¹a²¹phei²¹lei²¹
1002	锯子	lɯ³³
1003	犁	thai³³
1004	铲子	thje²¹tɕhou³³
1005	铧	thai³³sɯ⁵²
1006	耙	phjɛ³³, phɤ³³
1007	脚耙	phjɛ³³
1008	手耙	phɤ³³
1009	锄头	kho³³
1010	扁担	pa̠²¹khɔŋ²¹
1011	绳子	ȵi²¹dɯ²¹
1012	疙瘩	lɯ³³thiŋ⁵⁵
1013	秋千绳	ʐa³³e⁵⁵le³³dɯ²¹
1014	楔子	lai²¹
1015	木楔子	a²¹dzɯ⁵⁵a³³lai²¹
1016	铁楔子	ɕiŋ⁵⁵a³³lai²¹
1017	背篓	a²¹kha³³

续表

序号	汉义	布角语
1018	背篓带	a²¹kha³³ mɣ²¹
1019	篮子	po²¹lo³³
1020	大谷箩	kɔŋ²¹khjo⁵⁵
1021	大谷箩	sɤ²¹bɔŋ⁵⁵
1022	谷仓	e³³lɔ⁵²
1023	镰刀	kji²¹
1024	农具	khjei³³ẓa²¹ɔŋ⁵⁵ẓa²¹
1025	脚碓	to̠³³ga²¹³
1026	脚臼	dɔŋ²¹tshe⁵⁵
1027	手杵	dɔŋ²¹kji⁵⁵
1028	手臼	dɔŋ²¹tshe⁵⁵
1029	筛子	phɔŋ²¹ɣɔŋ²¹
1030	簸箕	ɣo⁵⁵mo³³
1031	撮箕	tshɔŋ²¹po̠²¹lo̠²¹
1032	肩背板	ma²¹pjen²¹³pa̠²¹tha²¹tɕi⁵⁵
1033	磨石	sɯ²¹lo³³
1034	尖刀	mjo³³ne̠³³
1035	柴刀	mjo³³mo³³
1036	刀鞘	mjo³³bei³³
1037	枪	nɑŋ³³
1038	火药	mɣ⁵⁵
1039	火药枪	nɑŋ³³fai⁵²
1040	矛	me²¹pɔŋ²¹³
1041	弓	li²¹
1042	箭	mjo²¹
1043	弹弓	khɔŋ⁵⁵kuɑŋ⁵⁵
1044	弹弓丸	lɔŋ³³mo²¹na̠³³sɯ⁵²
1045	弹弓皮带	ẓa²¹ɤ³³
1046	捕兽的圈套	khɔŋ⁵⁵pɑŋ²¹
1047	捕鸟夹	mje̠³³ta⁵⁵
1048	捕兽夹	ɕiŋ⁵⁵tshe̠²¹ẓa²¹

续表

序号	汉义	布角语
1049	陷阱	ɕo²¹du²¹
1050	树浆（扣雀）	e³³ȵɔ⁵²
1051	笼子	bo²¹lo³³
1052	毒	ʑa³³bɤ⁵⁵ʑa³³ma²¹
1053	毒死	ʑa³³bɤ⁵⁵dzo²¹ɤ³³ɕi⁵⁵
1054	撒（的鱼）网	khɔŋ³³dzɯ⁵⁵
1055	拉（的鱼）网	mɔŋ²¹
1056	（放）VCD	wui⁵⁵ɕi⁵⁵ti⁵⁵
1057	鸟笼	ŋa̠³³lo²¹a³³bo²¹lo³³
1058	汽车	tɑŋ²¹lo̠³³
1059	自行车	kɔŋ³³kjiŋ³³
1060	飞机	khɔŋ²¹bin³³
1061	汽油	tɕhi³³ʑu²¹a²¹tshɯ⁵⁵
1062	电灯	tjɛn⁵⁵tɤn³³
1063	电线杆	sa³³lɛ⁵⁵a²¹dzɯ⁵⁵
1064	电线	sa³³lɛ⁵⁵
1065	灯管	tɤn³³phɔ³³ʑo³³ɕɯ⁵⁵
1066	灯泡	tɤn³³phɔ³³a²¹bo³³lo³³
1067	电筒	kɔŋ²¹fai⁵²
1068	照相机	tsɔ⁵⁵ɕɑŋ⁵⁵tɕi³³
1069	电话	ȵo²¹pha²¹ɔ⁵⁵ʑa̠²¹
1070	（钟表）点	(la̠²¹ȵi⁵⁵) da³³
1071	电影	bu²¹la³³, a²¹bu³³da³³da⁵⁵
1072	电视	tjɛn⁵⁵sɯ⁵⁵
1073	经济	dʑa³³lo⁵⁵bɔ³³lo⁵⁵
1074	科学	kho⁵⁵ɕo²¹
1075	字	a²¹do⁵⁵
1076	黑板	ma²¹pjɛn²¹³a²¹to⁵⁵kua²¹ʑa̠²¹
1077	粉笔	kɔ²¹ʑa²¹, fɛn³³pi²¹
1078	（写）信	na³³sɯ³³
1079	画	kɔ²¹

续表

序号	汉义	布角语
1080	书	pɔ³³
1081	纸	kha³³ta⁵⁵
1082	钢笔	pi²¹
1083	铅笔	tɕhen⁵⁵pi²¹
1084	旗子	thi²¹lɛ³³
1085	鞭炮	ma³³san⁵²pɔ³³
1086	话	a²¹miŋ³³, a²¹khjɔŋ²¹
1087	外语	ga²¹la³³a²¹miŋ³³
1088	美国话	a²¹mi⁵⁵li²¹ka³³miŋ³³
1089	龙碧话	lɔŋ⁵⁵pi⁵²miŋ³³
1090	布角语	pu³³kɔ²¹miŋ³³
1091	想法	ni²¹go²¹³
1092	思想	nɯ³³ɣo³³ni²¹
1093	消息	xua²¹go³³mɯ²¹
1094	传说	ɔ⁵⁵ʐɛ³³
1095	讲故事	kha³³thi⁵²tshɔŋ⁵⁵
1096	事情	a²¹khjei³³, kaŋ³³
1097	生产生活	khjei³³khjei³³dzo²¹dzo²¹
1098	生意（好）	kɔŋ²¹ko³³
1099	猜	bo²¹
1100	（猜）谜语	khji⁵⁵sɯ⁵⁵la²¹sɯ²¹（sɯ²¹ɯ³³）
1101	歌	kaŋ²¹khaŋ⁵⁵
1102	跳舞	ȵɛ³³
1103	敲象脚鼓	thɔŋ²¹phi²¹
1104	铓锣	ʐa²¹lɔŋ³³
1105	钹	tɕi³³tɕhɛ⁵²
1106	（吹）叶哨	sɯ³³pha²¹
1107	（吹）直箫	（bi⁵⁵）xɔŋ³³
1108	（吹）稻杆	ɕo²¹ɯ²¹tuan³³xɔŋ³³
1109	（弹）吉他	dɔŋ³³dɔŋ³³
1110	二胡	taŋ⁵⁵si³³

续表

序号	汉义	布角语
1111	铃	tɕa⁵⁵tɕi³³l̪i³³
1112	神仙	te²¹a²¹la³³
1113	老天爷	ɯ²¹tha²¹mi⁵⁵tshɔŋ⁵⁵
1114	鬼	nɤ²¹
1115	妖精	ma⁵⁵xa³³ma³³xɔŋ⁵⁵mo³³
1116	菩萨	pha̠⁵²tɕɔ²¹³
1117	龙王	pe³³ʐɔŋ²¹ɯ²¹sɯ²¹
1118	灵魂	a²¹sha̠²¹a²¹lo⁵⁵
1119	（祭祀）牲畜	bo²¹na̠³³
1120	运气	te²¹
1121	力气	ko²¹
1122	胆子小	nɯ³³ɣo³³n̪ɯ⁵⁵
1123	胆子大	nɯ³³ɣo³³kha²¹³
1124	性子慢	nɯ³³ɣo³³xɯ²¹³
1125	名字	a²¹mi⁵⁵
1126	份儿	bɔŋ²¹
1127	罪	khjei³³se̠³³
1128	痕迹	a²¹ɣo⁵⁵
1129	甘蔗渣滓	pɤ²¹tɕhi⁵⁵a²¹phje²¹
1130	影子	a²¹wu³³da³³da⁵⁵
1131	梦	ma̠³³
1132	东方	n̪i⁵⁵ɣo³³to³³lo⁵⁵pha²¹
1133	西方	n̪i⁵⁵ɣo³³go³³le³³pha²¹
1134	北方	mi²¹tha²¹pha²¹
1135	南方	mi²¹o̠²¹pha²¹
1136	中间	a²¹gɔŋ⁵⁵
1137	旁边	a²¹dzɿŋ⁵⁵
1138	左边	la̠²¹o̠²¹
1139	右边	la̠²¹mo⁵⁵
1140	前边	a²¹bɤ³³
1141	后边	kho⁵⁵no̠⁵²

续表

序号	汉义	布角语
1142	外边	a²¹nɔ³³
1143	里边	a²¹khɔŋ⁵⁵
1144	角儿	tɕho³³lo⁵⁵
1145	（针）尖儿	a²¹tɕhe³³le³³
1146	（房）周围	(iŋ⁵⁵) a²¹do²¹a²¹dzʅ⁵⁵
1147	（桌）上	(xɔŋ²¹mɯ²¹) a²¹tha²¹
1148	（桌）下	(xɔŋ²¹mɯ²¹) a²¹o̯²¹
1149	时间	wui²¹la²¹, ʑɑŋ²¹
1150	时候	khɔŋ³³, xɑŋ⁵²
1151	今天	a²¹mɯ⁵⁵ȵi³³
1152	昨天	a²¹mi⁵⁵ȵi³³
1153	前天	ɕi²¹mi⁵⁵ȵi³³
1154	明天	a²¹ne̯³³ȵa⁵⁵
1155	后天	phje⁵²ȵa³³
1156	今晚	a²¹mɯ⁵⁵khui⁵²
1157	明早	a²¹ne̯³³ɕoŋ⁵²
1158	明晚	a²¹ne̯³³khui⁵²ʑa³³
1159	昨晚	a²¹mi⁵⁵khui⁵²
1160	白天	ne̯³³kɔŋ⁵⁵
1161	早晨	ne̯³³ɕoŋ⁵²
1162	晚上	ɔŋ²¹khui²¹
1163	傍晚	ɔŋ²¹khui²¹khui²¹go³³ʑe⁵⁵
1164	整晚	ɔŋ²¹khui²¹tɑŋ²¹khɯ²¹
1165	整天	tɑŋ²¹wa²¹
1166	深夜	kɑŋ⁵⁵khɯ³³lo³³
1167	属虎	lo²¹ȵi³³
1168	属龙	pe³³ʑɔŋ²¹ȵi³³
1169	属兔	ma⁵⁵kai³³tai²¹³ȵi³³
1170	属蛇	e³³lɔŋ⁵⁵ ȵi³³
1171	属马	mjoŋ⁵²ȵi³³
1172	属羊	tɕhɔŋ²¹pjɛ³³ȵi³³

续表

序号	汉义	布角语
1173	属猴	tɕhɔ³³pɔ̰²¹ɲi³³
1174	属鸡	wua³³tɕi²¹³ɲi³³
1175	属狗	khɯ²¹ɲi³³
1176	属猪	wua²¹ḭ³³ɲi³³
1177	属鼠	ko³³tɕha̰²¹ɲi³³
1178	属牛	po²¹nɑŋ³³ɲi³³
1179	（农）一月	thɤ²¹bi²¹lo³³
1180	（农）二月	ɲḭ²¹bi²¹lo³³
1181	（农）三月	sen²¹bi²¹lo³³
1182	（农）四月	li²¹bi²¹lo³³
1183	（农）五月	ŋo²¹bi²¹lo³³
1184	（农）六月	kho²¹bi²¹lo³³
1185	（农）七月	ɕi²¹bi²¹lo³³
1186	（农）八月	xɤ̰²¹bi²¹lo³³
1187	（农）九月	kui²¹bi²¹lo³³
1188	（农）十月	tshɤ⁵⁵bi²¹lo³³
1189	（农）十一月	thɤ²¹tshɤ⁵⁵tsa⁵²thɤ²¹bi²¹lo³³
1190	（农）十二月	thɤ²¹tshɤ⁵⁵tsa⁵²ɲi²¹bi²¹lo³³
1191	日，天	ɲi³³
1192	月	bi²¹lo³³
1193	年	nɯ³³
1194	今年	a²¹mɯ⁵⁵nɯ³³
1195	去年	i²¹nɯ³³
1196	前年	ɕi²¹nɯ³³
1197	明年	i²¹nɯ³³ɛ³³
1198	后年	nɔ̰³³nɯ³³ɛ³³
1199	从前	ga³³thi⁵⁵e³³
1200	以前	ga³³thi⁵⁵e³³
1201	先	a²¹xu²¹, la̰²¹xu²¹
1202	后	a²¹nɔŋ³³
1203	据说	kha³³thi⁵⁵tshɔŋ⁵⁵

续表

序号	汉义	布角语
1204	现在	a²¹mɯ⁵⁵
1205	刚才	a²¹mɯ⁵⁵seŋ⁵²
1206	将来	a²¹tɕa⁵⁵
1207	将要	lo²¹
1208	上面	a²¹tha²¹
1209	星期一	ɕi⁵⁵tɕhi⁵⁵ʑi²¹
1210	星期二	ɕi⁵⁵tɕhi⁵⁵ɣ⁵⁵
1211	星期三	ɕi⁵⁵tɕhi⁵⁵shan³³
1212	星期四	ɕi⁵⁵tɕhi⁵⁵sɯ⁵⁵
1213	星期五	ɕi⁵⁵tɕhi⁵⁵yu²¹
1214	星期六	ɕi⁵⁵tɕhi⁵⁵lu²¹
1215	星期天	ɕi⁵⁵tɕhi⁵⁵thjen⁵⁵
1216	分钟	fen³³
1217	小时	ta³³
1218	一点钟	thɣ²¹ ta³³
1219	三点钟	sen²¹ ta³³
1220	暖季	kja̠³³ ma²¹ kja̠³³ loŋ⁵⁵ ma²¹ loŋ⁵⁵
1221	冷季	kja̠³³mju⁵⁵ʐaŋ⁵²
1222	热季	loŋ⁵⁵mju⁵⁵ʐaŋ⁵²
1223	雨季）	o²¹xo⁵⁵ʐaŋ⁵², wa³³san³³ʐaŋ⁵²
1224	新年	nɯ̠³³ɕɣ²¹
1225	泼水节	nɯ̠³³xɔ⁵⁵
1226	新年节	nɯ̠³³ɕɣ²¹
1227	秋千节	ʐa³³e⁵⁵le³³
1228	新米节	xɔ²¹ɕɣ²¹dzo²¹be³³
1229	开门节	ɔ⁵⁵wa³³sa³³
1230	关门节	khɔ²¹wa³³sa³³
1231	零	ɣɔ³³lɔ³³mɔŋ⁵⁵
1232	一	thɣ²¹, thi²¹
1233	二	n̠i²¹
1234	三	sen²¹

续表

序号	汉义	布角语
1235	四	li²¹
1236	五	ŋo²¹
1237	六	kho²¹
1238	七	ɕi²¹
1239	八	xɤ²¹
1240	九	kui²¹
1241	十	tshɤ⁵⁵
1242	十一	thɤ²¹tshɤ⁵⁵tsa⁵²thɤ²¹
1243	十二	thɤ²¹tshɤ⁵⁵tsa⁵²n̠i²¹
1244	十三	thɤ²¹tshɤ⁵⁵tsa⁵²sen²¹
1245	十四	thɤ²¹tshɤ⁵⁵tsa⁵²li²¹
1246	十五	thɤ²¹tshɤ⁵⁵tsa⁵²ŋo²¹
1247	十六	thɤ²¹tshɤ⁵⁵tsa⁵²kho²¹
1248	十七	thɤ²¹tshɤ⁵⁵tsa⁵²ɕi²¹
1249	十八	thɤ²¹tshɤ⁵⁵tsa⁵²xɤ²¹
1250	十九	thɤ²¹tshɤ⁵⁵tsa⁵²kui²¹
1251	二十	n̠i²¹tshɤ⁵⁵
1252	三十	sen²¹tshɤ⁵⁵
1253	百	sɯ⁵⁵,
1254	千	ku̠⁵⁵
1255	万	li⁵²
1256	加	tɕa⁵⁵, tɕa⁵⁵fa²¹
1257	减	tɕɛn³³, tɕɛn³³fa²¹
1258	乘	tshɤŋ²¹, tshɤŋ²¹fa²¹
1259	除	tshu²¹, tshu²¹fa²¹
1260	十以上	tshɤ⁵⁵ xo³³tha⁵²
1261	百以上	thɤ²¹ xuai²¹³ tha⁵²le³³
1262	以下	o̠²¹le³³, ma²¹ lo̠²¹
1263	二分之一	ɤ²¹³fen⁵⁵tsɯ⁵⁵ʑi²¹
1264	一半（瓣）	pha³³
1265	半数	khɤŋ³³

续表

序号	汉义	布角语
1266	一倍	dzo²¹
1267	第一	a²¹xu²¹thɤ²¹do³³
1268	第二	a²¹nɔŋ³³ ȵi²¹ do³³
1269	第三个	a²¹nɔŋ³³ sen²¹ do³³
1270	最前的（人）	la̠⁵²xu³³xu³³
1271	中间的（人）	a²¹gɔŋ⁵⁵
1272	最后的（人）	la̠⁵²nɔŋ³³nɔŋ³³
1273	最里面	liŋ³³
1274	最前	a²¹xu³³ʐa̠⁵²
1275	最后	a²¹nɔŋ³³ʐa̠⁵²
1276	最前的（鸟）	la̠⁵²xu³³xu³³
1277	中间的（鸟）	a²¹gɔŋ⁵⁵
1278	最前的（鸟）	la̠⁵² xu³³xu³³
1279	另一（人）	nɤ⁵⁵kha³³
1280	另一（物）	a²¹nɔŋ³³
1281	另一（人）	thɤ²¹ʐo³³le³³
1282	（一）个（人）	ʐo³³
1283	另一只（鸟）	do³³le³³
1284	（一）个（碗）	phu²¹lo²¹, sɯ⁵²
1285	（一）条（河）	kho²¹
1286	（一）根（绳子）	do³³
1287	（一）张（纸）	pha̠²¹
1288	（一）个（蛋）	sɯ⁵²
1289	（两）条（鱼）	do³³
1290	（两）根（棍子）	do³³
1291	（一）根（草）	siŋ²¹³
1292	（一）粒（米）	tse̠³³
1293	（一）把（扫帚）	do³³
1294	（一）把（刀）	do³³
1295	（一）棵（树）	dzɯ⁵⁵
1296	（一）本（书）	pɔ³³

续表

序号	汉义	布角语
1297	（一）座（桥）	do^{33}
1298	（一）把（菜）	ma^{33}
1299	（一）把（米）	la^{21}tho^{33}
1300	（一）支（笔）	pi^{21} thɤ^{21} du^{33}
1301	（一）杆（枪）	do^{33}
1302	（一）堆（石头）	dzɔŋ^{55}, gɔŋ^{33}
1303	（一）桶（水）	thɔŋ^{213}
1304	（一）背篓	a^{21}kha^{33}
1305	（一）碗（饭）	phu^{33}lo^{21}
1306	（一）块（地）	di^{21}
1307	（一）块（粑）	thje^{33}
1308	（一）片（叶）	pha^{21}
1309	（一）朵（花）	du^{33}
1310	（一）句（话）	khjɔŋ^{21}
1311	（一）首（歌）	pɔŋ^{213}
1312	（一）件（衣）	phɯ^{55}
1313	（一）双（鞋）	gu^{21}
1314	（一）对（兔子）	gu^{21}
1315	一公一母	kho^{21}pho^{21} thɤ^{21} do^{33} kho^{21}mo^{21} thɤ^{21} do^{33}
1316	（一）对（双）	gu^{21}
1317	（一）群（羊）	a^{21}mou^{55}, mou^{55}
1318	大群（兽）	tɑŋ^{21}mou^{55}
1319	（一）群（人）	mɑŋ^{21}
1320	（一）半（路）	khɤ^{33}
1321	一条路	siŋ^{213}
1322	（一）节（竹子）	lɔŋ^{33}
1323	（一个）节子	tsɤ^{21}
1324	（一个）筒子	lɔŋ^{33}
1325	（一）天（的路）	ɲi^{33}
1326	（一）只（鞋）	khuɑŋ^{55}
1327	（一）卷（布）	khɔŋ^{55}

附录一　词汇表

续表

序号	汉义	布角语
1328	（一）背（柴）	kha³³
1329	（一）杯（酒）	phu²¹
1330	（一）捆（草）	maŋ³³, dzɯ⁵²
1331	（一）捧（米）	la̠²¹khuɛ²¹
1332	（一）匹（马）	do³³
1333	（一）袋（米）	ko̠³³tai²¹
1334	（一）串（葡萄）	phu⁵⁵
1335	（一）排	thɤ²¹tɕɛŋ²¹
1336	（一）窝（蛋）	khɯ⁵⁵
1337	（一）窝（动物仔）	mo³³
1338	（一）滴（油）	tsɯ²¹
1339	（一两）层（楼）	xɑŋ²¹³
1340	（一）间（房）	xɔŋ²¹³
1341	（一）包（菜）	dzɯ²¹
1342	（一）瓶（酒）	kɔŋ²¹³
1343	（一）个（故事）	do³³
1344	（一）斤	kjiŋ⁵⁵
1345	（一）公斤	ȵi²¹ kjiŋ³³
1346	（一）千米	la̠⁵⁵
1347	（一）米	mi²¹, kɔŋ³³tshɯ²¹
1348	（一）庹	lɤŋ⁵⁵, a²¹ lɤŋ⁵⁵
1349	（一）拃	tho⁵⁵, a²¹tho⁵⁵
1350	（一）人（深）	lɤŋ⁵⁵
1351	（一）元	ʐen³³
1352	（一）角	tɕo²¹³
1353	一会儿	thɤ²¹sa̠²¹
1354	（一）天	ȵi³³
1355	（一）夜	khui²¹
1356	半天	khɤŋ³³
1357	半个月	bi²¹lo³³ thɤ²¹ khɤŋ³³
1358	上个月	nɤ³³tshɔŋ⁵⁵bi²¹lo³³

续表

序号	汉义	布角语
1359	（一）年	nɯ³³
1360	一岁	nɯ³³
1361	一辈子	tɕo²¹
1362	（一）段（路）	khɤŋ³³
1363	（一）步（路）	khji⁵⁵
1364	（一）次	tɕɔŋ⁵⁵
1365	（一）顿	mjo⁵⁵
1366	（一）声	tɕɔŋ⁵⁵
1367	（一）声	tɕɔŋ⁵⁵
1368	（一）下	tɕɔŋ⁵⁵
1369	（一）脚	tɕɔŋ⁵⁵
1370	（一）口	tɕɔŋ⁵⁵
1371	一些人	tshɔŋ⁵⁵ a²¹tɕi⁵⁵
1372	一些东西	nɤ⁵⁵tɕɤ³³xɤ⁵⁵tɕɤ³³
1373	一点	a²¹tɕi⁵⁵le³³
1374	几个人	ɲi²¹ ʐo³³ sen²¹ ʐo³³
1375	一些（人）	thɤ²¹maŋ²¹
1376	一些（物）	thɤ²¹tɕɤ³³
1377	某些（人）	ko³³ma̠²¹³（tshɔŋ⁵⁵）
1378	全家人	taŋ²¹iŋ⁵⁵
1379	母子仨	a²¹ti⁵⁵a²¹lo²¹sen²¹ ʐo³³
1380	父子仨	a²¹bu³³a²¹lo²¹sen²¹ ʐo³³
1381	每天	dʐo³³ɲi³³
1382	每个（人）	nɤ⁵⁵kha³³ thɤ²¹ ʐo³³
1383	我	ŋo⁵⁵
1384	我	ŋo³³
1385	我的	ŋo³³ a³³
1386	我（宾）	ŋo³³ ʐɔŋ⁵⁵
1387	我俩	ŋa³³ʐo³³
1388	我们	ŋa³³dʑu²¹, ŋa³³ɯ⁵⁵
1389	我们的	ŋa³³dʑu²¹a³³, ŋa³³ɯ⁵⁵a³³

续表

序号	汉义	布角语
1390	我们（宾）	ŋa³³dʑu²¹ʑoŋ⁵⁵, ŋa³³ɯ⁵⁵ʑoŋ⁵⁵
1391	咱俩	ŋa²¹ʑo³³
1392	咱们几个	ŋa³³ɯ⁵⁵
1393	你	nɔ⁵⁵
1394	你的	nɔ³³a³³
1395	你（宾）	nɔ³³ʑoŋ⁵⁵
1396	你俩	na²¹ʑo³³
1397	你们	na³³dʑu²¹, na³³ɯ⁵⁵
1398	他（她）	a²¹ȵɔ²¹, xɤ⁵⁵kha³³
1399	他的	a²¹ȵɔ²¹a³³
1400	他（宾）	a²¹ȵɔ²¹ʑoŋ⁵⁵
1401	他们俩	a²¹ȵɔ³³mi̱⁵²
1402	俩朋友	a²¹ȵɔ³³ʑo³³
1403	他们	a²¹ȵɔ²¹dʑu²¹, a²¹ȵɔ²¹ɯ⁵⁵
1404	他们两兄弟	a²¹ȵɔ³³mi̱⁵²
1405	他们的	a²¹ȵɔ²¹dʑu²¹ a³³
1406	大家，全部	tɑŋ²¹bu²¹kɤ⁵⁵
1407	别人	bi²¹tɕhɔŋ²¹
1408	互相	tɤ²¹kji⁵⁵
1409	唯独	tɤ²¹, ȵi⁵⁵tɤ²¹
1410	自己	a²¹do⁵⁵
1411	指代物	ʑa²¹
1412	这	xɤ³³, xɤ³³kha³³
1413	这些	xɤ³³dʑu²¹, xɤ³³tɕɤ³³
1414	这两个	xɤ³³ɕi³³ȵi²¹
1415	这些人	xɤ³³dʑu²¹
1416	这里	xe⁵²
1417	这样	xɤ⁵⁵tɕɤ³³
1418	那	nɤ⁵⁵, na³³
1419	那里	na³³pa⁵²
1420	那些（人）	nɤ⁵⁵dʑu²¹

续表

序号	汉义	布角语
1421	那俩（非亲）	nɤ⁵⁵ɕi³³ɲi²¹
1422	那些东西	nɤ⁵⁵tɕɤ³³
1423	那里	ne³³
1424	那边（更远）	na⁵⁵
1425	谁	a²¹sɤ³³, ka²¹sɤ³³,
1426	谁的	ka²¹sɤ³³ʑa²¹
1427	哪个	xɤ⁵⁵kha⁵²
1428	哪里	kha²¹
1429	何时	kho²¹maŋ⁵⁵, kho²¹maŋ⁵⁵dʐo²¹
1430	怎么	khjei⁵⁵khjei³³
1431	多少	kha⁵⁵lo³³
1432	几个（人）	kha⁵⁵lo³³ʐo³³
1433	几个（物）	kha⁵⁵lo³³do⁵²
1434	什么	a²¹tɕa⁵², kha²¹tɕa⁵²ʑa²¹
1435	为什么	khjei⁵⁵ka³³, a²¹dʐa³³ʑaŋ⁵²
1436	其他人	ko̰³³ma²¹ko̰³³tshoŋ⁵⁵
1437	其他	thɤ²¹tɕɤ³³
1438	自己	ŋa³³ɲi⁵²
1439	你自己	no³³ka⁵⁵dɔŋ³³
1440	他自己	ta⁵⁵dɔŋ
1441	自称（龙碧）	lɔŋ⁵⁵pi⁵²
1442	自家人	ŋua³³tshoŋ⁵⁵
1443	全国	taɑ⁵²mɤ²¹
1444	大	xɯ⁵⁵, ʐo³³mo³³
1445	小	ɲɯ⁵⁵, a²¹ti⁵⁵lo²¹
1446	不大不小	ma²¹xɯ²¹ ma²¹ɲɯ⁵⁵
1447	大-	mo³³, ʐo³³mo³³
1448	小-	lo²¹, a²¹ti⁵⁵lo²¹, ɲɛ³³lo²¹
1449	小点儿	a²¹tɕhi⁵⁵lo²¹
1450	高	mjoŋ⁵⁵ 高
1451	矮	ɯ⁵⁵

续表

序号	汉义	布角语
1452	凸	mjɔŋ^{52}
1453	凹	tu^{33}kui^{33}
1454	长	ɕɯ^{55}
1455	短	ȵi^{55}
1456	远	xɤ^{21}（xɤ^{213}）
1457	近	ɕɛ^{33}
1458	宽	kɯ^{55}
1459	窄	tɔŋ^{55}
1460	厚	thu^{55}
1461	薄	po^{213}
1462	横	o^{33}bi^{55}li^{55}
1463	竖	thɔŋ^{21}kho^{21}
1464	深	na̠^{21}
1465	浅	ma^{21}na̠^{21},khjen^{33}
1466	满	bɯ^{33}
1467	空	a^{21}ŋɤ^{21}
1468	瘪	a^{21}khuɛ^{21}
1469	多	mjo^{21}o^{33}
1470	不多不少	ma^{21} mjo^{21} ma^{21} ȵɯ^{55}
1471	少	ȵɯ^{55}
1472	椭圆	a^{21}tɕhe^{33}le^{33}
1473	圆	a^{21}mɔŋ^{33}lɔŋ^{55},wuɛ^{33}
1474	扁	a^{21}phjɛ^{21}lɛ^{21}
1475	急忙	neŋ^{21}
1476	尖	ɯ^{21}tɕhɛ^{33}mjɛ^{55}
1477	秃	a^{21}du^{33}lu^{33}
1478	平	a^{21}lɔŋ^{21}
1479	陡峭	a^{21}pjo^{55}, pjo^{55}
1480	皱	ʐɔ^{213}
1481	准（打准）	sɯ^{33}
1482	偏	a^{21}tsɑŋ^{55}phɤ^{213}

续表

序号	汉义	布角语
1483	整齐	mɯ²¹le³³tho²¹³
1484	直（的）	dʐo²¹³
1485	弯（的）	ko²¹ o³³
1486	黑	na̠³³
1487	黑色	a²¹na̠³³
1488	白	phu⁵⁵, a²¹phu⁵⁵
1489	红	a²¹nɤ⁵⁵
1490	红色	a²¹nɤ⁵⁵lɤ⁵⁵
1491	黄	a²¹lo³³
1492	黄色	a²¹lo³³lo³³
1493	绿	a²¹ȵi⁵⁵, ȵi⁵⁵
1494	蓝	a²¹phɯ⁵⁵
1495	蓝色	a²¹phɯ⁵⁵lɯ⁵⁵
1496	亮（的）	kɔŋ²¹
1497	黑暗	o²¹mo⁵⁵
1498	重	li²¹
1499	轻	ʑɔŋ⁵²
1500	快	ɣuɛ²¹
1501	慢	mɔ²¹
1502	悄悄地	a²¹lo³³le³³
1503	早	na̠²¹
1504	迟	mo²¹³
1505	锋利	tha³³
1506	钝	di³³
1507	牢固	ma̠⁵²
1508	清（的）	tɕhi³³
1509	浑浊	ti̠³³
1510	肥	tho³³
1511	胖	tho³³
1512	瘦	kjiŋ⁵⁵
1513	干	kɯ³³, a²¹kɯ³³

续表

序号	汉义	布角语
1514	湿	tɕin^{52}, a^{21}tɕin^{52}
1515	（粥）稠	mjɔ^{21}le^{33}ma^{21}tʂ^{52}
1516	（粥）稀	tɛ^{21} tsɤ^{55} le^{33}
1517	（布）密	tshɯ^{55}
1518	（头发）稀	khjo^{33}
1519	稀疏	khjo^{33}
1520	稠密	tshɯ^{55}
1521	软	nọ^{21}
1522	硬	kha^{213}
1523	（粥）稀	xɔ^{21} tɛ^{21}
1524	光滑	kɤŋ^{21}
1525	粗糙	a^{21}tɕho^{21}a^{21}lu^{33}
1526	紧	nɤ^{33}
1527	松	gɔŋ^{21}ɔŋ^{33}
1528	脆	phuɛ^{33}
1529	乱	tɯ^{21}xɔŋ^{33}tɯ^{21}xɑŋ^{33}
1530	对	ma^{213}
1531	错	se^{33}, ma^{21}ma^{213}
1532	真	a^{21}mo^{55}
1533	真真	te^{21}te^{21}
1534	假	a^{21}kuɛ^{52}, kuɛ^{52}
1535	生（的）	a^{21}dʑin^{21}
1536	新	a^{21}ɕɤ^{21}, ɕɤ^{21}
1537	旧	a^{21}li^{55}
1538	好	mɯ^{21}
1539	坏	mi^{55}
1540	不错	ma^{213}
1541	富	xɑŋ^{33}
1542	（人）穷	ɕo^{213}
1543	（价钱）贵	phi^{213}
1544	便宜	tho^{213}

续表

序号	汉义	布角语
1545	（植物）老	ɡje²¹³
1546	（植物）嫩	no̠²¹o̠³³
1547	年老	ɡje²¹e³³
1548	年轻	a²¹niŋ²¹
1549	美，漂亮	mɤ²¹³
1550	丑	kjɑŋ⁵⁵, ma²¹ nɑŋ⁵⁵
1551	热	a²¹lɔŋ⁵⁵, lɔŋ⁵⁵
1552	热乎	a²¹liŋ⁵⁵, liŋ⁵⁵
1553	热闹	mɔŋ²¹³
1554	温热	ma²¹tɕo̠²¹ma²¹lɔŋ⁵⁵
1555	暖和	ma²¹kja̠³³ma²¹lɔŋ⁵⁵
1556	冰凉	tsho̠⁵²
1557	冷	kja³³
1558	（水）温	liŋ⁵⁵
1559	懒	pɔŋ³³tu²¹
1560	凉快	ɯ²¹tha²¹mi³³tsho̠⁵² mɯ²¹
1561	（水）凉	tɕho²¹o³³
1562	烫	lɔŋ⁵⁵
1563	难	ȵa̠³³
1564	容易	ŋɛ³³
1565	（气味）香	ŋɤ²¹nɤŋ⁵⁵
1566	臭	bo²¹nɤŋ⁵⁵
1567	（味道）好吃	tsi⁵⁵
1568	酸	tɕhɛ⁵⁵
1569	甜	tɕhi⁵⁵
1570	苦	khɔ²¹
1571	（辣椒）辣	phi⁵⁵
1572	（盐）咸	tso̠³³
1573	（盐）淡	(a²¹tɔ²¹) ma²¹ lo²¹
1574	（菜）熟	tɕa̠²¹ phoi²¹³
1575	（果）熟（透）	a²¹sɯ²¹ mju³³kai³³

续表

序号	汉义	布角语
1576	涩	phɛ⁵⁵
1577	腥	dʑin²¹nʏŋ⁵⁵
1578	油腻	a²¹tshɯ⁵⁵ kho³³ mjo²¹ o³³
1579	闲	sou⁵²
1580	忙	kaŋ⁵⁵
1581	干净	mʏ²¹
1582	脏	na̠³³
1583	活（的）	a²¹tẹ²¹, tẹ²¹
1584	死（的）	a²¹ɕi⁵⁵, ɕi⁵⁵
1585	清楚	sɯ²¹
1586	好吃	tsi⁵⁵
1587	好听	xua²¹ mɯ²¹
1588	好看	naɲ⁵⁵, nɔu⁵⁵, dʏŋ²¹ mɯ²¹
1589	难看	ma²¹ naɲ⁵⁵
1590	（吃）饱	dzo²¹ lo̠²¹ o̠³³
1591	响	mɯ⁵⁵
1592	辛苦	mɔe³³
1593	舒服	tẹ²¹kọ³³mɯ²¹
1594	急急忙忙	kaŋ⁵⁵tsʏ²¹ le³³
1595	花（的）	a²¹kɔ²¹
1596	聪明	sɯ²¹
1597	狡猾	lɔe⁵², a²¹lɔe⁵²
1598	蠢	dzɔŋ²¹, a²¹dzɔŋ²¹
1599	老实	tshɔŋ⁵⁵mɯ²¹tshɔŋ⁵⁵dʐʏ²¹
1600	合适	maŋ²¹
1601	凶恶	ŋa⁵²
1602	厉害	lɣ²¹
1603	吝啬，小气	thi²¹
1604	勤快	sʏ³³lɣ⁵²
1605	笨拙	mɔ²¹
1606	麻利（勤）	ɣuɛ³³

续表

序号	汉义	布角语
1607	（孩子）乖	paŋ⁵⁵
1608	淘气	ma²¹ paŋ⁵⁵
1609	听（话）	(ɔ⁵⁵ a³³) xua²¹
1610	可怜	ɕo²¹bi⁵⁵
1611	高兴	tɕaŋ³³li⁵⁵
1612	平安	mɯ²¹le³³tɕo²¹le³³
1613	安全	tɕho²¹
1614	单独	thɤ²¹ʐo³³le³³, a²¹ɲo²¹lɯ²¹
1615	弯弯曲曲	a²¹kɔ²¹a²¹li³³
1616	斑斑点点	tɕi³³lu²¹tɕi³³lɛ²¹
1617	花花绿绿	a²¹kɔ²¹a²¹lɛ²¹
1618	笨头笨脑	a²¹dzɔŋ²¹a²¹ʐɤ²¹
1619	挨近	a²¹ɕɛ³³lu²¹
1620	挨骂	mi²¹tɕhɔŋ²¹ xoŋ²¹
1621	爱	ma̰³³
1622	爱情,儿女	lo²¹mi²¹lo²¹kho²¹, lo²¹kho²¹lo²¹mi²¹
1623	高兴	dʐa³³li⁵⁵
1624	熬（药）	thɔŋ⁵⁵
1625	拔（草）	kɔŋ⁵⁵
1626	耙（田）	phje⁵²
1627	掰开	tɕhɔ²¹pha̰³³
1628	搬（东西）	po̰³³ phjɔ⁵²
1629	搬（家）	khai³³ ʑe³³
1630	帮助	po̰³³tɤŋ⁵⁵
1631	帮工	po̰³³tɤŋ⁵⁵
1632	绑	ka̰²¹
1633	包（东西）	thje³³
1634	剥（花生）	tɕho̰²¹
1635	抱（东西）	pho⁵⁵
1636	抱（小孩）	tɕhi²¹
1637	刨	thui³³

续表

序号	汉义	布角语
1638	背（东西）	phi²¹³
1639	背（孩子）	bo̠²¹
1640	闭（眼）	mi̠³³
1641	编（辫子）	phje²¹³
1642	编（篮子）	tso̠²¹
1643	病	no⁵⁵
1644	补（衣）	to̠²¹
1645	擦（桌子）	thu³³
1646	猜（谜）	sɯ⁵² ɯ³³
1647	猜（一猜）	bo²¹
1648	猜中	po²¹ma²¹ɣo³³
1649	裁（衣）	tʏ²¹
1650	缝（衣）	ko̠²¹
1651	踩	nɔ²¹
1652	藏（东西）	wua̠²¹
1653	插（牌子）	tshɯ²¹ ɯ³³
1654	插（秧）	po̠²¹
1655	插	tɕhɛ³³
1656	拆（衣服）	phja³³
1657	拆（房子）	phja³³
1658	搀扶	tshɯ⁵²
1659	掺（水）	khʏ²¹tha⁵⁵
1660	缠（线）	paŋ²¹
1661	馋（肉）	mje̠²¹
1662	尝	dzo²¹ dʏ²¹ xeŋ⁵⁵
1663	唱	kaŋ²¹khaŋ⁵⁵ tɕhʏ⁵⁵ xeŋ⁵⁵
1664	吵架	sen³³
1665	吵闹	thin³³
1666	炒（菜）	kho⁵²
1667	沉	nɯ²¹go³³ʐe⁵⁵
1668	称（粮食）	tɕhe³³

续表

序号	汉义	布角语
1669	撑住	ɯ²¹thɔ³³
1670	撑（伞）	tɕɔŋ²¹ɔŋ³³ de²¹ta̠³³le²¹
1671	盛（饭）	khɑa²¹
1672	成（长）	xɯ²¹lo⁵⁵
1673	成功	tso⁵⁵ so²¹
1674	承认	lɔ³³sɯ³³
1675	吃	dzo²¹
1676	吃	tshen³³
1677	吃	tshɔ³³
1678	给吃	be³³ dzo⁵⁵⁻⁵²
1679	（吃）饱	lo̠²¹
1680	（吃）撑	bɯ⁵⁵
1681	给吃（讨）	be³³ dzo⁵⁵ la̠²¹ a³³
1682	给吃（喂）	be³³ dzo⁵⁵⁻⁵²
1683	吃喝拉撒	dzo²¹dzo²¹dɔŋ⁵⁵dɔŋ⁵⁵
1684	舂（米）	thɔŋ²¹
1685	舂（粑粑）	xɔŋ²¹thɔŋ²¹ thɛ⁵⁵
1686	抽（出）	kɔŋ⁵⁵（tɔ³³la̠²¹）
1687	抽（烟）	（ko⁵⁵ʐa³³）ɕi³³
1688	抽（筋）	（mɔ⁵⁵sɯ⁵²）pho³³ a⁵⁵
1689	出去	tɔ³³ʑe⁵⁵
1690	出（太阳）	（ȵi⁵⁵ɣo³³）tɔ³³lo⁵⁵
1691	出来	tɔ³³lo⁵⁵
1692	出嫁	kho²¹pho²¹ɕo³³ʑe⁵⁵
1693	取出	ʐu⁵⁵
1694	取水	khjiŋ³³ ʑe⁵⁵
1695	锄（草）	tɕuɛ²¹
1696	芟草	tse̠²¹
1697	穿（衣）	diŋ³³
1698	穿（鞋）	nɔŋ⁵²
1699	穿（针线）	kui³³

续表

序号	汉义	布角语
1700	喘气	kɔŋ⁵⁵
1701	吹（火）	dzɯ⁵⁵
1702	吹（笛子）	xoŋ³³
1703	戳	tshe³³
1704	搓（绳）	ʐo̠²¹
1705	搓（棉线）	pɑŋ²¹
1706	答应（声）	thu²¹
1707	许诺	o³³ma²¹ so²¹ o³³
1708	打（人）	dɯ²¹
1709	打猎	ɕo²¹ ka̠²¹ le³³, ma³³dɔŋ⁵²kho²¹ ka̠²¹ le³³
1710	打（枪）	po̠³³
1711	打架	dɯ²¹
1712	打（水）	khiŋ⁵⁵
1713	打（柴）	to̠³³
1714	打（铁）	thje̠²¹
1715	打瞌睡	i²¹ȵui⁵⁵
1716	打（哈欠）	(xai⁵⁵) khjei³³
1717	打嗝儿（呃逆）	(xɤ²¹ ɤ⁵²) khjei³³
1718	打鼾	a²¹sa̠²¹ mɯ⁵⁵
1719	打（霹雷）	(tsho̠²¹) dɯ²¹
1720	打（牌）	sei³³, ta²¹
1721	带（孩子）	a²¹lo²¹ ʐu⁵⁵/ a²¹lo²¹ lo̠²¹ o̠³³
1722	带（路）	a²¹xu²¹ xu²¹ u³³
1723	（自动）戴（帽子）	(ɔŋ²¹tshɔŋ²¹) tshɔŋ²¹
1724	（使动）戴（帽子）	ɔŋ²¹tshɔŋ²¹, tshɔŋ²¹ be³³
1725	戴（头巾）	dou²¹
1726	戴（手表）	(la̠²¹ȵi⁵⁵) te²¹
1727	戴（手镯）	te²¹
1728	当	ɔŋ⁵⁵
1729	倒（墙倒）	lɔŋ⁵⁵pɔŋ³³
1730	倒掉（水）	ɕei⁵²phi²¹

续表

序号	汉义	布角语
1731	到达（下来）	khua³³ lɯ³³
1732	（时间）到	(wui²¹la²¹) khɔ³³, xua³³
1733	倒（进水）	tho²¹kui³³
1734	倒（车）	tɔu⁵⁵
1735	得，必须	ɣo³³
1736	等待	dɔŋ²¹tho²¹
1737	地震	ɔŋ²¹lo̹³³ma⁵⁵lo̹³³ lo̹³³
1738	递（过来）	be⁵⁵la̹²¹
1739	点（头）	ŋuɛ³³
1740	点（火）	tho²¹
1741	点（鞭炮）	ma³³sha̹⁵² po̹³³
1742	燃烧	khjei⁵²
1743	垫（垫单）	khɔŋ²¹³
1744	掉（下）	go³³ʑe⁵⁵
1745	吊	tɕhɯ²¹ ɯ³³
1746	钓（鱼）	pjɛ⁵²
1747	跌倒	lɔ⁵⁵po̹³³
1748	叠（被子）	to̹³³
1749	铺（床）	khɔŋ²¹
1750	（蚊子）叮	tshe²¹
1751	丢失	phi²¹
1752	懂	sɯ²¹
1753	斗	dui²¹³
1754	读（书）	xiŋ²¹³（xiŋ²¹³ iŋ³³）
1755	堵塞	dɯ³³tshɯ²¹
1756	渡过河	vɤ⁵²
1757	游过河	fuɛ²¹
1758	跳过河	thɔŋ²¹khɑŋ⁵²
1759	断（线）	kɤ²¹, tshei³³
1760	弄断（线）	khjei³³tshei³³
1761	堆	ke³³

续表

序号	汉义	布角语
1762	拿	tɕhi²¹
1763	碓	to̯³³ga²¹³
1764	许多	mjo²¹, dɑŋ²¹bu²¹gɤ⁵⁵
1765	多余	tsɤŋ⁵⁵
1766	躲藏	wuɑ²¹ȵi⁵⁵
1767	剁（肉）	sa⁵², tse̯³³
1768	戳（"夺"）	tshe²¹³
1769	饿	mje̯²¹
1770	发抖	kja̯³³thɔŋ³³
1771	发（芽）	a²¹mje̯³³
1772	发烧	kja̯³³lɔŋ⁵⁵
1773	发霉	moi²¹³
1774	翻（过来）	pho³³
1775	翻（筋斗）	khjei³³
1776	翻滚	keŋ⁵⁵kho³³
1777	放（盐）	kho³³
1778	放置	tho²¹
1779	放牧	pai²¹, lo̯²¹
1780	（鸟）飞	(ŋa̯³³lo²¹) bɤŋ⁵⁵
1781	发（东西）	pin²¹³
1782	分	be²¹
1783	分手	phi²¹
1784	疯	pa̯³³, mɔ²¹
1785	缝	ko̯²¹
1786	（鸡）孵（蛋）	o̯³³
1787	腐烂	bo²¹
1788	盖（土）	ʑe̯³³pje̯³³
1789	盖（被子）	tin⁵⁵
1790	盖（盖子）	kɤ³³
1791	赶（集）	ʑe⁵⁵
1792	敢（吃）	tɕhiŋ⁵²

续表

序号	汉义	布角语
1793	干（活儿）	khjei^{33}
1794	感冒	tshe^{21}le^{21}lɔŋ^{55}
1795	告诉	ɔ^{55}kjo^{52} a^{21}
1796	割（肉）	ʑiŋ^{33}
1797	割（草）	kjo^{21}
1798	割（谷子）	kjo^{21}
1799	割（橡）	（kɔŋ^{33}ʑaŋ^{33}）pha̠^{33}
1800	给	be^{55}
1801	跟	tɕɔŋ^{52}
1802	耕（田）	de^{33} thai^{33}
1803	拱（土）	bɯ^{21}
1804	钩（起来）	vɤ^{33}
1805	够	lo̠^{21}
1806	刮（毛）	khɔŋ^{21}
1807	刮（胡子）	khɔŋ^{21}
1808	刮（风）	li^{55}
1809	刮（痧）	khuɑŋ^{213}
1810	挂（墙上）	tɕhɯ^{21}
1811	关（门）	phi^{21}
1812	关（羊）	lɔŋ^{55}
1813	归还	pe^{55}la̠^{21} so^{21}
1814	跪	khɔŋ^{55}tho^{33} khjei^{33}
1815	（度）过	tsen^{55}
1816	过年	ko^{55}ɲɕ^{33}
1817	哈痒	lai^{21}
1818	害羞	a^{21}bo^{33} ɕa̠^{21}
1819	害怕	khjei^{21}
1820	胆小鬼	khje^{33}bɔŋ^{21}
1821	喊（人）	khu^{55}
1822	喝	dɔŋ^{55}
1823	和（泥巴）	lɤŋ^{21}

续表

序号	汉义	布角语
1824	恨	tɤŋ²¹bɔŋ³³
1825	烘（放旁）	khɔŋ³³
1826	烘（放上）	mɯ²¹
1827	滑（坡）	pja̠³³
1828	图	teɤ³³teɤ³³
1829	画图	khua⁵²
1830	画，划开	khjei²¹
1831	怀孕	a²¹lo²¹ xe⁵²
1832	还（帐）	(ne̠²¹³sɛ⁵⁵）su²¹
1833	还清	(sɛ⁵⁵pɔŋ³³）su²¹
1834	还工	ʐo³³ko⁵⁵ tshe³³
1835	还（要）	go²¹, ʐɛ²¹³
1836	找工	ʐo³³ko⁵⁵ ɕo⁵⁵
1837	交换	lɤ²¹
1838	回去	ko²¹le³³, ko²¹ʐe⁵⁵
1839	回家	iŋ⁵⁵ a³³ le³³
1840	会（主观）	(a²¹do⁵⁵ kɔ²¹）tɕɑŋ³³
1841	会（客观）	sɯ²¹
1842	挤（牙膏）	a²¹so²¹ n̠ɛ²¹to̠³³
1843	记住（心记）	dʑɯ²¹tho³³
1844	记录（文字）	kɔ²¹³tho³³
1845	寄（信）	bi²¹ i³³
1846	嫉妒	ɔe²¹
1847	想要（贪心）	ɣo³³ni²¹
1848	系腰带	tɕo²¹kɑŋ²¹ kɑŋ²¹
1849	夹（菜）	mje̠³³
1850	捡	ko³³
1851	剪	phje̠³³
1852	建设	mɯ²¹le³³khjei³³
1853	讲（故事）	(kha³³thi⁵²tshɔŋ⁵⁵) o̠²¹³
1854	降	go³³lɯ⁵⁵

续表

序号	汉义	布角语
1855	交换	lɤ²¹
1856	浇（水）	ɕe²¹
1857	焦（烧焦）	tɕhɤ²¹
1858	嚼	ko²¹ o³³
1859	教（书）	ɔ⁵⁵
1860	教给	ɔ⁵⁵kjo⁵² a²¹
1861	交给	pi⁵²
1862	公鸡叫	de⁵⁵
1863	母鸡叫	de⁵⁵
1864	（猫）叫	mɯ⁵⁵
1865	（驴）叫	mɯ⁵⁵
1866	（马）叫	mɯ⁵⁵
1867	（牛）叫	mɯ⁵⁵
1868	（狗）叫	lɔŋ⁵⁵
1869	（猪）叫	mɯ⁵⁵
1870	（羊）叫	mɯ⁵⁵
1871	（老虎）叫	mɯ⁵⁵
1872	叫（名字）	khu⁵⁵
1873	揭（盖子）	phɔŋ³³
1874	结（果子）	sɯ⁵²
1875	结婚	dɔŋ⁵⁵
1876	借（钱）	ko̠⁵²
1877	借（东西）	ko̠⁵²
1878	浸泡（衣服）	dʑɛ²¹
1879	进（屋）	ɔŋ⁵⁵
1880	救	ʐu⁵⁵tɕo̠³³
1881	居住	ȵi⁵⁵
1882	举（手）	(la²¹phu⁵⁵) tɕhi²¹
1883	锯（断）	lɯ³³ (tshei³³)
1884	卷（袖子）	(la²¹phu⁵⁵) tɕhɯ⁵⁵
1885	蜷缩	khɔ³³lɔŋ⁵⁵

续表

序号	汉义	布角语
1886	卡住	khɤ³³
1887	开（门）	lo⁵⁵ko³³ phɔŋ³³
1888	（水沸）开	tshɯ⁵², tshu⁵²
1889	（花）开	ʑɛ³³
1890	开（开车）	tɑŋ²¹lo̱³³ phɑ⁵²
1891	开始	tɔŋ⁵⁵, a²¹mɯ⁵⁵
1892	开会	phɔ³³ɔ³³
1893	砍（柴）	mi²¹dzo²¹ to̱³³
1894	砍（树）	a²¹dzɯ⁵⁵ to̱³³
1895	伐（木）	a²¹dzɯ⁵⁵ thu⁵⁵
1896	砍（骨头）	a²¹ɯ̱⁵² to̱³³
1897	看	dɤŋ²¹
1898	看见	mjɔŋ⁵⁵
1899	侃、诓	o³³
1900	扛	pa̱²¹
1901	烤（肉）	pjɛ²¹
1902	烤（鱼）	pjɛ²¹
1903	烤（火）	liŋ⁵²
1904	靠（着）	lɔŋ⁵⁵iŋ³³
1905	磕（头）	ŋuɛ³³
1906	咳嗽	tshi²¹
1907	渴	kɯ³³, ɕe̱²¹
1908	嗑	thɔ³³
1909	啃（骨,草）	tshɔ³³
1910	啃肉	a²¹ɕo²¹ thɔ²¹ dzo²¹
1911	啃（骨头）	kɔ²¹³
1912	啃（甘蔗）	khjei³³
1913	抠	ku̱³³, tshe³³
1914	扣（纽子）	ʑa̱²¹
1915	哭	ŋui⁵⁵
1916	跨	phuɑŋ³³

续表

序号	汉义	布角语
1917	捆（草）	khjaŋ²¹
1918	拉	ɕɤ³³
1919	拉（屎）	tɕhe²¹
1920	（上）来	lo⁵⁵
1921	（下）来	lɯ³³
1922	正在来	lo⁵⁵ ko²¹³
1923	来吧	lo⁵⁵ o⁵², lo⁵²
1924	勒	ka̱²¹
1925	累	mɔe³³
1926	犁（田）	(de³³) thai³³
1927	量	tɤ²¹
1928	晾（衣）	le̱²¹
1929	聊天	oi²¹
1930	裂开	tɤ³³ŋa̱³³
1931	淋（透）	dɯ²¹dʐu³³ za̱³³
1932	湿（透）	dzɛ⁵⁵dʐu³³ za̱³³
1933	领（带路）	ɕɯ²¹
1934	领（先行）	a²¹xu²¹ xu²¹ u³³
1935	（水）流	dʐɤ²¹
1936	留（种）	tho²¹
1937	流	dʐɤ²¹
1938	留够（种子）	tho²¹ lo̱²¹
1939	聋	bɔŋ²¹
1940	漏（水）	pho̱³³
1941	撂	kje³³
1942	（日）落	go³³ʐe⁵⁵
1943	（脚）麻木	pi³³
1944	骂（人）	xɔŋ²¹ (ɔŋ²¹³)
1945	埋葬	du²¹xɔŋ³³
1946	买	ʐu⁵⁵
1947	卖	gɔŋ²¹

续表

序号	汉义	布角语
1948	满（了）	pɯ³³
1949	没有	ma²¹
1950	蒙盖	ʑɛ³³pjɛ³³, ȵa⁵²bɯ²¹
1951	火熄灭	mi²¹ mi̠³³
1952	火吹灭	mi²¹ dzɯ³³mi̠³³
1953	摸	sɛ³³
1954	磨刀	mjo³³ sɯ²¹ ɯ³³
1955	磨牙	a²¹dzɯ⁵⁵ kji³³
1956	拿	ʑu⁵⁵, lu³³ʑu⁵⁵
1957	挠（痒）	tsɯ³³ a³³ phjo³³
1958	（花）蔫	ɕu²¹
1959	捏（痧）	(sa³³) tsho³³
1960	念书（上学）	ɑŋ⁵⁵, du²¹
1961	拧（毛巾）	ʑɔŋ²¹
1962	努力	ɔŋ⁵⁵dʑa³³ khjei³³
1963	呕吐	phjɛ²¹
1964	（小孩）爬	do²¹
1965	（蚂蚁）爬	do²¹
1966	拍（桌子）	dɯ²¹
1967	跑	phɤŋ³³
1968	泡（米）	tɯ³³
1969	泡（谷种）	dʑɛ²¹
1970	碰（遇着）	tshɔŋ²¹phu²¹
1971	碰撞	tshɔŋ²¹dɯ²¹
1972	披（衣）	tse³³kai²¹³
1973	劈（柴）	tɕhi⁵², tɔ̠³³pha̠³³
1974	泼（水）	ɕe²¹
1975	破（烂）	pja̠³³
1976	破（箩）	ɣo²¹pha³³
1977	（衣服）破	kje²¹ e³³
1978	（碗）破	pha̠³³

续表

序号	汉义	布角语
1979	打破	dɯ²¹pha̱³³
1980	打死	dɯ²¹sɤ²¹ ɤ³³
1981	剖	pha̱³³
1982	铺（铺盖）	khɔŋ²¹ ɔŋ³³
1983	欺负	lu²¹va⁵²
1984	欺骗	kuɛ⁵²
1985	砌	ko⁵⁵
1986	骑，乘车	dzɯ²¹
1987	起来	tho³³lo⁵⁵
1988	起（名）	a²¹mi⁵⁵ mi⁵⁵
1989	牵（牛）	tshɯ⁵⁵
1990	欠（钱）	tsha³³ tho³³
1991	抢	tɕin⁵⁵
1992	强盗	dʑɔŋ³³lu²¹, tɕiŋ⁵⁵
1993	敲	dɯ²¹ ɯ³³
1994	翘（尾巴）	lɤ⁵⁵ ta̱³³
1995	撬	tshe²¹³
1996	切（菜）	suɛ²¹
1997	亲（小孩）	nɤ³³tɤŋ⁵⁵
1998	驱逐	ka̱²¹phi²¹
1999	取	ʐu⁵⁵
2000	娶（老婆）	kho²¹mo³³ ʐu⁵⁵
2001	（向下）去	ʑe⁵⁵
2002	（向上）去	le³³
2003	痊愈	mɯ²¹so²¹
2004	染（布）	ʑɔŋ³³
2005	嚷	thiŋ³³
2006	让（路）	phje²¹
2007	认（字）	sɯ²¹
2008	认得	sɯ²¹
2009	认真做	mɯ²¹le³³ khjei³³

续表

序号	汉义	布角语
2010	扔（石头）	pa³³
2011	溶化	kji⁵⁵
2012	撒（尿）	tɕhe²¹
2013	（尿）急	ɕi⁵⁵
2014	撒（谷种）	sei²¹i³³
2015	（鞋带）散开	tɕho³³
2016	解开（鞋带）	phɯ⁵⁵
2017	解（酒）	sha⁵⁵
2018	戒（酒）	tɛ⁵²
2019	扫	ʑɛ³³
2020	杀	sɤ²¹
2021	筛（米）	phɔŋ²¹ɣɔŋ²¹
2022	晒（衣服）	le²¹
2023	晒（太阳）	liŋ⁵²
2024	打（霹雳）	dɯ²¹
2025	闪电	ɯ²¹me̠²¹me̠²¹
2026	商量	oi³³
2027	上（楼）	ta³³
2028	（野火）烧山	ɯ²¹tha²¹tɛ²¹e̠³³
2029	烧（火）	mi²¹khjei³³
2030	烧（火）	phi²¹³
2031	烧烤	phi³³
2032	射（箭）	li²¹pɔ̠³³
2033	射中	pɔ̠³³lɔŋ³³
2034	伸（手）	tɕhi²¹tɔ̠³³
2035	铁生锈	tɕa⁵²
2036	生（孩子）	(a²¹lo²¹) dʐa³³
2037	生气	nɯ³³ɣo³³phi⁵⁵
2038	失（魂）	(a²¹sha²¹a²¹lo⁵⁵) ma²¹dʐa³³
2039	释放	phɯ⁵⁵tɔ̠³³
2040	试	dɤ²¹

续表

序号	汉义	布角语
2041	是	ŋɤ⁵⁵
2042	说，教	ɔ⁵⁵
2043	收割	kjo²¹
2044	收割（苞谷）	tɕhɔŋ²¹xo³³lɯ²¹
2045	收到	ɣo³³so²¹
2046	收伞	tɕɔŋ²¹³ ʑu⁵⁵kho³³lɯ²¹
2047	收拾	ʑu³³tsɔŋ⁵⁵
2048	梳	u²¹ɕi³³ɕi³³
2049	输	ma²¹ ɣo³³, ma²¹ pɤ³³
2050	（水果）熟	ɯ²¹sɯ²¹ mju³³
2051	（饭）熟	tɕa²¹
2052	瘦（了）	kjiŋ⁵⁵
2053	刷（墙）	khɯ³³
2054	摔跤	liŋ²¹³
2055	人摔（下来）	kui³³
2056	物摔（下来）	ko³³
2057	闩（门）	sei³³khjei³³（sei³³）
2058	拴（牛）	phɯ³³
2059	睡	i²¹tɕa²¹
2060	吮	tɕhu²¹
2061	讲，说	tɕei²¹
2062	猜，说（贬义）	bo²¹
2063	撕	tɕhe³³kje³³
2064	厮打	dɯ²¹i³³
2065	死	ɕi⁵⁵
2066	送	ɕo³³
2067	算	suan⁵⁵
2068	算账	tsɑŋ⁵⁵suan⁵⁵
2069	压榨	i⁵⁵
2070	压碎	lɤ³³kji⁵⁵
2071	损坏	pjɛ³³

附录一 词汇表

续表

序号	汉义	布角语
2072	锁（门）	ka⁵⁵tɕe³³ khje²¹
2073	塌	phuɑŋ³³
2074	他称	pu³³ko²¹
2075	踏	nɔ²¹
2076	抬，扛	pa̠²¹
2077	淌（泪）	me̠³³bi⁵⁵ to̠³³
2078	淌口水	khɤ²¹ɯ⁵⁵ to̠³³
2079	躺	i̠²¹tɕa²¹
2080	逃跑	phɤŋ³³phi²¹
2081	讨（饭）	dɔŋ²¹
2082	痛	no⁵⁵
2083	（路）通	thɔŋ³³
2084	踢	theŋ³³
2085	剃（头）	phjɛ³³
2086	（天）阴	mɔŋ³³
2087	（天）晴	mɯ²¹
2088	（天）亮	kjuɔŋ²¹
2089	（天）黑	khui²¹
2090	填（坑）	du²¹kui³³
2091	舔	mɔ̠²¹
2092	挑选	tshɤ⁵⁵
2093	挑（水）	pa̠⁵²
2094	跳舞	ȵɛ³³
2095	跳（远）	thɔ³³
2096	跳（高）	thɔ³³
2097	（心）跳	thɔ³³
2098	（脉）跳	thɔ³³
2099	贴	po²¹
2100	听	xua²¹
2101	听一听	xua²¹dɤŋ²¹dɤŋ²¹
2102	听见	kjo²¹ o³³

续表

序号	汉义	布角语
2103	停止	sa²¹
2104	偷（不认）	dʑɔŋ³³
2105	拿，偷	lu³³
2106	投掷	tsei³³
2107	吐痰	thi²¹kho²¹ma̠³³xɔŋ⁵⁵ thi²¹ i³³
2108	吐唾液	thi²¹kho²¹ thi²¹ i³³
2109	别吐痰	thi²¹kho²¹ma̠³³xɔŋ⁵⁵ a²¹ thi²¹
2110	推	dei²¹
2111	（后）退	pɔ̠³³
2112	吞	mju̠²¹
2113	（蛇）蜕（皮）	ko²¹lo²¹lo²¹
2114	拖（木头）	miŋ²¹thiŋ³³ ɕɤ³³
2115	脱（衣）	pe⁵⁵kha³³ le̠³³
2116	脱（臼）	dʑɔŋ²¹³
2117	驮	dɑŋ³³
2118	挖	du²¹
2119	挖（耳朵）	(nɔ̠²¹pha²¹) li̠³³
2120	剜	ʑiŋ³³
2121	完（结束）	so²¹
2122	玩耍	dʑɔŋ²¹
2123	玩	sei³³
2124	忘记	ŋui⁵⁵i³³
2125	（草）旺	mɯ²¹
2126	（使）喂	be³³ tɕho⁵² o³³
2127	（自）吸	tɕho²¹ u³³
2128	闻（嗅）	nɤ⁵⁵tɤŋ⁵⁵
2129	吻	nɤ³³tɤŋ⁵⁵
2130	问	no⁵⁵tɤŋ⁵⁵
2131	握（手）	n̠ɛ²¹
2132	握（笔）	n̠ɛ²¹thɯ³³
2133	捂（嘴）	n̠ɛ²¹tshɯ³³

续表

序号	汉义	布角语
2134	吸（进气）	ɕi³³
2135	洗（头）	tshi²¹
2136	洗（衣服）	tshi²¹
2137	洗（碗）	tɕuɛ³³
2138	洗澡	i⁵⁵tɕho⁵²tsɯ²¹ɯ³³
2139	喜欢	ma̠³³, n̠ɤ⁵⁵
2140	瞎（眼）	pɤ²¹
2141	下（楼）	la̠²¹
2142	下（猪崽）	tɕɑŋ³³
2143	下（蛋）	kho³³
2144	下（雨）	xo⁵⁵
2145	下（雾）	mo³³（tshɯ²¹）
2146	下（冰雹）	go³³
2147	下（雪）	go³³
2148	吓唬	n̠i³³
2149	献（鬼）	nɤ²¹ ʐoŋ⁵⁵ lɛ⁵²
2150	羡慕	o̠³³
2151	相信	ka²¹mo³³ʑu⁵²
2152	想	gjo²¹ o³³
2153	想起	ni²¹to̠³³lo⁵⁵
2154	想	ni⁵⁵
2155	像	du⁵⁵
2156	像样	ga²¹
2157	（肿）消	ɕi²¹ʐe⁵⁵
2158	削（笔）	tɕhe³³
2159	削（水果）	tshiŋ²¹
2160	小心（别急）	a²¹ n̠i²¹
2161	笑	ɯ⁵⁵
2162	写（字）	kɔ²¹
2163	泻（肚子）	ɕo³³
2164	擤	xɔŋ⁵⁵

续表

序号	汉义	布角语
2165	（睡）醒	ni²¹
2166	休息	sɔu²¹
2167	学	xiŋ²¹
2168	熏	mi²¹sa̠²¹le³³
2169	寻找	tai⁵²
2170	寻找	ɕo⁵⁵
2171	找得着	ɕo⁵⁵ɣo³³
2172	压	ȵɛ²¹nɯ³³
2173	哑	a²¹dzɔŋ²¹, dzɔŋ²¹
2174	研（药）	thɔŋ²¹
2175	痒	tsɯ³³ a³³
2176	养（鸡）	lo̠²¹
2177	摇晃	mɯ³³, lo̠³³
2178	摇（头）	ɯ²¹sɯ²¹lo⁵⁵
2179	（狗）咬	tshe²¹
2180	（蛇）咬	tho³³
2181	（蚂蚁）咬	tshe²¹
2182	舀（水）	khu²¹
2183	要	ʑu⁵⁵
2184	一定	khe⁵⁵khe³³
2185	确定	ma⁵²
2186	引（路）	ɕɯ²¹thɔ³³
2187	溢（出来）	pje²¹
2188	赢（得）	ɣo³³
2189	拥抱	pho⁵⁵ɛ²¹
2190	勇敢	ɕi⁵⁵tɕhiŋ²¹³no⁵⁵tɕhiŋ²¹³
2191	用钱	phu⁵⁵pjɛ³³tɕa⁵⁵
2192	游泳	xuɛ²¹, fuɛ²¹
2193	有（钱）	dʑa³³
2194	有（人）	dʑa³³
2195	有（人多）	bɔ³³

续表

序号	汉义	布角语
2196	还有	ko²¹dʑa³³
2197	懒人	tshoŋ⁵⁵bɔ³³
2198	有（水）	dʑa³³
2199	遇见	tshoŋ²¹phu²¹ʑe⁵⁵
2200	愿意	ɣo³³
2201	约定	oi⁵²ma²¹thu³³
2202	（头）晕	vɯ⁵⁵
2203	栽（树）	po²¹
2204	在（屋里）	ȵi⁵⁵tho³³
2205	责任	thai²¹³
2206	增加	mjo²¹tha⁵⁵lo²¹
2207	（刀）扎	tshe̱³³
2208	眨（眼）	me̱²¹
2209	摘（花）	tɕho³³
2210	站	xɤ²¹ȵi⁵⁵
2211	蘸（辣椒）	tɕi³³
2212	张（嘴）	ŋa̱²¹
2213	闭（嘴）	tsi̱³³
2214	长（大）	xɯ²¹lo⁵⁵
2215	长（白发）	to̱³³
2216	长（驼背）	to̱³³
2217	涨（水）	xɯ²¹
2218	（肚子）胀	dɯ⁵⁵
2219	招（魂）	khu⁵⁵
2220	凿	tha²¹
2221	找（零钱）	bu³³la̱²¹
2222	照（相）	tsɔ⁵⁵ɕa⁵⁵
2223	（日）照耀	tsho̱²¹
2224	遮	xɔŋ⁵⁵
2225	（马蜂）蜇	tɕi²¹
2226	（地）震	lo̱³³

续表

序号	汉义	布角语
2227	震动	mɯ³³
2228	蒸（饭）	ɔŋ⁵⁵
2229	知道	sɯ²¹
2230	织	kha²¹ta⁵⁵
2231	（手）指（人）	tɕhe³³
2232	种（栽）	po²¹
2233	肿	pje²¹lo⁵⁵
2234	拄（拐杖）	tsɔŋ⁵²ŋui⁵²
2235	拄（支撑）	tho³³
2236	煮（饭）	tɕha²¹
2237	煮（菜）	tɕha²¹
2238	煮（玉米）	phu²¹
2239	抓	ȵɛ²¹
2240	转（身）	pho³³
2241	转回	pɔ³³
2242	装（进）	kui³³
2243	追	thɤ³³
2244	捉	ȵɛ²¹
2245	啄（玉米）	tho³³
2246	走	lo²¹
2247	走过去	tɕhɔ²¹le³³
2248	搬走	tshɔŋ²¹khui³³
2249	钻	li³³, tha²¹
2250	醉（酒）	ʑɛ³
2251	坐	ȵi³³dɯ⁵⁵
2252	做（事）	khjei³³, tso⁵⁵
2253	做错	khjei³³ se³³
2254	做梦	ma³³
2255	做（生意）	ka⁵⁵khai³³
2256	（鸟）做（巢）	tɕhi⁵⁵
2257	做	ɔŋ⁵⁵

续表

序号	汉义	布角语
2258	不	ma²¹
2259	很，非常	tsɤ³³
2260	得很（多）	（mjo²¹）sɛ²¹
2261	别，勿	a²¹
2262	共	taŋ²¹bɯ³³kɤ⁵⁵
2263	和	ʑɛ³³
2264	而且	ba⁵⁵
2265	那么	ma⁵⁵
2266	的	a³³, ɤ³³
2267	也	ʑɛ²¹, le³³
2268	再	kui²¹, tsɤ⁵⁵
2269	又	ko²¹, ko²¹lo²
2270	还	xɤ⁵⁵
2271	又……又	ʑiŋ⁵²…ʑiŋ⁵²
2272	不仅……而且	ʑɛ⁵⁵…ʑɛ⁵⁵
2273	比（递增）	tha²¹le³³
2274	比（递减）	o²¹le³³
2275	比……更	tha²¹le³³…tsɤ³³…
2276	更好	tha²¹le³³…sɤ²¹ʑɛ²¹³
2277	最	tsɤ³³
2278	比较	iŋ²¹³
2279	超过	lɤ³³
2280	一样	thɤ²¹kaŋ⁵⁵
2281	更加	tsɤ⁵⁵ le³³
2282	很	sɤ²¹ʑɛ³³
2283	正在	ko³³, ko²¹³
2284	可以，对	ma²¹ba³³
2285	如果，	ba⁵⁵
2286	因为	a²¹dʑa³³kɤ³³
2287	但是，	a²¹xoi⁵⁵
2288	或者	ta̠⁵²wua̠³³lai²¹³

续表

序号	汉义	布角语
2289	一起	thɤ²¹kji⁵⁵
2290	一会儿	a²¹mɯ⁵⁵thɤ²¹sa̠²¹
2291	一边……一边	thɤ²¹ pha³³… thɤ²¹ pha³³
2292	偶尔	thɤ²¹sa̠²¹
2293	经常	taŋ²¹dʑo⁵⁵
2294	常常	kho²¹maŋ³³ʑaŋ²¹
2295	突然	thɤ²¹sa̠²¹
2296	因为	a²¹dʑa³³kɤ³³
2297	宁可，也不	ko²¹lai³³ … ma²¹ …
2298	过于，太	tsɤ⁵⁵
2299	只有	ɕo⁵⁵le³³, tɤ²¹
2300	受事助词	ʑɔŋ⁵⁵
2301	被	a³³
2302	体貌助词	a³³, a⁵⁵
2303	语气助词	lo²¹
2304	语气助词	ba⁵⁵
2305	语气助词	o³³
2306	呢	ʑɛ⁵⁵
2307	复数词缀	dʑu²¹, ɯ⁵⁵
2308	吧	a²¹xeŋ⁵⁵
2309	呢，哩	de³³
2310	嗷嗯嗷嗯	ɔŋ⁵⁵ɛŋ³³ɔŋ⁵⁵ɛŋ³³

附录二 句子

一 陈述句

1. 说错了。
   tɕei²¹ se³³ so²¹³.
   说　错　体助
2. 算错了。
   sua⁵⁵ se³³ so²¹³.
   算　错　体助
3. 干错了。
   khjei³³ se³³ so²¹³.
   干　错　体助
4. 我吃不得了。不吃了。
   ŋo⁵⁵ ma²¹ dzo²¹ ɣo³³ tho²¹. ma²¹ dzo²¹ tha⁵².
   我　不　吃　得　体助　不　吃　语助
5. 曼帕是一个布角人的村子。
   pan⁵⁵pha³³ a³³　lɔŋ⁵⁵pi⁵² a²¹pho³³ tshɔŋ⁵⁵.
   曼帕　话助　布角　村子　人
6. 南泥是布角人的另外一个村子。
   pan⁵⁵ko³³ a³³　lɔŋ⁵⁵pi⁵² a²¹pho³³ a²¹nɔŋ³³ pho³³.
   南泥　话助　布角　村子　另外　村
7. 一年有十二个月。
   thɤ²¹ nɯ³³ a³³nɛ³³ thɤ²¹tshɤ⁵⁵ tsɤ⁵⁵ ȵi²¹ bi²¹lo³³ dza³³.
   一　年　话助　一十　再　二　月　有
8. 一周（星期）有七天。
   thɤ²¹ si³³si³³ a³³nɛ³³ ɕi²¹ ȵi³³ dza³³.
   一　周　话助　七　天　有

9. 这是一种菜。那是一种野果子。
　　 xɤ⁵⁵　kɔŋ²¹kjiŋ⁵⁵ thɤ²¹ tɕɤ³³ le³³.
　　 这　 菜　　　 一　 种　 语助
　　 nɤ⁵⁵ ma³³dɔŋ⁵²kho²¹a²¹sɯ²¹ thɤ²¹ tɕɤ³³ le³³.
　　 那　 野果　　　　　　 一　 种　 语助

10. 这不是一种菜。那不是一种野果子。
　　 xɤ⁵⁵ kɔŋ²¹kjiŋ⁵⁵ thɤ²¹ tɕɤ³³ le³³　ma²¹ ŋɤ⁵⁵.
　　 这　 菜　　　 一　 种　 语助 不　 是
　　 nɤ⁵⁵ ma³³dɔŋ⁵²kho²¹a²¹sɯ²¹ thɤ²¹ tɕɤ³³ le³³　ma²¹ ŋɤ⁵⁵.
　　 那　 野果　　　　　　 一　 种　 语助 不　 是

11. 今天天气晴。
　　 a²¹mɯ⁵⁵n̠i³³ ɯ²¹tha⁵² mɯ²¹³. a²¹mɯ⁵⁵n̠i³³ mɯ²¹³.
　　 今天　　 天气　好　 今天　　 天气　好

12. 今天天气不晴。
　　 a²¹mɯ⁵⁵n̠i³³ ɯ²¹tha⁵² ma²¹ mɯ²¹.
　　 今天　　 天　 不　 好

13. 昨天天阴。现在天不阴了。
　　 a²¹mi⁵⁵n̠i³³ ɯ²¹tha⁵² mɔŋ³³. a²¹mɯ⁵⁵ ɯ²¹tha⁵² ma²¹ mɔŋ³³.
　　 昨昨天　 天　 阴　 现在　 天　 不　 阴

14. 一到冬季，早晨就有雾。
　　 kja³³mju⁵⁵ʐaŋ⁵² kho³³ lo⁵⁵ ba⁵⁵，ne³³ɕɔŋ⁵² o²¹mo³³ mo³³.
　　 冬季　　　 到　 来 若　 早晨　 雾　 雾

15. 他（这个人）是汉族。她是克木人。
　　 a²¹n̠ɔ²¹（xɤ⁵⁵kha³³）a²¹xɔ⁵⁵.
　　 他　 （这个人）　 汉族
　　 a²¹n̠ɔ²¹（xɤ⁵⁵kha³³）kha³³kɔ⁵⁵tshɔŋ⁵⁵ thɤ²¹ ʐo³³.
　　 她　 （这个人）　 克木人　　　 一　 个

16. 她不是一个克木人。
　　 a²¹n̠ɔ²¹（xɤ⁵⁵kha³³）kha³³kɔ⁵⁵tshɔŋ⁵⁵（thɤ²¹ ʐo³³） ma²¹ ŋɤ⁵⁵.
　　 她　 （那个人）　 克木人　　　　　 一　 个　 不　 是

17. 我吃饱了。
　　 ŋo⁵⁵ dzo²¹ o⁵² bɯ³³ so²¹³.
　　 我　 吃　 体助 满　 体助
　　 特定情况下：

ŋo⁵⁵ o²¹tha²¹ dzo²¹ o⁵² bɯ³³ so²¹³.
我 肚 吃 体助 满 体助

18. 我没有吃饱呀。
ŋo⁵⁵ ma²¹ dzo²¹ lo²¹ ʐoŋ⁵⁵.
我 没 吃 够 语助

19. 我拿了哥哥的书。
ŋo⁵⁵ ŋo³³ a³³ xɯ²¹tshɔŋ⁵⁵ a³³ pɔ³³ lu³³ʑu⁵⁵ so²¹³.
我 我 领助 哥哥 领助 书 拿 体助

ŋo⁵⁵ ŋo³³ a³³ xɯ²¹tshɔŋ⁵⁵ a³³ pe⁵⁵kha³³ lu³³ʑu⁵⁵ so²¹³.
我 我 领助 哥哥 领助 衣服 拿 体助

20. 我不拿哥哥的书。
ŋo⁵⁵ ŋo³³ a³³ xɯ²¹tshɔŋ⁵⁵ a³³ pɔ³³ ma²¹ lu³³ʑu⁵⁵.
我 我 领助 哥哥 领助 书 不 拿

我不拿哥哥的衣服。
ŋo⁵⁵ ŋo³³ a³³ xɯ²¹tshɔŋ⁵⁵ a³³ pe⁵⁵kha³³ ma²¹ lu³³ʑu⁵⁵.
我 我 领助 哥哥 领助 衣服 不 拿

21. 我是地道的布角人。
ŋo⁵⁵ lɔŋ⁵⁵pi⁵²tshɔŋ⁵⁵ te³³te³³ ŋɤ⁵⁵ a⁵⁵.
我 龙碧人 地道 是 语助

我不是布角人。
ŋo⁵⁵ lɔŋ⁵⁵pi⁵²tshɔŋ⁵⁵ ma²¹ ŋɤ⁵⁵.
我 龙碧人 不 是

我是傣族。
ŋo⁵⁵ pɤ²¹tɕhiŋ²¹.
我 傣族

ŋo⁵⁵ pɤ²¹tɕhiŋ²¹ ŋɤ⁵⁵ a⁵⁵.
我 傣族 是 语助

22. 你俩是布角人，他俩亲兄弟①是雅尼族。
na²¹ʐo³³ lɔŋ⁵⁵pi⁵²tshɔŋ⁵⁵, a²¹ɲɔ³³mi̠⁵² a²¹bo⁵⁵.
你俩 龙碧人 他俩 雅尼人

23. 他俩好，你俩也好。
a²¹ɲɔ³³mi̠⁵² mɯ²¹³. na²¹ʐo³³ ʑɛ²¹ mɯ²¹³.
他俩 好 你俩 也 好

---

① 人称代词后缀- ʐo³³专指父母双亲或者夫妇俩；- mi⁵²专指俩兄弟或者两姐妹；-ɯ⁵⁵指三个以上的人称代词及人称名词复数后缀。

24. 他是好人，不是坏人。
    a²¹ȵɔ³³ tshɔŋ⁵⁵mɯ²¹, tshɔŋ⁵⁵mi⁵⁵ ma²¹ ŋɤ⁵⁵.
    他   好人   坏人   不 是
    a²¹ȵɔ³³ ma²¹ mɯ²¹ tshɔŋ⁵⁵ ma²¹ ŋɤ⁵⁵. 他不是坏人。
    他   不 好 人   不   是
    a²¹ȵɔ³³ tshɔŋ⁵⁵mi⁵⁵ ma²¹ ŋɤ⁵⁵.
    他   坏人   不 是

25. 好人就是好人，坏人就是坏人。
    tshɔŋ⁵⁵mɯ²¹ ba⁵⁵ tshɔŋ⁵⁵mɯ²¹, tshɔŋ⁵⁵mi⁵⁵ ba⁵⁵ tshɔŋ⁵⁵mi⁵⁵.
    好人   就是人 好 人   坏 就是人 坏

26. 好人样样都好，坏人样样都坏。
    mɯ²¹tshɔŋ⁵⁵ khjei⁵⁵khjei⁵⁵gui²¹ mɯ²¹³, mi⁵⁵tshɔŋ⁵⁵ khjei⁵⁵khjei⁵⁵gui²¹ mi⁵⁵.
    好人   样样都   好，   坏人   样样都   坏

27. 好人不是好人， 坏人不是坏人。
    tshɔŋ⁵⁵mɯ²¹ tshɔŋ⁵⁵mɯ²¹ ma²¹ mɯ²¹, tshɔŋ⁵⁵mi⁵⁵ tshɔŋ⁵⁵mi⁵⁵ ma²¹ mɯ²¹.
    人 好   人 好   不 是   人 坏   人 坏   不 是

28. 咱们一起吃过饭了。
    ŋa³³ɯ⁵⁵ xɔŋ²¹ thɤ²¹kji⁵⁵ dzo²¹ so²¹³
    咱们   饭   一起   吃   体助

29. 我们不要圆的。
    ŋa³³ɯ⁵⁵ a²¹mɔŋ³³lɔŋ⁵⁵ ma²¹ ʑu⁵⁵.
    我们   圆的   不   要

    他俩戴红帽子。
    a²¹ȵɔ³³mi⁵² ɔŋ²¹tshɔŋ²¹ a²¹nɤ⁵⁵lɤ⁵⁵ tshɔŋ²¹⁻²¹³.（陈述句肯定式句末 213 调）
    他俩   帽子   红色的   戴

30. 我俩戴银镯子，不戴金戒指。（陈述句否定式句末 213 调）
    ŋa³³ʐo³³ phu⁵⁵a²¹ɣɔ³³ te²¹ tho³³⁻²¹³, ɕɯ⁵⁵ la̠²¹tshɔŋ⁵² ma²¹ tshɔŋ²¹ tho²¹.
    我俩   银镯子   戴 体助   金   戒指   不   戴   体助

31. 我俩时间坐长了，脚麻了。
    ŋa³³ʐo³³ a³³ ȵi³³dɯ⁵⁵ a²¹mɔŋ³³ ȵi⁵⁵ ɕɯ⁵⁵ tsɤ⁵⁵le³³, a²¹khji⁵⁵ pi³³ ʐa⁵⁵.
    我俩   话助 坐   时间   坐   长   又去   脚   麻   语助

32. 他们来学习布角语。
    a²¹ȵɔ²¹dʑu²¹ lɔŋ³³pi⁵²mi³³ xin²¹ lɯ³³.
    他们   布角语   学   下来

33. 爷爷让年轻人下去。
    a²¹phi²¹bu³³ ɔ⁵⁵ a³³   lo²¹kho²¹lo²¹   ʑɔŋ⁵⁵ be³³   la²¹ʐɛ⁵⁵   dʑɛ⁵².
    爷爷   叫 话助 年轻人   受助   下去   使动体

34. 父亲给客人一块糯米粑粑。
    a²¹bu³³ mi²¹tɕɔŋ³³tshɔŋ⁵⁵ ʑɔŋ⁵⁵ khɔ²¹nɔ²¹so³³ thɤ²¹ thje³³ be⁵⁵ ʑɛ²¹
    父亲   客人   受助 糯米粑粑   一   块   给   予

35. 我想主人不在家。
    ŋo⁵⁵ ni²¹³ tho³³   iŋ⁵⁵shɯ⁵⁵bu³³mo³³   ma²¹ n̩i⁵⁵.
    我   想   体助   家主 主人   不   在

36. 墙上挂着一把刀。
    iŋ⁵⁵phɤŋ⁵⁵tɑŋ⁵² a³³   mjo³³ thɤ²¹ do³³ tɕhɯ²¹ tho³³⁻¹²³.
    墙   方助 刀 一   把   挂   体助

    i²¹tɕa̠³³ tho²¹³. 正在睡觉着（还醒着）。
    睡   体助

    i²¹ thɤŋ²¹ so²¹³. 睡着了（酣睡着）。
    睡 着   体助

    lɔ⁵⁵ tho²¹³. 正在躺。
    躺   体助

37. 昨天比今天更热。
    a²¹mi⁵⁵n̩i³³ a³³   a²¹mɯ⁵⁵n̩i³³ tha²¹le³³ tsɤ⁵⁵ lɔŋ⁵⁵.
    昨天   上去 今天   上去   更   热

    a²¹mi⁵⁵n̩i³³ a³³   a²¹mɯ⁵⁵n̩i³³ tha²¹le³³ lɔŋ⁵⁵.
    昨天   上去 今天   上去   热

    昨天更热。
    a²¹mi⁵⁵n̩i³³ a³³   tsɤ⁵⁵ lɔŋ⁵⁵.
    昨天   话助 更   热

    今天不热。
    a²¹mɯ⁵⁵n̩i³³ a³³   ma²¹ lɔŋ⁵⁵.
    今天   话助 不   热

38. 正在吃着。
    dzo²¹ ko²¹³.
    吃   体助

39. 吃完啦。
    dzo²¹ kho³³ so²¹³.
    吃   体助 完

40. 吃过啦。
    dzo²¹ so²¹ so²¹³.
    吃　体助　过

41. 再吃吧。
    ko²¹ dzo²¹ o⁵².
    再　吃　语助

42. 吃的是他们的，喝的是我们的。
    dzo²¹ ʐa²¹ mi²¹tɕhɔŋ³³ ʐa²¹, dɔŋ⁵⁵ ʐa²¹ ŋa³³ɯ⁵⁵ ʐa²¹.
    吃　东西　他们　　东西　喝　东西　我们　　东西
    dzo²¹ ŋɤ⁵² mi²¹tɕhɔŋ³³ ʐa²¹, dɔŋ⁵⁵ ŋɤ⁵² ŋa³³ɯ⁵⁵ ʐa²¹.
    吃　是　他们　　东西　喝　是　我们　东西

43. 有吃的，有喝的。
    dzo²¹ ŋji⁵² dʐa³³, dɔŋ⁵⁵ ŋji⁵² dʐa³³.
    吃　话助　有　喝　话助　有
    dzo²¹ ʐaŋ²¹ dʐa³³, dɔŋ⁵⁵ ʐaŋ²¹ dʐa³³.
    吃　话助　有　喝　话助　有
    一些人在吃，一些人在喝。
    thɤ²¹ma³³ ko²¹ dzo²¹ ko³³, thɤ²¹ma³³ ko²¹ dɔŋ⁵⁵ ko³³.
    一些人　还　吃　体助　一些人　还　喝　体助
    ko³³wa⁵²dʐu²¹ a³³　dzo²¹ ko³³, ko³³wa⁵²dʐu²¹ a³³　dɔŋ⁵⁵ ko³³.
    一些人　　施助　吃　体助　一些人　　施助　喝　体助

44. 还没有醒哩。
    ma²¹ ɲi²¹ lo⁵⁵ ʐɔŋ⁵⁵.
    没　醒　来　还

45. 我还没有去做哩。
    ŋo⁵⁵ ma²¹ khjei³³ le³³ ʐɔŋ²¹³.
    我　没　做　去　还

46. 弟弟摘桃子吃了。
    kho²¹pho³³lo²¹ɲɯ³³tshɔŋ⁵⁵ sɯ⁵² tɕho³³ dzo²¹ so²¹³.
    弟弟　　　　　　桃子　摘　吃　体助

47. 桃子被我哥吃了。
    sɯ⁵² ŋo³³ a³³ xɯ²¹tshɔŋ⁵⁵ a³³ dzo²¹ so²¹³.
    桃子　我　哥　　　　施助　吃　体助

48. 谷子被牛吃了（有几种说法？）。
    ko³³ po²¹naŋ³³ a³³ tsho³³ kai³³ so²¹³.
    谷子　牛　　话助　吃　完　体助

49. 大儿子要红的，二儿子（中间）要绿的。
    kho²¹pho³³lo²¹xɯ²¹tshɔŋ⁵⁵ a²¹nɤ⁵⁵lɤ⁵⁵ ʑu⁵⁵, kho²¹pho³³lo²¹a²¹kɔŋ⁵⁵ a²¹ȵi⁵⁵li⁵⁵ ʑu⁵⁵.
    大儿子   红的   要 二儿子   绿的   要
50. 姐姐不仅会说，而且会写。
    kho²¹mo³³lo²¹xɯ²¹tshɔŋ⁵⁵ tɕei²¹ tɕaŋ³³ ɕo⁵⁵le³³ ma²¹ ŋɤ⁵⁵,
    姐姐   说   会 仅   不   是
    a²¹do⁵⁵ kɔ²¹ ʑɛ³³ kɔ²¹ tɕaŋ³³.
    字   写   也   写   会
    kho²¹mo³³lo²¹xɯ²¹tshɔŋ⁵⁵ tɕei²¹ ʑɛ³³ tɕei²¹ tɕaŋ³³, a²¹do⁵⁵ kɔ²¹ ʑɛ³³ kɔ²¹ tɕaŋ³³.
    姐姐   说 也   说   会   字   写   也   写   会
    妹妹不仅会唱歌，而且会跳舞
    kho²¹mo³³lo²¹ȵɯ⁵⁵tshɔŋ⁵⁵ tɕhɤ⁵⁵ ɕo⁵⁵le³³ ma²¹ ŋɤ⁵⁵, ȵɛ³³ ʑɛ³³ ȵɛ³³ tɕaŋ³³.
    妹妹   唱歌 仅仅 不 是   舞 且 舞 会
51. 大伯病了，还去犁田。
    a²¹bu³³mo³³ no⁵⁵ ko³³ de²¹, de³³ ko²¹ thai³³ ʑe⁵⁵.
    大伯   病 体助 连助 田 还 犁 去
52. 下雨的话，外公就不来了。
    o²¹xo⁵⁵ xo⁵⁵ ba⁵⁵, a²¹phi²¹bu³³ ma²¹ lo⁵⁵.
    雨 下 如果 外公   不 来
53. 舅舅去，我也去。
    a²¹a⁵⁵ ʑe⁵⁵ ba⁵⁵, ŋo⁵⁵ ʑɛ³³ ʑe⁵⁵ xɤ⁵⁵.
    舅舅 去 如果 我 也 去 还
54. 因为他做错了事，所以父亲说弟弟。
    a²¹ȵɔ²¹ khjei³³ a²¹dza³³kɤ³³ ma²¹ ma²¹³ ba⁵⁵,
    他   做   因为   不   对   语助
    a²¹bu³³ kho²¹pho³³lo²¹ȵɯ⁵⁵tshɔŋ⁵⁵ ʑɔŋ⁵⁵ ɔ⁵⁵⁻⁵².
    父亲   弟弟   受助 说
55. 为了吃饭，要干活计。
    xɔŋ²¹ ɣo³³ dzo²¹ ba⁵⁵, a²¹khjei³³ ɣo³³ khjei³³.
    饭   要 吃   得   活计   得 干
    为了学生好好读书，老师经常帮助他。
    ɕo²¹sɛn⁵⁵ a²¹do⁵⁵ mɯ²¹le³³ ɣo³³ xiŋ²¹³ ba⁵⁵,
    学生   字   好好   得   读   为了
    lɔ³³sɯ⁵⁵ a²¹ɕɔ²¹ ʑɔŋ⁵⁵ kho²¹maŋ³³ ni⁵² ɔ⁵⁵ ko³³ bi²¹³.
    老师   他   受助 经常   结助 教 体助 予

56. 有什么，吃什么。
    kha²¹tɕa⁵²ʐa²¹ dʑa³³ ba⁵⁵， kha²¹tɕa⁵²ʐa²¹ dzo²¹.
    什么　　　　有　连助　什么　　　　吃

57. 弟弟越走越近。
    kho²¹pho³³lo²¹ȵɯ⁵⁵tshɔŋ⁵⁵ lɔŋ²¹ lo²¹ ba⁵⁵ lɔŋ²¹ ɕɛ³³.
    弟弟　　　　　　　　　　　越　走　连助　越　近

58. 我越学越喜欢学。我越学布角语，越学越喜欢。
    ŋo⁵⁵ lɔŋ²¹ xiŋ²¹ ba⁵⁵ lɔŋ²¹ dʑa³³li⁵⁵ a²¹.
    我　越　学　连助　越　喜欢　　语助
    ŋo⁵⁵ lɔŋ³³pi⁵²mi³³ xiŋ²¹ ba⁵⁵, lɔŋ²¹ xiŋ²¹ ba⁵⁵ lɔŋ²¹ dʑa³³li⁵⁵ a²¹.
    我　布角语　　　学　连助　越　学　语助 越　喜欢　　　语助

59. 叔叔还没吃饭。
    a²¹bu³³lo²¹ xɔŋ²¹ ma²¹ dzo²¹ ʐɔŋ⁵⁵.
    叔叔　　　　饭　　没　　吃　　还

60. 小男娃娃不会写。
    lo²¹gu³³lo²¹ a²¹do⁵⁵ ma²¹ ko²¹⁻²¹³ tɕɑŋ³³.
    小男娃娃　　字　　　不　　写　　会

61. 小儿子哭了。
    kho²¹pho³³lo²¹ ŋui⁵⁵ ŋa⁵².
    小儿子　　　　　哭　语助

62. 大姨母把你妹妹弄哭了。
    a²¹mo³³mo³³ a³³ kho²¹mo³³lo²¹ȵɯ⁵⁵tshɔŋ⁵⁵ ʐɔŋ⁵⁵ sei³³ ŋui⁵⁵ ŋa⁵².
    大姨母　　　施助　妹妹　　　　　　　　　　　　受助　弄　哭　体助

63. 曾祖父的衣服破了。
    a²¹mɔ⁵⁵ a³³ pe⁵⁵kha³³ kje²¹ so³³.
    曾祖父　结助　衣服　　破　体助

64. 曾祖父把衣服弄破了。
    a²¹mɔ⁵⁵ a³³ pe⁵⁵kha³³ khjei³³ kje²¹ so³³.
    曾祖父　结助　衣服　　　弄　　破　体助

65. 她丈夫把锄头和刀弄断了。
    a²¹ȵɔ²¹ a³³ kho²¹pho²¹ khɔ³³ ʐɛ³³ mjo³³ khjei³³ tshe³³ so³³.
    她　结助　丈夫　　　　锄头　和　刀　弄　　断　　体助

66. 一家八口人。
    thɤ²¹ iŋ⁵⁵ le³³ xɤ²¹ ʐo³³.
    一　家　语助　八　个

附录二 句子

67. 太阳和月亮是一对。
ȵi⁵⁵ɣo³³ （ʑɛ³³） bi²¹lo³³ thɤ²¹ gu²¹.
太阳 和 月亮 一 对

68. 一家有八口人。
thɤ²¹ iŋ⁵⁵ le³³ tshɔŋ⁵⁵ xɤ²¹ ʐo³³ dʑa³³.
一 家 语助 人 八 个 有

69. 这里有三种树：一种毛木树，一种红板栗，一种黑板栗
xe⁵⁵ a²¹dzɯ⁵⁵ sen²¹ tɕɤ³³ dʑa³³ a⁵⁵: thɤ²¹ tɕɤ³³ sɤ³³sa̠³³a²¹dzɯ⁵⁵,
这里 树 三 种 有 语助 一 种 毛木树
thɤ²¹ tɕɤ³³ tshɤ̠²¹nɤ⁵⁵a²¹dzɯ⁵⁵,
一 种 红板栗树
thɤ²¹ tɕɤ³³ tshɤ̠²¹na̠³³ a²¹dzɯ⁵⁵.
一 种 黑板栗树

70. 这是松树。
xɤ⁵⁵ ma³³pɤ⁵⁵a²¹dzɯ³³ ŋɤ⁵⁵ ba⁵⁵.
这 树松树 是 语助

71. 这种树是松树。
a²¹dzɯ⁵⁵ xɤ⁵⁵ tɕɤ³³ ma³³pɤ⁵⁵a²¹dzɯ⁵⁵.
树 这 种 树松

72. 南瓜是南瓜，黄瓜是黄瓜。
ma³³kha̠⁵² ba⁵⁵ ma³³kha̠⁵². sɯ⁵²kho²¹ ba⁵⁵ sɯ⁵²kho²¹.
南瓜 话助 南瓜， 黄瓜 话助 是黄瓜

73. 岩旺的女儿有了，他还没。
ai²¹waŋ⁵⁵ a³³ kho²¹mo³³lo²¹dʑa³³ ba⁵⁵, a²¹ȵɔ²¹ a³³ ma²¹ dʑa³³ ʐoŋ⁵⁵
岩旺 领助 女儿 有 体助 他 话助 没 有 还

74. 今年的庄稼比去年更好。
a²¹mɯ⁵⁵nɯ³³ pa̠²¹la²¹pa²¹tha⁵² i²¹nɯ³³ tha²¹le³³ tsɤ⁵⁵ mɯ²¹³.
今年 粮食 去年 上去 更 好
a²¹mɯ⁵⁵nɯ³³ ko³³ i²¹nɯ³³ tha²¹le³³ mɯ²¹ sɤ²¹ʑ²¹³.
今年 谷子 去年 以上 好 更

75. 做错了，不是校长的责任。
khjei³³ sei³³ so²¹³, ɕɔ²¹tsaŋ⁵² a³³ thai²¹³ ma²¹ ŋɤ⁵⁵.
做 错 体助 校长 结助 责任 不 是

76. 哥哥教弟弟读书是哥哥的责任。
xɯ²¹tshɔŋ⁵⁵ ȵɯ⁵⁵tshɔŋ⁵⁵ ʐoŋ⁵⁵ a²¹do⁵⁵ xiŋ²¹ ʑe⁵⁵ bi²¹ ɔ⁵⁵⁻³³ xɯ²¹tshɔŋ⁵⁵ a³³ thai²¹³.
哥哥 弟弟 受助 书 读 去 给 教 哥哥 领助 责任

77. 这件事谁也知道。
a²¹khjei³³ xɤ⁵⁵ tɕɤ³³　kha²¹sɤ⁵² ʑɛ²¹ sɯ²¹³.
事　　　这件　　谁　　也　知道

78. 个个都喜欢这件事情。
a²¹khjei³³ xɤ⁵⁵ tɕɤ³³ ʐɔŋ⁵⁵ kha²¹sɤ⁵² dʑa³³li⁵⁵.
事情　　　这　件　受助　个个　　喜欢

79. 我们来帮助你们。
ŋa³³ɯ⁵⁵ na³³ɯ⁵⁵ ʐɔŋ⁵⁵ pɔ³³tɤŋ⁵⁵ lɯ³³ a³³.
我们　　你们　　受助　帮助　　语助 语助

80. 他女儿在煮饭。
a²¹ɲɔ²¹ a³³　 kho²¹mo³³lo²¹ xɔŋ²¹ tɕha²¹ ko³³.
他　领助 女儿　　　饭　　煮　体助

81. 我叔叔买回了一本书。
ŋo³³ a³³　a²¹bu³³lo²¹ pɔ³³ thɤ²¹ pɔ³³ ʑu⁵⁵ la²¹ so²¹³.
我　结助　叔叔　　　书　一　　本　买　来　体助

82. 勐腊坝子像勐海坝子一样平。
mɤŋ³³la²¹mɤ⁵² mɤŋ³³xai²¹mɤ⁵² thɤ²¹kaŋ⁵⁵ lɔŋ²¹³.
勐腊坝子　　　勐海坝子　　　一样　　　平坦

83. 伙子和姑娘一样高。
lo²¹kho²¹ lo²¹mi²¹ thɤ²¹kaŋ⁵⁵ mjɔŋ⁵⁵.
小伙子　　小姑娘　一样　　　高

84. 父亲像母亲一样年轻。
a²¹bu³³ a²¹ti⁵⁵ thɤ²¹kaŋ⁵⁵ niŋ²¹.
父亲　　母亲　一样　　　年轻

85. 这座山像那座山一样陡峭。
u²¹tɕhɔŋ⁵² xɤ⁵⁵　u²¹tɕhɔŋ⁵² nɤ⁵⁵ thɤ²¹kaŋ⁵⁵ pjo⁵⁵.
山　　　　这　　　山　　　　那　一样　　　陡峭

86. 这座桥像那座桥一样长。
kai⁵⁵kho³³ xɤ⁵⁵ ʑɛ³³ kai⁵⁵kho³³ nɤ⁵⁵ thɤ²¹kaŋ⁵⁵ ɕɯ⁵⁵.
这　桥　　和　那　　桥　　　一样　　　长

87. 今年比去年冷。
a²¹mɯ⁵⁵nɯ³³ ʑɛ³³ i²¹nɯ³³ tha²¹le³³ tsɤ⁵⁵ kja³³⁻²¹³.
今年　　　　　　去年　　以上　冷　更

88. 今年比去年雨水更多。
a²¹mɯ⁵⁵nɯ³³ a³³　i²¹nɯ³³ tha²¹le³³ o²¹xo⁵⁵ tsɤ⁵⁵ mjo²¹ o³³.
今年　　　　话助 去年　　上　　　雨水　　更　　多　语助

89. 这个女娃娃比那个男娃娃跑得更快。
 kho²¹mo³³lo²¹ xʁ⁵⁵kha³³ kho²¹pho³³lo²¹ nʁ⁵⁵kha³³ tha²¹le³³ phɯŋ³³ le³³ tsʁ⁵⁵ɣuɛ²¹³.
 女娃娃　　这个　男娃娃　　那个　上去　跑　结助 更 快

90. 湄公河比勐腊河大得多,也深得多。
 nɔŋ²¹khɔŋ³³kho⁵² ʐɜ³³ lɔŋ³³lɔŋ⁵⁵kho⁵² tha²¹le³³ xɯ²¹ ʐɜ²¹ xɯ²¹ tsʁ⁵⁵le³³,
 湄公河　　　　勐腊河　　　　上去 大 也 大 得多
 na²¹ ʐɜ²¹ na²¹ tsʁ⁵⁵le³³。
 深　也 深 得多

91. 这个月橡胶水价钱比上个月贵。
 a²¹mɯ⁵⁵ pe²¹lo³³ xʁ⁵⁵ a³³ kɔŋ³³ʐaŋ⁵²a²¹ɯ⁵⁵ nʁ⁵⁵ pe²¹lo³³ tha²¹le³³ phi²¹³.
 这个 月　这 领助 橡胶水　　　 那 月　 上　贵

92. 去年豆子比前年更好卖。
 i²¹nɯ³³ nʐ³³kʐ³³lʐ³³ ɕi²¹nɯ³³ nʐ³³kʐ³³lʐ³³ tha²¹le³³ tsʁ⁵⁵ gɔŋ²¹ mɯ²¹.
 去年　豆子　　　前年　豆子　　　上去　更加 卖 好
 去年花生比前年更便宜。
 i²¹nɯ³³ nʐ³³du²¹ ɕi²¹nɯ³³ nʐ³³du²¹ o²¹le³³ tho²¹³.
 去年 花生　前年　豆子　下 便宜
 这棵树比那棵小。
 a²¹dzɯ⁵⁵ xʁ⁵⁵ a³³ nʁ⁵⁵tshɔŋ⁵⁵ dzɯ⁵⁵ o²¹le³³ ȵɯ⁵⁵.
 树　 这棵 话助 那棵　树 下 小

93. 布角人的日子一年更比一年更好了。
 lɔŋ³³pi⁵² a²¹mɯ⁵⁵ a³³ a²¹ȵɔ³³ nɯ³³ a²¹ȵɔ³³ tha²¹le³³ mɯ²¹ lo⁵⁵.
 布角　　现在　话助 一 　年 一　　更加 好 语助

94. 娃娃一天比一天长大了。
 lo²¹gu³³lo²¹ a²¹ȵɔ³³ ȵi³³ a²¹ȵɔ³³ tsʁ⁵⁵ xɯ²¹ lo⁵².
 娃娃　　　一 天 一 更 长大 语助

95. 这寨子买了一百多头水牛。
 pho³³ xʁ⁵⁵ a³³ po²¹naŋ³³ thʁ²¹xuai³³ tsʁŋ⁵⁵ zu⁵⁵ lʁ²¹³.
 这 寨 话助 水牛　　一 百　多 买 来

96. 小牛去找它们的妈妈去了。
 po²¹nɑŋ³³lo²¹ a²¹ȵɔ³³ ti⁵⁵ tai⁵² ʐe⁵⁵.
 小牛　　　 它们的 妈妈 找 去

97. 那人不懂得怎样种庄稼。
 tshɔŋ⁵⁵ nʁ⁵⁵kha³³ pa²¹la²¹pa²¹tha⁵² tɤ³³tɤ³³tɤ⁵⁵ ɔŋ⁵⁵ za²¹ ma²¹ sɯ²¹.
 人　　那个 庄稼　　　这样那样　　 种 东西 不 知

98. 我们要好好地听老师的。
ŋa³³ɯ⁵⁵ zɛ³³ lɔ³³sɯ⁵⁵ ɔ⁵⁵ a³³　mɯ²¹mɯ²¹ le³³ xua²¹ xɤ⁵⁵.
我们　　老师　　　说 话助 好好地　　结助 听话 体助

99. 你别说啦，那个人说的对。
nɔ⁵⁵ a²¹ ɔ⁵⁵ tho²¹ lo³³,　nɤ⁵⁵kha³³ ɔ⁵⁵ ma⁵² so²¹³.
你 别 说 体助 语助，那个人　　说 对 体助

100. 他们说的话真好。
a²¹n̺ɔ³³dʑu²¹ a³³　ɔ⁵⁵ a³³　a²¹khjɔ²¹ mɯ²¹³ te³³te³³.
他们　　　　施助 说 话助 话　　　好　　真真

101. 五个布角村子中，那个村子最大。
lɔŋ³³pi⁵²tshɔŋ⁵⁵ a²¹pho³³ ŋo²¹ pho³³ a²¹kɔŋ⁵⁵ ɛ³³,　nɤ⁵⁵pho³³ tsɤ⁵⁵ xɯ²¹³ ɕi⁵⁵.
布角人　　　　村子　　 五　村　　中　　　　语助 那个村　　最　大　 极

102. 五个布角人村子中，南泥村子最远。
lɔŋ³³pi⁵²tshɔŋ⁵⁵ a²¹pho³³ ŋo²¹ pho³³ a²¹kɔŋ⁵⁵ ɛ³³,　pan⁵⁵ko³³pho³³ tsɤ⁵⁵ xɤ²¹³ ɕi⁵⁵.
布角人　　　　村子　　 五　村　　中　　　　语助 南泥村　　　 最　远　 极

103. 南泥村不仅田多，而且旱地也多。
pan⁵⁵ko³³pho³³ de³³ ɕo⁵⁵le³³ mjo²¹³ ma²¹ ŋɤ⁵⁵, i³³dʑ⁵² zɛ³³ tsɤ⁵⁵ mjo²¹³ ɕi⁵⁵.
南泥村　　　　田　仅仅　　 多　　 不　是　 旱地 也 最　 多　　极

104. 布角人村子中，曼回村子最小。
lɔŋ³³pi⁵²a³³pho³³ a²¹kɔŋ⁵⁵ ɛ³³,　na²¹xi⁵⁵a³³pho³³ tsɤ⁵⁵ n̺ɯ⁵⁵ ɕi⁵².
布角村　　　　当中　　　语助 曼回村　　　　　最　 小　 极

105. 这些果子全熟过头了。
a²¹sɯ²¹ xɤ⁵⁵dʑu²¹ tɑŋ²¹bɯ²¹kɤ⁵⁵ mju³³ kɤ⁵⁵ so²¹³.
果子 这些　　　 全部都　　　　熟　 过头 体助

那些果子全是熟透了的。
a²¹sɯ²¹ nɤ⁵⁵dʑu²¹ tɑŋ²¹bu²¹kɤ⁵⁵ mjo³³ tsɤ⁵⁵le³³.
果子 那些　　　 全部都　　　　熟　 得很

106. 那些书是波尖的，不是我的。
po³³ nɤ⁵⁵dʑu²¹ a³³　po³³tɕɛn⁵⁵ po³³, ŋo³³ a³³　za²¹ ma²¹ ŋɤ⁵⁵ ŋa³³.
书 那些　　　 话助 波尖　　 书　 我 领助 东西 不　 是　 语助

107. 你女婿扛着斧子去砍柴。
no³³ a³³　lo³³khei³³ khua³³bo³³ pa̠⁵⁵ a⁵⁵　mi²¹dzo²¹ tʂ³³ le³³.
你 领助 女婿　　　 斧头　　　　扛　 工助 柴　　　　砍　上去

附录二　句子

108. 哥哥用刀切。
　　 kho²¹pho³³lo²¹xɯ²¹tshɔŋ⁵⁵ mjo³³ a³³　suɛ²¹.
　　 哥哥　　　　　　　　　　刀　工助　切
109. 师傅的女儿用小刀削芒果。
　　 tɕɑn³³tshɔŋ⁵⁵ a³³　kho²¹mo³³lo²¹ mjo³³lo²¹ a³³　phɔŋ²¹tɕhe⁵⁵a²¹sɯ²¹ tshiŋ²¹.
　　 师傅　　　领助 女儿　　　小刀　　工助 芒果　　　　　　　削
110. 让姐姐去买①。
　　 kho²¹mo³³lo²¹xɯ²¹tshɔŋ⁵⁵ ʐɔz⁵⁵ be³³　ʐu⁵⁵ ʐe⁵⁵ so²¹³.
　　 姐姐　　　　　　　　　　受助 使给 买　去　体助
111. 你就让三个儿子做。
　　 no⁵⁵ kho²¹pho³³lo²¹ sen²¹ ʐo³³ ʐɔŋ⁵⁵ be³³　khjei³³ ʐe⁵⁵ kui³³ lo²¹³.
　　 你　儿子　　　　　三　　个　 受助 使给 做　　　去　再　语助
112. 被那个老奶奶的媳妇吃掉了。
　　 tshɔŋ⁵⁵gje²¹mo³³ nɤ⁵⁵kha³³ a³³　khji²¹ɣo³³ a³³　dzo²¹ so²¹³.
　　 老奶奶　　　　　那个　　　领助 媳妇　　　施助 吃　体助
113. 继母比继父年纪更大。
　　 me³³na²¹³ bo³³na²¹³ tha²¹le³³ gje²¹³.
　　 继母　　　继父　　　更　　　老
114. 弟弟比哥哥更会做。
　　 ŋo³³ a³³　n̪ɯ⁵⁵tshɔŋ⁵⁵ ŋo³³ a³³　xɯ²¹tshɔŋ⁵⁵ tha²¹le³³ ɔŋ⁵⁵ tɕɑn³³ khjei³³.
　　 我　领助 弟弟　　　　我　领助 哥哥　　　　更　　　做　会　　做
115. 是去年说定的。
　　 i²¹nɯ³³ a³³　ɔ⁵⁵ ʐɛ³³ ma⁵² so²¹³.
　　 去年　　话助 说　话助 确定 体助
　　 去年没有说定的。
　　 i²¹nɯ³³ ɛ³³　ma²¹ ɔ⁵⁵ ʐɛ³³ ma⁵² ʐɔz⁵⁵.
　　 去年　　话助 没　说　话助 确定 体助
116. 这条河里肯定有鱼。
　　 a²¹kho²¹ xɤ⁵⁵tshɔŋ⁵⁵ kho²¹ a³³　ŋo²¹dɤ⁵⁵ dʐa³³ ba⁵⁵.
　　 河　　　这　　　　　条　　方助 鱼　　　　有　语助
　　 这条河里没有鱼。
　　 a²¹kho²¹ xɤ⁵⁵ thɤ²¹ kho²¹ a³³　ŋo²¹dɤ⁵⁵ ma²¹ dʐa³³.
　　 河　　　这　一　　条　　方助 鱼　　　　没　有

---

① ʐu⁵⁵"买"和"拿"同音词。

117. 你们的朋友在学校。

na³³ɯ⁵⁵ a³³　　lo²¹gu³³tɕhɔŋ⁵² a²¹do⁵⁵xiŋ²¹³di²¹　ȵi⁵⁵ tho³³.
你们　领助　朋友　　　　学校　　　　　在　体助

118. 每年过年都回家。

kho²¹ma³³nɯ³³ ko⁵⁵n̠ɛ³³ xua³³ lo⁵⁵ ba⁵⁵，a²¹n̠ɔ²¹ iŋ⁵⁵ a³³　le³³　xɤ⁵⁵.
每年　　　　过年　　　到　来　时助　他　　家　方助 上去 体助

119. 曾祖母看过三次。

a²¹mɔ⁵⁵　sen²¹ tɕɔŋ⁵⁵ dɤŋ²¹ so²¹³.
曾祖母　三　次　　　看　　体助

120. 听说两个女人成了校长。

mi²¹tɕhɔŋ²¹ ɔ⁵⁵ ko²¹³ kho²¹mo³³lo²¹ ȵi²¹ ʑo³³ ɕɔ⁵⁵tsɑŋ⁵⁵ ɔŋ⁵⁵ le³³ dʑɤ²¹.
别人　　　说 体助 女人　　　两 个　校长　　　当 去 体助

121. 父亲叫你们快点到地里去。

a²¹bu³³ ɔ⁵⁵ a³³　　na³³ɯ⁵⁵（ʑɔŋ⁵⁵）ʑo³³dɤ⁵⁵ a³³　le³³　ɣɛ²¹khe⁵².
父亲　叫 体助 你们　　　　受助　地　　方助 上去 快

122. 许多学生可能生病了。

a²¹do²¹xiŋ²¹tshɔŋ⁵⁵ mjo²¹le³³ no⁵⁵　tsha²¹ ba⁵⁵.
学生　　　　　　　　许多　　　生病 可能 语助

可能要下雨了。

o²¹xo⁵⁵ xo⁵⁵ lo⁵⁵ tsha²¹ ba⁵⁵.
雨　　下　来　可能　要

123. 大概都是对的。

xe⁵⁵khɑŋ²¹dɑŋ²¹ŋa⁵² ma²¹³ ba⁵⁵.
大概　　　　　　　大概　语助

124. 是对呢，还是错呢，谁也不知道。

ma²¹³ la²¹，ma²¹ ma²¹³ la²¹，kui²¹ ma²¹ sɯ²¹.
对　语助 不　对　语助 也　不　知道

125. 住在河边的这些人倒是很会栽秧的。

a²¹kho²¹a²¹tsɤŋ³³ ȵi⁵⁵ tho²¹³ dʑu²¹ ko³³ po²¹ tɕaŋ²¹³.
河边　　　　　　住 体助 那些　秧　栽 会

126. 我们有很多牛。

ŋa³³ɯ⁵⁵ po²¹nɑŋ³³ mjo²¹ o³³　dʑa³³ ɕi⁵⁵.
我们　　牛　　　　多　语助 有　语助

127. 两个会锄草的老人去年去过一次了。
 ȵa⁵⁵ tsuɛ⁵² tɕɑŋ³³ tshɔŋ⁵⁵gje⁵⁵ nɤ⁵⁵ ȵi²¹ ʐo³³ i²¹nɯ³³ thɤ²¹ tɕɔŋ⁵⁵ ʐe⁵⁵ so²¹³.
 草 锄 会 老人 那 两 个 去年 一 次 去 体助

128. 木匠从昨天起开始盖房了。
 iŋ⁵⁵tshŏ³³tɕɑŋ³³tshɔŋ⁵⁵ a²¹mi⁵⁵ȵi³³ iŋ⁵⁵ tshŏ³³ tɔŋ⁵².
 木匠 昨天 房 盖 开始

129. 要去干活计。
 a²¹khjei³³ khjei³³ ʐe⁵⁵ xɤ⁵⁵.
 活计 干 下去 体助
 咱们去干活计吧。
 a²¹khjei³³ khjei³³ ʐe⁵⁵ xɑŋ⁵².
 活计 干 下去 体助

130. 农民们开始干活计了。
 a²¹khjei³³khjei³³tshɔŋ⁵⁵ɯ⁵⁵ a²¹khjei³³ khjei³³ tɔŋ⁵⁵ xɤ⁵⁵.
 农民们 活计 干 开始 体助

131. 我去时你们都睡着了。
 ŋo⁵⁵ le³³ khɔŋ³³, na³³ɯ⁵⁵ i²¹tɕa³³ kho³³ so²¹³.
 我 去 时 你们 睡 体助 完

132. 村里会讲故事的那些村民全部都去了。
 pho³³ a³³ a²¹khjei³³khjei³³tshɔŋ⁵⁵ ka³³thi⁵⁵tshɔŋ⁵⁵
 村 方助 村民 故事
 ɔ⁵⁵ a³³ tɕhɑŋ³³ tshɔŋ⁵⁵ nɤ⁵⁵dʐu²¹ ʐe⁵⁵ kho³³ so²¹³.
 讲 话助 会 人 那些 去 体助 全部

133. 我的牙齿很白。
 ŋo³³ a³³ a²¹so²¹ tsɤ⁵⁵ phu⁵⁵.
 我 领助 牙齿 很 白
 我的牙齿很白。
 ŋo³³ a³³ a²¹so²¹ a²¹phu⁵⁵lu⁵⁵.
 我 领助 牙齿 白白的

134. 我的牙齿不白。
 ŋo³³ a³³ a²¹so²¹ ma²¹ phu⁵⁵.
 我 领助 牙齿 不 白

135. 你的头发太长。
 no³³ a³³ dzɔŋ⁵⁵khɯ⁵⁵ ɕɯ⁵⁵ tsɤ⁵⁵le³³.
 你 领助 头发 长 太

no³³ a³³　　ɯ²¹sɯ⁵²a²¹mɯ²¹　ɕɯ⁵⁵ tsɤ⁵⁵le³³.
你　领助　　头发　　　　　长　　太

136. 她的眼睛很好看。
a²¹ȵɔ²¹ a³³　me̠³³tɕho³³ tsɤ⁵⁵ dɤŋ²¹ mɯ²¹³.
她　领助　眼睛　　　很　　看　好

137. 你们的孩子很好。
na³³ɯ⁵⁵ a³³　lo²¹gu³³lo²¹ mɯ²¹ tsɤ⁵⁵le³³ ŋa⁵².
你们　领助　孩子　　　好　　得很　　语助

138. 抬的全是重的。
pa̠²¹ a³³　tɑŋ²¹bu²¹kɤ⁵⁵ li²¹³.
抬　话助　全是　　　　重的

139. 又下雨了。
o²¹xo⁵⁵ ko²¹lo²¹ xo⁵⁵ go²¹　lɯ⁵⁵ ŋa⁵⁵.
雨　　又　　　雨　落下　来　语助

140. 你的火又熄了。
no³³ a³³　mi²¹ ko²¹ mje³³ a²¹　so²¹³.
你　领助　火　又　熄　体助　体助

141. 你们的朋友全都回去了。
na³³ɯ⁵⁵ lo²¹gu³³tɕhɔŋ²¹ tɑŋ²¹bu²¹kɤ²¹ le³³ kho³³ so²¹³.
你们　　朋友　　　　全部　　　　　去　体助　完

142. 他们的那三个在读书的孩子全去上学了。
a²¹ȵɔ²¹dʑu²¹ a³³　a²¹do⁵⁵ xiŋ²¹ a³³　lo²¹gu³³lo²¹ nɤ⁵⁵ sen²¹ ʐo³³
他们　　　领助　书　　读　话助　孩子　　　　那　三　　个
a²¹do⁵⁵ xiŋ²¹ le³³ kho³³ so²¹³.
学　　读　去　体助　完

143. 那个老头儿以后一次也不去了。
tshɔŋ⁵⁵gje²¹bu³³ nɤ⁵⁵ kha³³ thɤ²¹ tɕɔŋ⁵⁵ ma²¹ le³³.
老头儿　　　　那　个　一　　次　　不　上去

144. 铃子太（过于）响了。
tɕa⁵⁵tɕi³³li³³ xɤ⁵⁵ mɯ⁵⁵ tsɤ⁵⁵le³³.
铃子　　　那　响　过于

145. 这个小姑娘雅尼话懂得很多了。
lo²¹mi³³lo²¹ xɤ⁵⁵ a²¹bo⁵⁵miŋ³³ sɯ²¹ tsɤ⁵⁵le³³.
小姑娘　　这个　雅尼话　　　懂得　很多

附录二　句子

146. 因为熟人来了，所以我不需要去了。
　　　　sɯ²¹³tshɔŋ⁵⁵ lo⁵⁵ ba⁵⁵, ŋo⁵⁵ ma²¹ le³³ kui³³ lo²¹ so²¹³.
　　　　熟人　　　来　因为　我　不　去　需要　体助　完
　　　　a²¹dʑa³³kɤ³³ sɯ²¹³tshɔŋ⁵⁵ lo⁵⁵, ŋo⁵⁵ ma²¹ le³³ kui³³lo²¹ so²¹³.
　　　　因为　　　　熟人　　　来　我　不　去　需要　体助

147. 她们的眼泪都出来了。
　　　　a²¹ɲɔ³³dʑu²¹ a³³ me³³bi⁵⁵ to³³lɯ³³ a³³.
　　　　她们　　　　领助　眼泪　出来　语助

148. 昨晚他一人在这里等着。
　　　　a²¹mi⁵⁵khui⁵² a²¹ɲɔ³³ tɤ²¹ dɔŋ²¹tho²¹ tho²¹ a⁵⁵.
　　　　昨晚　　　　他　　独自　等待　　　体助　语助

149. 我去时他一人已在地里等着了。
　　　　ŋo⁵⁵ le³³ khɔŋ³³ a²¹ɲɔ³³ tɤ²¹ dɔŋ²¹ tho²¹tho²¹ a⁵⁵.
　　　　我　去　时候　他　　独自　等待　　　　体助　语助

150. 看完电影回家时，都睡了。
　　　　a²¹bu³³da³³da³³ dɤŋ⁵⁵ kho³³ so²¹³ ba⁵⁵, iŋ⁵⁵ a³³ le³³ xaŋ⁵² i²¹tɕa²¹ kho³³ so²¹³.
　　　　电影　　　　　看　体助　完　然后　家　方助　去　时候　睡睡　体助　完

151. 媒人对我说了两次。
　　　　kho²¹pho²¹kho²¹mo³³ɕo⁵⁵bi²¹tshɔŋ⁵⁵ ŋo³³ ʑɔŋ⁵⁵ ɲi²¹ tɕɔŋ⁵⁵ ɔ⁵⁵ a³³ so²¹³.
　　　　媒人　　　　　　　　　　　　　　　我　受助　两　次　说　体助　完

152. 我还没有见到祭司的朋友。
　　　　ŋo⁵⁵ po³³tɕaŋ³³ a³³ lo²¹gu³³tɕhɔŋ²¹ ʑɔŋ⁵⁵ ma²¹ mjɔŋ⁵⁵ ʑɔŋ⁵⁵.
　　　　我　祭司　　　　领助　朋友　　　　　受助　不　见　体助

153. 二姨母把你的衣服洗了。
　　　　a²¹mo³³kɑŋ³³ ʑɛ⁵⁵ no³³ a³³ pe⁵⁵kha²¹ tshi²¹ so²¹³ ŋa⁵².
　　　　二姨母　　　施助　你　领助　衣服　　　洗　体助　语助

154. 木匠把工具搁在桌子上了。
　　　　iŋ⁵⁵tsho³³tɕaŋ³³tshɔŋ⁵⁵ a³³ khjei³³ʑa²¹ɔŋ⁵⁵ xɔŋ²¹mɯ⁵⁵ tha²¹ a³³ tɕhi²¹ta³³ tho²¹³.
　　　　木匠　　　　　　　　　话助　工具　　　　　桌子　　　　　上　方助　搁上　体助

155. 房主今天来找了你一整天。
　　　　iŋ⁵⁵shɯ⁵⁵ no²¹ ʑɔŋ²¹ a²¹mɯ⁵⁵ɲi²¹ taŋ²¹wa²¹ tin³³ tai⁵² lo⁵⁵ a³³.
　　　　房主　　　你　上　今天　　　　一天　　　整　找　来　语助

156. 村里的会计也叫我两次。
　　　　pho³³ a³³ tɕɑŋ³³a³³tshɔŋ⁵⁵ ŋo³³ ʑɔŋ⁵⁵ ɲi²¹ tɕɔŋ⁵⁵ khu⁵⁵ a³³ so²¹³.
　　　　村里　方助　会计　　　　　我　受助　两　趟　叫　体助　完

157. 大和尚还没有对我说。
    tu³³bi³³lo³³ ŋo³³ ʑoŋ⁵⁵ ma²¹ ɔ⁵² a³³ ʑoŋ⁵⁵.
    大和尚   我   受助 不   说 体助 体助
    狗咬我
    khɯ²¹ ŋo³³ ʑoŋ⁵⁵ tshe²¹ a³³.
    狗   我   受助 咬   语助
    狗对着我叫。
    khɯ²¹ ŋo³³ ʑoŋ⁵⁵ lɔŋ⁵⁵ a³³.
    狗   我   受助 叫   语助
158. 医生治病人六天了。
    bo³³tshɔŋ⁵⁵ no⁵⁵tshɔŋ⁵⁵ ʑoŋ⁵⁵ bo³³ ko⁵⁵ kho²¹ ȵi³³ xua³³ lo⁵⁵ ŋa⁵².
    医生   病人   受助 医   体助 六   天   到   来   语助
159. 你的师傅教岩香整整八天。
    na³³ a³³ tɕɑn³³tshɔŋ⁵⁵ ai²¹ɕaŋ⁵⁵ ʑoŋ⁵⁵ ɔ⁵⁵ a³³ xɤ²¹ ȵi³³ tin³³.
    你   领助 师傅   岩香   受助 教 体助 八   天   整整
160. 父亲去背了五次柴。
    a²¹bu³³ mi²¹dzo²¹ ŋo²¹ po³³ phi³³ ʑe⁵⁵ so²¹³.
    父亲   柴   五   次   背   去   体助
161. 太阳下山了，你不要去。
    ȵi⁵⁵yo³³ ko³³ ʑe⁵⁵ ba⁵⁵, nɔ⁵⁵ a²¹ ʑe⁵⁵ tho²¹ lo⁵².
    太阳   落   下去 体助   你   别 下去 体助 语助
162. 你要的话，来我这里拿。
    nɔ⁵⁵ ʑu⁵⁵ ba⁵², ŋo³³ xe⁵² ʑu⁵⁵ lo⁵⁵.
    你   要   如果   我   这里 拿   来
163. 你们在家等着，我俩去一会儿就回来。
    na³³ɯ⁵⁵ iŋ⁵⁵ a³³ dɔŋ²¹tho²¹ a²¹, ŋa²¹ʑo³³ thɤ²¹sa²¹le³³ le³³ ba⁵⁵ xua³³ lɯ³³ xɤ⁵⁵.
    你们   家   方助 等着   语助, 我俩   一会儿   去   连助 到   来   体助
164. 你不去的话，我一个人去。
    nɔ⁵⁵ ma²¹ le³³ ba⁵⁵, ŋo⁵⁵ ȵi⁵⁵tɤ²¹ le³³ xaŋ⁵⁵.
    你   不   去   连助   我   单独   去   体助
    你不去的话，他一个人去。
    nɔ⁵⁵ ma²¹ le³³ ba⁵⁵, a²¹ȵɔ²¹ tɤ²¹ le³³ xɤ⁵⁵.
    你   不   去   如果   他   单独 去   体助

165. 我给老人们每人分一包糖。
ŋo⁵⁵ tshɔŋ⁵⁵gje²¹dʑu²¹ ʐɔŋ⁵⁵ pɤ²¹tɕhi⁵⁵ thɤ²¹ ʐo³³ nɛ³³ thɤ²¹ thje³³ thje³³ be⁵⁵ ʑɛ²¹³.
我　老人们　　　受助糖　　一　人　连助一　包　　包　　给予
166. 小和尚去帮助他了。
pha̠⁵²lo²¹ nɤ⁵⁵kha³³ ʐɔŋ⁵⁵ po³³tɤɤ⁵⁵ le³³ so²¹³.
小和尚　那个人　　受助帮助　去　体助
167. 饭煮的太稀了。
xɔŋ²¹tɕha̠²¹ tɕha̠²¹ a³³ tɛ²¹ tsɤ⁵⁵le³³.
煮饭　　　煮　话助稀　太
饭煮太软了。
xɔŋ²¹tɕha̠²¹ no̠²¹ tsɤ⁵⁵le³³.
煮饭　　　软　太
蒸饭太硬了。
xɔŋ²¹ɔŋ⁵⁵ kha³³ tsɤ⁵⁵le³³.
蒸饭　　　软　太
168. 我把钱用完了。
ŋo⁵⁵ phu⁵⁵pjɛ³³ tɕa⁵⁵ kho³³ so²¹³.
我　钱　　　用　体助完
169. 牛关在牛圈里。
po²¹naŋ³³ po²¹naŋ³³khɔ²¹ a³³　lɔŋ⁵⁵ tho²¹³.
牛　　　牛圈　　　　方助关　体助
牛关被在牛圈里。
po²¹naŋ³³ ʐɔŋ⁵⁵ po²¹naŋ³³khɔ²¹ a³³　lɔŋ⁵⁵ tho²¹³.
牛　　　受助牛圈　　　　　方助关　体助
170. 她的这些朋友见过了他的父亲。
a²¹n̠ɔ³³ lo²¹gu³³tɕhɔŋ²¹ xɤ³³dʑu²¹ a²¹n̠ɔ³³ bu³³ ʐɔŋ⁵⁵ mjɔŋ⁵⁵ so²¹³.
她　　朋友　　　　这些　他的　父亲受助见　　体助
171. 这房子快要倒了。
iŋ⁵⁵ xɤ⁵⁵ lo²¹　lɔŋ⁵⁵ ko³³　so²¹³.
房　这　将要倒　体助 语助
这房子已经倒了。
iŋ⁵⁵ xɤ⁵⁵ lɔŋ⁵⁵ so²¹³.
房　这　倒　体助

172. 我们家人中，这个人①最高。

ŋa³³ɯ⁵⁵ a³³　iŋ⁵⁵ tshɔŋ⁵⁵ a³³,　xɤ⁵⁵kha³³ tsɤ⁵⁵ mjɔŋ⁵⁵.

我们　领助　家 人　　话助 这个人　最　高

173. 因为下雨，所以没去。

a²¹dʑa³³kɤ³³ o²¹xo⁵⁵ xo⁵⁵ ba⁵⁵, ma²¹　ʑe⁵⁵ sɯ²¹.

因为　　　雨　下　连助 不　下去 会

没有车子，不会去。

a²¹dʑa³³kɤ³³ lo̠³³　ma²¹ dʑa³³ ba⁵⁵, ma²¹ le³³ sɯ²¹.

因为　　　车子 没　有　连助　不　上去 会

174. 因为不下雨，所以不会种庄稼。

a²¹dʑa³³kɤ³³ o²¹xo⁵⁵ ma²¹ xo⁵⁵ ba⁵⁵, pa̠²¹la²¹pa̠²¹tha⁵² ma²¹ po³³ sɯ²¹.

因为　　　雨　不　下　连助　庄稼　　　不 种 会

175. 这些黄豆是我的，不是你的。

tho³³o⁵⁵ xɤ⁵⁵dʑu²¹ ŋo³³ a³³　ʑa⁵²,　no³³ a³³　ʑa⁵² ma²¹ ŋɤ⁵⁵.

黄豆 这些　　我 领助 物品 你 领助 物品 不 是

176. 他们的朋友把田犁完了。

a²¹ȵɔ³³dʑu²¹ a³³　lo²¹gu³³tɕhɔŋ⁵⁵ a³³　de³³ thai⁵⁵ kho³³ so²¹³.

他们　　　领助 朋友　　　　施助 田　犁　体助 完

177. 姑娘的脸红彤彤的。

lo²¹mi²¹ a³³　mjɛ³³phan²¹ a²¹nɤ⁵⁵ nɤ⁵⁵.

姑娘　话助 脸　　　红彤彤

178. 这些娃娃说过一次。

lo²¹gu³³lo²¹ xɤ⁵⁵dʑu²¹ thɤ²¹ tɕɔŋ⁵⁵ o⁵⁵ so²¹³.

娃娃　　　 这些　　一 次　 说 体助

179. 在厨房里的这个小女孩做饭，在池塘那里的那个小男孩洗碗。

xɔn²¹ɔŋ⁵⁵dzo⁵²di²¹ a²¹khɔn³³ a³³　kho²¹mo³³lo²¹ xɤ⁵⁵kha³³ xɔn²¹tɕha²¹ tɕha²¹ ko³³,

厨房　　　　　 里边 方助　小女孩　　 这个　　煮饭 　　 煮　体助

tɕho⁵²dɯ³³u³³di²¹ a²¹tsɤn³³ a³³　kho²¹pho³³lo²¹ nɤ⁵⁵kha³³ phu²¹lo²¹ tɕuɛ³³ ko³³.

池塘　　　　　 那里 方助 小男孩　　　那个　　 碗　　　洗　体助

180. 所有年轻的学生不抽烟，也不喝酒。

a²¹do⁵⁵xin²¹dʑu²¹ lo²¹gu³³ taŋ³³bu²¹kɤ⁵⁵ ko⁵⁵ʑa³³ ma²¹ ɕi³³,

学生　　　　　　 年轻　所有　　　　　　烟　　　 不　抽

---

① xɤ⁵⁵kha³³这个人, -kha³³ 指人，与 xɤ⁵⁵-, nɤ⁵⁵- 构成复合词，不能单独使用。

tɕhi⁵⁵phɯ⁵² ʐɛ³³ ma²¹ dɔŋ⁵⁵.
酒　　　　也　不　喝

181. 在教室外面站着的这些高高瘦瘦的年轻人是老师，不是学生。
a²¹do⁵⁵xiŋ²¹³di²¹ a²¹nɔ³³a²¹ xɤ²¹n̪i⁵⁵ tho²¹ mjɔŋ⁵⁵mjɔŋ⁵⁵le³³ gji⁵⁵gji⁵⁵de³³
教室　　　　　外面　　　站　体助　高高　　　　瘦瘦
lo²¹gu³³ xɤ³³dʐu²¹ a²¹do⁵⁵⁵a³³tshɔŋ⁵⁵ ŋɤ⁵⁵, a²¹do⁵⁵xiŋ²¹dʐu²¹ ma²¹ ŋɤ⁵⁵.
年轻人　这些　　老师　　　　　是　学生　　　　　不　是

182. 想说又不敢说。
ɔ⁵⁵ n̪i⁵⁵　a³³　kui²¹le²¹ ma²¹ ɔ⁵⁵ tɕhiŋ⁵².
说　想　话助　又　　不　说　敢

183. 就算他给我钱，我也不卖。
a²¹n̪ɔ²¹ ŋo³³ ʐɔŋ⁵⁵ phu⁵⁵pjɛ³³ be⁵⁵ a³³　ba⁵⁵, ŋo⁵⁵ ʐɛ³³ ma²¹ gɔŋ²¹.
他　　我　受助　钱　　　　给　话助　连助　我　也　不　卖

184. 布角人会唱歌，但是他不肯唱。
lɔŋ³³pi⁵²tshɔŋ⁵² kaŋ²¹khaŋ⁵⁵ tɕhɤ⁵⁵ tɕaŋ³³ ba⁵⁵, a²¹xoi⁵⁵ a²¹n̪ɔ²¹ ma²¹ tɕhɤ⁵⁵ ni⁵⁵.
布角人　　　　　歌　　　唱　　　　会　　　　　　但是　　他　　　不　唱　想

185. 因为没有钱，所以不能上学。
a²¹dʑa³³kɤ³³ phu⁵⁵pjɛ³³ ma²¹ dʑa³³ ba⁵⁵, a²¹do⁵⁵ ma²¹ xiŋ²¹ le³³ ɯ²¹.
因为　　　　钱　　　　　没　有　　所以书　　不　学　去　能

186. 他能走，但是不愿意走。
a²¹n̪ɔ²¹ lo²¹ ɯ²¹ ɯ³³, a²¹xoi⁵⁵ a²¹n̪ɔ²¹ ma²¹ lo²¹ ni⁵⁵.
他　　走　能　结助　但　他　　不　走　愿意

我能唱，但是我不愿意唱。
ŋo⁵⁵ tɕhɤ⁵⁵ tɕaŋ³³, a²¹xoi⁵⁵ ŋo⁵⁵ ma²¹ tɕhɤ⁵⁵ ni⁵⁵ a⁵².
我　唱　　能　　　　但是　　我　不　唱　愿意 语助

ŋo⁵⁵ tɕhɤ⁵⁵ tɕaŋ³³, ŋo⁵⁵ tɕhɤ⁵⁵ ni⁵⁵ a⁵².
我　唱　　能　　我　唱　愿意 语助

187. 刚才买来的马，不肯（愿意）驮东西。
a²¹mɯ⁵⁵seŋ⁵² ʐu⁵⁵ la̠²¹ a³³ mjɔŋ⁵², tɕɤ³³tɕɤ³³ ma²¹ da³³ ni⁵⁵.
刚　　　　　买　来　体助　马　　东西　　　不　驮　愿意

不能驮东西（可能有伤疤）。
a²¹kho²¹a²¹go⁵⁵ ma²¹ da³³ ɯ²¹.
东西　　　　　不　驮　会

188. 他一边说话，一边走路。
a²¹ȵɔ²¹ thɤ²¹ pha³³ tɕei²¹ ko³³⁻²¹³, thɤ²¹ pha³³ lo²¹ ko³³⁻²¹³.
他　　一　面　说话　体助　一　面　　走　体助

189. 路好走，娃娃们愿意跟大人去河里捉鱼。
xɔ³³khɔŋ⁵⁵ lo²¹ mɯ²¹³ ba⁵⁵, lo²¹gu³³lo²¹dʐu²¹ ʑe⁵⁵ ni⁵⁵ tshɔŋ⁵⁵gje²¹
路　　　　走　好　连助　娃娃们　　　　　去　愿意　大人
ʑɛ³³ ʑe⁵⁵ a²¹kho²¹ da³³ ŋo²¹dɤ³³ ȵɛ²¹ ʑe⁵⁵ ni⁵⁵.
跟　去　河　　方助　鱼　　　拿　去　愿意

190. 是我的话，一定去。
ŋo⁵⁵ ŋɤ⁵⁵ ba⁵⁵, khe⁵⁵khe³³ le³³ xɤ⁵⁵.
我　是　如果　　一定　　去　语助

191. 他一看见我们，就跑了。
ŋa³³ɯ⁵⁵ ʑɔŋ⁵⁵ mjɔŋ⁵⁵ a³³ ba⁵⁵, a²¹ȵɔ²¹ phɤŋ³³⁻²¹³.
我们　　受助　见　　体助　连助　他　　跑

192. 你再说也没有用。
nɔ⁵⁵ ɔ⁵⁵ a³³ kui³³ ʑu⁵⁵ʑaŋ⁵² ma²¹ dʐa³³ tho²¹.
你　说　体助　再　用处　　　没　有　体助

193. 因为要交税，所以得去打工。
a²¹dʐa³³kɤ³³ a²¹mɯ³³ phu⁵⁵ ɣo³³ kjɔu³³ xɤ⁵⁵, pjɛ³³ ɣo³³ ɕo⁵⁵ ʑe³³ xɤ⁵⁵.
因为　　　　现在　　钱　得　交　体助　钱　得　找　去　体助

194. 你去或者我去。
nɔ⁵⁵ ʑe⁵⁵ xɤ⁵⁵ la²¹, ta⁵²wua³³lai²¹³ ŋo⁵⁵ ʑe⁵⁵ xɤ⁵⁵ la²¹?
你　去　体助　语助　或者　　　　　　我　去　体助　语助

195. 我们村里走了一些人家。
ŋa³³ɯ⁵⁵ a²¹pho³³ tshɔŋ³³ a²¹tɕi⁵⁵ khai³³ ʑe³³ so²¹³.
我们　　村　　　人　　一些人　搬　　去　体助

196. 我宁可饿死，也不去求他帮助。
ŋo⁵⁵ a³³ mje²¹ ɕi⁵⁵ ko²¹lai³³, a²¹ȵɔ²¹ ʑoŋ⁵⁵ ma²¹ ɕo⁵⁵ le³³ a⁵².
我　话助　饿　死　宁可　　　　他　　受助　不　找　去　语助

197. 那些集市里的商人书读得不多，但知道的很多。
lɤ³³ a³³ si⁵⁵khui³³ nɤ⁵⁵dʐu²¹ a²¹do⁵⁵ xiŋ²¹ la²¹ a³³ ma²¹ mjo²¹ ba⁵⁵,
集市　方助　商人　　那些　　书　　读　得　体助　不　多　连助
a²¹xoi⁵⁵ xɤ⁵⁵tɕɤ³³nɤ⁵⁵tɕɤ³³ mjo²¹ le³³ sɯ²¹.
但　　这样那样　　　　　　多　地　知道

198. 无论谁说他都不肯听。
   khɑ²¹sʁ⁵² ɔ⁵⁵ a³³   kui²¹⁻²¹³ a²¹ɲɔ²¹ ma²¹   xua⁵²   ni⁵⁵.
   谁   说 体助 再   他   不   听   肯

199. 明天会拉二胡的那两个老人可能不来了。
   tɑŋ⁵⁵si³³ ɕʁ³³ tɕɑŋ³³ tshɔŋ⁵⁵gje²¹ nʁ⁵⁵ ɲi²¹ ʐo³³ a²¹ne³³ɳa⁵⁵ ma²¹ luɯ³³ tsha⁵².
   二胡   拉   会   老人   那 两 个   明天   不 下来 可能

200. 我爱她。
   ŋo⁵⁵ a²¹ɲɔ²¹ zɔŋ⁵⁵ ma³³.
   我   她   受助 爱

201. 我非常爱她。
   ŋo⁵⁵   a²¹ɲɔ²¹ zɔŋ⁵⁵ ma³³ tsʁ⁵⁵le³³.
   我我 她   受助 爱   非常

202. 我的心底里深深地爱着她。
   ŋo³³ a³³   nuɯ³³ɣo³³ a²¹ɲɔ²¹   zɔŋ⁵⁵ ma³³ tsʁ⁵⁵le³³ te²¹te²¹ ŋa⁵².
   我 领助 心底里   她   受助 爱   非常   真真   语助

203. 你们一起去山上砍柴。
   na³³ɯ⁵⁵ thʁ²¹kji⁵⁵le³³ ma³³dɔŋ⁵² kho²¹ le³³ ba⁵⁵ mi²¹dzo²¹ tɔ³³ le³³.
   你们   一起   山上   上去 结助 柴   砍   去

二 疑问句

1. 吃不吃？
   dzo²¹ o⁵⁵   ma²¹ dzo²¹?
   吃   话助 不   吃

2. （你）吃呢不吃啊？喝呢不喝啊？
   dzo²¹ ʑi⁵⁵ ma²¹ dzo²¹ la⁵²?
   吃   语助 不   吃   语助
   dɔŋ⁵⁵ ʑi⁵⁵ ma²¹ dɔŋ⁵⁵ la⁵²?
   喝   语助 不   喝   语助

3. 你说过了吗？
   nɔ⁵⁵   ɔ⁵⁵ so²¹³ la⁵²?
   你   说 体助   语助

4. 你说什么？你说什么事？
   nɔ⁵⁵ ɔ⁵⁵ a²¹tɕa⁵²?
   你   说 什么

nɔ⁵⁵ a²¹tɕa⁵² ʑa²¹ ɔ⁵⁵?
你　什么　事　说

5. 你吃什么（东西）？
nɔ⁵⁵ a²¹tɕa⁵² dzo²¹³?
你　什么　吃

nɔ⁵⁵ a²¹tɕa⁵² ʑa²¹　dzo²¹³?
你　什么　东西　吃

6. 你吃的是什么东西？
nɔ⁵⁵　a³³　dzo²¹ xɤ³³ a²¹tɕa⁵² ʑa²¹?
你　话助 吃　这　什么　东西

7. 咱们去不去？
ŋa³³ɯ⁵⁵　le³³　ma²¹ le³³?
咱们　上去　不　上去

ŋa³³ɯ⁵⁵ ʑe⁵⁵ ma²¹ ʑe⁵⁵?
咱们　下去 不　下去

8. 我们去，还是不去？
ŋa³³ɯ⁵⁵ le³³ xɤ⁵⁵ la⁵²，ma²¹ le³³ xɤ⁵⁵ la⁵²?
我们　去　体助 语助　不　去　体助 语助

9. 是姨妈去，还是嫂嫂去？
a²¹mo³³mo³³ ʑe⁵⁵ la⁵², a²¹tshu³³ ʑe⁵⁵ la⁵²?
姨妈　　　去 语助 嫂嫂　　去 语助

10. 那绿衣服是谁的？
pe⁵⁵kha³³ a²¹ɲi⁵⁵li⁵⁵ nɤ⁵⁵ kha⁵¹sɤ⁵² ʑa²¹?
衣服　　绿的　　那　谁　　东西

11. 那人是谁呀？
tshɔŋ⁵⁵ nɤ⁵⁵kha³³ kha²¹sɤ⁵²?
人　　那个　　谁

12. 那人是哪儿的？
tshɔŋ⁵⁵ nɤ⁵⁵kha³³ kha²¹sɤ⁵² pho³³ tshɔŋ⁵⁵⁻⁵²?
人　　那个　　谁　　村　人

13. 家里有没有人？
iŋ⁵⁵ a³³　tshɔŋ⁵⁵ dʑa³³ ma²¹dʑa³³?
家　方助 人　　有　　没有

dʑa³³. dʑa³³ ba⁵⁵. 有。有的。
有　　有　语助

ma²¹ dʑa³³. 没有
没　有
家里有没有人在？
iŋ⁵⁵ a³³　tshɔŋ⁵⁵ ȵi⁵⁵ tho³³ ma²¹　ȵi⁵⁵ tho³³?
家　方助 人　　在　体助 没　在　体助

14. 谁在家里？
kha²¹sɤ⁵² iŋ⁵⁵ a³³　ȵi⁵⁵?
谁　　家　方助 在

15. 老太太不在，是吗？
tshɔŋ⁵⁵gje²¹mo³³ ma²¹ dʑa³³ tho²¹, ŋɤ⁵⁵ ba⁵⁵ la⁵²?
老太太　　　不　在　体助　是　语助 语助

16. 何时才长大呢？
kho²¹mɑŋ⁵⁵ xɯ²¹ lo⁵⁵ xɤ⁵⁵?
何时　　长　来　体助

17. 那些学生的病好了吗？
a²¹do⁵⁵xin²¹³tshɔŋ⁵⁵ɯ⁵⁵ no⁵⁵ mɯ²¹ lo⁵⁵　so²¹ la⁵²?
学生一些　　　　病　好　体助 语助

18. 今天大家全都是努力的，是吗？
a²¹mɯ⁵⁵ȵi³³ taŋ²¹bu²¹kɤ³³ taŋ⁵²mɤ²¹ ɔŋ⁵⁵dʑa³³ khjei³³ ka²¹, ŋɤ⁵⁵ ba⁵⁵ la⁵²?
今天　　 全部　　　全部都　耐心　做　　语助 是 语助 语助

19. 今年的谷子比去年的好，是吗？
a²¹mɯ⁵⁵nɯ³³ a³³　ko³³ i²¹nɯ³³ a³³　ko³³ tha²¹le³³ mɯ²¹ ba⁵⁵ la⁵²,
今年　　　　领助 谷 去年　 领助 谷 上去　　好　语助 语助
ŋɤ⁵⁵ ba⁵⁵ la⁵²?
是　语助 语助
一家有几个人？
thɤ²¹ iŋ⁵⁵ tshɔŋ⁵⁵ kha³³lo²¹ʐo³³ dʑa³³?
一　家　人　　几个人　　　有

20. 怎么了？
khjei⁵⁵ o⁵²?
怎么　语助
是什么呀？
a²¹tɕa⁵²　ʐa²¹?
什么　语助
怎么做？

khjei⁵⁵ khjei³³ ɤ⁵⁵?
怎么　 做　　语助
做什么？
a²¹tɕa⁵² khjei³³ ɤ⁵⁵?
什么　　做　　语助

21. 昨夜月亮亮不亮？
a²¹mi⁵⁵khui⁵² bi²¹lo³³ xɤ³³ ma²¹ xɤ³³?
昨夜　　　　月亮　亮　不　亮
昨夜月亮不亮。只有星星亮。
a²¹mi⁵⁵khui⁵² bi²¹lo³³ ma²¹ xɤ³³ pi²¹kji⁵⁵ ɕo⁵⁵le³³ xɤ³³.
昨夜　　　　月亮　　不　亮　星星　　只有　亮

22. 只有叔叔在干活，其他人闲着。
a²¹bu³³ a³³ ɕo⁵⁵le³³ a²¹khjei³³ khjei³³ e³³, ko³³ma²¹ko³³tshɔŋ⁵⁵ sou⁵² ko²¹³.
叔叔　话助　只有　活计　　干　语助　其他人　　　　　闲　体助

23. 先唱歌呢，还是先写字？
a²¹xu²¹ kaŋ²¹khaŋ⁵⁵ tɕhɤ⁵⁵ xɤ⁵⁵? ta⁵²wua³³lai²¹³ a²¹xu²¹ a²¹do⁵⁵ ko²¹ xɤ⁵⁵?
先　　歌　　　　　唱　　语助　或者　　　　　　先　　字　　　写　语助

24. 先唱歌，后跳舞吧。
kaŋ²¹khaŋ⁵⁵ la²¹xu²¹ tɕhɤ⁵⁵, a²¹nɔŋ³³ ȵɛ³³ xɤ⁵⁵.
歌　　　　　先　　　唱　　　后　　　　跳舞　语助

25. 你先去，我后来。
nɔ⁵⁵ la²¹xu²¹ ʑe⁵⁵ o²¹, ŋo⁵⁵ a²¹nɔŋ³³ lo⁵⁵ xɤ⁵⁵.
你　先　　　去　语助　我　后来　　　来　语助

26. 连寨子里的那两个和尚也不去？
pho³³ a³³ pha⁵²lo²¹ nɤ⁵⁵ ȵi²¹ zo³³ ʑɛ³³ ma²¹ ʑe⁵⁵ la⁵²?
寨子　方助　和尚　那　　两　个　也　　不　去　语助

27. 这个人给你谷子了吗？
xɤ⁵⁵kha³³ no³³ ʐɔŋ⁵⁵ ko³³ be⁵⁵ a³³ ba⁵⁵ la⁵²?
这个人　　你　受助　谷　给　体助　语助　语助

28. 你们俩去教他们仨吗？
na²¹ʐo³³ nɤ⁵⁵ sen²¹ zo³³ ʐɔŋ⁵⁵ ɔ⁵⁵ ʑe⁵⁵ xɤ³³ ma⁵²?
你们俩　那　三　个　受助　教　去　体助　语助

29. 左边的那三个女孩儿也是布角人吗？
la²¹o̱²¹pa³³ kho²¹mo³³lo²¹ nɤ⁵⁵ sen²¹ zo³³ ʑɛ³³ lɔŋ³³pi⁵²tshɤ⁵⁵ ma⁵²?
左边　　　　女孩　　　　　那　三　　个　也　布角人　　　　语助

不是布角人吗？
lɔŋ³³pi⁵²tshɔŋ⁵⁵ ma²¹ ŋɤ⁵⁵ a⁵⁵ma⁵²?
布角人　　　不　是　语助

30. 今天你的儿子和女儿不在家吗？
a²¹mɯ⁵⁵ȵi³³ no³³ a³³　kho²¹pho³³lo²¹ ʑɛ³³ kho²¹mo³³lo²¹ iŋ⁵⁵ a³³
今天　　　你 领助 儿子　　和　女儿　　家 方助
ma²¹ ȵi⁵⁵ tho³³ ma⁵²?
不　在　体助 语助

31. 教室里的那些粉笔你们一个也没有拿吗？
a²¹do⁵⁵xiŋ²¹³di²¹ a³³　kɔ²¹ʑa²¹ nɤ⁵⁵tɕɤ²¹ na³³dʑu²¹ thɤ²¹ zo³³ le³³
教室　　　方助 粉笔　那些　　你们　　一　个　也
ma²¹ ɣo³³ ʑu⁵⁵ ma⁵²?
没　得　拿　语助

32. 他们都还在学校里，是不是？
a²¹ȵɔ³³dʑu²¹ a³³　a²¹do⁵⁵xiŋ²¹di²¹ a³³　ȵi⁵⁵ tho²¹³, ŋɤ⁵⁵ ma²¹ ŋɤ⁵⁵ la⁵²?
他们　话助　学校　　　方助 在 体助 是　不　是　语助

33. 先割的橡胶水，先挑回来吗？
la̠²¹xu²¹ pha̠³³ ʑe⁵⁵ a³³　kɔŋ³³ʑaŋ³³a²¹ɯ¹, la̠²¹xu²¹ pa²¹ tho³³ la̠²¹?
先　割　去 话助 橡胶水　　　先　挑 体助 语助

34. 后到的话，就没有份额了吗？
a²¹nɔŋ³³ kho³³ lɯ³³ ba⁵⁵, ɕɔ⁵²bɔŋ²¹ ma²¹ dʑa³³ la⁵⁵ la⁵²?
后　到　下来 如果 份额　没　有　语助 语助

35. 姑娘的脸漂亮吗？
lo²¹mi²¹ mjɛ³³phɑŋ²¹ mɤ²¹³ ma⁵²?
姑娘　脸　　　漂亮　语助

36. 他的弟弟还在家，对吗？
a²¹ȵɔ³³ mi⁵⁵tɕhɔŋ⁵⁵ kho²¹pho³³lo²¹ iŋ⁵⁵ a³³　kɔ²¹ ȵi⁵⁵ tho⁵⁵ tho²¹³, ma²¹³ ma⁵²?
他　亲　弟弟　　　家 方助 还 在 体助 语助 对 语助

37. 我们的孩子们好吗？
ŋa³³ɯ⁵⁵ a³³　lo²¹gu³³lo²¹ɯ⁵⁵ mɯ²¹ ba⁵⁵ la⁵²?
我们　领助 孩子们　　　好　结助 语助

38. 孩子们的手洗完了吗？
lo²¹gu³³lo²¹ɯ⁵⁵ la̠²¹phu⁵⁵ tshi²¹ kɔ³³ so²¹³ la⁵²?
孩子们　　　手　洗　过 体助 语助

39. 他们的种子够了吗？
    nɤ³³dʑu²¹ a²¹tsi³³ lo²¹ so²¹³ la⁵²?
    他们　　种子　够　体助 语助

40. 你到过布角村吗？
    nɔ⁵⁵ loŋ³³pi⁵² a²¹pho³³ khua³³le³³ so²¹³ la⁵²?
    你　布角　村　　到达　　体助 语助

41. 他几时来过这儿？
    a²¹ȵɔ²¹ kho²¹maŋ⁵⁵ xe⁵⁵ a³³　lo⁵⁵ so²¹³?
    他　　何时　　　这 方助 来　体助

42. 这个老师教，还是那个老师教？
    a²¹do⁵⁵ɔ⁵⁵a³³tshoŋ⁵⁵ xɤ⁵⁵ a³³　la⁵²,
    老师　　　　　　　这　教 体助 语助,
    ta̠⁵²wua³³lai²¹³ a²¹do⁵⁵ɔ⁵⁵a³³tshoŋ⁵⁵ nɤ⁵⁵ ɔ⁵⁵ a³³ la⁵²?
    还是　　　　老师　　　　　　　那个 教 体助 语助

43. 那些老人要不要？去问问看。
    nɤ⁵⁵dʑu²¹ tshoŋ⁵⁵gje⁵² ʐu⁵⁵ ma²¹ ʐu⁵⁵? no⁵⁵dɤŋ⁵² le³³ dɤŋ⁵².
    那些　　老人　　　　要　不　要　　问　　去　看

44. 说什么啊？我的这两个学生还没听懂。
    a²¹tɕa⁵² ɔ⁵⁵ a³³　ɔ⁵²? ŋo²¹ a³³ ɕo²¹sen⁵⁵ xɤ⁵⁵ ȵi²¹ ʐo³³ ɔ⁵⁵ a³³　ma²¹ sɯ²¹ ʐoŋ⁵⁵.
    什么 说 体助 语助 我　领助 学生　　这　两　个 教 体助 没　懂　还
    ma²¹ xua²¹ sɯ²¹ ʐoŋ⁵⁵. 还听不懂。
    不　听　懂　还

三　祈使句

1. 别怕！
   a²¹ khjei²¹.
   别 怕

2. 别干！
   a²¹ khjei³³.
   别 干

3. 他一个人去不得。
   a²¹ȵɔ³³ tɤ²¹ ma²¹ le³³ mɯ²¹.
   他　独自 不　上去 好

4. 别怕火！
   mi²¹ ʐoŋ⁵⁵ a²¹ khjei²¹⁻⁵²!
   火　受助　别　怕
   不能吃！不要给！
   ma²¹ dzo²¹ mɯ²¹! a²¹ be⁵⁵⁻⁵²!
   不　吃　好　别　给
5. 去关门吧。
   lo⁵⁵ko³³ phi²¹ ʑe⁵⁵ o⁵².
   门　关　去　祈助
6. 好吃不好吃呢？再次吃瞧吧。
   tsi⁵⁵ ma²¹ tsi⁵⁵ de³³? ko²¹le²¹ dzo²¹ dʁŋ²¹ ɣo⁵².
   好吃　不　好吃　结助　再次　吃　瞧　语助
7. 再说一遍！
   thʁ²¹ tɕɔŋ⁵⁵ ko²¹ ɔ⁵² la̠²¹.
   一　遍　再　说　祈助
8. 慢慢走，别跑！
   a²¹lo³³lo³³ le³³ le³³ ko³³, a²¹ phʁŋ³³.
   慢慢　结助　上去　体助　别　跑
   慢慢走。
   a²¹lo³³lo³³ le³³ le³³.
   慢慢　结助　上去
9. 懂的人举手！
   sɯ²¹ tshɔŋ⁵⁵, la̠²¹phu⁵⁵ tɕhi²¹ tho³³la̠⁵².
   懂　人　手　举　起来
10. 请你早上来吧！
    nɔ⁵⁵ ne³³ɕɔŋ²¹ lo⁵⁵ ɣo³³.
    你　早上　来　语助
11. 你见过了，别去看！
    nɔ⁵⁵ mjɔŋ⁵⁵ so²¹³, a²¹ dʁŋ⁵² ʑe⁵⁵ tho²¹lo³³!
    你　见　体助，别　看　去　语助
12. 你们教妹妹汉语吧！
    na³³ɯ⁵⁵ ŋo³³ a³³ kho²¹mo³³lo²¹ȵɯ⁵⁵tshɔŋ⁵⁵ ʐoŋ⁵⁵ a²¹xɔ⁵⁵miŋ³³ ɔ⁵⁵ bi²¹.
    你们　我　领助　妹妹　受助　汉话　教　给

13. 别哭啦！
    a²¹ ɲui⁵⁵ tho²¹lo³³！
    别 哭 语助
14. 让他去吧！
    a²¹n̻ɔ²¹ ʑoŋ⁵⁵ be³³ ʑe⁵⁵ xɤ⁵⁵.
    他 受助 给 去 语助
15. 你的妻子做完后回家吧！
    no³³ a³³ kho²¹mo³³ a²¹khjei³³ khjei³³ kho³³ ba⁵⁵, iŋ⁵⁵ a³³ le³³.
    你 领助 妻子 活计 做 完 如果 家 方助 上去
16. 你们不要去呀！
    na³³ɯ⁵⁵ a²¹ ʑe⁵⁵ lo⁵².
    你们 别 去 语助
17. 别那么搞嘛！
    nɤ⁵⁵ a³³ a²¹ khjei³³ tho²¹ lo⁵².
    那样 话助 别 搞 体助 语助
18. 快努力，否则你们要落后的。
    ɣuɛ²¹ɣuɛ²¹ le³³ khjei³³, ma²¹ ŋɤ⁵⁵ ba⁵⁵ na³³ɯ⁵⁵ ma²¹ khuɑ⁵⁵ tha⁵².
    快快 结助 干 不 是 语助 你们 不 跟随 体助
19. 你们都去抬竹子吧！
    na³³ɯ⁵⁵ ɣo²¹ pa̠²¹ ʑe⁵⁵ o⁵²！
    你们 竹子 抬 去 语助
20. 时间到了，你快跑吧！
    ʑaŋ²¹ khuɑ³³ lo⁵², no⁵⁵ ɣuɛ²¹ le³³ phɤŋ²¹.
    时间 到 来 你 快 去 跑
    他正在吃饭。
    a²¹n̻ɔ²¹ xɔŋ²¹ dzo²¹ ko³³.
    他 饭 吃 正在
21. 饿了的话，你们煮饭吧！
    mjɛ²¹ lo⁵⁵ ba⁵⁵, na³³ɯ⁵⁵ xɔŋ²¹ tɕha²¹ tɕha²¹³.
    饿 来 如果 你们 饭 煮 煮
    饭有点没有煮熟
    xɔŋ²¹ a²¹tɕi⁵⁵le³³ ma²¹ tɕa⁵² ʑɔŋ⁵⁵.
    饭 小点儿 不 煮熟 语助

22. 你们都来吧！
    na³³ɯ⁵⁵ lo⁵⁵ kai⁵².
    你们　来　祈助

23. 你们都去帮他忙吧！
    na³³ɯ⁵⁵　a²¹ȵɔ²¹　ʐoŋ⁵⁵　po³³tʂɤŋ⁵⁵　le³³ kai⁵².
    你们　　他　　受助　帮　　　去　语助

24. 天快黑了，你们快回去吧！
    ɔŋ²¹khui²¹ khui²¹, na³³ɯ⁵⁵ ʑe⁵⁵ ɣuɛ⁵⁵ khei⁵².
    天　　　黑　　　你们　去　快　祈助

25. 朋友们不会买，你们去买。
    lo²¹gu³³tɕhɔŋ⁵²ɯ⁵⁵ ma²¹ ʐu⁵⁵ tɕan³³, na³³ɯ⁵⁵ ʐu⁵⁵ ʑe⁵⁵ o⁵².
    朋友们　　　　不　买　会　你们　买 去 祈助

26. 现在让我说吧！
    a²¹mɯ⁵⁵ a³³ ŋo³³ ʐoŋ⁵⁵ be³³ ɔ⁵⁵ a³³ o²¹.
    现在 话助 我 受助 使给 说 话助 语助

27. 你们几个有的话，给我吧！
    na³³ɯ⁵⁵ kha⁵⁵lo³³ʐo³³ dʑa³³ ba⁵⁵, ŋo³³ ʐoŋ⁵⁵ be⁵² a³³o²¹.
    你们　　几个人　　　有　语助 我 受助 给 语助

28. 小和尚要做什么，就让他做什么吧！
    pha̱⁵²lo²¹ a²¹ȵɔ³³ a³³kho⁵⁵ khjei³³ ȵi⁵⁵, sei⁵⁵khjei³³ ko³³ bi²¹³
    小和尚 他 什么 做 在 要做 体助 给

29. 就让那个人告诉我们吧！
    tshɔŋ⁵⁵ n̩ɤ⁵⁵kha³³ ŋo³³ɯ⁵⁵ ʐoŋ⁵⁵ ɔ⁵² lɯ³³ a⁵⁵ be²¹.
    人 那个 我们 受助 告诉 来 体助 给

30. 你把衣服挂在松树的树枝上吧！
    nɔ⁵⁵ pe⁵⁵kha³³ ma³³pɤ⁵⁵ a²¹dzɯ⁵⁵a²¹la̱³³ tɕhɯ²¹ tho²¹³
    你 衣服 松树 树枝 挂 留在

31. 吃完饭再走。
    xɔŋ²¹ dzo²¹ xɔŋ²¹ so²¹ ba⁵⁵ ʑe⁵⁵ o²¹.
    饭 吃 完 体助 结助 去 语助

32. 想吃多少，就吃多少嘛。
    no⁵⁵ kho³³ dzo⁵² ɣo³³ le³³ dzo²¹.
    你 多少 吃 就 去 吃

33. 去哪儿，你们好好说吧！
    kha³³ ʑe⁵⁵ ba⁵⁵,　　na³³ɯ⁵⁵ mɯ²¹le³³ ɔ⁵⁵！
    哪　去　语助，你们　　好好　　说

四　感叹句

1. 啊，这么小丁丁点儿的！
    aŋ⁵⁵, xe⁵⁵　te³³te³³ ȵɯ⁵⁵ a³³.
    啊　这　　丁丁　　小　语助

2. 哈哈！我真高兴。
    aŋ⁵⁵, ŋo⁵⁵ tsɤ⁵⁵ dʑa³³li⁵⁵ a³³.
    哈哈 我　真　　高兴　　语助

3. 妈呀！吓到我了。
    aŋ⁵⁵　ŋo³³ ʑɔŋ⁵⁵ ȵi³³ tsɤ⁵⁵le³³.
    妈呀　我　受助　吓　过头

4. 哎哟！你都会喂猪了吗？
    o⁵⁵,　nɔ⁵⁵ wua²¹i³³ ʑɔŋ⁵⁵ a²¹dzo⁵⁵ be³³ dzo⁵² tɕaŋ³³.
    哎哟 你　猪　　受助　食物　　使给 吃　会

5. 咦！你都会种菜啊？
    ʑi⁵⁵,　nɔ⁵⁵ kɔŋ²¹kjiŋ⁵⁵ po²¹ tɕaŋ³³?
    咦　你　菜　　　　种　会

6. 哎，又得去打工。
    eŋ²¹, pjɛ³³ ɣo³³ ɕo⁵⁵ ʑe³³ xɤ⁵⁵.
    哎　钱　得　找　去　体助

7. 噢！又有雾了。
    ɣ⁵⁵, o²¹mo³³ mo³³ ko³³.
    噢！天雾　　雾　体助

8. 哦，日子怎么过。
    xɤ⁵⁵, a²¹mɯ⁵⁵ a²¹khjei³³ khjei³³ xɤ⁵⁵.
    哦，日子　　怎么　　　过　语助

9. 嗨，该做事了！
    ɣ⁵⁵ ɣ⁵⁵ ɣ⁵⁵eŋ²¹, a²¹khjei³³ khjei³³ ʑaŋ²¹ xua³³ a⁵⁵.
    嗨嗨嗨　　活计　　干　时间 到　语助

10. 唉，在哪儿呀？
    ɣ⁵⁵, kha³³ ȵi⁵⁵ tho²¹?
    唉　哪儿 在 体助

11. 哎呀，你也在这里呀！
    e⁵², nɔ⁵⁵ ʑɛ³³ xe³³ ȵi⁵⁵ tho³³.
    哎呀，你 也 这里 在 体助
12. 哎呀，你们买来了！
    e⁵², na³³ɯ⁵⁵ ʑu⁵⁵ la²¹ la⁵².
    哎呀，你们 买 来 体助
13. 喔！这只公鸡很漂亮哪！
    o⁵², wua³³pho²¹ xɤ³³ do³³ mɤ²¹ sei²¹ ʑɛ²¹³.
    喔 公鸡 这 只 漂亮 很 语助
    喔！这三只公鸡很漂亮哪！
    o⁵², wua³³pho²¹ xɤ³³ sen²¹ do³³ mɤ²¹ sei²¹ ʑɛ²¹³.
    喔 公鸡 这 三 只 漂亮 很 语助
14. 哎呦！我的牛怎么不见了？
    ɑŋ⁵⁵, ŋo³³ a³³ po²¹naŋ³³ ma²¹ mjɔŋ⁵⁵ tho²¹?
    哎呦！我 领助 牛 不 见 语助
15. 哦！太（过于）冷了！
    o⁵², kja³³ tsɤ⁵⁵le³³ a⁵⁵!
    哦 冷 太 语助
16. 哎哟，我的腿抽筋了。（表示痛苦）
    o⁵⁵o⁵⁵! ŋo³³ a³³ khji³³tshɤŋ⁵⁵ mɔ⁵⁵sɯ⁵² pho³³ a⁵⁵!
    哎哟 我 领助 脚 筋 抽 语助
17. 哎！野猪来了！（表示警示）
    ɤ⁵²ɤ⁵²! wua²¹thɤ²¹ lo⁵⁵ ko³³!
    哎哎 野猪 来 体助
18. 哎呀！老天爷怎么这样啊！
    ɑŋ⁵⁵ ɯ²¹tha²¹mi⁵⁵tshɔŋ⁵² khjei³³ ŋɤ⁵⁵ o²¹!
    哎呀 老天爷 怎么 是 语助
19. 唉，听你说的哪些话，就好了！（表示后悔）
    ɤ⁵⁵, nɔ⁵⁵ ɔ⁵⁵ a³³ a²¹khjɔŋ²¹ xɤ⁵⁵ xua⁵² ba⁵⁵, mɯ⁵⁵ ba⁵⁵!
    唉，你 说 体助 那些 那 听 语助 好 语助
20. 嗯，他又不来了！
    eŋ⁵², a²¹ɲɔ²¹ a²¹mɯ⁵⁵ ma²¹ lo⁵⁵!
    嗯，他 现在 不 来

21. 哼！就他那种人！
   eŋ⁵², a²¹n̻ɔ²¹ nɤ⁵⁵kha³³!
   哼　他　　那个人

22. 哼！见都不想见！（表示鄙视）
   eŋ⁵⁵! mjɔŋ⁵⁵ ma²¹ mjɔŋ⁵⁵ ni⁵⁵ a³³　tho²¹.
   哼　见　　不　见　　想　体助 语助

附录三　长篇语料

1. ɕo²¹ ka̠²¹ 打猎
　　　猎　打

ŋo³³ a³³　　a²¹mi⁵⁵ a³³　　ȵi⁵⁵lo²¹xɔŋ³³ lɛ³³　　ɛ²¹ɕɛ⁵⁵. ma⁵⁵ a²¹mɯ⁵⁵ a³³　　po³³pha⁵⁵.
我　领助 名字　话助 小时候　　语助 岩先　语助 现在　话助 波伴
我小时候的名字叫岩先，但现在叫波伴。

ma⁵⁵ ŋo⁵⁵ a²¹mɯ⁵⁵ a³³　ŋo²¹ ma⁵⁵ ŋɔ³³ɯ⁵⁵ ga³³thi⁵⁵ a³³ŋɛ³³ lɔŋ⁵⁵pi⁵² a³³　ɕo²¹ ka²¹
语助 我 现在　　语助 我 语助 我们　过去　　语助 布角　话助 猎 打
那么，现在我来讲一下，过去我们布角人上山去打猎的一段故事。

ma³³dɔŋ⁵²kho²¹ a³³　　lɛ³³. ma⁵⁵ lo²¹gu³³lo²¹ a²¹ʐu³³ a³³　　tshɤ⁵⁵ nɯ³³, ma⁵⁵ thɤ²¹ tshɤ⁵⁵ tsa⁵⁵
山林　　　　话助 去 语助 小孩子　年龄 语助 十　岁　语助 一 十 再
那时候，我们年纪还小，才十岁，

ȵi²¹ nɯ³³ a³³　ŋa³³ɯ⁵⁵ ɛ³³　　ɕo²¹ka²¹ lɛ³³. ma⁵⁵ ŋo³³ a³³　　tɕhɛ²¹ a³³　　tshɔŋ⁵⁵tshɔŋ⁵⁵
二　岁　话助 我们　语助 打猎　去 语助 我　结助 伙伴　结助 人人
或者十一二岁大，我们邀约小伙伴，

a³³　　ɤ³³　　li³³ ʐo³³ dʐa³³, tshɔŋ⁵⁵gjɛ²¹ ʐɛ⁵⁵ ba⁵⁵　tshɔŋ⁵⁵gjɛ²¹ a³³　tɕɔŋ⁵² a³³　lɛ³³.
语助 语助 四 个 有　老人　　　去 然后 老人　　　话助 跟　结助 去
那么，四个小伙伴，还有一些老人，就跟着老人打猎去了。

ma⁵⁵　tshɔŋ⁵⁵gjɛ²¹ tshɔŋ⁵⁵tshɔŋ⁵⁵ naŋ³³ tshɔŋ⁵⁵nɤ³³dʐu²¹ pa²¹ a²¹bɤ³³ ȵi⁵⁵ tho⁵⁵tho⁵⁵.
语助 老人　　　人人　　　枪 那些　　　　　扛 前面 在 着 着
那么，那些大人们个个都扛着枪，走在前面撑。

ŋa³³ɯ³³ tshɔŋ⁵⁵tshɔŋ⁵⁵ lo²¹gu³³lo²¹ ʐɛ⁵⁵　ma⁵² naŋ³³ ma²¹ dʐa³³ dʐu²¹
我们　人　人　小孩子　　　一起 语助 枪　没　有 那些
我们小孩没有枪的那些

kho⁵⁵nɔ⁵² lɛ³³ ka³³ lɛ³³.　ma⁵⁵ ŋo³³ tshɔŋ²¹ thɤ²¹ ʐo³³ tshɔŋ⁵⁵ nɤ⁵⁵ kha³³,
这里　从　撑 上去 语助 我 朋友　一　个 人　那个
从上边撑下来。那么，我的那个小伙伴，

tshɔŋ⁵⁵tshɔŋ⁵⁵ a³³　　a²¹e⁵⁵ mjɔɲ⁵⁵ ʑɛ⁵⁵　ma⁵⁵ kha³³ ɔ⁵⁵ a³³　ŋa⁵⁵. ŋo³³ ʑɔŋ³³
人人　　　　话助 老熊 见　 体助 那么 那样 说　体助 语助 我 受助
个个人都跟我说，他们看见老熊了。

a²¹e⁵⁵ na⁵²　ma²¹ sɯ²¹ aŋ³³, tshe³³ ma²¹ sɯ²¹ ma⁵⁵ tshe³³ ma⁵⁵.
老熊 那儿　不　知　语助　马鹿 不　知　语助 马鹿 语助
大家还不知道是老熊，还是马鹿。

a²¹ɲɔ³³ phɤŋ³³ ʑɛ²¹³ ma⁵⁵ dḛ²¹mo³³ o⁵²a³³ phɤŋ³³ kui³³ ʑɛ²¹³ ma⁵⁵.
他　 跑　 体助 语助 倒树　　下面　跑　 进 体助 语助
我那个朋友他就开始跑，就跑进了一棵倒地的树下面。

a²¹ɲɔ³³ phɤŋ³³ taŋ³³tsɔŋ³³ ma⁵⁵ a²¹khji⁵⁵ tɔ⁵⁵ ga²⁵ tho²¹³.
他　 跑　 当中　　 语助 脚　 伸　体助 体助
不小心他的脚就伸进了倒地的树洞里。

a̱²¹e⁵⁵ ʑe⁵⁵ ba⁵⁵ ma⁵⁵ a²¹ɲɔ³³ a²¹khji⁵⁵ pa̱²¹ ɛ⁵⁵　ma⁵⁵ ɕr⁵⁵ to³³lu²¹³ ma⁵⁵
老熊 去 时候 那么 他　　 脚　　抬 语助 那么 拉 出 来　时候
老熊去到那里的时候，他正好抬起脚要拉出来，

o²¹lu⁵⁵ a³³　tshe²¹ e³³. ma⁵⁵ ŋa³³ɯ⁵⁵ a³³　ɕo²¹ka²¹ tshɔŋ⁵⁵gje²¹ thɤ²¹ ʑo³³ dʑa³³.
脖子　受助 咬　体助 那么 我们　 领助 打猎 老人　　 一 个 有
他就被老熊咬着脖子拖了出来。

ma⁵⁵ ŋo³³ ʑɛ³³ nɤ⁵⁵ kha³³ ma⁵⁵ ŋa²¹ʑo³³ khɔŋ²¹khjaŋ³³ ʑɛ²¹³.
语助 我 和 那　个　语助 我俩　　惊吓　　　体助
我和那个老猎人我们俩都吓坏了。

khɔŋ²¹khjaŋ³³ ʑɛ²¹³ ma⁵² a̱²¹e⁵⁵ tshɔŋ⁵⁵ phɤŋ³³.
惊吓　　　　 体助 体助 老熊 人　 跑
我们受惊吓，就像老熊一样跑。

a²¹e⁵⁵ phɤŋ³³ ma⁵⁵ nɤ⁵⁵ lu²¹ thɤ²¹ kha²¹ a³³　 tshɔŋ⁵⁵tshɔŋ⁵⁵ ɕi⁵⁵ de³³　ɲi²¹³.
老熊 跑　 体助 那 被咬 个　 哪儿 方助 人人　　　死 体助 想
老熊抓着那个人就跑。个个都以为那个人被咬死了。

ma⁵⁵　tshɔŋ⁵⁵gje²¹ nɤ⁵⁵kha³³tshɔŋ⁵⁵ nɤ⁵⁵ naŋ³³ dʑa³³ dʑu²¹ khu⁵⁵.
那么 老人　　 那个人　　　 那 枪 有 那些 叫
那个老人就呼喊那些带枪的人来救他，

na³³ɯ⁵⁵ xe⁵² lɯ³³ a³³　 ka⁵². xe⁵² ŋa³³ɯ⁵⁵ tshɔŋ⁵⁵ thɤ²¹ do²¹ a̱²¹e⁵⁵ a³³　tshe²¹ so³³　ɤŋ²¹.
你们　 语助 来 语助 祈助 这里 我们　 人　 一　个 老熊 宾助 咬　 体助 语助
你们快下来！我们这里的一个人，

tshe³³ a³³　nɔ²¹phja²¹ so³³　a⁵⁵ de³³　ɔ⁵⁵.
马鹿 话助 踩滑　　 踩踏 体助 引助 说

被老熊拖在马鹿踩的坑里了，他那样说。
ma⁵⁵ thɤ³³ɕi³³ɯ⁵⁵ a³³ lɯ²¹³.
语助 他们   话助 来
于是，那些人就赶下来了。
ma⁵⁵ ʑe⁵⁵ xɤ⁵⁵ de³³ ŋɤ⁵⁵ ba⁵⁵ a̠²¹e⁵⁵ lo²¹ n̠i²¹ do³³
语助 去 那 语助 是 连助 老熊儿 两 只
那么，到达了那里的话，就见两只小熊。
ne⁵⁵e³³ dɔŋ²¹khɔŋ⁵⁵ khuɛ²¹lɛ⁵² n̠i⁵⁵ tho⁵⁵. ɔŋ⁵⁵ɛŋ³³ɔŋ⁵⁵ɛŋ³³ de³³ mɯ⁵⁵ ko³³.
那儿 坑坑   洞   在 体助 嗷嗯嗷嗯 引助 叫 体助
待在坑坑里，嗷嗯嗷嗯那样叫唤着。
ma⁵⁵ dʐŋ²¹ ʑe⁵⁵ ba⁵⁵ kha²¹sɤ⁵² ma²¹ ʑu⁵⁵ tɕhiŋ²¹. a̠²¹e⁵⁵ lo²¹ ma⁵⁵ the⁵⁵ de⁵⁵ ma⁵².
语助 看 去 连助 谁   不 拿 敢   老熊 儿 那么 那么 叫 语助
大家都看见了，但谁都不敢拿那两只小熊儿，它们还在那里不停地叫着。
ɕo²¹ka²¹ ɯ⁵⁵ lɯ³³ ma⁵², thɤ⁵⁵ kha³³ ʑɔŋ⁵⁵ ŋa³³ɯ⁵⁵ bo³³ le²¹³.
打猎   人 来 体助 那 个人 受助 我们几个 抱 上去
猎人们一下来，我们就去抱那个人，
u²¹tɕhɔŋ⁵² bo³³ da³³le²¹³. ma⁵⁵ a̠²¹e⁵⁵ lo²¹ nɤ⁵⁵ kha²¹sɤ⁵² ma²¹ ʑu⁵⁵ tɕhiŋ²¹.
山梁   抱 上去   那么 老熊 儿那 谁   不 拿 敢
一直背到山梁上去。 那么，谁都不敢去拿小熊。
ma⁵⁵ na³³ɯ⁵⁵ ma⁵⁵ a²¹n̠ɔ³³ bu³³ a²¹n̠ɔ³³ ti⁵⁵ ʑɔŋ⁵⁵ ɛ⁵⁵ ɔ⁵⁵.
那么 你们 语助它 爹 它 妈 语助 语助 说
那么，据说你们几个谁碰着小熊，小熊的爹妈
no³³ a³³ lo²¹ a̠²¹e⁵⁵ tshe²¹ so²¹³ de³³ ɔ⁵⁵ a³³.
你 结助 儿 老熊 咬 体助 引助 说 体助
就认为是来抓它们的孩子，就来咬谁。
ma⁵⁵ xe⁵⁵ lɯ⁵² ma⁵⁵, tshɔŋ⁵⁵gjɛ²¹ a³³ ɔ⁵⁵ a³³ i⁵⁵tɕho⁵² a²¹ be³³ dɔŋ⁵⁵ ka⁵².
那么 那 下来 后 老人   话助 说 体助水   别 给 喝 祈助
从那里背回来之后，老人说不能让他喝冷水。
i⁵⁵tɕho⁵² dɔŋ⁵⁵ ba⁵⁵ ʑɔŋ⁵⁵ ɕi⁵⁵ tɕaŋ³³ mjɛ⁵² de³³ ɔ⁵⁵ a³³.
水   喝 如果 宾助死 会 体助 引助 说 体助
一旦喝了冷水，很快就会死，那么说。
ma⁵⁵ nɤ³³ mo³³ʑa²¹lo³³ pa̠²¹ ʑe²¹³. mo³³ʑa³³lo³³ pa̠²¹ ʑe⁵⁵ ma⁵² dʐŋ²¹ ʑe⁵⁵ ba⁵⁵,
语助 那样 医院   抬 去 医院   抬 去 然后看 去 时候
就那样，把他抬去医院。到了医院后，

o⁵² a²¹gu²¹ tshei³³ so²¹³ de³³ ɔ⁵⁵ a³³. o⁵² mɯ²¹ lɛt³³ she³³ ba⁵⁵ a²¹gu²¹ ma²¹ tshei³³.
语助 筋 断 体助 引助 说 体助 语助 好 地 检查后 筋   不 断
哦，医生看后，筋脉都被咬断了那么说。哦，后来好好地检查之后，筋骨不断。

ma⁵⁵ de³³ mo³³ʑa³³ ʑa²¹. ba⁵⁵ a²¹ȵɔ²¹ mɯ²¹ lo⁵⁵ ŋa⁵².
语助 那样 医院   住 语助 他 好 来 语助
那么，就那样住进医院养伤，那个人好起来了。

ba⁵⁵ a²¹mɯ⁵⁵ a³³ tshɔŋ⁵⁵ xɤ⁵⁵ go²¹ dʑa³³ thо²¹ o³³.
语助 现在 话助 人 这 还 在 体助 哦
那么，直到现在那个人都还在着。

khɔŋ²¹pɔŋ²¹ xɤ³³ khɔŋ²¹pɔŋ²¹ xɤ²¹ a²¹pa̠⁵² go²¹ dʑa³³ tho²¹ o³³.
喉咙   这 喉咙   这 伤疤 还 有 体助 语助
现在他的脖子上还有好几块伤疤，

a²¹kji⁵⁵ go²¹ dʑa³³ tho²¹ ŋɤ⁵⁵ a³³. ma⁵⁵ mɯ²¹mɯ²¹mɯ²¹ lo⁵⁵ ba⁵⁵ go⁵⁵ ȵi⁵⁵ tho²¹.
脚   还 有 体助 是 语助 那么 好好好   来 后 还 在 体助
脚上也有还伤疤。那么，好起来之后，现在还好好地活着呢。

ma⁵⁵ a²¹mɯ⁵⁵ a³³ de̠²¹ mɯ²¹ tɕɔŋ⁵⁵ mɯ²¹ a²¹ȵɔ²¹ ʑo⁵⁵.
那么 现在 话助 生 好 活 好 他 语助
那么，他现在日子也过得还好。

kha²¹ le³³ kui²¹ iŋ⁵⁵ mɯ²¹ tɕɤ³³ mɯ²¹. ɣo³³ dzo²¹ ɣo³³ dɔŋ⁵⁵ ba⁵⁵.
哪里 去 都 房子 好 东西 好 得 吃 得 喝 语助
去哪儿都方便，他的房子家具也好，吃的喝的都不愁。

1. 打猎

我小时候的名字叫岩先，但现在叫波胖。我讲一段我们布角人打猎的故事。

那是我十一二岁的时候，有一天，几个老人说我们今天上山去打猎。于是，我和另外几个十一二岁的小伙伴就跟着去了。到了山上，老人说有枪的在上面撵，没有枪的在下面撵。因此，我们两个小娃娃和几个没枪的老人就在下面撵去了。走着走着，我的那个伙伴说，这里好像有一个，不知道是马鹿还是老熊。走在后面的一个人说，好像不是马鹿，是老熊。正说着，我的那个小伙伴的一只脚就踩进了一个倒地的树洞里，怎么也拔不出来。老熊看见后，就过来咬住他，把他从树洞里拖出来。老熊把他拖出来后，就咬住他跑。我们个个都以为那个孩子被咬死了。我和老人看见后，都被吓坏了。老人就大声喊：你们快下来啊，老熊把人拖走了。老人跑过去后也大声地喊，拿枪的人快来啊，有个十一二岁的人快被老熊咬死了。

那些拿枪的人听到喊声后就跑过来。这时，老熊把那个人拖到马鹿坑里，就跑了。我们大家看到被熊拖走的那个人在马鹿坑里，再看一看，就见两只小熊。但是没有人敢动那两只小熊。据说，谁动了小熊，小熊的爹妈就以为谁要伤害它的孩子，它妈就要咬谁。

有个人就去抱被咬伤的那个孩子，大家把他背到山梁子上，又快速把那孩子背回家。到家里后，老人说不能让他喝冷水，喝了冷水，就会死。接着就把他送到医院。到了医院，先以为筋骨都咬断了，医生说这个人快不行了。后来，再仔细检查，筋骨没有被咬断。就这样住院治疗养伤。再后来，还是医好了。只是在脖子上、腿脚上留下了很多伤疤。现在他还活着呢。去哪里腿脚也方便。他房子盖好了，家具齐全，不愁吃不愁喝，日子过得好好呢。

讲述者：波胖
翻译者：波胖
记录者：白碧波
整理者：许鲜明
整理时间：2015 年 2 月 22 日

2. xɯ²¹tshɔŋ⁵⁵ȵi⁵⁵tshɔŋ⁵⁵ 哥哥弟弟
大　人　　小　人

ŋo⁵⁵ lɔŋ³³pi⁵²tshɔŋ⁵⁵. a²¹mɯ⁵⁵ a⁵⁵　na³³ɯ⁵⁵ zɔŋ⁵⁵ xŋ³³　ga³³thi⁵⁵tshɔŋ⁵⁵ o²¹³ a³³　xeŋ³³.
我　布角人　　现在　话助　你们　受助　语助　从前　　讲　体助　语助
我是布角人。现在我给你们讲一个以前的故事。

ŋo³³ a²¹mi⁵⁵ a³³　　ȵui³³tɛɜ⁵² ɛ²¹no⁵⁵tan⁵² bo³³ kjoɯ³³.　ŋo⁵⁵ a²¹ʑu⁵⁵ li³³ ŋo³³tshe⁵⁵ nɯ³³.
我　名字　话助　伟筒①　　　岩糯胆　　波　叫　我　年纪　四　五十　　岁
我的名字叫伟筒，后来叫岩糯胆，也叫波叫。我年纪四五十岁了。

ma⁵⁵　te⁵⁵kho²¹lɛ³³ dzɔŋ³³ a²¹ȵi³³ zo³³ sɔŋ⁵⁵pi³³ŋɔ³³ ȵi²¹ zo³³ xɯ²¹tshɔŋ⁵⁵ȵi⁵⁵tshɔŋ⁵⁵
那么　那时候　　偷　　弟兄　　双亲戚　　　两　个　大　人　小　人
那么，那时候有两个小偷亲兄弟。弟兄两个都很穷。

---

① 布角话"伟筒"的意思是"哭得"。

ma⁵⁵ ɕo²¹³. ɕo²¹³ ma⁵⁵ khji⁵⁵ ma²¹ khjei³³ tan³³tan³³ dzoŋ³³.
都　穷　　穷　么　一样　不　做　　单　单　　偷
越穷越无所事事，单单做偷鸡摸狗的事。

wua³³tɕi²¹³ dzoŋ³³ tɤʀ³³tɤʀ³³tɤʀ⁵⁵tɤʀ⁵⁵ dzoŋ³³. dzoŋ³³ so²¹³ ma⁵⁵,
鸡　　　偷　　　样样事事　　　　偷　　偷　完掉　语助
专门干偷鸡摸狗事。鸡偷完掉了嘛，

thɤ³³ n̠i³³ thɤ³³ khui⁵² za³³ a²¹n̠o²¹ a²¹n̠o³³mi⁵² dzoŋ³³ ʐe⁵⁵ ma³³n̠o⁵² dzoŋ³³ ʐe⁵⁵.
那　天　那夜晚　　他　　他们俩　　　　偷　去　黄牛　　偷　去
就有一天晚上，他们两个就去偷黄牛。

a²¹n̠o³³mi⁵² ma³³n̠o⁵² dzoŋ³³ ʐe⁵⁵ ŋa³³. ma³³n̠o⁵² zoŋ⁵⁵ mjɛ³³phaŋ²¹ a²¹po³³lo³³.
他们俩　　黄牛　　　偷　　去　语助　黄牛　　受助　脸庞　　　圆圆的
去偷黄牛前就说，黄牛的脸盘是圆圆的。

mjɛ³³phaŋ²¹ a²¹po³³lo³³ ʑu⁵⁵ de³³　ɔ⁵⁵, mjɛ³³phaŋ²¹ a²¹tɕhɛ³³lɛ²¹ a²¹ ʑu⁵⁵. ma⁵⁵　lo²¹　ʐe²¹
脸庞　　　圆圆的　　拿　引助 说　脸庞　　　尖尖的　　　别拿　　那么　老虎 也
就拿脸庞圆圆的，脸庞尖尖的就别拿。那天正巧那天晚上，

ma³³n̠o⁵² lo²¹ tshe²¹ lɯ⁵⁵ ma³³n̠o⁵² pa²¹ lɯ⁵⁵. ma⁵⁵　lo²¹ ʐe²¹ kha³³ ʑu⁵⁵ xʀ⁵⁵ de³³　dʐŋ²¹ go⁵⁵.
黄牛　　　将要　咬　下来 黄牛　　　抬 下来 那么 老虎 也　哪个 拿 语助 引助 看　着
老虎也要下来咬黄牛，下来抬黄牛。老虎也正在窥视着抬哪一头黄牛。

zo³³mo³³lo⁵⁵ ʑu⁵⁵ la²¹　a²¹ti⁵²lo²¹ ʑu⁵⁵ la²¹? ma⁵⁵ ɕɯ⁵⁵mi⁵² dzoŋ²¹ le³³ n̠i³³ mjɛ³³phaŋ²¹ sɛ³³ lɛ³³.
大的　　　拿　疑助 小的　　　拿 疑助 那么 兄弟俩　　　偷　去 俩　脸庞　　　摸去
老虎在看是拿大的还是拿小的？兄弟俩也正在摸黄牛的脸庞。

mjɛ³³phaŋ²¹ ɕɯ⁵⁵ ba⁵⁵ a²¹ ʑu⁵⁵. mjɛ³³phaŋ²¹ po³³ ba⁵⁵　ʑu⁵⁵ ɔ³³. ma⁵⁵　mjɛ³³phaŋ²¹ a²¹po³³lo³³ ʑu⁵⁵.
脸庞　　　长 的 别 拿 脸庞　　　圆 结助 拿 说 那么 脸庞　　　圆的　　　拿
说着长脸盘的就不拿，圆脸盘的就拿。那么，正好摸着脸盘圆圆的就牵着走。

ma⁵⁵ lo²¹ a²¹n̠o²¹zo³³ tshɯ⁵⁵ ʐe²¹ ŋa⁵⁵. lo²¹　tshɯ⁵⁵ ʐe²¹ ba⁵⁵ ɔŋ²¹ bo²¹ lo⁵⁵. ɔŋ²¹ bo²¹ lo⁵⁵　ma⁵⁵
那么 老虎 他们俩　　牵　去 语助 老虎 牵 去 那时 天 亮 起来 天 亮 起来 时
就那样，他们俩就牵着老虎走了。到了天亮时，弟兄两一看，才知道

a²¹n̠o³³ mi⁵²tɕhɔŋ²¹ dʐŋ²¹ a³³　ba⁵⁵ lo²¹　tshɯ⁵⁵ ko³³ ʐe²¹³. lo²¹ a³³　ma⁵⁵ ma²¹ pai²¹phi²¹ ʐe²¹³ ma⁵⁵
他们　兄弟　　看　体助 时 老虎 牵 着 去 老虎 受助 那 不 放 去　掉 那么
他们兄弟俩牵的是一只老虎。不把老虎放掉，老虎就会把他们吃掉。他们说：

tshe²¹ a³³ de³³ o³³. ma⁵⁵　pai²¹phi²¹ ʐe²¹³ a²¹ɕɔŋ²¹mi²¹ phɤŋ³³. ma⁵⁵ tʀ⁵⁵ khui⁵² khji⁵⁵ ma²¹ ɣo³³
咬　结助 引助 说 那么 放去　　　掉 他们俩　　跑　　　那么 那晚上 什么 不　得
把老虎放掉之后，他们就跑。他们什么也没偷到。就那样，那天晚上，

dzɔŋ³³ ʐe⁵⁵. ma⁵⁵ a²¹ȵɔ³³mi̠⁵² iŋ⁵⁵ a³³ le³³ ma⁵⁵ oi³³ le³³. ma⁵⁵ a²¹mɯ⁵⁵ a³³dɔŋ³³mi̠⁵² dzɔŋ³³
偷　去　那么 他们俩　家 方助 去 那么 商量 去　那么 现在　咱俩兄弟　偷
他们什么也没有偷到。于是，他们俩就回家商量去了。

go³³ ŋa⁵² ma²¹ ɣo²¹ dzo²¹ a³³ de³³ ɔ⁵⁵ a²¹ȵɔ³³ɯ⁵⁵ tshoŋ⁵⁵. a²¹ȵɔ³³ xɯ²¹tshoŋ⁵⁵ ʐoŋ⁵⁵ ma⁵⁵ dzɔŋ³³
惯 语助 不 得 吃 体助 引助 说 他们两人　　他 大 人　宾助 那么 偷
他们一直以来以偷盗谋生，忙了一个晚上却什么都没获得。这样继续做偷鸡摸狗的事，

go³³ thɤ²¹ pja²¹ ȵi³³ ɕi⁵⁵ a³³ xaŋ⁵⁵, ɕi⁵⁵ a³³ ba⁵⁵ a²¹ȵɔ³³mi̠⁵² de³³ ɔ⁵⁵. ma⁵⁵ thɤ³³le³³ ma⁵⁵
惯 一 晚 天 死 结助 体助 死 掉 的话 他们俩　那么 说 那么 这样 的么
早晚有一天逃脱不了被弄死的命运，弟弟对哥哥那么说。从那以后，

a²¹ȵɔ³³mi̠⁵² ma²¹ dzɔŋ³³ lo²¹. ma⁵⁵ mi²¹tɕi³³ phi²¹³ mi²¹tɕi³³ phi²¹³ ʐe⁵⁵ ma⁵⁵ gɔŋ²¹ ʐe⁵⁵.
他们俩　不 偷 体助 那么 栗炭 烧 栗炭 烧 去 后 卖 去
他们俩就再也不去偷窃，就决定烧栗炭去卖。

mi²¹tɕi³³ gɔŋ²¹ ʐe⁵⁵ ba³⁵ thɤ²¹ ȵi³³ a²¹tɕi³³tɕi⁵⁵. gɔŋ²¹ go³³ ma⁵⁵ ɣo³³ go³³ thɤ²¹ ȵi³³ a²¹tɕi³³tɕi⁵⁵
栗炭 卖 去 后 一 天 一点点　卖 惯 后 得 惯 一 天 一点点
卖栗炭一天只能卖一小点。天天卖天天只能卖得一小点点

de³³. ma⁵⁵ thɤ²¹ ȵi³³ a³³ȵɔ³³ ȵi⁵⁵tshoŋ⁵⁵ ma²¹ʐe⁵⁵. a²¹ȵɔ³³ xɯ²¹tshoŋ⁵⁵ ʐe⁵⁵. a²¹ ȵɔ³³ xɯ²¹tshoŋ⁵⁵
那么 语助 一 天 他的 弟弟　不 去 他的 大哥　去 他的 大哥
有一天，他弟弟不去卖栗炭，哥哥就去了。

gɔŋ²¹ʐe⁵⁵ ma⁵⁵ a²¹ȵɔ³³ xɯ²¹tshoŋ⁵⁵ ʐoŋ⁵⁵ mi²¹tɕhoŋ⁵² a³³ a²¹khji⁵⁵ la⁵²phɯ⁵⁵ dɯ²¹ kɤ²¹³.
卖 去 后 他的 大哥　　受助 别人　施助 脚 手 打 断
他大哥的手脚被别人打断了。

dɯ²¹kɤ²¹³ ma⁵⁵ ma²¹ lo²¹³ ma²¹ tɕoŋ⁵⁵ sɯ²¹ lo²¹. a²¹ȵɔ³³ mi⁵⁵tɕhoŋ⁵²ɯ⁵⁵tshoŋ⁵⁵ a³³ phi²¹³ ʐe³³.
打 断 后 不 走 不 跟　知 体助 他的 兄弟们些人　话助 背 来
打断后他的哥哥就不会走路了。他的兄弟们把他背回家。

ma⁵⁵ a²¹ȵɔ³³ mi⁵⁵tɕhoŋ⁵² a³³ ȵi⁵⁵tshoŋ⁵⁵ a³³ ɕɯ²¹ la²¹³. ma⁵⁵ a²¹ȵɔ³³mi̠⁵²ʐa³³ mi²¹tɕi³³ phi²¹²
那么 他的 亲友　时助 兄弟　受助 领 来 后 他们两个　火炭 烧
那么，被亲戚朋友把他领回来给他的弟弟后，那么，他们两个烧栗炭卖的时候，

gɔŋ²¹ ŋa⁵² xɤ⁵⁵a³³ mi²¹tɕhoŋ⁵² ʐoŋ⁵⁵ ma²¹ ma⁵² de³³ ɔ⁵⁵. ma⁵⁵ ŋa³³sɯ²¹dɔŋ⁵⁵ ɔŋ⁵⁵.
卖　话助 那样 的 别人　受助 不 对 那样 说 那么 芭蕉地　做
可能得罪了别人那么说。他们就再也不去卖炭了。后来种芭蕉。

ŋa³³ sɯ²¹ po²¹³. ŋa³³sɯ²¹ po²¹³ ʐe⁵⁵ ma⁵⁵ ŋa³³sɯ²¹ gɔŋ²¹ ʐe⁵⁵. ŋa³³sɯ²¹ gɔŋ²¹ ma⁵⁵ phɯ⁵⁵ ɣo³³ lo⁵⁵.
芭蕉　种 芭蕉　种 去 后 芭蕉　卖 去 芭蕉　卖 后 银子 得 来
种芭蕉后就去卖芭蕉。卖芭蕉后有了一些银子。

a²¹tɕi⁵⁵ de³³ muu²¹ lo⁵⁵ ma⁵⁵. tɔŋ⁵² nuɯ³³ɣo³³ no⁵⁵. tɔŋ⁵²bu³³ nuɯ³³ɣo³³ no⁵⁵ ma⁵⁵ tɔŋ⁵²bu³³tshɔŋ⁵⁵
一点 地 好 来 后   官家 心   嫉 大臣 心   嫉 后 官家 人
日子一点地好过起来。官家就嫉妒。官家嫉妒了。官家就派人把芭蕉给抢走了。

a³³ ŋa³³suɯ²¹ lu³³ʐu⁵⁵. ma⁵⁵ phuɯ⁵⁵pjɛ³³ lu³³ʐu⁵⁵ kɛ²¹ʐɛ⁵⁵. ma⁵⁵ ɕi²¹mi⁵² za²¹ xɤ⁵⁵ ʐu⁵⁵ kho³³ ma⁵⁵.
话助 芭蕉抢走   后来 银块   掳拿 完 掉   后来 他们两   所有 拿 完 话助
后来,银子也被拿完掉了。他们两个的所有的东西也被拿完了。

ɕi²¹mi⁵²tshɔŋ⁵⁵ a³³ ma²¹ khjei³³ suɯ³³ lo²¹. ma⁵⁵ tɔŋ⁵²bu³³ na⁵⁵ thɤ²¹ nuɯ³³ ma⁵⁵ ɕi⁵⁵ ma⁵⁵
他们两人   话助不 干 会 体助 后来官人 那 一 年 后 死死 后
他们两个人什么都不会干了。那一年后,那个官人死了。

a²¹muɯ⁵⁵ mi²¹tɕhɔŋ³³ tɔŋ²¹ tɔŋ²¹ ʐo⁵⁵ tɔŋ³³ xɤ⁵⁵ khjei³³. ma⁵⁵ pɛ³³muɯ²¹ ɔ⁵⁵ ŋa³³ tɔŋ²¹ ʐɛ³³
现在   另外的   官人 官人 这 官人 选 当   后 帕米 说 体助 官人 语助
现在,要另选一个人接替那个官员。帕米说要选一个人当官人。

a²¹muɯ⁵⁵ ɛ³³ xɤ³³ ɕi²¹mi⁵² xɤ³³ ɕi²¹mi⁵² ʐu⁵⁵. ɕi²¹mi⁵² ʐu⁵⁵ ba⁵⁵ ɕi²¹mi⁵² a³³. a²¹nɔ³³mi⁵²
现在 语助 这 两个 这 两个 选   这两 选 后 这两 话助 他们俩
就选这两弟兄吧。于是,就选了这两位弟兄。后来,就把他们俩

a³³ po²¹³ xŋ²¹ ŋa³³suɯ²¹. ma⁵⁵ a²¹nɔ³³mi⁵² phuɯ⁵⁵pjɛ³³ xɤ⁵⁵dʐu²¹ a²¹nɔ³³mi⁵² go²¹ ʐu⁵⁵ po³³.
话助 种 唉 芭蕉   后来 他们俩   银圆   那些   他们俩 又 拿回
种的芭蕉,他们俩的银圆又还给他们了。

ma⁵⁵ te⁵⁵le³³ a³³ma⁵⁵ tɔŋ⁵²tɔŋ⁵² ɕi⁵⁵   tɔŋ⁵² ɔŋ⁵⁵ ʐe⁵⁵. ɕi³³mi⁵²tɔŋ²¹ ɔŋ⁵⁵ ʐe⁵⁵ ma⁵⁵ the⁵⁵ xaŋ³³
那么这样 如此 官人 死 官人 当 去 他两 官人 当 去 后来 那点 富
从那个官员死了之后,他们兄弟俩当上官,他们就一点一点富裕起来了。

lo⁵⁵ a³³.   ma⁵⁵ ŋa³³suɯ²¹dɔŋ⁵⁵ thɤ²¹ ʐo³³ a²¹tɕi⁵⁵ phɤ²¹³ ma⁵⁵   phuɯ⁵⁵pɛ³³ thɤ²¹ ʐo³³ a²¹tɕi⁵⁵ phɤ²¹³.
来 体助 后来 芭蕉   地   一 个 一点 分   后来 银圆   一 个 一点 分
后来他们的芭蕉地和钱都分给其他人了,每个人都分给了一点。

2. 两兄弟

我是布角人。我给你们讲一个故事。小时候,我的名字叫伟筒,后来叫波叫,现在叫岩糯胆。我四五十岁了。

从前,有两个兄弟是小偷。那时大家都很穷,他们兄弟俩也很穷,越穷越懒惰。他们两个不仅偷鸡,样样都偷。

有天晚上,他们两个去偷黄牛。去偷黄牛前他们说,晚上天黑看不见,就要靠摸。要是摸到黄牛的脸圆圆的就拉走。如果黄牛的脸庞不是圆圆的,而是尖尖的就别拿了。碰巧那天晚上,老虎也下山来吃黄牛。老虎也在摸黄牛。老虎也在摸哪头牛大一些。兄弟俩正在摸牛的脸庞时,刚好摸到一

附录三　长篇语料　　　　　　　　　　271

头牛的脸是圆的就牵走了。牵着那头牛走着走着，天亮了，他们兄弟俩一看他们牵着的不是黄牛而是老虎。他们俩害怕极了，害怕老虎把他们吃掉，就说：我们把老虎放掉就跑。把老虎放了就赶快跑。忙了一个晚上，最后他们什么也没偷到，还差点被老虎吃掉了。他们回家后商量，以后再也别干偷鸡摸狗的事了。于是，他们两个商量来商量去，决定去烧栗炭卖。但是，卖栗炭一天只能卖一小点。有一天，他兄弟没去卖，只有大哥去了。他大哥的手脚被人打断了。他被亲戚朋友们给抬回家。他们想烧栗炭卖栗炭可能得罪了别人。从此，他们两个再也没去卖炭了。

后来他们开始种芭蕉，卖芭蕉。卖芭蕉后有了一点钱。日子好过起来了。官家的人眼红嫉妒了，就把他们的芭蕉、钱抢走了。他们两个所有的东西也被拿完了。他们两兄弟什么都不会干了。一年后，那个官人死了。帕米说要选一个人当官人。大家就选了这两弟兄。后来他们俩种的芭蕉、钱就还回来了。他们当官后继续种香蕉，日子一点一点地好过起来了。最后，他们就把芭蕉地和钱都分给大家了，每一个人都分给了一份。

3. thje²¹tɕa²¹ 铁夹
铁　夹

ŋo³³ a³³　　a²¹mi⁵⁵ sen²¹ mi⁵⁵ dʑa³³ a⁵⁵.　thɤ²¹ mi⁵⁵ a³³　　ai²¹ɕa⁵⁵kaŋ³³. thɤ²¹ mi⁵⁵ a³³　po³³tɕɛn³³.
我　领助　名字　三　个　有　语助一　个　语助岩香干　　一　个　语助 波尖
我有三个名字。一个叫岩香干，一个叫波尖，

thɤ²¹ mi⁵⁵ a³³　tɕhɛ²¹ɛ³³. ŋo³³ a²¹ʐu³³ ŋo²¹tshɤ⁵⁵ tsa⁵⁵ khɔ²¹ nu³³ xɔ²¹ lo⁵⁵.　ŋo³³ lɔŋ³³pi⁵² a²¹pho³³
一　个 语助千恩　我　年纪　五十　又　六　岁　到 体助 我　龙碧　村
一个叫千恩。我今年五十六岁了。我是布角人。

tshɔn⁵⁵.　ŋo³³ ʐɔŋ⁵⁵ tshɔŋ²¹phu²¹ a²¹　so²¹³ a²¹xɔ⁵⁵ thje²¹tɕa²¹ khje³³ ʐa²¹. ŋo³³ kɔ²¹mjɔ²¹ tɕh²¹
人　我　上　遇着　结助　汉族　铁夹　设下着　我　竹笋　削
我给大家讲一个被铁夹夹的亲身经历。有一天我去南贡山去削竹笋。

le³³ na²¹kɔŋ⁵⁵san⁵². ma⁵² a²¹khɔ³³lo²¹ a²¹ ɔŋ⁵⁵ ʐe⁵⁵ ba⁵⁵ kɔ²¹su²¹ kɔ³³ kei³³ tho²¹³. ŋo³³ kɔ³³ dzo²¹
去　南贡山　那么　菁沟　那　进　去　后　橄哩勒掉落　着　我　捡　吃
我在菁沟里捡掉下来的橄哩勒吃。我捡了一个，

thɤ²¹ su²¹ tɕhi⁵⁵ sɛ²¹ ɛ³³. ŋo³³ dɤŋ²¹ ba⁵⁵ a²¹dzu⁵⁵ ma²¹ dʑa³³. na³³ pa⁵² dɤŋ²¹ xa³³ pa⁵² dɤŋ²¹
一　个　甜　得　很 我　看　后　树　不　有　那边　看　这边　看
吃起来很甜。我就去树后去看看。

thɤ⁵⁵ dɤŋ²¹ kɔ²¹³ a²¹dzu⁵⁵ ma²¹ dʑa³³ ŋa⁵²　thɤ⁵⁵ n̩²¹ kɔ³³. ma⁵⁵ le³³ ba⁵⁵　khuɛ²¹ the³³ khjei³³
那么看　过　树　没　有　语助 那　想　着　后来 去 语助　注注　一　做

发现没有。后来看见有一个地方凹凹的。

tho²¹³. ma⁵⁵ ŋo³³ a³³ dɤŋ²¹ ba⁵⁵ tɤ³³tɤ³³ zo²¹ tho³³ de³³ n̠i²¹³. ma⁵⁵ ŋo³³ a³³ khuɛ²¹ ʑe²¹
着　　　后来　我　语助看　体助东西　　藏　这　那么　想　后来我　语助注注　下去

我想这个凹下去地方会有什么东西。我看时有一条蜈蚣爬上来，

ba⁵⁵ iŋ³³ɕiŋ⁵⁵ n̠i⁵⁵ tho⁵⁵tho²¹⁴. ma⁵⁵ tʐ³³ sɤ²¹³. ma³³ ŋo³³ a³³ xe⁵⁵ la̠²¹ ʑe³³ ba⁵⁵. xe⁵⁵ le³³ ba⁵⁵
后　蜈蚣　在　着　着　后来砍　死　后来　我　语助这儿　下　去　后　这样上去语助

我把它砍死了。我再往下走，

e³³lɔŋ⁵⁵n̠i⁵⁵ khuaŋ⁵⁵khuaŋ⁵⁵ de³³ n̠i⁵⁵ tho⁵⁵ tho²¹⁴. ma⁵⁵ tʐ³³ sɤ²¹³. ma⁵⁵ xe⁵⁵ ta³³ le³³ ba⁵⁵
绿色　　　缠绕　　　　结助在　着　　　　后来砍　死　后来这样上　去　后

发现有一样绿色的东西（蛇）缠着，我也把它砍死了。我再往下走，

thje²¹tɕa²¹ lɔŋ²¹ a⁵⁵. ma⁵⁵ ŋo³³ khɔŋ²¹³. sɤ²¹tɕi²¹ dɤŋ²¹³ ba⁵⁵ ɕin⁵⁵xou⁵⁵ ma²¹ dʐa³³. ma⁵⁵ ŋo³³
铁夹　　夹住 体助后来 我　喊叫　　手机　　看　后　信号　　没　有　后来　我

结果我被铁夹夹住了。我喊叫。我看手机也没有信号。

o⁵⁵ o⁵⁵ de³³ khɔŋ²¹ ko²¹³. ma⁵⁵ 　the⁵⁵ khɔŋ²¹ ko³³. ma⁵⁵ kha²¹sɤ⁵² a²¹bo³³ ʑi²¹ ma²¹ kjo²¹.
啊哟　啊哟那样　叫喊　后来　　那样　叫喊　　后来　谁　　声音　也　没　听见

我只好大声地喊叫。但没人能听得见。

a⁵⁵ ŋo³³ zɔŋ⁵⁵ ɕi⁵⁵ a³³ xɤ³³ de³³ n̠i²¹ lo⁵⁵ a³³. ɕin⁵⁵tɕe³³lɛ⁵⁵ phuɯ⁵⁵. dzo⁵⁵khui⁵⁵ lo³³mo³³ dzo³³.
语助 我 受助 死 体助 要 那样 想 来 体助 铁链 　　解开　汗水　　大大 　流淌

我疼死了。我想把铁链解开，我弄得满头大汗。

u²¹tɕhɔŋ²¹ a³³　thje²¹tɕa²¹ ɤ²¹ phjo³³ tʑ²¹ le²¹³. no⁵⁵ ŋa³³ ɕi⁵⁵ lo⁵⁵ a³³. tɕho⁵² ɕi⁵⁵ lo⁵⁵ a³³. ma²¹
山头　　语助铁夹　　拖　爬　上　去　痛　我　死　来　体助水　　渴　来　体助不

我只好往山头上爬。我又疼又渴。

n̠i⁵⁵ muu²¹ ŋɤ⁵⁵ lo⁵⁵ a³³. ma⁵⁵ khɔŋ²¹ ko³³ kui²¹ kha²¹sɤ⁵² ma²¹ khɔŋ²¹ pho³³ a²¹. ma⁵⁵ khɔŋ²¹
在　好　是　来　体助后来　喊叫　有　体助谁　　不　　喊叫　转　体助后来　喊叫

稍好一点我就大声喊叫。但是不管我怎样喊叫也没人会听见。

khɔŋ²¹ ko²¹ lɛ²¹　kha²¹sɤ³² ma²¹ khɔŋ²¹ pho³³ a²¹.　ma⁵⁵ ba⁵⁵fa²¹ ma²¹ dʐa³³ ko²¹ phjo³³ ta³³ le²¹³.
喊叫　有 体助谁　　不　喊叫　转　体助后来办法　没　有　又　爬　上　去

我没有办法，只好往上爬。

mjo³³ dɤŋ²¹ ba⁵⁵　mjo³³ ma²¹ dʐa³³. ma²¹ ŋɤ⁵⁵ ba⁵⁵ tʑ³³ tshe²¹ xɤ³³. tʑ³³ tshe²¹ ba⁵⁵ ma²¹ ɕi⁵⁵
刀　找　语助刀　不　见　　不　是　语助砍断　要　砍断　要　不　死

想找一把刀把它砍断。如果砍断了就不会死。

a³³　tsha²¹tɕi²¹ ʑa²¹ poa²¹ xɤ⁵⁵. tʑ³³ tshe²¹ ba⁵⁵ ma²¹ ɕi⁵⁵ a³³　tsha²¹tɕi²¹ ʑa²¹ poa²¹ xɤ⁵⁵. mjo³³ ma²¹
语助 残疾　　得 变 要 砍断 要 不 死 语助 残疾 　得 变 要 刀 不

最多落下残疾。我想把它砍断但又没有刀。

mjɔŋ⁵⁵. a⁵⁵ a²¹mɯ³³ a³³ kja³³ mi⁵⁵za³³ ɕi⁵⁵ a³³ xɑŋ⁵⁵. xe³³ te³³te³³ no⁵⁵ ŋa³³. ma⁵⁵ a⁵⁵dɔŋ³³ a³³
见　啊现在　语助冷　季节　死　语助体助　这　样子　痛　呀　后来　自己　语助
这是冬天，我又冷又痛。

sɤ³³tɕi⁵⁵ ʐu⁵⁵ to³³ la²¹ ba⁵⁵ li²¹ da³³ tsɔŋ⁵⁵ xɔ³³ lo⁵⁵ a⁵⁵. pa²¹³fa²¹ ma²¹ dʐa³³. a²¹sa̠²¹ ma²¹ tshe³³
手机　拿　出　来　时候四点　钟　到来体助办法　没　有　气　不　断
我拿出手机看后已经下午四点多钟了。我没有办法，也没有力气。

a²¹ xɔ³³ a²¹nɛ³³ thɤ³³ɛ⁵⁵ ɲi²¹ lo⁵⁵ a³³. ma⁵⁵ kɔ²¹ phjɔ³³ ta³³ le²¹³ so²¹³ ma⁵⁵. ma⁵⁵ sɤ³³tɕi⁵⁵
语助到　之前　这样　想　起来体助接着又　爬　上去　体助语助　后来手机
我只好往山头上爬。爬到有信号的地方，我拿出手机，

ʐu⁵⁵ to³³ la²¹ ŋa⁵⁵. ɕin⁵⁵xɔu⁵⁵ dʐa³³ ba⁵⁵. ma⁵⁵ iŋ⁵⁵ aŋ²¹ tjɛn⁵⁵xua⁵⁵ ta²¹ lɯ²¹³. ɕi⁵⁵ lo⁵⁵ ŋa⁵⁵
拿　出来　语助信号　有　体助后来　家　里　电话　　打　死来语助
给家里人打电话，告诉他们我被铁夹夹住了，

ɣuɛ²¹ khjei³³ la̠²¹ o⁵⁵. thje²¹tɕa²¹ lɔŋ³³ ŋa⁵². na²¹kɔŋ⁵⁵san³³. ɕi⁵⁵ lo⁵⁵ ŋa⁵⁵ ɣuɛ²¹ khjei³³ ɣuɛ²¹
快　快　来吧　铁夹　夹着体助　南贡山　死来体助快　快　快
赶快来，不然就要死了。我告诉他们我是在南贡山，赶快来，不来就要死了。

khjei³³ na²¹kɔŋ⁵⁵san³³. ŋo³³ a³³ lo²¹ ma⁵⁵ ŋo³³ a³³. mi⁵⁵tɕhɔ⁵² a²¹ɲɔ⁵⁵ li²¹ zɔ³³. lo⁵⁵ pha⁵⁵ la²¹
快　南贡山　我　领助儿子语助我　领助亲戚　他们　四一起开车　来
家人听到后就快速开车来到南贡山。

wuɛ²¹ li³³ lo⁵⁵ ma⁵² khua³³ lo⁵⁵ ŋa²¹. a²¹dʐɯ⁵⁵ ɲi²¹ dʐɯ⁵⁵ to̠³³ ma⁵⁵ kɔŋ³³ a⁵⁵. kɔŋ³³ a⁵⁵ ma⁵⁵
快　地来后　到达　来体助树　　两　棵　砍　后　撬　体助撬　体助后
他们到后，砍了两棵树，撬开铁夹。

kɔŋ³³ dʐo̠²¹³ kɔŋ³³ dʐo̠²¹³ ma⁵⁵ kɔ²¹ lɔŋ³³ a⁵⁵. ma⁵⁵ the⁵⁵le²¹³ ma⁵⁵ kɔ²¹ ma⁵⁵ kɔŋ³³ to³³ lo⁵⁵.
撬　塌　撬　塌　后　又　夹住体助然后那样　后　又　撬　后　撬　出来
他们把铁夹撬开后把我拉回家。

kɔŋ³³ to³³ ʐe²¹³ ma⁵⁵ lɯ⁵⁵. lɯ⁵⁵ a³³ ma⁵⁵ iŋ⁵⁵ a³³ khua³³ ma⁵⁵. iŋ⁵⁵ a³³ khua³³ lɯ⁵⁵ ma⁵⁵
撬　出　来　后　回来回来体助后　家　里　到　回来后　家　里　到　回来后
我回家后，

dɤŋ²¹ ba⁵⁵ ʐa³³li²¹ to³³ ko³³. ʐa³³li²¹ to³³ ko³³ ma⁵⁵ mo³³ʐa³³ ʐe⁵⁵. mo³³ʐa³³ ʐe⁵⁵ ba⁵⁵ ɕɔ³³ʐe³³
看　后　黄水　出　着　黄水　出　着后　医院　下去　医院　下去后　消炎
发现伤口经已经流出黄水。后来到医院，

khjei³³ ʐe⁵⁵. ɕɔ³³ʐe³³ khjei³³ ʐe⁵⁵ sen²¹ ɲi³³. sen²¹ ɲi³³ phu⁵⁵pɛ³³ thɤ²¹ paŋ²¹ tsa⁵⁵ li³³ɣui⁵⁵
做　去　消炎　做　去　三　天　三　天　钱　一　千　又　另外
打了三天的消炎针，花了一千四百二十六块钱。

li²¹ xuɛ²¹³ tsa⁵⁵ li³³ɣui⁵⁵ ɲi²¹tshɤ⁵⁵ tsa⁵⁵ khɔ²¹ ʐɛn³³. ma⁵⁵ sou²¹ ko²¹³ thɤ²¹ bi²¹lo³³ tsɤŋ⁵⁵
四　百　又　另外　二十　又　六　元　后来休息　体助一　月　多

休息了一个多月才恢复身体。

a²¹mɯ⁵⁵ ʑi²¹ ma²¹ mɯ²¹ a²¹. a²¹pi̱³³li²¹de³³ ŋɤ⁵⁵ tho²¹ a³³. ŋo²¹ bi²¹lo³³ lo²¹³ kui²¹³
现在　也　不　好　还　麻木　　结助是　着　语助五月　　够　到

现在落下病根,一到五月脚就会麻木,

a²¹pi̱³³li²¹de³³ ŋɤ⁵⁵ tho²¹ a³³.
麻木　　　结助是　着　语助

会麻木。

3. 铁夹

我有三个名字。一个叫岩香干,一个叫波尖,一个叫千恩。我今年五十六岁了。我是布角人。我给大家讲一下我被铁夹夹着的亲身经历。

有一天,我去南贡山削竹笋,在箐沟里捡掉下来的橄哩勒①吃。我捡了一个,吃起来很甜。我就去树后左边右边看看都没有。往下看,看见一个凹凹的地方。我想这个地方会不会有什么东西。我往下走,看见一条蜈蚣爬上来,我顺手把它砍死了。我再往下走,发现有一个绿色的蛇缠在树上,我也把它砍死了。再往下走时,突然我被铁夹夹住了。我大声喊叫,但没人。我拿出手机看发现没信号。我只好大声地喊叫。但没人能听得见。我疼死了。我想把铁链解开,弄得满头大汗,但没法解开。我只好往山头上爬。我又疼又渴。稍好一点时我就大声地喊叫。但不管我怎样喊叫也没人能听见。我没办法,只好往上爬。我真想找一把刀把脚砍断。我想砍断了脚最多落下残疾,至少可以保住命,不会死。我真想用刀把它砍断。当时是冬天,我又冷又痛。

我又拿出手机看,发现已经是下午四点多钟了。我没有办法,也没有力气了。我还是只好往山头上爬。爬到有信号的地方时,我用手机给家里人打电话,告诉他们我被铁夹夹住了,赶快来救我,不然我就要死了。我告诉他们我在南贡山,赶快来,不来要死了。家人听到后,以最快的速度开车来到了南贡山。他们一到就砍了两棵树,撬开铁夹,把我的脚放出来。他们把我拉回家。一路上,发现伤口已经流出黄水。他们就把我送到医院,打了三天的消炎针,花了一千四百二十六块钱。我休息了一个多月后身体才慢慢恢复过来。现在已落下病根。每年一到五月脚就会麻木。

---

① 一种生长在热带雨林的野果,植物学名叫柯子。

4. khji⁵⁵sɯ²¹la²¹sɯ²¹ sɯ²¹ 猜谜语
    脚   猜 手 猜 猜

谜语 1：芭蕉叶

ʐɤ³³tɤ⁵⁵khɔŋ⁵⁵ a²¹   mjo³³thɔŋ³³ pa²¹ la²¹ pa⁵⁵ la²¹. thɤ³³ a²¹dʑa³³ ɔ⁵⁵ ?
山谷   方助 大长刀   转 来 转 来 那 什么 说
nɔ⁵⁵ bo²¹ dɤŋ²¹dɤŋ²¹. nɔ⁵⁵ ma²¹ sɯ²¹ ba⁵⁵ ŋo⁵⁵ ɔ⁵⁵ a²¹xeŋ⁵⁵.
你 猜 瞧瞧   你 不 知 的话 我 说 语助
ŋa³³pha²¹ de³³.
芭蕉叶 语助

    它像大长刀，在山谷里，翻来翻去。那是什么？你猜一猜。如果你不知道，我就告诉你吧。那是芭蕉叶。

谜语 2：三丫果

ʐɤ⁵⁵thɔŋ³³ a²¹   wua³³pho²¹pho²¹nɤ⁵⁵ ta³³ ʑa²¹. thɤ³³ a²¹dʑa³³ ɔ⁵⁵ ?
山地边 方助 大红公鸡   爬 着 那 什么 说
nɔ⁵⁵ bo²¹ dɤŋ²¹dɤŋ²¹. nɔ⁵⁵ ma²¹ sɯ²¹ ba⁵⁵ ŋo⁵⁵ ɔ⁵⁵ a²¹xeŋ⁵⁵.
你 猜 瞧瞧   你 不 知 的话 我 说 语助
tɕho²¹tɕho⁵⁵ de³³.
三丫果 语助

    它像大红公鸡，爬在山地边上。那是什么？你猜一猜。如果你不知道，我就告诉你吧。那是三丫果（木奶果）。

谜语 3：竹子

mi⁵⁵tsho⁵² o̠²¹a³³ de³³ to³³ lo⁵⁵ o³³.   ta³³ le³³ ta³³ le³³ ba⁵⁵ nɔ⁵⁵ thɔ³³ kho³³ so³³
地   底下 从 出 来 语助 上 去 上 去 语助 后 跳 皮 完
le³³ ba⁵⁵   mo²¹dɤŋ²¹ lɯ²¹³. a²¹kho²¹ a²¹tsɤŋ⁵⁵ kha²¹le³³ dʑa³³. thɤ³³ a²¹dʑa³³ ɔ⁵⁵?
长 时候 看   下 来 河边 周边 处处 有 那 什么 说
nɔ⁵⁵ bo²¹ dɤŋ²¹dɤŋ²¹. nɔ⁵⁵ ma²¹ sɯ²¹ ba⁵⁵ ŋo⁵⁵ ɔ⁵⁵ a²¹xeŋ⁵⁵ ɣo²¹ de³³.
你 猜 瞧瞧   你 不 知 如果 我 说 语助 竹子 语助

它破土冒尖尖出来。一直向上长，皮脱掉完了，就垂头下看。河边地边四周都有，那是什么？你猜一猜。如果你不知道，我就告诉你吧。那是竹子。

谜语 4：道路

sha²¹mo³³ga³³la⁵⁵. kha⁵⁵lo³³ sa⁵⁵ ʐo³³ kui²¹ ma²¹ sɔŋ⁵⁵.
大竹篾笆　　多少　时候走　也　不　通
xa⁵⁵lo³³ ɲi³³ ʐo³³ kui²¹ ma²¹ sɔŋ⁵⁵. kha⁵⁵lo³³ nɯ³³ ʐo³³ kui²¹ ma²¹ sɔŋ⁵⁵.
多少　天　走　也　不　通　多少　年　走　也　不　通
o⁵⁵ a³³　thʐ²¹ tɕo²¹ ʐo³³ kui²¹ ma²¹ sɔŋ⁵⁵. thʐ²¹ a²¹dʑa³³ ɔ³³?
你 话助 一　辈子　走　也　不　通　那 什么　说
nɔ⁵⁵ bo²¹ dʐŋ²¹dʐŋ²¹. nɔ⁵⁵ ma²¹ sɯ²¹ ba⁵⁵. ŋo⁵⁵ ɔ⁵⁵ a²¹xeŋ⁵⁵. xɔ³³khɔŋ⁵⁵ de³³.
你　猜　瞧瞧　　你　不　知　的话 我　教　语助　路　　语助

它像一条大竹篾笆。走多少天也走不通头，走多少年也走不通头。你一辈子也走不通头。那是什么？你猜一猜。如果你不知道，我就告诉你吧。那是道路。

谜语 5：竹篾笆结子

tsɔŋ³³ kui²¹ tsɔŋ³³, lu³³　kui²¹ lu³³. thʐ³³ a²¹dʑa³³ ɔ⁵⁵ ?
结头 也　结头　缠绕 也　缠绕 那　什么　说
nɔ⁵⁵ bo²¹ dʐŋ²¹dʐŋ²¹. nɔ⁵⁵ ma²¹ sɯ²¹ ba⁵⁵. ŋo⁵⁵ ɔ⁵⁵ a²¹xeŋ⁵⁵.
你　猜　瞧瞧　　你　不　知　如果 我　说　语助
nje²¹ khja²¹ de³³.
篾　结头 语助

它结头连着结头，绕来绕去。你猜是什么？你猜一猜。如果你不知道，我就告诉你吧。那是竹篾笆结子。

谜语 6：头

xo³³① ȵi²¹ do³³ tsɔŋ²¹pho³³lo³³② lɤŋ²¹ ko⁵⁵. thɤ³³ a²¹dʑa³³ ɔ⁵⁵ ?
松鼠 两个 蚂蚁堆   转着 那 什么 说
nɔ⁵⁵ bo²¹ dɤŋ²¹dɤŋ²¹. nɔ⁵⁵ ma²¹ sɯ²¹ ba⁵⁵ ŋo⁵⁵ ɔ⁵⁵ a²¹xeŋ⁵⁵.
你 猜 瞧瞧   你 不 知 的话 我 说 语助
ɯ²¹sɯ²¹ de³³.
头   语助

　　两只松鼠在一个蚂蚁堆上转来转去。是什么？你猜一猜。如果你不知道，我就告诉你吧。那是头。

谜语 7：河水

lo²¹ku³³lo²¹ ŋui⁵⁵ ko³³ o⁵⁵, kha²¹sɤ⁵²ɣa³³ tɕo²¹ kui²¹ ma²¹ pjo³³ tɕaŋ³³.
小娃娃   哭 在 语助 谁   哄 也 不 停 会
mi⁵⁵ a³³   tɕo²¹ ba⁵⁵ pjo³³ tɕaŋ³³ ba⁵⁵. thɤ³³ a²¹dʑa³³ ɔ⁵⁵? nɔ⁵⁵ bo²¹ dɤŋ²¹dɤŋ²¹.
地 方助 哄 后 停 会 语助 那 什么 说 你 猜 瞧瞧
nɔ⁵⁵ ma²¹ sɯ²¹ ba⁵⁵ ŋo⁵⁵ ɔ⁵⁵ a²¹xeŋ⁵⁵.
你 不 知 的话 我 说 语助
a²¹kho²¹ de³³.
河水   语助

　　它像小娃娃在哭。谁去哄也哄不停。用泥土哄，才能哄得乖。是什么？你猜一猜。如果你不知道，我就告诉你吧，那是河水。

谜语 8：脚底板

a²¹thje³³thje³³ phei²¹le²¹. nɔ⁵⁵ kha²¹ ʑe⁵⁵ ba⁵⁵ ʑe⁵⁵ ko³³.
叶子包的   扁扁的 你 哪里 去 时候 去 正在
nɔ⁵⁵ kha²¹ lo⁵⁵ ba⁵⁵ lo⁵⁵ ko³³ o⁵⁵.
你 哪里 来 时候 来 正在 又

---

① xo³³ 松鼠，指"耳朵"。
② tsɔŋ²¹pho³³lo³³ 蚂蚁堆指"头"。

kha²¹ ʐe⁵⁵ kui³³ a²¹li³³ o²¹ ko³³ kho³³ lo⁵⁵ tɕaŋ³³ o⁵².
哪里　去　也　那么又　正在 回　来　会　又
thɤ³³ a²¹dʑa³³ ɔ⁵⁵? nɔ⁵⁵ bo²¹ dɤŋ²¹dɤŋ²¹.
这　 什么　说　你　猜　瞧瞧
nɔ⁵⁵ ma²¹ suɯ²¹ ba⁵⁵ ŋo⁵⁵ ɔ⁵⁵ a²¹xeŋ⁵⁵.
你　不　知　的话 我　说　语助
a²¹khji⁵⁵khji⁵⁵phei⁵² de³³.
脚底板　　　　语助

　　它是用叶子包起来的，扁扁的。你下去哪里，他就跟着下去到哪里。你来哪里，他就跟着你回来到哪里。是什么？你猜一猜。如果你不知道，我就告诉你吧。那是脚底板。

谜语 9：竹水筒

a²¹mjɛ³³ e³³phɤŋ⁵⁵ ta̠²¹ nɔ³³phjo³³ ta̠³³. thɤ³³ a²¹dʑa³³ ɔ⁵⁵?
猫　　竹篾笆　挡　背后　　上 那　什么 说
nɔ⁵⁵ bo²¹ dɤŋ²¹dɤŋ²¹. nɔ⁵⁵ ma²¹ suɯ²¹ ba⁵⁵ ŋo⁵⁵ ɔ⁵⁵　a²¹xeŋ⁵⁵.
你　猜　瞧瞧　　你　不　知　如果　我　说　语助
i²¹tɕho⁵² pa²¹ bu³³lu⁵⁵ de³³.
水　　抬　竹筒　语助

　　一只老猫趴在竹篾笆上。那是什么？你猜一猜。如果你不知道，我就告诉你吧。那是竹水筒。

谜语 10：针

a²¹n̠ɔ³³ ti⁵⁵ ɛ³³　xɔ³³khɔŋ⁵⁵ tse²¹. a²¹n̠ɔ³³ lo²¹　ɛ³³　xɔ³³khɔŋ⁵⁵ ta̠²¹³.
他　妈　话助 路　　砍　他　儿子 话助 路　　阻挡
thɤ³³ a²¹dʑa³³ ɔ⁵⁵? nɔ⁵⁵ bo²¹ dɤŋ²¹dɤŋ²¹.
那　什么　说　你　猜　瞧瞧
nɔ⁵⁵ ma²¹ suɯ²¹ ba⁵⁵　ŋo⁵⁵ ɔ⁵⁵ a²¹xeŋ⁵⁵.
你　不　知　的话 我　说　语助

kɤ²¹ de³³.
针　语助

　　他的妈妈把路砍开，而他的儿子却把路堵住。那是什么？如果你不知道，我就告诉你吧。那是针线。

附录四　缩略词表

施事助词——施助
工具助词——工助
受事助词——受助
方位助词——方助
时间助词——时助
话题助词——话助
语气助词——语助
结构助词——结助
引述助词——引助
连接助词——连助
体助词——体助
领属格助词标记——领助
结构助词标记——结助
连词——连
前缀——缀
后缀——缀
重叠——叠

参考文献

1. 云南省勐腊县志编纂委员会编纂：《勐腊县志》，云南人民出版社 1994 年版。
2. 国际语音学会编。江荻译著：Handbook of the International Phonetic Association: A Guide to the Use of the International Phonetic Alphabet.《国际语音学会手册·国际音标使用指南》，上海教育出版社 2008 年版。
3. 《藏缅语语音和词汇》编写组：《藏缅语语音和词汇》，中国社会科学出版社 1991 年版。
4. 蒋颖：《汉藏语系语言名量词比较研究》，民族出版社 2009 年版。

后 记

  2013年10月，云南濒危语言研究团队在许鲜明教授的引领下，对云南边境地区开展濒危语言调查和监测时，了解到西双版纳傣族自治州勐腊县有一些识别较晚的人口较少族群，外族称他们为"排角人、布角人、阿克人、本人"等。这些人口较少族群引起了我们的极大兴趣。在西双版纳州广播电视台黄荣生老师，景洪市勐龙镇文化站杨洪康老师的陪伴下，我们驱车来到了勐腊县。在勐腊县哈尼学会王明生老师、茶娥老师，勐腊县文化馆陈平老师等的引荐下，先后拜访了勐腊县境内的排角人、布角人、阿克人等。从此，我们与勐腊县的人口较少族群——布角人结下了不解之缘。

  2013—2023年十年间，我们多次来到勐腊县补过村，对布角人的口传历史、语言使用现状、语言结构等展开了调查，发现布角人的住房、节庆、做赕等深受傣族文化的影响。其宗教礼仪、生产生活与傣族颇相似。村里有庙房，村民信仰小乘佛教、原始宗教。其独特文化深深地吸引着我们。

  十年来，我们多次走进补过村，记录、分析他们的语言。其间，我们在村干部岩糯胆、波胖、岩香干等发音合作人的帮助下，进行了语言调查、访谈、长篇语料采录、拍照、摄像，一起整理、分析解读长篇语料。2015年4月参加了他们一年一度的泼水节，感受到了多样的民族文化。在他们的帮助下，这本凝聚着众多人心血的《布角语研究》初稿终于完成。在此后漫长的年月里，我们反复核对语料。

  我们要感谢任宏志副校长对中国云南濒危语言研究学科建设的重视、鼓励与支持；感谢科研处、财务处等部门的领导和同仁们多年以来对濒危语言项目的规范管理、帮助和支持。感谢白碧波教授对我们的悉心指导，没有他们的帮助，我们是无法完成这部书稿的。在田野调查中，我们要感谢西双版纳州广播电台的黄荣生、杨洪康老师，勐腊县哈尼学会、文化局王明生、茶娥、王志强、陈平、杨新伦老师等在调研工作中给予的大力支持和帮助，感谢他们为我们提供了珍贵的历史文献资料，感谢他们陪我们一起到补过村进行实地考察和访谈。我们特别要感谢补过村村干部岩糯胆、波胖，发音合作人波尖在百忙之中为我们提供语料。岩树，南泥村村长岩

后　记

砍旺等布角人，帮助我们完成问卷、访谈和入户调查。他们抽出宝贵的农忙时间，为我们提供语料，帮助翻译、标注等。如果没有他们的无私奉献，我们无法顺利完成这部书稿。他们对母语的深厚感情和对本族传统文化的保护和担当让我们非常感动。

在与布角人朝夕相伴的日子里，我们欣赏到了布角语言的优美。同时，也为布角语的严重濒危而不安。为此，我们希望我们抢救、记录、整理的《布角语研究》能够将布角人优美的语言，独特的文化存留下来。

最后，我们要对所有关心、帮助、支持云南濒危语言研究的人们，包括中国社会科学出版社及其责任编辑宫京蕾先生等，表示最诚挚的谢意！

全书分为六章，第一、三、四、五、六章由陈飔独立完成，约20万字；第二章和词汇记录由许鲜明完成，约5万字。

本项目只是布角人语言文化研究的开端，其语言、历史、传说、民俗礼仪及其与周边民族语言关系等学术问题值得进一步深入研究。由于我们水平有限，书中肯定还有许多疏漏和不妥之处，敬请专家和学者不吝赐教。

作　者
2023年11月